NOUVELLE
GÉOGRAPHIE MODERNE

DES

CINQ PARTIES DU MONDE

PAR

C. DE VARIGNY

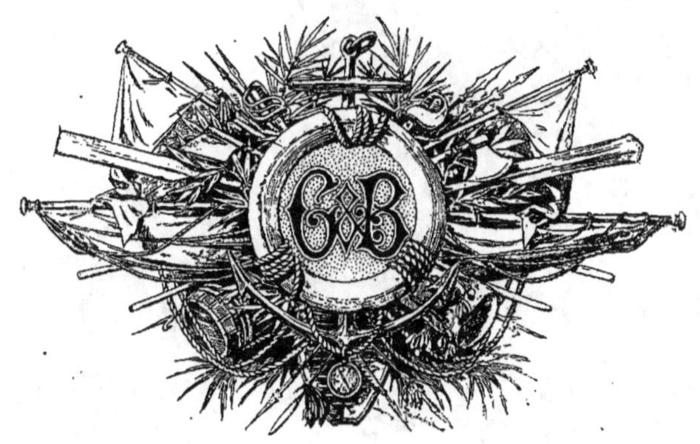

EUROPE

EUROPE SEPTENTRIONALE. — EUROPE CENTRALE

PARIS

E. GIRARD ET A. BOITTE, ÉDITEURS

42, RUE DE L'ÉCHIQUIER, 42

Tous droits réservés.

LA PLACE DE L'HOTEL DE VILLE, A BRUXELLES.

NOUVELLE

GÉOGRAPHIE MODERNE

DES

CINQ PARTIES DU MONDE

EUROPE

EUROPE SEPTENTRIONALE. — EUROPE CENTRALE

SCEAUX. — IMPRIMERIE CHARAIRE ET Cⁱᵉ

GÉOGRAPHIE MODERNE

L'EUROPE SEPTENTRIONALE

BASSINS DES MERS DU NORD

Sur des mers sans profondeur, l'Europe septentrionale se détache en relief bizarre et tourmenté. Ses côtes échancrées, frangées de golfes et de caps, de fiords et d'abruptes falaises, de terres basses, à demi noyées, conquêtes de l'homme sur les flots, baignent dans trois mers secondaires alimentées par les eaux de l'Atlantique. Au nord, c'est l'océan Glacial arctique; à l'ouest: la mer du Nord; à l'est: la mer Scandinave qui comprend la Baltique, le golfe de Finlande et celui de Botnie.

Dans ces bassins, la profondeur des eaux va en décroissant; elle est moindre là où la superficie est moindre, ne dépassant pas 200 mètres dans la Baltique resserrée entre la péninsule Scandinave et la Russie, dans la mer du Nord, entre l'Angleterre et le Danemark; se creusant dans le large chenal qui sépare l'Islande et la Norvège

et où elle atteint 1,500 mètres. Au nord de l'Islande s'ouvre un abime : la sonde
plonge à 3,700 mètres; à 4,800 au sud-ouest du Spitzberg; puis brusquement le plateau
sous-marin se relève à mesure que l'on remonte au nord-est vers l'océan Arctique,
étranglé entre les glaces du pôle et les froides terres de la Russie; la couche liquide
n'a plus que 100 à 160 mètres d'épaisseur.

Sur ces plages arctiques semées de banquises que soude un froid terrible, viennent
mourir et se congeler les dernières vagues du *Gulf Stream*, de cet immense fleuve
d'eaux tièdes d'une épaisseur de près de 1,000 mètres, d'une portée de 40 millions de
mètres cubes par seconde, qui des côtes de Floride atteint en six mois les mers boréales,
relevant sur son passage la température de l'Europe occidentale, des côtes du Portugal
et de la France, de l'Angleterre et de l'Irlande, du Danemark et de la Norvège, des
plages de la presqu'île de Kola et de la mer Blanche. Sans lui, sans ce vaste fleuve
marin, les Iles Britanniques et la Scandinavie seraient, comme le Labrador situé sous
la même latitude mais en dehors du courant, des terres inhospitalières, refuges de
tribus errantes et d'animaux sauvages, et le climat de la France serait aussi extrème
que celui du nord du Canada. Par lui, les hivers de l'Islande « la terre des glaces »
sont moins rigoureux que ceux du Danemark, et la chaleur qu'il dégage est telle, qu'au
large du cap Nord, la température de la mer, en janvier, est plus élevée qu'à Venise, et
que par un renversement des lois climatériques, il fait souvent moins froid, l'hiver, sur
les côtes occidentales d'Irlande que baigne le *Gulf Stream* qu'à Athènes et à Naples.

En superposant la chaleur qu'il dégage à celle de l'air ambiant, le grand fleuve
maritime n'attiédit pas seulement le climat de l'Europe septentrionale, il relève la
température de ses eaux et fait de ses mers les viviers les plus poissonneux que l'on
connaisse. Si des siècles d'exploitation les ont dépeuplées des grands cétacés de l'océan
Polaire dont on tuait autrefois plus d'un millier par an, si les morses, dont 70 ou 80,000
hantaient la baie de la Madeleine, ont à peu près disparu, refoulés plus au nord, ni les
morues, dont sur les seules côtes de Norvège on pêche annuellement 24 millions, ni les
harengs, dont on pêche 300 millions sur les mêmes côtes, ne décroissent en nombre.
Ils ne sauraient vivre dans des eaux plus froides que 3°5 et le *Gulf stream* leur crée,
dans les mers du Nord, l'habitat qu'ils recherchent de préférence quand, à l'époque
du frai, ils quittent leurs profondes vallées océaniques pour venir déposer leurs œufs
près des côtes.

Bien autrement productifs sont, pour l'homme, ces fonds de la mer du Nord que les
landes de son littoral. Bloch nous apprend que, de son temps, les Hollandais salaient
jusqu'à 624 millions de harengs. « Amsterdam, suivant un dicton hollandais, est bâtie
sur des têtes de harengs ». Le hareng, dit Lacépède, est une des productions dont
l'emploi décide de la destinée des empires; aussi, dans le nord de l'Europe, la pêche
de ce poisson est-elle appelée la *grande pêche*, tandis que celle de la baleine est appelée
la *petite*. « Les harengs, écrit Duhamel, entrent parfois en si grande quantité dans la
Manche, qu'ils ressemblent aux flots d'une mer agitée; c'est ce que les pêcheurs nomment des *lits* ou *bouillons* de harengs. Quand les filets donnent dans ces bouillons, il
arrive qu'ils sont tellement chargés de poissons qu'ils se rompent et coulent bas. » Bien

que les morues les dévorent, et que l'homme les pêche, la fécondité des harengs est inépuisable, les femelles pondent de 20,000 à 70,000 œufs. Bien autrement prolifique encore est la morue. Leuwenhoeck a calculé qu'une seule peut porter jusqu'à 384,000 œufs.

Pline l'Ancien n'a noté que 94 espèces de poissons. Linné en a décrit 478; de nos jours on en connaît 13,000, dont un dixième tout au plus d'eau douce.

Des bassins de l'Europe septentrionale, le plus étendu est celui de l'Atlantique boréal. Aucune limite visible ne le sépare de la mer du Groenland, mais un gouffre de 4,000 mètres se creuse entre le Groenland et le Spitzberg; au delà, le plateau sous-marin se relève et forme un seuil d'accès entre le Spitzberg et le cap de la Norvège; à l'est se déroule l'Atlantique boréal. Il confine au Pôle arctique, cent quarante fois attaqué par de hardis explorateurs, mais jusqu'ici défiant leurs efforts et gardant son secret. « Elle a des attractions singulièrement puissantes, écrivait M. Ch. Maunoir dans l'un de ses rapports sur les travaux de la Société de géographie, cette région qui se défend avec tant de brutale énergie contre les entreprises les mieux préparées; elle est cependant, par elle-même, absolument répulsive; la nature y dort sous un suaire éternel de brumes, de neige et de glace; parfois, brusquement déchiré, il laisse entrevoir des eaux sombres à l'aspect huileux et sinistre; le soleil effleure de pâles rayons les immensités mornes de la banquise; l'ours blanc, le phoque, le morse et quelques rares oiseaux fuyant vers de moins rudes climats animent seuls ce monde dont le silence n'est interrompu que par les hurlements de la tempête ou les détonations des glaces qui se fendent, se choquent et s'écrasent. Dans les nuits sans fin, l'aurore magnétique, cependant, vient de temps à autre illuminer le paysage en inondant de ses lueurs d'apothéose l'édifice colossal, bizarre et mobile de l'*iceberg*. Tout suggère la pensée d'une autre planète où l'homme ne saurait vivre ; l'homme pourtant ne cesse d'y aspirer, sollicité par la curiosité ardente, par les séductions de l'inconnu, par le charme irrésistible du mystère. »

Au sud, ce bassin a pour limites, en Europe, les côtes de la Norvège et la presqu'île de Kola. Par la mer Blanche, il pénètre profondément dans la Russie ; par delà la Nouvelle-Zemble il forme la mer de Kara et devient asiatique.

Nous avons dit l'influence qu'exerçait sur la température de ses eaux le courant du *Gulf Stream*. Cette température est de un à trois degrés supérieure, en hiver, à l'air surincombant; par contre, l'été, la proportion est renversée et l'atmosphère est plus chaude que la mer. Le courant aérien se substitue au courant maritime, rétablissant l'équilibre rompu. Il en résulte une température moyenne, sans grands écarts à la superficie, supérieure à — 3°67, point de congélation de l'eau de mer, sans grands écarts non plus en profondeur, oscillant, dans les eaux profondes, à l'ouest des Fœroer, entre + 10 à la surface, 0 à 576 mètres, — 1° à 1,000 mètres.

Le bassin de la mer du Nord s'étend entre les Iles Britanniques à l'ouest, la Norvège et le Danemark à l'est, la Belgique, la Hollande et l'Allemagne au sud, et au nord une ligne idéale reliant l'Islande aux Fœroer, aux Shetland et à la pointe méridionale de la Suède. Largement ouvert au nord, il communique au sud avec l'Atlantique, par l'étroit canal du Pas-de-Calais.

Est-ce à l'abaissement du niveau des eaux ou au soulèvement des terres, est-ce aux deux causes réunies qu'il convient d'attribuer l'exhaussement, dans le bassin de la mer du Nord, de l'Écosse et de la péninsule Scandinave ? A l'est, comme à l'ouest du bassin de la mer du Nord, le sol se soulève. En Écosse, l'ascension est graduelle, le mouvement régulier. Le port romain d'Alaterva, Cramond, dont les quais subsistent encore aujourd'hui, se trouve non seulement rejeté assez loin dans l'intérieur des terres, ce qui s'expliquerait par l'extension de terres d'alluvions, mais soulevé à près de 8 mètres au-dessus du niveau de la mer, et, fait non moins significatif, c'est à 8 mètres au-dessus du niveau des hautes marées que s'arrête aujourd'hui la muraille d'Antonin, qui, destinée à couvrir la Grande-Bretagne contre les invasions des Pictes, devait, au temps des Romains, ne s'arrêter qu'à la mer.

Même phénomène sur les côtes occidentales de la Norvège, dont, par contre, la pointe méridionale s'affaisse dans les eaux de la Baltique. Malmoe, en face de Copenhague, a baissé d'un mètre et demi ; des rues entières de cette ville, ainsi que d'Ystad et de Trelleborg, sur la même côte, sont aujourd'hui sous l'eau et l'on estime que depuis le ixᵉ siècle, ce littoral s'est effondré de près de 5 mètres.

Dans le bassin de la Baltique, l'exhaussement de la péninsule scandinave est hors de doute. Celsius le constata, il y a plus d'un siècle et demi. Il affirma que la terre montait ou que la mer baissait de plus d'un mètre par siècle. Accusé d'hérésie, protégé par Charles XI contre les théologiens d'Upsal et de Stockholm, Celsius maintint son dire et le prouva. Des observations faites depuis, il est résulté que l'exhaussement est plus rapide dans les régions de la péninsule les plus rapprochées du pôle, moindre dans la partie centrale, et en partie compensé par l'affaissement du littoral méridional.

Comme la mer, la terre a ses vagues et ses marées ; sous nos pas elle se meut et se déplace, tantôt par oscillations brusques, par soudaines secousses que provoquent des éruptions volcaniques, tantôt par des mouvements réguliers, résultats de lents effondrements intérieurs ou de pressions énormes boursouflant la croûte terrestre. Nous savons encore peu de chose des lois qui régissent et déterminent ces mouvements. En présence de l'antiquité de notre planète, la science est bien jeune, et quand les physiciens affirment que la terre est habitable pour l'homme *seulement* depuis des millions d'années, on est en droit de se demander ce que les ruines entassées à sa surface recouvrent de civilisations disparues, de connaissances acquises et perdues, d'observations utiles à jamais englouties, si l'humanité n'est pas un perpétuel recommencement du passé, si, à maintes reprises arrêtée dans sa marche par d'étonnants cataclysmes, elle ne date pas sa naissance de son nouveau point de départ. « La durée de la terre, disent les vieux chants bouddhistes, et sa force de résistance sont comparables à celles d'une montagne de diamant que l'on essuierait, une fois dans un siècle, avec une fine étoffe de coton. »

Ce bassin des mers du nord, que nous allons parcourir et décrire, fut, pour les Romains, la limite du monde connu. Par delà, ils en entrevoyaient un autre, inconnu, mystérieux, dont le poète tragique Sénèque prédisait, dans sa *Médée,* la conquête par l'homme :

> ..... *Venient annis*
> *Secula veris, quibus Oceanus*
> *Vincula rerum laxet, et ingens*
> *Pateat tellus, Tethisque novos,*
> *Delegat orbes, nec sit terris*
> *Ultima Thule......*

« Un temps viendra, au cours des siècles, où l'océan déliera l'univers, où l'immense globe apparaîtra, où Téthys dévoilera des mondes nouveaux; Thulé ne sera plus la dernière terre. »

Thulé, c'était l'Islande, au nord, à l'est et à l'ouest de laquelle s'étendait cette mer aux flots inertes, mornes et lugubres, dont les navires, disaient-ils, ne pouvaient vaincre la résistance. Depuis Sénèque, l'homme a poussé plus au nord, découvert le Spitzberg et entamé le pôle ; mais, sur nos cartes, il est encore bien des places vides au delà du « cap des Adieux », du cap *Farewell,* nom donné par les navigateurs à la pointe sud du Groenland.

Nous commencerons cette étude par le bassin de la mer du Nord, dont nous avons décrit dans notre précédent volume le littoral ouest : celui de la Grande-Bretagne et de l'Écosse. Nous la continuerons par la Belgique, les Pays-Bas et le Danemark, réservant pour l'Europe centrale l'Allemagne dont la masse compacte est continentale. Nous la terminerons par la péninsule Scandinave et la Russie qui confinent aux bassins de la Baltique et de l'océan Boréal. La seconde partie de ce volume sera consacrée à l'Europe centrale : l'Allemagne, la Suisse, l'Autriche-Hongrie, la Bosnie, le Monténégro, la Serbie, la Bulgarie et la Roumanie.

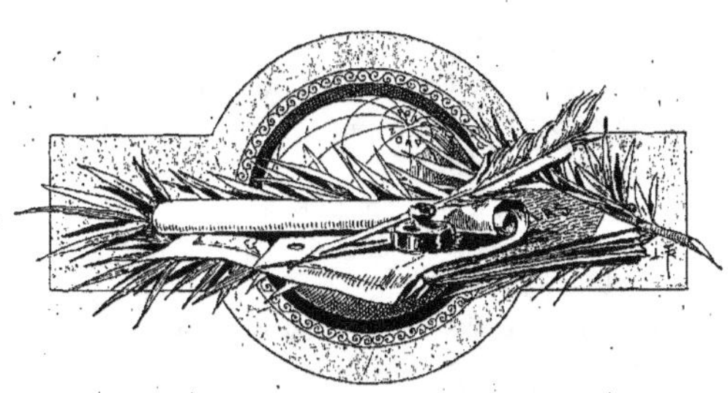

La Bourse de BRUXELLES.

I. — BELGIQUE

BASSIN DE LA MER DU NORD.

La Belgique est bornée au nord par les Pays-Bas et la mer du Nord, à l'ouest et au sud par la France, à l'est par le grand-duché de Luxembourg et l'Allemagne. Sa superficie est de 29,467 kilomètres carrés, sa population de 5,974,743 habitants, sa densité de 203 habitants par kilomètre carré.

Comme étendue, c'est l'un des plus petits États de l'Europe; c'est aussi l'un des plus jeunes, son histoire, en tant que royaume indépendant, ne remontant qu'à 1830. Par contre, il est, proportion gardée, le plus riche de l'Europe, le plus peuplé, le plus commerçant. La politique qui a fait de lui un État distinct n'a fait que consacrer une autonomie maintenue à travers les siècles, que reconnaître un fait acquis. Dans ses limites étroites, la Belgique est l'une des créations les moins artificielles de la diplomatie, l'une de celles dont le maintien et la neutralité s'imposent le plus à l'Europe.

Pour la France, l'Angleterre et l'Allemagne, elle est un lieu de transit et de passage, le point de jonction des grandes routes commerciales et militaires qui, par Liège

et Namur, relient Paris à Cologne et Aix-la-Chapelle, par Bruxelles et Anvers à Amsterdam. La Belgique affecte la forme d'un quadrilatère irrégulier, dont la principale façade,
celle de l'ouest, se déroule au long de la France, dont la plus petite, celle du nord-ouest,
ne mesure que 67 kilomètres sur la mer du Nord. Entre elle et la France, sa frontière,
toute artificielle, étant donnée l'orographie plate du sol, consiste en une longue ligne
sinueuse qui, remontant du sud au nord, traverse l'Yser en amont de Rousbrugge, suit
la Lys, d'Armentières à Menin où elle la coupe, franchit la Scarpe à son confluent avec
l'Escaut, la Sambre à Erquelines, l'Oise à sa naissance, rejoint la Meuse qu'elle traverse au-dessous de Givet, suit sa vallée, coupe la Semoy, puis le Giers près de sa source.
Non moins conventionnelle est la barrière qui sépare la Belgique du duché de Luxembourg et de l'Allemagne, jusqu'au point où cette barrière atteint la Meuse entre Liège
et Maestricht. Au delà, le fleuve lui sert de limite et l'isole de la Hollande ; plus au
nord, la frontière serpente au travers de la Campine, s'infléchit et contourne les
bouches de l'Escaut, et aboutit, à l'ouest de Sluis, à la mer du Nord.

Le plateau de la Belgique s'incline du sud-est au nord-ouest. Son faite de partage
et son point culminant sont les hauteurs des Ardennes, borne à laquelle aboutissent
l'Allemagne, le Luxembourg, la Belgique et la France, noyau central d'un massif
des plus anciennement émergés, des plus ruinés de l'Europe. Les eaux l'ont érodé,
abaissant ses sommets, sapant ses bases ; aujourd'hui, à demi écroulé, sillonné de longues
failles, découronné de ses immenses bois qui reliaient les forêts du Rhin à celles de
l'Oise, le plateau des Ardennes, sauf sur certains points où l'on poursuit activement son
reboisement, n'offre plus à l'œil que des taillis de pins, de hêtres et de bouleaux, de
maigres pâturages et des landes où la roche nue perce une mince couche de terre
végétale.

Ce fut la terre décrite par Hariger, la terre des dieux et des déesses disparus et dont
les fées, les sorciers et les magiciens ont pris la place. « L'imagination populaire peupla d'êtres fantastiques l'impénétrable forêt des Ardennes. Dans ses silencieuses profondeurs, les paysans croyaient entendre résonner le cor d'un chasseur nocturne, de
saint Hubert, qui continuait son ancien métier, et dont l'invisible épieu frappait à coup
sûr les sangliers, les daims et les cerfs. On racontait, aux veillées des crédules habitants d'alentour, que dans les clairières de la forêt, des esprits mystérieux venaient
prendre leurs ébats, au clair de la lune, au milieu des lions, des tigres et des léopards,
bêtes inconnues dans ces climats, mais dont la férocité semblait s'accorder avec l'aspect
sauvage de ces bois où régnaient les ténèbres et le silence. Dans le roman de Parthéno-
peus de Blois, l'Ardenne est représentée comme une forêt hideuse et enchantée qui,
dans sa plus grande étendue, n'avait jamais été foulée par les pas de l'homme et dans
laquelle les *esgarés* étaient exposés à être dévorés. Les animaux sauvages n'étaient
pas les seuls hôtes effrayants dont on peuplât ces solitudes. L'imagination y plaçait des
personnages hideux et velus, espèces de sauvages préposés à la garde des châteaux mystérieux des magiciens. » Le point culminant de l'Ardenne belge se trouve près de la
frontière de la Prusse rhénane ; il mesure 680 mètres de hauteur.

Au nord-ouest de cette région relativement élevée, qui occupe l'angle sud-est de la Belgique, le sol s'incline. L'altitude décroît, n'atteignant plus en moyenne que 275 mètres ; c'est le gradin inférieur des Ardennes, plateau accidenté que coupent de profondes vallées. Les centres agricoles, les villes, les établissements industriels s'y pressent. Il s'étend de l'ouest à l'est, des frontières de France à celles d'Allemagne; changeant de nom sans changer d'aspect, connu sous celui de Marlagne entre la Sambre et la Meuse, sous celui de Condroz entre la Meuse et l'Ourthe, au sud, sous celui de Famenne ; entre la Meuse et la Vesdre il s'appelle pays de Herve. Le sol en est cultivé avec un acharnement qui dit l'ardeur au travail d'une population trop dense sur un sol trop restreint. Ici apparaît le Borinage, la région de la houille, richesse de la Belgique comme elle est aussi celle de l'Angleterre.

Le vaste bassin houiller commence, en France, entre Valenciennes et Douai. La couche s'étend, large et profonde, au travers de la Belgique, de Mons jusqu'à Aix-la-Chapelle par Charleroi et Liège. Sur son passage elle a fait surgir villes, bourgs et villages, cheminées fumeuses, obélisques de l'industrie, usines et manufactures. Ils ont grandi sur les bords du souterrain fleuve noir, comme autrefois les antiques cités sur les rives des grandes rivières. Ils se succèdent en une ligne ininterrompue sur le sol creusé, miné, fouillé, percé de galeries, d'où, termite infatigable, le mineur extrait le « diamant noir ». Ce sont entre Mons et Quiévrain : Jemmapes et Quarégnon, Saint-Ghislain et Boussu, Elouges et Cuesme, Dour, Frameries, Flénu, Horn ; puis du côté de Charleroi et de Liège : Couillet, Marchiennes, Chatelet, Montigny, Monceau, Marie-mont, Marcinelle, Sainte-Marie-d'Oignies. Partout, le grondement des machines, le sifflement de la vapeur, les fumées épaisses ; partout sous un ciel de suie, le flamboiement des fours à coke et à chaux des verreries, des laminoirs et des fonderies, où des armées d'ouvriers campent autour des usines. « Comme une immense toile d'araignée, écrit M. C. Lemonnier dans le *Tour du Monde*, les réseaux ferrés étendent dans toutes les directions leurs enchevêtrements de rails reliant les exploitations aux lignes de l'État. Un perpétuel tonnerre de trains fait trembler le sol, s'engouffre dans les tunnels, bondit sur les aqueducs ; et ce grondement s'ajoute au bruit de mille essieux grinçant sur les scories et les pierrailles des routes, aux cris des voituriers chargeant et déchargeant leurs haquets, aux rumeurs du batelage traînant sur les eaux de la Sambre et du canal de Bruxelles à Charleroi, deux voies de grand passage par où s'écoule constamment et s'enfonce aux extrémités du pays la production du grand bassin... Il faut voir du haut des *terris*, amoncellement de scories, de Monceau ou de Couillet, le fourmillant panorama des usines qui, de toutes parts et sans interruption, se succèdent jusqu'au fond des horizons, pour saisir la prodigieuse vitalité de ce coin de la Belgique. »

Si ce coin de terre est aujourd'hui celui où se déploient avec leur plus grande intensité le travail et l'énergie de l'homme, s'il est la région la plus peuplée et la plus riche de la Belgique, il fut aussi le grand chemin des peuples et le champ de bataille des armées. Par son orographie, par l'accès facile qu'il ouvrait entre les bassins du Rhin et de la Meuse et ceux de la Seine et de la Loire, par l'absence d'obstacles sérieux à franchir, par sa situation entre les faîtes montueux des Ardennes au sud et le littoral marécageux du nord, il était la voie indiquée et tracée, celle que suivirent les migrations, celle que se disputèrent les conquérants. Entre le jour où César y vainquit les Nerviens et celui où le sort de l'Europe se décida dans les plaines de Waterloo, il y eut Mons et Courtrai, Jemmapes, Neerwinde et Fleurus, avant eux Ramillies, Oudenarde, Malplaquet, Fontenoy et Neerwinde et entre eux combien d'autres batailles!

Au nord de la moyenne Belgique, entre le Borinage d'une part, et de l'autre la Hollande et la mer du Nord, s'étend la Basse-Belgique, terre plate, terre d'argile, de sable et de craie, que la mer, dans sa retraite, a léguée à l'homme qui la défend contre un retour agressif. Vers les bouches de l'Escaut, les atterrissements du fleuve ont enrichi les plages limoneuses. A la marée basse, la mer recule au delà même des limites de l'horizon; à la marée haute, les eaux du fleuve se heurtent à sa masse inerte, impuissantes à franchir la barrière qu'elle lui oppose; stagnantes et suspendues, ces eaux déposent dans leur propre lit le limon qu'elles entraînent. Ce lit s'exhausse et déjà dépasse le niveau des terres. L'homme l'endigue et le contient, convertissant les *polders*, ou terres inférieures, en vastes pâturages peuplés de troupeaux. Au long de la mer, ce ne sont plus des digues artificielles, mais des dunes naturelles qui protègent le littoral. Elles le couvrent; mais le vent les chasse sur les basses terres. Force est de fixer ces dunes, de les immobiliser en y plantant des graminées traçantes, en multipliant les plantations de pins maritimes; c'est la Campine, qui se prolonge dans les Pays-Bas, et que recouvrent des oasis de verdure alternant avec des landes et de maigres bruyères.

Inclinée vers le nord-ouest, la Belgique déverse toutes ses eaux dans la mer du Nord. Ses deux bassins hydrographiques principaux sont le bassin long et étroit de la Meuse qui comprend le Limbourg, les provinces de Liège et de Luxembourg, celle de Namur et une partie du Hainaut; puis le bassin de l'Escaut, presque aussi large que long, qui comprend les Flandres, la province d'Anvers, une partie du Luxembourg et de Liège, du Hainaut et du Brabant.

De ces deux fleuves la Belgique ne possède ni les sources qui sont françaises, ni les embouchures qui sont à la Hollande. La Meuse, née au nord-est de Langres, par une altitude de 409 mètres, pénètre en Belgique au-dessous de Givet, elle arrose successivement Dinant, Namur, Huy, Liège, Herstall, franchit au-dessous de Maseick la frontière de Hollande et, après un cours de 893 kilomètres, de sa source à Gorcum, elle se divise en deux bras enserrant de nombreuses îles avant de s'épancher dans la mer au sud de Rotterdam. Navigable depuis Verdun, la Meuse reçoit à gauche: la Sambre venue de France et qui traverse Erquelines, Marchiennes, Charleroi, Namur; le Jaer qui la rejoint à Maestricht en Hollande. Ses affluents de droite sont : la Semoy, la Lesse, l'Ourthe qui lui apporte à Liège les eaux de l'Amblève et de la Vesdre. En France, le canal des Ardennes relie la Meuse à la Seine; au-dessous de Liège la Meuse communique avec le canal latéral de Maestricht, puis par celui de la Campine avec l'Escaut.

Fleuve de plaine, aux allures lentes et paresseuses, au niveau relevé par le reflux de la mer qui remonte haut son cours sans pente; l'Escaut, en flamand Schélde; sort de

France en aval de Condé où il devient navigable. Après avoir arrosé Tournai, Oudenarde, Gand, Termonde, il atteint Anvers, grossi de ses affluents, mesurant alors 800 mètres de largeur et 13 à 15 de profondeur à marée haute. Entré dans les Pays-Bas, il se divise, lui aussi, en deux bras, enveloppant les îles de la Zélande, et se déverse, au-dessous de la Meuse, dans la mer du Nord. Ses principaux affluents sont la Lys qui vient de France, la Dendre et la Dyle. La Lys est le plus important ; à Gand le vrai fleuve c'est la Lys, non l'Escaut. « Tandis que l'Escaut, écrit M. C. Lemonnier dans le *Tour du Monde*, étranglé dans ses rives, a l'aspect croupissant d'un large fossé marécageux, la Lys, grosse des eaux qu'elle lui dérobe, plonge au cœur de la cité et de quartier en quartier promène sa vie active... C'est la bonne ouvrière, activant tout sur son parcours, alimentant les industries, nourrissant les hommes, multipliant les sources du bien-être, allant et venant par les rues et laissant partout son nom. N'est-ce pas elle, d'ailleurs, qui donne son véritable caractère à sa ville ? Ses bras l'enlacent de tous les côtés ; elle la baigne maternellement et, où que vous alliez, vous êtes sûr de la rencontrer, elle, ses ponts, ses îles, ses chantiers, tournoyant sur elle-même, poussant sa pointe entre les maisons, avec le mouvement de ses voiles, le ronflement de ses écluses, le clapotement de son eau, cette rumeur et ce train des rivières industrielles qui roulent de l'or et s'animent à l'égal des routes de terre. »

Accessible de partout, cette région fut de bonne heure peuplée. De droite et de gauche Celtes et Germains y pénétrèrent et, de nos jours encore, la dualité d'origine persiste. Les noms seuls ont changé ; les Flamands représentent les Germains, comme les Wallons les Gaulois, mais mélangés les uns et les autres, au cours des siècles, d'éléments ethniques étrangers. Si ces éléments ont, dans une certaine mesure, modifié le type physique, ils semblent avoir eu peu de prise sur le génie particulier des deux races. Plus intelligent, le Wallon est aussi plus actif et plus industrieux. Plus artiste, le Flamand a donné à la Belgique ses peintres et ses musiciens.

Quand Rome envahit la Belgique, quand César, dont partout, dans cette Europe occidentale, nous retrouvons la trace et l'empreinte, pénétra dans cette région, il se heurta aux tribus des Nerviens, des Eburons, des Trévires, des Morins et des Ménapiens. On sait l'héroïque résistance des Nerviens. « Ils déployèrent un tel courage, écrit César, que dès qu'il tombait des soldats aux premiers rangs, les plus proches prenaient leur place et combattaient de dessus leurs corps ; que de ces cadavres entassés ceux qui survivaient lançaient, comme d'une éminence, leurs traits sur les nôtres et nous renvoyaient nos propres javelots. Il n'y avait plus à s'étonner que des hommes si intrépides eussent osé traverser une large rivière, gravir des pentes escarpées et combattre dans une position désavantageuse ; la grandeur de leur courage était à la hauteur de toutes les difficultés. » La lutte finie, les Nerviens étaient écrasés. De leurs 600 sénateurs 597 avaient succombé, de leurs 60,000 combattants 500 seuls survivaient.

Auguste fit de la Belgique une province. Plus tard, les Francs la conquirent et elle devint le berceau des deux dynasties Mérovingienne et Carlovingienne. Clovis fut roi de Tournai et la maison d'Héristal était originaire des bords de la Meuse. Au xi° siècle la

Belgique féodale donna à la féodalité son héros le plus pur, Godefroy de Bouillon ; au xiie siècle la Belgique communale créa les grandes communes flamandes et brabançonnes ; elle les arma, les fortifia et les défendit, les fit plus riches et plus puissantes que les rois et les maintint jusqu'en 1382 où elles succombèrent avec Arteveld sur le champ de bataille de Roosebeke. Bourguignonne et espagnole de 1385 à 1714, autrichienne de 1714 à 1792, la Belgique devint française en 1795. Jourdan et Pichegru la conquirent, Napoléon fit d'Anvers « un pistolet chargé au cœur de l'Angleterre ». Mais l'arme se retourna contre lui ; à Waterloo les Belges se battaient aux côtés des Anglais. Hollandaise, de 1815 à 1830, la Belgique a grandi, s'est enrichie et peuplée.

Elle possède aujourd'hui 203 habitants par kilomètre carré. Si la France, l'Angleterre et la Russie étaient aussi peuplées que la Belgique la France compterait 107 millions d'habitants ; l'Angleterre en aurait 95 millions, et la Russie un peu plus d'un milliard. Nul pays au monde n'atteint un chiffre de densité pareil ; c'est assez dire ce qu'est l'industrie de ce petit royaume.

Administrativement, la Belgique est divisée en neuf provinces : Anvers, Brabant, Flandre occidentale, Flandre orientale, Hainaut, Liège, Limbourg, Luxembourg et Namur. Ces divisions administratives correspondent assez exactement aux deux grandes divisions géographiques du pays en bassins fluviaux. Celui de la Meuse comprend les provinces méridionales : Luxembourg, Namur, Hainaut, Liège et partie du Limbourg. Le bassin de l'Escaut se compose des provinces septentrionales : partie du Limbourg, le Brabant, Anvers et les deux Flandres. Nous étudierons donc successivement : la Belgique méridionale, bassin de la Meuse, et la Belgique septentrionale, bassin de l'Escaut.

I. — BELGIQUE MÉRIDIONALE : LUXEMBOURG. — NAMUR. — HAINAUT. LIÈGE. — LIMBOURG.

Nous avons décrit plus haut la province de Luxembourg, le haut plateau des Ardennes belges formant l'angle méridional de la Belgique, confinant à la France, au grand-duché de Luxembourg et à l'Allemagne. Sur ce plateau les villes sont rares. Arlon, capitale de la province, compte à peine 8,000 habitants. Située par 400 mètres d'altitude, battue par les vents, Arlon est une ville plus universitaire qu'industrielle. Virton est aussi abritée qu'Arlon l'est peu ; on a fait à son climat la réputation d'être le plus doux de la Belgique. Près de Virton, Bouillon, petite ville de 2,500 habitants, ancienne capitale du duché de ce nom, s'élève sur un dédale de souterrains, débris d'un vieux château qu'a remplacé celui de Godefroy de Bouillon. Ce dernier subsiste encore, fièrement campé sur le rocher qui domine la ville et le cours de la Sémoy.

Dans la province de Namur, Dinant, située sur la Meuse, est à peu de distance de la frontière française. Prospère au xve siècle et renommée pour sa fabrication d'articles de cuivre ouvrés, connus sous le nom de *dinanderie*, elle excita la jalousie de Bouvignes, ville rivale, qui, avec l'appui du duc de Bourgogne, la détruisit. Reconstruite depuis, Dinant ne compte que 6,618 habitants.

Namur est la capitale de la province à laquelle elle a donné son nom. C'est une ancienne cité, la place forte des Aduatiques. Souvent assiégée, Namur fut prise par Louis XIV en 1692, perdue en 1695, trois fois reprise au xviii° siècle par la France qui en fit en 1795 le chef-lieu du département de Sambre-et-Meuse. Namur est aujourd'hui une ville de 29,584 habitants, fortifiée, située sur la rive gauche de la Meuse à son confluent avec la Sambre. A 20 kilomètres de Namur, Andennes, sur la Meuse, est une ville industrielle de 7,500 habitants.

Dans le Hainaut apparaissent les grands bassins houillers de Mons et Charleroi. Les villes et les bourgs se pressent ; ce ne sont partout que voies ferrées, usines, hauts fourneaux, forges, amas de scories et nuages de fumée ; 5,500 machines à vapeur mettent en mouvement une force de 200,000 chevaux-vapeur, produisant annuellement pour plus de 65 millions de francs de fonte et de fer. Charleroi est située sur la Sambre et compte près de 22,000 habitants. Charles II d'Espagne donna son nom à ce petit village de *Charnoy* que Vauban fortifia et dont l'industrie a fait le centre d'un mouvement considérable. Les puits d'extraction de Charleroi, au nombre de 70, occupent, avec les verreries et les établissements métallurgiques qui se prolongent dans la vallée de la Sambre, 45,000 ouvriers et produisent pour plus de 100 millions annuellement. Lodelinsart, Couillet, Châtelineau, Marchienne, Montigny, Jumet, Courcelles gravitent autour de Charleroi.

Mons, capitale du Hainaut, est située sur la Trouille. Jules César construisit un fort sur l'éminence qui donna son nom à la ville. Du fort romain, saint Ghislain fit un ermitage qui devint un monastère, puis une ville. Cette ville grandit par la paix et faillit périr par la guerre. Prospère jusqu'au xv° siècle, Mons souffrit cruellement de la domination espagnole. Prise par Louis XIV en 1691, reprise par le prince Eugène et Marlborough en 1709, par Dumouriez en 1792 et 1794, elle devint sous l'Empire le chef-lieu du département de Jemmapes. Peuplée de 26,158 habitants, Mons est, comme Charleroi, un centre industriel autour duquel les villes, les villages et les usines s'entassent. On compte, dans ce bassin houiller de Mons, plus de 200 puits, dont on extrait 2 millions de tonnes par année et que fouillent sans relâche 80,000 ouvriers. Quaregnon, Cuesmes, Jemmapes, Boussu, Pâturages, Hornu, Wasmes, Bouverie, Dour, Frameries, forment, autour de Mons, une ceinture de communes populeuses. Près de Mons, Malplaquet et Jemmapes ont vu notre défaite en 1709 et notre victoire en 1792.

Tournai, plus au nord, appartient au bassin de l'Escaut, dont le canal la traverse. C'est la ville la plus peuplée du Hainaut, 35,236 habitants ; c'est aussi l'une des plus intéressantes de la Belgique par sa cathédrale, monument remarquable du moyen âge. Tournai fut de tout temps renommée pour sa fabrication de tapis qui s'exportent dans le monde entier sous le nom de tapis de Bruxelles.

A l'est de la province de Namur, la Meuse pénètre dans la province de Liège qui confine à l'Allemagne. Huy est l'une des premières villes que l'on y rencontre au cours du fleuve. Place forte et ville industrielle, Huy possède 13,000 habitants, une citadelle

importante et de grandes papeteries. Au moyen âge ce fut une ville de guerre souvent
assiégée. Pierre l'Hermite y fonda un monastère et y mourut; un monument lui a été
élevé dans le jardin de la vieille abbaye de Neufmoustiers. En avant de Huy, se trouve
Seraing, ville de 32,976 âmes et centre industriel remarquable par le grandiose établissement Cockerill, l'un des plus importants de l'Europe pour l'industrie du fer. Il
occupe près de 10,000 ouvriers.

A l'est de Seraing, Liège, capitale de la province, compte 146,162 habitants. Elle
est la quatrième ville du royaume, un centre d'usines et de manufactures qui se déroulent entre la cité wallonne et Aix-la-Chapelle, la cité allemande. « L'immensité et la
beauté du cadre de Liège, écrit M. Joanne, les vertes collines qui l'entourent, parsemées de maisons de campagne et de manufactures, sa disposition en amphithéâtre, le
fleuve qui la traverse, les dômes, les clochers de ses églises, les tours carrées et la
haute nef de la collégiale de Saint-Martin qui dominent la populeuse cité, puis, à l'ouest
de celle-ci, à l'écart au milieu des vergers, l'immense façade de l'abbaye de Saint-Laurent convertie en caserne; plus loin, vers le nord, les hauteurs couronnées par la citadelle, tout cet ensemble forme un aspect des plus pittoresques, soit qu'on arrive à Liège
de Namur en longeant la Meuse, soit que venant du nord-est, à la sortie des tranchées
que l'on vient de traverser, on découvre tout à coup au fond de la vallée le panorama
saisissant de la ville. Ce qui donne une physionomie particulière à ce riche tableau,
c'est la forêt de hautes cheminées qui, de toutes parts autour de la ville et au loin, à
l'horizon, attestent la prodigieuse activité manufacturière des habitants. « L'origine de
Liège est aussi nébuleuse que l'étymologie de son nom. On sait qu'elle fut le centre du
pays des Éburons; on attribue sa fondation à Saint-Monulphe, évêque de Maestricht, et
l'on suppose que son nom lui vient de *Légia*, la Légie.

A 3 kilomètres de Liège se trouve Herstall ou Héristal, petite localité où naquit
Pépin, maire du Palais, aïeul de Pépin le Bref. Verviers, plus à l'est, renferme
49,825 habitants; c'est une grande ville manufacturière qui fabrique annuellement
100,000 pièces de drap d'une valeur de 80 millions. Autour de Verviers cette industrie s'est étendue et l'on estime à 120 millions la fabrication de tout l'arrondissement.
Spa est au sud de Verviers, à 36 kilomètres de Liège. Cette petite ville de 8,000 âmes
est renommée pour ses eaux minérales et ses charmantes promenades. Près de
15,000 visiteurs viennent, chaque été, faire une cure à Spa.

La province de Limbourg appartient en partie au bassin de la Meuse, en partie à
celui de l'Escaut. Les villes y sont plus rares et moins peuplées, le sol moins accidenté.
Ici commencent les grandes plaines qui, au nord, s'étendent dans les Pays-Bas, et
dans le nord-ouest, par la province d'Anvers, rejoignent le littoral. « Au nord des
plaines fertiles de la Belgique centrale, écrit M. E. de Laveleye, dans la *Revue des
Deux-Mondes*, s'étend une vaste lande qui, dépassant les limites mêmes du royaume,
se prolonge au loin dans les Pays-Pas. Bornée à l'ouest par les eaux des embouchures
multiples de l'Escaut et par la Meuse, elle comprend à peu près tout le territoire des provinces belges d'Anvers et de Limbourg. Cette région s'appelle la Campine. Elle présente
encore de nos jours l'aspect que devait offrir, dans les temps les plus reculés, la plus

grande partie des Flandres. C'est une bruyère, à perte de vue, au milieu de laquelle s'élèvent de loin en loin de riants villages entourés de champs cultivés qui fournissent aux habitants leurs moyens de subsistance, et qui forment comme autant d'oasis verdoyantes... Les éléments de la vie organique existent à peine ; aucun arbre ne croît spontanément, pas même le genévrier ou le pin. Les sucs nourriciers que renferme le sol semblent presque insuffisants pour le développement des plus humbles arbrisseaux ; quelques ajoncs, des génêts, des myricées, sont les plus grands représentants du règne végétal... Le pays est tout à fait plat et s'élève à peine, dans ses parties les plus hautes, à une cinquantaine de mètres au-dessus du niveau de la mer ; mais il est traversé dans toute sa longueur, depuis la Meuse jusqu'à Anvers, par une file de dunes complètement dénudées, dont le sable blanc et fin se meut sous l'action du vent, au point de couvrir souvent les routes et les terres cultivées qui se trouvent dans le voisinage. Dans toutes les dépressions de terrain, les eaux de pluie, retenues par la nature imperméable du sous-sol, forment des marais qui attirent de loin le regard par la fraîche verdure de leurs plantes aquatiques ; mais malheur au voyageur égaré au milieu de ces fondrières qui, en certains endroits, comme au nord de Hasselt, couvrent d'immenses étendues ! Peu à peu comblé par les détritus végétaux, le marais présente à sa surface l'aspect d'une belle prairie ; le sol paraît ferme ; on croit pouvoir s'y avancer sans danger ; tout à coup le lacis spongieux des mousses et des racines, qui forment le tapis élastique sur lequel on marche, se déchire, et on disparaît dans la fange tourbeuse qu'il recouvrait. »

Ces marécages toutefois ne sont pas sans valeur. Desséchés, ils fournissent une tourbe abondante ; drainés et labourés, ils produisent l'avoine, le sarrasin, le seigle. Si au xviiie siècle, le baron de Proli, l'un des plus riches capitalistes de la Belgique, s'est ruiné dans ses tentatives de mise en culture, si, depuis, des sociétés de défrichement ont échoué, l'œuvre ne s'en poursuit pas moins et cette œuvre d'initiative individuelle est en voie de modifier l'aspect de cette région.

Hasselt est sa capitale, peuplée de 12,000 habitants, et n'est connue que par le combat dans lequel, le 6 août 1831, les Hollandais battirent les Belges. Tongres, au sud de Hasselt, est l'une des plus anciennes villes de la Gaule Belge. Elle fut, croit-on, l'*Atuatuca* de César et, sous les Romains, une ville importante. Depuis elle n'a guère subi que des revers ; les Francs Saliens la détruisirent au ive siècle. Plus tard, ce fut Attila en 451, les Normands en 881, Charles le Téméraire, puis les Français en 1677. Aussi, tout ancienne qu'elle soit, Tongres n'a conservé que peu de ses monuments. Elle renferme 9,000 habitants. Saint-Trond en compte 12,000, autant qu'Hasselt, la capitale du Limbourg.

II. — BELGIQUE SEPTENTRIONALE : BRABANT. — ANVERS. — FLANDRE
ORIENTALE. — FLANDRE OCCIDENTALE.

Entre la Meuse et les Flandres s'étend la plus fertile région de la Belgique, riche en froment et en betteraves, en bétail, en légumes et en fruits, en partie assise sur un bassin houiller. C'est aussi la région historique, l'un des grands champs de bataille de

l'Europe : de Fleurus et de Ligny, de Ramillies et d'Oudenarde ; Fontenoy, Tournai et
Courtrai sont plus à l'est, Neerwinde à l'est, Waterloo au centre. Cette terre a bu bien
du sang, ces fermes massives, semblables à des forteresses, portent, encastrés dans leurs
épaisses murailles, les boulets qui n'ont pu les entamer. On voit encore les nôtres dans
la façade de la *Belle Alliance*, à la *Haie Sainte*, à *Plancenoit*, à la ferme du Mont-
Saint-Jean. Partout, d'ailleurs, ici, on retrouve des noms français, des châteaux historiques, Enghien, Chimay, Grammont, Lalaing et le palais de Bel-Air, fastueuse
résidence des princes de Ligne.

C'est la Belgique septentrionale, la province de Brabant ; avec Anvers et les Flandres
elle est la plus populeuse partie du royaume. Ramillies est l'un des premiers villages que
l'on y rencontre en venant de Liège. En 1706 Marlborough y écrasa l'armée du maréchal
de Villeroi. Un peu plus au nord : Neerwinde où Dumouriez fut défait par les Autrichiens.
Par delà Tirlemont, ville trop vaste pour sa population de 14,000 âmes, nous rencontrons Louvain, trop vaste aussi pour la sienne de 39,000 habitants. Elle est située sur
la Dyle dont le cours sinueux découpe Louvain en îles. Ville du passé, aux rues désertes,
les vergers, les champs et les jardins envahissent son enceinte.

A l'ouest de Louvain apparaît Bruxelles, capitale du royaume, renfermant, avec
ses faubourgs, 477,398 habitants. Elle est bien située, au cœur même de la Belgique,
au point de partage de la région plate et de la région accidentée, au point de jonction des
deux races et des deux langues. La ville s'étend dans une plaine ondulée, la Senne la
traverse et la coupe en deux parties inégales. L'histoire ne fait mention de Bruxelles
qu'au viie siècle ; ce n'était alors qu'une chapelle construite par saint Géry et qu'en-
touraient quelques cabanes. Au xie siècle elle est ville murée, étape commerciale entre
les Flandres et le Rhin ; puis elle devient résidence des ducs de Brabant en attendant que
son heureuse situation fasse d'elle ce qu'elle est aujourd'hui, l'une des belles villes
d'Europe, l'une des plus agréables à habiter. De ses monuments dignes d'une grande
cité, son Hôtel de Ville est le plus merveilleux, son musée le plus curieux. Bruxelles est
une des capitales de l'art ; elle est aussi une ville commerçante que les canaux de Charleroi et de Villebroeck relient au grand bassin houiller d'une part et de l'autre, par le
Rupel, à l'embouchure de l'Escaut, à la mer.

« Bruxelles, écrit M. J. Claretie, est justement fière de sa grâce toute moderne, de sa
propreté, de sa blancheur, de sa gaîté et aussi de ses derniers vestiges flamands qui
lui donnent en certains endroits le pittoresque et romanesque aspect du moyen âge. Il faut
voir la Bruxelles moderne, du haut du boulevard Botanique, par un beau temps, lorsque
le soleil étincelle sur ses maisons blanches, çà et là parsemées et égayées de toits
rouges. Quant à la vieille Bruxelles, elle est tout entière dans cette superbe place de
l'Hôtel-de-Ville, avec ses maisons du xvie siècle, ciselées, fouillées, dorées, leurs toits
immenses percés de clochetons gracieux s'élevant par degrés et se découpant sur le
ciel. L'Hôtel de Ville est un chef-d'œuvre. On montre, sous la voûte du portail d'entrée,
magnifiquement sculpté, un clou où, dit une légende, l'architecte se serait pendu, en
reconnaissant on ne sait quel défaut dans son œuvre. »

A 15 kilomètres de Bruxelles : Waterloo d'où le duc de Wellington data le bulletin de sa victoire lui donnant le nom de ce village. La bataille se livra cinq kilomètres plus loin, au mont Saint-Jean attaqué par d'Erlon, à Hougoumont, à la Haie-Sainte emportée par Ney chargeant à la tête de ses cuirassiers et des escadrons de Kellermann l'armée anglo-hollandaise. Les hussards hanovriens, épouvantés par le terrible choc et l'horrible carnage s'enfuirent, portant à Bruxelles le bruit de la défaite et la panique qui entraîna jusqu'à Anvers le flot de la population. A 4 heures et demie la bataille était gagnée et les Français victorieux. Seul, Wellington tenait encore. Impassible et silencieuse, la vieille garde, ce dernier coup de foudre de nos grands combats, gravissait l'arme au bras le ravin du mont Saint-Jean, sous la conduite du brave des braves, de Ney, l'œil en feu, la bouche écumante, les vêtements criblés de balles, souillé de sang et de boue, quand l'invincible colonne oscilla sous la décharge de 200 pièces d'artillerie, comme un immense serpent frappé à la tête. Les Prussiens débouchaient, conduits par Blücher amenant 30,000 hommes de troupes fraîches en ligne. Gagnée à 4 heures et demie la bataille était perdue à 8 heures du soir.

Au nord du Brabant, la province d'Anvers confine aux Pays-Bas. Malines est sur la lisière. Ainsi que Louvain, elle flotte au large dans son enceinte dépeuplée, nonobstant ses 50,000 habitants. Elle a perdu une partie de son industrie, ses 12,000 tisserands, ses fondeurs de cloches, ses artisans en cuir doré; elle a gardé la fabrication de ses dentelles de Malines, célèbres dans toute l'Europe, et ses manufactures de tapis. Capitale ecclésiastique de la Belgique, elle est restée la ville pieuse par excellence; conservant ce cachet de mélancolique tristesse que la race espagnole a imprimé à la religion dans les Flandres. Le temps n'est plus où Marguerite d'Autriche réunissait autour d'elle, à Malines, une cour brillante. Sa statue s'élève sur la grande place, et la cathédrale de Malines est l'une des plus belles du nord de l'Europe.

Lierre, entre Malines et Anvers, est située au confluent des deux Nèthes qui, réunies à la Dyle, forment le Rupel, affluent de l'Escaut. C'est une ville de 18,000 habitants, dont la principale industrie est celle des soieries. Près d'elle, Rupelmonde fut la patrie de Mercator. Anvers, capitale de la province, est plus au nord, sur la rive de l'Escaut.

Peuplée de 221,360 habitants, Anvers est, après Bruxelles, la plus grande ville de la Belgique; elle en est aussi la métropole commerciale et la place forte. Sa citadelle, couverte par l'Escaut large de 500 mètres, est défendue par de nombreux forts qui en font un vaste camp retranché. Sa grandeur commerciale date du xvi⁰ siècle, de la découverte de la route des Indes par les Portugais qui établirent à Anvers un de leurs comptoirs. « On ne trouvait alors, hormis Paris, dit Guichardin, ville deçà les monts, qui en richesse et en puissance la pût seconder. »

« Il est, écrit M. C. Lemonnier, des villes privilégiées qui renaissent de leurs cendres. Telle est Anvers. Héritière, au xvi⁰ siècle, de la prospérité de Bruges, elle arrive à l'apogée de sa splendeur commerciale à l'époque de la Réforme. Les guerres de religion, les proscriptions du duc d'Albe, les sièges qu'elle soutient contre Alexandre Farnèse, duc de Parme, les traités européens qui sacrifient son port, les changements

LA PLACE DE L'HOTEL DE-VILLE A ANVERS.

de joug qu'elle subit, la dépeuplent et la ruinent ensuite jusqu'au moment où la conquête la jette entre les mains de Bonaparte... Anvers voit alors s'élever ses premières installations modernes, celles-là mêmes qui furent étendues plus tard par les rois belges Léopold Ier et Léopold II, après avoir été négligées sous la possession hollandaise, pour ne point porter ombrage à Amsterdam, sa rivale. Depuis ce temps, la prospérité est revenue, et, chaque année, elle augmente. Tandis que Bruges n'a plus gardé de son ancienne opulence que des monuments admirables où sa gloire se survit, son héritière, qui fut d'abord son émule, s'est si bien relevée de ses désastres qu'elle est devenue la seconde ville du royaume. C'est actuellement la grande ruche où s'opèrent les trafics internationaux, où s'accumulent les fortunes particulières, où s'alimente la richesse publique; elle est un des foyers les plus puissants de la prospérité nationale et son activité n'a de comparable que celle des plus vastes ports de l'Europe. D'un bout à l'autre de l'année, les vaisseaux de l'étranger abordent par centaines dans ses eaux, et tous les pavillons du monde flottent à leurs mâts; ses quais incessamment s'encombrent des ballots que les Indes, les deux Amériques, les îles lui envoient, et elle n'a point assez de ses docks pour recevoir les cargaisons qui lui viennent de partout. Chaque vague de son fleuve roule de l'or, sous les espèces des produits variés qu'enfante la terre ou qu'engendre le travail des hommes. »

Le mouvement commercial du port d'Anvers se chiffre par plus de 8,000 navires et 6 millions de tonnes et par un transit de 1,330 millions de francs. Mais si Anvers est grande par son commerce, elle l'est bien plus encore comme patrie de Van Dyck, de Jordaens, de Téniers, comme séjour de Rubens, comme sanctuaire des arts.

Turnhout, sur la frontière de Hollande, est une ville de 17,000 habitants; elle possède d'importantes fabriques de draps. Ghéel, au sud, est bien connue comme centre d'une vaste colonie d'aliénés répartis chez les cultivateurs qui, moyennant une modique pension, en prennent soin tout en leur laissant la liberté que comporte leur état mental. Sur une circonférence de dix lieues le pays est partagé en sections sous la direction de médecins aliénistes et de surveillants.

A l'ouest des provinces d'Anvers et de Brabant et au nord de celle du Hainaut, s'ouvrent les riches et grasses Flandres, en partie terres d'alluvions conquises par l'homme et retenues par des digues. D'Anvers à Damme, la digue du Comte Jean couvre le nord des deux Flandres, mesurant de 20 à 30 mètres d'épaisseur. De Dunkerque à Anvers, sur 100,000 hectares, se déroulent d'incomparables pâturages, terres nourricières de chevaux, de bœufs et de vaches laitières. Ici, la densité de population est supérieure à la moyenne et n'est inférieure qu'à celle du Brabant. Dans la Flandre orientale, on compte 297 habitants par kilomètre carré, 216 dans la Flandre occidentale.

« Quand on descend des collines doucement arrondies qui forment le bassin de la Lys, écrit M. de Laveleye, et qu'on s'avance vers la mer du Nord, on voit se dérouler devant soi de vastes plaines parfaitement unies, bornées à l'horizon par une ligne de monticules de sable d'une blancheur éblouissante. Cet ourlet, légèrement ondulé, qui se détache nettement entre l'azur du ciel et le vert foncé des prairies, ce sont les dunes qui protègent les terres basses contre les vagues de l'Océan. Les habitations sont rares. De loin en loin, on aperçoit les toits rouges de quelques fermes abritées par un bouquet d'arbres que les tempêtes de l'ouest ont tous courbés dans le même sens, ou bien l'aiguille de quelque clocher de village à moitié perdu dans la brume bleuâtre qui s'élève toujours de ce sol marécageux. Les demeures rurales, comme celles des tribus maritimes qu'avait visitées Pline sur cette même côte, s'élèvent sur de petites éminences qui dominent de quelques pieds une plaine inondée pendant les hivers pluvieux ; alors les habitants, enfermés avec leurs troupeaux comme en des îles, ne communiquent entre eux qu'au moyen d'embarcations. Transformé ainsi en lac durant deux ou trois mois de l'année, le pays offre, pendant l'été, ces horizons uniformes et verdoyants, dont Paul Potter aimait à ouvrir, dans le fond de ses toiles, les perspectives profondes. Ici encore, comme dans les tableaux du maître hollandais, d'innombrables troupeaux de bœufs à l'engrais et de jeunes chevaux paissent jour et nuit dans de gras pâturages, et il ne faudrait pas aller bien loin pour retrouver près de quelque saule creux, au bord d'un fossé tout verdi de plantes aquatiques, l'original du fameux taureau du musée de la Haye. »

Gand, capitale de la Flandre orientale, renferme 156,656 habitants ; elle est la troisième ville de la Belgique, ville d'usines et de manufactures, occupant plus de 30,000 ouvriers à la filature et au tissage des cotons, plus de 5,000 dans chacune des deux grandes fabriques linières. Si la vieille commune flamande a perdu, en se modernisant et en s'embellissant, son aspect pittoresque, elle a gardé toutefois ses antiques traditions d'indépendance, son esprit d'initiative hardie. Elle leur doit ses écoles et ses hospices, ses musées et ses bibliothèques, ses académies et ses nombreuses associations, nés du libre concours de ses citoyens.

Située au confluent de la Lys et de l'Escaut, Gand communique avec Anvers par l'Escaut, avec Courtrai par la Lys, avec la mer par le canal de Terneuzen, avec Bruges par le canal de Bruges. Son histoire est celle des communes flamandes dont elle fut la plus importante, la plus turbulente, et aussi la plus opulente, celle qui excitait au plus haut point les convoitises de ces princes besoigneux « toujours prêts, comme le dit Michelet, à faire un joyeux pèlerinage aux magasins de Gand, aux épices de Bruges, aux fines toiles d'Ypres, aux tapisseries d'Arras ». Mais Gand leur apprit « quel risque il y avait à mettre en mouvement ces prodigieuses fourmilières, ces formidables guêpiers de Flandre. Le lion couronné de Gand qui dort aux genoux de la Vierge dormait mal et s'éveillait souvent ».

A l'est de Gand s'étend le pays de Waes autrefois lande stérile, aujourd'hui devenu, à force de travail, de culture et d'engrais, l'un des plus fertiles des Flandres, l'un des plus peuplés de l'Europe, 5,210 habitants par lieue carrée. Saint-Nicolas, centre commercial et industriel du pays de Waes, compte 27,722 habitants. Alost, au sud de Gand, sur la lisière du Brabant, en a 24,078.

La Flandre occidentale a pour capitale Bruges. La vieille cité flamande, la « Venise septentrionale », dont les magistrats traitaient d'égal à égal avec les princes et les rois,

n'a plus que 47,033 habitants. Les jours sont passés où la prospérité de Bruges excitait
la jalousie des souverains, où le luxe de ses orgueilleuses bourgeoises faisait pâlir
d'envie Jeanne de Navarre, femme de Philippe le Bel. L'astre de la Belgique, la puissante et magnifique cité que peuplaient 100,000 habitants a peine maintenant à nourrir
ses indigents.

« Le calme a succédé à l'animation, écrit M. H. Havard dans son volume la *Terre
des gueux*, le silence a remplacé le bruit. Tout autour de nous la ville est solitaire.
De grands quais, bordés de maisons fendillées, encadrent un grand canal, et ce canal,
jadis couvert d'embarcations, est aujourd'hui vide et désert... A droite, s'ouvrent
quelques rues, dont l'œil scrute en vain les solitaires perspectives ; à gauche se dressent un grand mur grisâtre, une église, un hospice et un séminaire épiscopal ; mais
d'un côté comme de l'autre, à droite comme à gauche, la solitude et le silence ; le
silence rendu plus saisissant encore par quelque bruit lointain, ou par les accents
éloignés du carillon communal égrenant dans les airs son refrain monotone, pendant
que les clochers se renvoient l'un à l'autre les heures mélancoliques qu'ils comptent
tristement. Puis tout se tait à nouveau, et pendant un quart d'heure on peut se croire
égaré dans un monde enchanté, dans quelque domaine de la Belle au bois dormant, ou
mieux encore dans un gigantesque béguinage... Jadis agitées et tumultueuses, demeures
des foulons et des tisserands, ces rues suffisaient à peine à la circulation, et maintenant
elles sont si peu passantes, que bien souvent les dentellières pauvres s'installent pour
travailler au milieu du pavé... Les rues franchies, on arrive sur les canaux, petits
canaux avec un seul quai, enjambés par des ponts en dos d'âne, frustes, écornés,
entamés par les ans, grillés par le soleil et rongés par la pluie, mirant dans les eaux
claires leurs tonalités vives. Et sur ces ponts, un ou deux mendiants immobiles, dont
les vêtements déteints ont pris les tons rouges de la brique, semblent, dans leur austère
impassibilité, faire corps avec la borne sur laquelle ils sont assis. On se croirait à
mille lieues de la Flandre, dans certaines villes italiennes, plutôt en Sicile, ou bien
encore en Orient. Il y a là des recoins, le quai espagnol par exemple, où l'on jurerait
d'être à Venise. Certaines de ces ruelles, que nous venons de traverser, rappellent
Syracuse. Et quand, longeant le quai, on passe devant Sainte-Anne ; quand, de là, on
aperçoit la masse rugueuse, rouge, chaudement colorée de l'église, dominée par son
svelte clocher et par cette tour bizarre de *Jérusalem*, surmontée d'une boule et coiffée
d'une *loggetta*, malgré soi l'on se croit transporté dans quelque coin ignoré de Murano
ou de Pise, et la petite place qui entoure le vieux sanctuaire prend l'aspect attristé d'un
funèbre *campo santo*. »

C'est au nord, sur la côte, qu'il faut aller chercher la vie ; à Ostende, hameau de
pêcheurs, devenu la deuxième ville maritime de la Belgique, peuplée de 24,000 habitants et visitée chaque été par 25 à 30,000 baigneurs. Damme, le port de Bruges, est
devenu ce que fut Ostende, menacée elle-même par Flessingue qui lui enlève une partie
de son transit de voyageurs à destination d'Angleterre, et par Blankerberghe qui
détourne ses visiteurs.

Courtrai, au sud, est sur la Lys, qui la met en communication avec les cités des

Flandres et du nord de la France. C'est une ville manufacturière de 30,486 habitants, renommée pour la fabrication des toiles. Sous ses murs se livra la *bataille des Éperons* où les Flamands défirent l'armée de Philippe le Bel, commandée par Robert, comte d'Artois. Ce fut l'un des plus hauts faits d'armes des corps des métiers de Bruges et de Gand. En 1382, Charles VI vengea la sanglante défaite de 1302 en prenant et ruinant Bruges. Plus tard, Courtrai fit partie du département français de la Lys.

Les communes populeuses sont à distance de Courtrai et des rives marécageuses de la Lys. Mouscron se trouve au sud; près de la frontière française, à l'ouest se succèdent Ingelmunster, Rumbeke, Roulers, Thielt; Ruysselaede qu'entourent de riches cultures de lin, de tabac, de céréales. Ypres est au nord-ouest, ville morte, comme Bruges, dont elle fut la rivale heureuse. Elle posséda 200,000 habitants, elle n'en a plus le dixième aujourd'hui. « Ypres, ville secondaire, écrit M. H. Havard, ne compte plus sur son sol d'autre production industrielle que la fabrication des dentelles; triste profession s'il en fut, et dans laquelle un travail acharné rapporte juste de quoi ne pas mourir de faim. Rien n'est à la fois plus intéressant et plus triste que de voir, dans les ruelles écartées, ces pauvres filles, pâles et chétives, maladives et voûtées avant l'âge, assises au seuil de leurs maisons, penchées sur leur coussin de travail, absorbées par leur ouvrage d'écureuil, faisant agir leurs doigts sans relâche, avec une rapidité fébrile et, du lever au coucher du soleil, tissant en silence ces délicates merveilles, qui passent pour les plus fines dentelles de la Belgique. »

Étant donnée la superficie de son sol, 2,945,715 hectares, dont 67 0/0 seulement est en culture, les forêts, rivières, marécages, routes et villes occupant le reste, la production agricole de la Belgique est considérable: elle dépasse un milliard et demi de francs.

En 1889, l'importation se chiffrait par un total de 3,087 millions et l'exportation par 3,106 millions soit, à l'entrée et à la sortie, un mouvement commercial de 6,193 millions, desservi par 4,446 kilomètres de voies ferrées et par 14,004 navires jaugeant 10,304,031 tonnes. Ce commerce oscille, par ordre d'importance, entre la France, l'Angleterre, l'Allemagne et la Hollande. En 1888, il donnait les chiffres suivants pour ces quatre États : France 675,541,000; Angleterre 498,397,000; Hollande 422,421,000, Allemagne 428,623,000.

En 1888 la production du charbon s'est élevée à 154 millions de francs, celle du fer à 104 millions, du zinc à 29 millions. L'industrie manufacturière occupait près d'un million d'ouvriers et l'évaluation des produits dépassait 2 milliards. Outre les quatre États cités plus haut, la Belgique entretient un important commerce d'échanges avec l'Italie, la Russie, la Suisse, la Suède et la Norvège, la République Argentine, l'Espagne et le Brésil.

Vue de DORDRECHT.

II. — LES PAYS-BAS

Nulle région n'est mieux nommée ; région horizontale, plate et basse, vague et noyée, indécise entre la terre et la mer, toujours en péril, dont l'habitant dispute son sol à l'Océan et fait servir l'Océan à sa grandeur et à sa richesse. Il lui assigne des limites et chaque jour empiète sur son domaine, dédaigneux de ses menaces, opposant son flegme à ses colères, la science à ses efforts, renversant les lois de l'équilibre et montrant avec orgueil ses *terres creuses*, de plusieurs mètres au-dessous du niveau des flots.

Jetez les yeux sur la carte. Au sud, au nord, à l'est la mer étreint et pénètre les Pays-Bas. Par les estuaires de la Meuse et de l'Escaut elle remonte le cours des fleuves ; par le Zuyderzée elle s'enfonce dans les terres qu'elle échancre en un vaste golfe ; par la double bouche de l'Ems, elle s'avance comme pour se relier au Zuyderzée, pour noyer ces terres basses qui forment trois provinces, et qu'elle attaque au nord comme au sud.

Elle guette, depuis des siècles, un moment d'inattention, de défaillance pour ressaisir sa proie. Combien faudrait-il d'heures pour noyer la Hollande ? Mais l'habitant veille et son sang-froid défie les efforts et les traîtrises de la mer. Il a appris à la connaître dans ce long combat qu'il soutient contre elle, de père en fils, de génération en génération, et c'est lui qui la dompte, qui la force à reculer, qui lui dispute le sable qu'elle lui jette au visage, qu'il consolide et défend, qu'il convertit en un sol nourricier.

Est-il lutte plus grandiose que celle que soutient, sur ce coin de terre, l'homme contre l'Océan, en est-il de plus implacable? Vivre ou mourir, étendre son domaine ou le voir engloutir, tel se pose incessamment le problème, et si le fait pour l'homme d'être jusqu'ici sorti vainqueur de la lutte, justifie sa foi dans l'avenir, nul ne peut affirmer qu'une tempête plus redoutable, qu'un flot plus destructeur ne brisera pas quelque jour les obstacles accumulés, les digues derrière lesquelles il s'abrite. Il semble qu'avec les siècles, ses chances augmentent et que sa conquête s'affirme ; les îles flottantes se consolident et la terre fluide se tasse. Le temps n'est plus où les vagues soulevées, balayant le littoral de la Frise rasaient 2,500 maisons, où, comme en 1170, la terrible marée de la Toussaint, emportant l'isthme qui rattachait la Hollande à la Frise faisait du Zuyderzée une mer intérieure et contraignait les populations éperdues à chercher un asile à l'étranger. Si l'on ne voit plus, comme au xiiie siècle en 1221, 1230, 1242, 1277, 1287 des retours offensifs de l'Océan engloutir 50 à 100,000 habitants, noyer des villes comme Torum, dévorer cinquante villages, plus près de nous cependant, en 1825, la mer reprit le Waterland, submergeant 40 villages et des milliers d'habitants, noyant 100,000 moutons, 10,000 vaches et, quand elle se retira, laissant sur le sol boueux, avec des amas de chairs putréfiées, des marais fangeux, la fièvre et la peste.

Et, danger plus redoutable, parce qu'il est plus inexorable, sur certaines parties du littoral le sol s'affaisse. La forêt de Texel est sous les flots et les filets des pêcheurs s'accrochent aux branches des arbres submergés. Englouti aussi le temple romain de Walcheren que l'on découvrit en 1647, lors d'une grande marée basse. A Katwigk, à un kilomètre en mer, on a retrouvé les restes d'une construction romaine. On la vit pour la première fois en 1520, ses murs mesuraient encore trois mètres de hauteur. Les marins affirment que, deux kilomètres plus au large, sous 20 mètres d'eau, par un temps clair et une mer calme, on aperçoit d'autres ruines.

Le navire fait eau. Le génie et la science de l'homme réussiront-ils à le maintenir à flot ?

Prolongement des basses plaines de l'Allemagne et des Flandres, les Pays-Bas ou Néerlande, de *Neder*, bas, et *land*, terre, sont communément désignés sous le nom de Hollande, *Holt Land*, terres creuses; la Hollande proprement dite ne forme toutefois que deux des onze provinces des Pays-Bas. Les neuf autres sont : le Brabant septentrional, le Limbourg, la Zélande, Utrecht et Gueldre, composant avec la Hollande du sud les Pays-Bas méridionaux. Les Pays-Bas du nord comprennent les provinces de la Hollande septentrionale, Over-Yssel, Drenthe, Groningue et la Frise. Leur superficie totale est de 33,000 kilomètres carrés, leur population de 4,548,596 habitants, soit 138 habitants par kilomètre carré, densité supérieure de près du double à celle de la France qui est de 71. Après la Belgique, les Pays-Bas sont, proportionnellement, le royaume le plus peuplé de l'Europe.

Ils ont pour limites : au nord et à l'ouest la mer du Nord, depuis l'embouchure de la Zwin jusqu'à l'extrémité méridionale du golfe du Dollart; au sud, une ligne sinueuse au-dessous de Sluis et du Sas de Gand ; elle contourne l'Escaut maritime, coupe les landes de la Campine et s'infléchit avec le cours de la Meuse ; par Visé cette ligne se redresse à l'est et vient aboutir au sud-ouest d'Aix-la-Chapelle, séparant les Pays-Bas de la Belgique. Remontant au nord, la frontière rejoint la Meuse, la longe et la dépasse, coupe le Rhin, contourne la Westphalie et le Hanovre et, à travers les marais et les tourbières, se termine au Dollart.

Au long du littoral profondément échancré, les îles se succèdent ; la Zélande est presque entièrement insulaire, l'Escaut la découpant en terres basses disjointes ; ainsi fait la Meuse. Plus au nord s'ouvre l'immense golfe du Zuyderzée, semé de bancs de sable et d'îles, dont Texel est la plus étendue. Ile étrange, comme elles le sont presque toutes, affectant la forme d'une énorme vasque dont le fond serait un tapis de verdure épaisse, une gigantesque prairie dans laquelle 2,000 bêtes à cornes, un millier de chevaux, 30,000 moutons broutent en paix tandis que les flots de la mer du Nord se brisent autour d'eux et au-dessus d'eux, sur la ceinture de digues et sur les dunes de sable qui les abritent.

Dans l'intérieur des Pays-Bas, le sol se relève, atteignant en moyenne 46 mètres au-dessus du niveau de la mer. Dans le Limbourg, limitrophe de l'Allemagne et des provinces Rhénanes, quelques collines se dressent mesurant 160 à 200 mètres ; partout ailleurs le sol garde une horizontalité presque parfaite. « Son aspect pittoresque est singulier, écrit Daniel Stern, sa constitution géologique ne ressemble à aucune autre. On a pu s'étonner qu'un tel pays se rencontrât et personne ne le saurait voir sans quelque surprise, tant est grand le contraste de sa physionomie tranquille avec les conditions violentes de son existence. Né d'une lutte séculaire entre l'Océan et les fleuves, déposé par des déluges successifs, tour à tour élevé, abaissé, emporté ou rejeté dans la vague, travaillé encore aujourd'hui sous nos yeux, par des altérations soudaines et profondes, le sol des Pays-Bas n'en garde pas moins l'apparence d'une inaltérable paix. Tout est douceur et lenteur, tout respire le calme et la sécurité dans ces paysages hollandais que l'impétuosité des vents et des flots a tant de fois bouleversés. En deçà de la chaîne des dunes qui le protège contre l'Océan, la ligne horizontale y règne, à peine infléchie. Rien qui se dresse, rien qui se précipite. Des contours ondoyants, des surfaces planes comme des miroirs, éclairées d'une lumière égale et argentée ; de molles prairies enveloppées de vapeurs blanchâtres, des eaux dormantes où se reflète un ciel nuageux, quelque chose d'indécis et de monotone qui tient du rêve plus que de la réalité, une sorte de silence pour l'œil qui lui donne la sensation du repos, tel est le charme indéfinissable de cette énigmatique nature. »

Un seul bassin, la mer du Nord, reçoit les eaux de ce sol dépourvu de pentes, au travers duquel la Meuse et l'Escaut venus de France, le Rhin descendu de Suisse, décrivent leurs méandres sinueux et promènent leurs eaux paresseuses. Sorti de la Belgique, l'Escaut ouvre ses deux bras, le *Hont* et l'*Ooster*, entre lesquels il enserre l'île de Beverland et celle de Walcheren. La Meuse débouche dans les Pays-Bas en amont de Maestricht, traverse le Limbourg néerlandais, oblique à l'ouest, rejoint, à Gorkum, le Waal, l'une des branches du Rhin, et se divise en deux bras, qui eux-mêmes se subdivisent, enserrant dans leur réseau multiple les terres basses ; l'un, la Vieille Meuse, rejoint la mer au-dessous de Brielle, un autre se confond avec le Leck, l'une des branches du Rhin, et forme le port de Rotterdam. Dans son cours à travers les Pays-Bas, la Meuse reçoit, à droite, l'Ourthe, venue du Luxembourg, la Roer et la Niers ; à gauche : la Dommel et la Merk. Le Rhin, dès son entrée en Hollande, se partage, lui aussi, en deux bras, tant est faible sur ce sol horizontal, la pente requise pour l'écoulement des eaux. Ces deux bras, à leur tour, se subdivisent : l'un, sous le nom de Leck, rejoint, avons-nous dit, la Meuse à Krimpen ; l'autre, le *Rhin courbé*, atteint Utrecht où il se bifurque. Errant à travers les marais, le grand fleuve historique et héroïque successivement dénommé *la Rue des Soldats* puis *la Rue des Prêtres*, vient confondre ses eaux avec celles de la Meuse dont il n'est plus qu'un affluent, et mourir sur ces terres basses sans qu'une embouchure porte son nom, sans qu'une grande cité marque, dans cette mer de boue, la place où il s'épanche.

En dehors de ces trois fleuves, les autres cours d'eau de la Hollande sont : l'Amstel, le Zaan, la Hanse, la Vecht et la Linde. L'Amstel baigne Amsterdam et lui donne son nom ; la Hanse arrose Groningue.

La première race dont l'histoire fasse mention et que les Romains rencontrèrent sur ce sol, est la race Frisonne, race grande et svelte, aux yeux bleus, aux cheveux blonds, au teint blanc. Leurs descendants ont conservé ces signes distinctifs ; leurs descendantes sont éblouissantes d'éclat et majestueuses d'aspect. Des races antérieures on ne sait rien. Les *Hunnebedden*, l'allée des tombeaux, près d'Assen, dans la province de Drenthe, le *lit des morts*, à Oldenzaal, les *Terpen* ou monticules de Groningue ont révélé l'existence préhistorique d'hommes différents de ceux qui peuplent cette région, mais sans rien trahir de leur origine.

Les Frisons, qui, suivant toute probabilité, leur succédèrent, n'en ont pas gardé souvenir dans leurs traditions. Eux-mêmes, après avoir occupé toute la région, furent refoulés par l'invasion germanique. Pirates et écumeurs de mer ils s'étaient affaiblis par leurs incursions en Angleterre, par leur occupation du comté de Kent encore aujourd'hui peuplé de descendants des Frisons. Aussi ne purent-ils résister aux Francs de Charles Martel, qui les vainquirent. Charlemagne les soumit, les moines Saxons leur imposèrent le christianisme, les Danois et les Normands les pillèrent. Frisons, Saxons et Francs se juxtaposèrent sur ce sol, les Frisons sur le littoral, les Saxons à l'est, au long de l'Allemagne, les Francs au sud, près des frontières de Belgique, chaque race se groupant selon ses affinités instinctives et ses origines premières.

Leur lien commun fut leur farouche esprit d'indépendance. « Les Frisons demeureront libres tant que le vent chassera les nuages », disaient leurs anciennes lois ; « pauvres d'argent mais l'épée en main », portait le blason de Gueldre. Ils ne furent pas longtemps pauvres s'ils durent lutter longtemps pour défendre ou ressaisir leurs libertés. De pirates ils se firent pêcheurs et s'enrichirent par la pêche. Un des leurs, Willem Beukelszoon de Zélande, inventa et propagea l'art d'encaquer le hareng, source incalculable de profit. Un autre, Willem Barentz, cherchant vainement par le pôle un passage vers les Indes, découvrit les lieux de pêche de la baleine. Les harengs et les baleines les enrichirent, et ces pèches hasardeuses firent d'eux les premiers marins de l'Europe. Houtman leur ouvrit d'autres horizons; il n'eut pas de peine à les entraîner sur la route des Indes, de Java, de Sumatra, où ils se heurtèrent aux Espagnols et aux Portugais, de même qu'au nord ils se heurtaient aux Anglais qui voulaient leur interdire les pêcheries du Spitzberg. Mais ils n'eurent pas seulement des matelots, ils eurent aussi de grands hommes de guerre. Martin Tromp bat les Espagnols au combat naval des Dunes, il bat les amiraux anglais Blake et Deane; Ruyter défait les Danois, puis les Anglais, auxquels il prend Sheerness, remontant la Tamise à la tête de sa flotte victorieuse et faisant trembler Londres.

Après l'Espagne et l'Angleterre : la France. Aux 100,000 hommes que Louis XIV, en 1672, détache des Flandres pour envahir les Pays-Bas, à « ce coup de foudre dans un ciel serein », comme l'appelait Temple, les Pays-Bas opposent Guillaume d'Orange. « Pour défendre la Hollande, il la noya, dit Michelet, il ouvrit les écluses »; couverte par sa flotte et défendue par Ruyter, la Hollande fit reculer le grand roi. Duquesne vengea l'échec en 1677. En vue de Catane, il vainquit Ruyter, qui mortellement blessé, s'en fut mourir à Syracuse. Plus tard, Dumouriez envahit la Hollande et la perdit à Neerwinde ; après lui Pichegru prit Bruges, Gand, Anvers, Amsterdam et la flotte, toute la Hollande, à laquelle Napoléon donna son frère pour roi. Depuis le congrès de Vienne, les Pays-Bas, réunis à la Belgique sont restés indépendants sous la dynastie de Nassau; en 1839 ils acceptèrent le traité qui consacrait l'existence séparée du royaume de Belgique.

I. — PROVINCES MÉRIDIONALES DES PAYS-BAS : LIMBOURG. — BRABANT.
ZÉLANDE. — HOLLANDE DU SUD. — UTRECHT. — GUELDRE.

Le Limbourg néerlandais s'étend au long de la frontière d'Allemagne en une étroite bande de terre qui confine, au sud-ouest, au Limbourg belge, au nord-ouest au Brabant septentrional. Éloigné de la mer, sillonné de collines et de vallées, le Limbourg ne présente que fort peu des traits caractéristiques de la Hollande. Maestricht, sa capitale, est belge d'aspect. Située dans une vallée adossée aux pentes douces de la Meuse qui la coupe en deux parties inégales, elle passait pour la clef des Pays-Bas et pour l'une des places les mieux fortifiées de l'Europe. Aussi fut-elle l'une de celles que la France, l'Espagne et la Hollande se disputèrent avec le plus d'acharnement. La Hollande l'occupait lors de la scission avec la Belgique. On la lui laissa. Mais l'importance de Maestricht, en tant que place forte, a beaucoup décru depuis que les conditions de la guerre se sont modifiées, et la Hollande a décidé la démolition des fortifications désormais inutiles de Maestricht. Ville de couvents et aussi ville d'usines, elle renferme 32,681 habitants.

Roermond, la seconde ville du Limbourg, n'en possède que 11,000. Située sur la rive droite de la Meuse, à sa jonction avec la Roer, d'où son nom qui signifie « embouchure de la Roer », elle était, comme Maestricht, entourée de fossés et de fortifications. Elle fut, comme elle, prise et reprise par les Espagnols et les Hollandais, et finalement démantelée par l'empereur Joseph II. Ville catholique, Roermond a la spécialité des objets de sainteté. Venlo, 10,000 habitants, est sur la frontière de la Prusse. Elle a conservé sa forteresse et est devenue le centre d'un commerce de transit.

Entre le Limbourg à l'est et la Zélande à l'ouest, s'étend le Brabant septentrional. Il a pour chef-lieu Bois-le-Duc, ville forte, peuplée de 27,067 habitants. Son nom lui vient du beau parc qu'y possédaient les ducs de Brabant. Bois-le-Duc est une place de guerre d'une certaine importance, défendue par sa citadelle et ses deux forts, par un rayon étendu d'ouvrages avancés et, mieux encore, par ses prairies basses, faciles à inonder. Elle joua un rôle dans les guerres de religion. Aujourd'hui, elle est surtout ville commerciale; sa situation au confluent de l'Aa et du Dommel en fait un port intérieur très fréquenté, communiquant, par une ligne de bateaux à vapeur, avec Rotterdam. Tilburg, ville récente, est plus peuplée que Bois-le-Duc, chef-lieu de la province. Sa population, de 33,795 habitants, s'accroît rapidement, ainsi que son industrie qui fait de Tilburg le centre de la fabrication des lainages en Hollande. Ses fabriques, au nombre de plus de cent, produisent chaque année plus de 20,000 pièces de laine.

A 22 kilomètres de Tilburg, Bréda est, elle aussi, une ville industrielle. Elle fut ville de guerre, située au confluent de l'Aa et de la Merck, couverte par des marais qui en rendent le séjour peu salubre. Elle n'en compte pas moins 21,927 habitants et son château est devenu l'école des cadets de l'armée néerlandaise. Berg-op-Zoom est plus à l'ouest, sur les confins de la Zélande, au fond d'une anse formée par l'Escaut et sur la petite rivière de Zoom. En 1867, ses fortifications ont été rasées, mais ses approches peuvent être facilement inondées. Le plus célèbre des nombreux sièges qu'eut à soutenir Berg-op-Zoom fut celui de 1747 par l'armée française, sous le commandement du comte de Lowendahl, qui emporta la ville d'assaut après un mois de tranchée ouverte.

A l'ouest du Brabant néerlandais s'ouvre la Zélande, le *pays de mer*, formé en grande partie des îles découpées par l'Escaut : Walcheren, Zuid-Beverland et Noord-Beverland, Tholen, Duiveland et Schouwen. La Zélande est la plus étendue des provinces des Pays-Bas; sa superficie mesure 1,705 kilomètres carrés ; sa population est de 190,000 habitants. Le sol, gras et fertile, produit d'abondantes récoltes de céréales.

A l'embouchure de l'Escaut, dans l'île de Walcheren, West-Kapelle fait face à la mer. Les dunes de sable qui protègent l'île cessent à West-Kapelle et sont remplacées par des digues artificielles sur lesquelles se brisent les vagues de la mer du Nord. « Plus d'une fois, écrit M. de Coster, enlevant les dunes et les digues, la mer força les habitants à se déplacer et à réparer la digue. De là, des frais énormes d'entretien qui incombent encore aujourd'hui à l'île tout entière, puisque West-Kapelle est le point le plus exposé, et celui, par conséquent, qu'il faut le mieux défendre. Les habitants cultivent la terre quand ils n'ont pas à s'occuper de la digue, mais ne veulent pas qu'on les nomme paysans. Ils sont de West-Kapelle, et pour eux c'est tout dire. Ils n'ont point la physionomie sombre, ni l'allure lourde, ni la sauvage méfiance de certains campagnards calvinistes appartenant à la vieille Église. Gais, éveillés, larges d'épaules, souples de corps, très robustes, ils sont aussi très bienveillants, à moins qu'on ne les irrite. Nulle servilité, beaucoup d'indépendance. Quand on leur parle de maître : « Notre maître, le voilà ! » disent-ils en montrant la mer du Nord qui fait assaut à la grande digue... Il est naturel que l'on n'emploie pas aux travaux de la digue d'autres ouvriers que ceux de West-Kapelle. Ils sont *diguiers* par héritage, par instinct, et de père en fils, depuis des siècles. Des étrangers pouvaient, à West-Kapelle, travailler à la terre ou exercer tous les commerces et toutes les industries, mais il leur était absolument interdit de travailler à la digue. Si les tempêtes de l'arrière-saison venaient anéan tir des ouvrages d'art et faire redouter des ruptures, on sonnait la cloche d'alarme, et le crieur parcourait les rues du grand village en frappant sur son bassin en cuivre et en criant : *Nood! nood! groote nood! — Klein en groot. — Arm en rijk. — Al naar den dijck!* Détresse ! détresse ! Grande détresse ! — Petits et grands, — pauvres et riches, — tous à la digue ! » « Alors, tout ce qui avait des bras se présentait et travaillait à la digue avec les ouvriers diguiers. Le danger disparu, la réserve était renvoyée ; aujourd'hui elle est permanente. »

Si puissants que soient les obstacles accumulés par l'homme sur cette côte battue par l'océan, l'océan parfois l'emporte. En 1808, il balaya les digues de West-Kapelle, envahit l'île de Walcheren, se rua sur Middelbourg situé à 12 kilomètres de distance et y monta à la hauteur des toits des maisons. Depuis, on a refait et consolidé ces digues ; leur épaisseur est de 100 mètres, leur hauteur de 8^m,30 au-dessus des basses marées, de 4^m,80 au-dessus des plus hautes. Sur les digues et les écluses s'est concentré l'effort de la Hollande. Si grande par ses peintres, la patrie de Rembrandt, de Cuyp, Van Ostade, Gérard Dow, Wouvermans, Berghem, Potter, Steen, Van Ruysdael possède peu de monuments. La véritable architecture de la Hollande est l'architecture hydraulique ; la sienne est la première du monde ; elle a élevé des constructions monumentales, enfoui dans les eaux bourbeuses des centaines de millions. Si ses digues sont colossales, ses écluses sont des merveilles d'ingéniosité ; tout en barrant la route à la mer, elles se plient à ses colères, s'ouvrant devant elles, amortissant ses chocs qui vont se briser sur des lignes successives de barrages jusqu'aux dernières écluses hermétiquement closes. C'est là, plus que dans ses églises et ses palais, ses hôtels de ville et ses forteresses, qu'il faut étudier l'architecture de ce pays sans cesse menacé par les eaux qui, dans les tempêtes d'ouest, s'élèvent à 3^m,20 au-dessus du niveau de Rotterdam, à 5^m,80 au-dessus de celui d'Amsterdam.

Middelbourg est la capitale de la Zélande. C'est une ville de 17,000 habitants, dont la vaste enceinte pourrait contenir une population triple. Elle eut autrefois un grand commerce avec l'Espagne et l'Italie ; elle possède encore un vaste bassin, mais, bien que rattachée à l'estuaire de l'Escaut, elle a vu décroître son mouvement commercial par la création du port de Flessingue que des lignes de paquebots à vapeur relient à l'Angleterre, à Queensborough et à Sheerness. Flessingue est un port maritime qui se pose en rival d'Anvers. On y a construit des bassins et des quais, de vastes docks et de nouveaux quartiers, mais sa population ne dépasse pas encore 18,000 âmes.

Sur cette île humide de Walcheren vint se fondre, pendant les guerres du premier Empire, une armée anglaise jetée là pour marcher sur Anvers, et que les fièvres dévorèrent. Elles sont fréquentes dans ces îles que le voyageur devine plus qu'il ne les voit, tant elles sont basses et plates, tant leur bourrelet de dunes émerge seul à la surface de la mer. De loin en loin, derrière ce bourrelet, un clocher, quelques toits rouges trahissent l'existence de l'homme, une ville, un village situés au-dessous du niveau de la mer, noyés dans la brume en attendant, semble-t-il, d'être submergés par les flots. A l'horizon, pas une saillie de terrain, pas une colline sur laquelle se réfugier si la digue plie sous l'effort des eaux, comme elle le fit il y a trois siècles dans l'île de Schouwen dont les habitants disparurent; dans celle de Noord-Beverland dont on ne vit plus que la pointe des clochers; dans celle de Zuid-Beverland qui eut le même sort au milieu du xive siècle. On retrouva ces îles et on les reprit; on les couvrit de digues et on les habita. Le blason de la Zélande ne porte-il pas un lion qui nage, avec cette devise : *Luctor et emergo?*

La Hollande méridionale succède, au long de la côte, à la Zélande. L'hiver y est long, l'été court; l'automne y est le commencement et le printemps la fin de l'hiver. En Hollande, dit un proverbe local, on voit le même jour les quatre saisons, mais l'hiver est la principale.

La Haye, capitale de la Hollande méridionale, est l'une des trois grandes villes des Pays-Bas. Sa population est de 156,497 habitants. On l'a surnommée le Versailles hollandais; elle rappelle Versailles par ses larges rues et ses vastes places, par ses avenues, ses édifices et ses hôtels, par sa maison du Bois qui éveille le souvenir de Trianon. Ville de cour, d'aristocratie et de bourgeoisie, la Haye n'est pas une ville commerçante ou industrielle. Aucun fleuve ne l'arrose; les dunes la séparent de la mer, et Scheveningen, à laquelle la relie une allée de beaux arbres, n'est qu'un port de pêcheurs et une station estivale. La Haye a pour elle son bois, le plus beau de la mélancolique Hollande, son musée et ses belles promenades. C'est la résidence royale, celle des hauts fonctionnaires, et ses quartiers élégants rivalisent avec les beaux quartiers des grandes capitales européennes. Scheveningen est célèbre par la victoire que Ruyter remporta, au large de sa rive, sur les flottes réunies de France et d'Angleterre en 1675. « Le village, écrit M. Maxime du Camp, est protégé contre la mer par des dunes en sable blanc. Sur la plage unie et ferme, les bateaux sont tirés, rangés côte à côte comme autrefois les galères sur les rivages d'Ilion; il y a là une flottille de plus de 200 barques, sans compter celles qui sont à la mer. » Une terrasse d'un kilomètre et demi domine la plage; elle est bordée d'hôtels, de pavillons, de villas, et sillonnée, l'été, de nombreux équipages.

Au sud de la Haye, près de Rotterdam, Schiedam, ville de 25,620 habitants, est renommée pour ses distilleries de genièvre. On en compte plus de 250 dont les hautes cheminées enveloppent Schiedam d'un nuage de fumée. Des résidus de la distillation on engraisse plus de 30,000 porcs. Delft, au nord, renferme 28,537 habitants. Ville historique, mais triste et peu commerçante, elle fabrique encore, comme autrefois, des faïences et des majoliques ; la voie ferrée en a fait un faubourg de la Haye. L'école des ingénieurs y est établie, et aussi un arsenal de l'État.

Rotterdam, seconde ville du royaume, peuplée de 203,472 habitants, dont plus de 10,000 Juifs, est située sur la rive gauche de la Meuse, à son confluent avec la Rotte qui a donné son nom à la ville. C'était déjà une cité importante au xiiie siècle, mais sa prospérité date de la séparation de la Belgique d'avec la Hollande. Admirablement située sur la Meuse qui la met en communication avec la mer, elle entretient un commerce important avec les Indes. Par le Rhin elle reçoit les bois des montagnes de Suisse et de Bavière qu'elle transforme en pilotis, en vaisseaux, en maisons. « Rotterdam, écrit M. E. de Amicis, a un avenir plus brillant qu'Amsterdam, et c'est depuis longtemps une rivale redoutée de sa sœur aînée. Elle ne possède pas les grandes richesses de la capitale, mais elle est plus industrieuse dans l'emploi des siennes. Elle entreprend, elle ose, elle risque comme une ville jeune et aventureuse. Amsterdam, comme un négociant devenu prudent après s'être enrichi par des entreprises hardies, commence à sommeiller sur ses trésors. A Rotterdam, pour définir d'un trait les trois grandes villes de la Hollande, on fait sa fortune ; à Amsterdam on la consolide ; à la Haye on la dépense. » Aussi Amsterdam et la Haye traitent-elles de haut Rotterdam, la ville plébéienne des parvenus en voie de s'enrichir, quitte pour elles à les accueillir, fortune faite. Le mouvement du port de Rotterdam se chiffre par plus de 9,000 navires et plus de 3,500,000 tonnes.

Dordrecht, au sud de Rotterdam, est située au carrefour des bras de la Meuse. Ils la mettent en communication avec Rotterdam au nord, la Belgique au sud, la mer à l'ouest, à l'est avec l'intérieur des terres. Ici se délient les immenses trains de bois flottés descendus de Suisse et de la Forêt Noire, manœuvrés chacun par des centaines d'hommes et débités en planches par les scieries des environs.

Dordrecht compte 32,428 habitants ; Leyde en a 46,379. Elle est située à sept kilomètres de la mer, sur le vieux Rhin, l'un des bras du grand fleuve germanique. « Leyde, écrit M. Em. Montégut, la plus illustre des trois universités de Hollande, n'est pas seulement la ville des savants, elle est la première ville où le caractère hollandais se présente dans toute sa pureté et son originalité natives. La Haye est une ville cosmopolite avec des formes hollandaises ; à Rotterdam le caractère de la Flandre est partout reconnaissable ; à Leyde, toutes ces particularités de nature hybride qui marquent la transition d'un pays à un autre, ont disparu. Dans cette ville, en partie déchue de son ancienne splendeur, respire plus que partout ailleurs, plus même qu'à Harlem, la vieille vie bourgeoise hollandaise du xviie siècle avec ses habitudes d'économie et de propreté. Cette propreté hollandaise, qui est devenue proverbiale, c'est à Leyde qu'il faut aller pour la trouver dans ce qu'elle a de plus exquis et de plus sensé à la fois. Rien n'est donné au luxe et au plaisir des yeux : les magasins sont aussi modestes que les boutiques d'autrefois, les habitations ne font aucune avance de coquetterie à l'attention des promeneurs ; mais cette modestie enveloppe une propreté irréprochable qui est dans l'*être* et non dans le *paraître*. »

Leyde, ville universitaire, ville de savants, de philosophes et d'historiens, fut aussi une ville héroïque et le siège qu'elle soutint en 1574 contre les Espagnols est l'une des belles pages de la Hollande. Acculée aux dernières extrémités, décimée par la peste, la ville tint bon. La mer la sauva, l'inondation permit à l'amiral Boisot de se jeter dans Leyde avec 800 de ses *gueux de mer*, marins intrépides et féroces, ne demandant ni ne faisant quartier. Ils débloquèrent la ville affamée.

Katwijk est au nord de Leyde, à l'embouchure d'un des bras du Rhin, du *Oude Bijn*, le vieux Rhin qui, après son cours superbe, vient se perdre obscurément dans les sables des dunes, s'étalant en nappes stagnantes et en vastes marécages. En 1807 on lui ouvrit un passage ; mais en même temps on l'ouvrait à la mer. Contre elle, on édifia des digues formidables ; pour le fleuve : tout un monumental système d'écluses qu'ouvre et ferme un mécanisme puissant. Ici, mieux encore qu'ailleurs, on peut admirer les merveilleux résultats du travail et du génie de l'homme aux prises avec le plus redoutable des éléments.

La province d'Utrecht s'étend à l'est de la Hollande méridionale entre le Brabant au sud, la Gueldre à l'est et le Zuyderzée au nord. Le Rhin la traverse. Utrecht, sa capitale est située à la bifurcation du fleuve, dont l'un des bras, le vieux Rhin, se dirige vers Leyde et dont une branche secondaire, le Vechl, remonte vers le nord et s'épanche dans le Zuyderzée, près de Muiden. Ce point de bifurcation est le cœur même de la Hollande, son centre mathématique où s'entrecroisent les voies de communication. Cette situation privilégiée désignait Utrecht pour être l'une des capitales du pays. Elle le fut en effet, capitale universitaire et religieuse, cité historique où se réunirent les États généraux, où se conclut en 1579 l'Union d'Utrecht, groupant en république fédérale les États néerlandais, où fut signée en 1713 la paix entre la France, l'Angleterre, la Hollande et l'Espagne. A Utrecht, l'antique *Trajectus ad Rhenum* des anciens, se croisent encore les nombreuses voies ferrées et les canaux qui sillonnent la Hollande, mais bien qu'Utrecht, par sa population de 85,253 habitants, soit la quatrième ville du royaume, elle a déjà l'aspect solennel et triste des grandes cités déchues. Ses écoles, ses collections, ses bibliothèques, sa cathédrale, font d'elle un musée de ce qui fut, de ce passé glorieux pour la Hollande alors que Louis XIV, à Utrecht, dictant des conditions de paix humiliantes, vit la Hollande se soulever et dut reculer devant Ruyter et le prince d'Orange.

Amersfoort est au nord d'Utrecht. C'est une ville de 15,000 habitants, centre de la culture du tabac dont elle fait un important commerce ; elle possède, en outre, des filatures et des fabriques de damas. A l'est d'Amersfoort commence la province de Gueldre, déroulant au long du Zuyderzée sa région sablonneuse et plate nommée la *Veluwe*, « le pays stérile ».

Au delà, le sol se relève ; de légers plissements, de faibles collines rompent l'éternelle monotonie de la plaine et annoncent le voisinage de l'Allemagne, limitrophe avec la province de Gueldre, province mixte où se fait sentir l'influence germanique. Arnheim, capitale de la Gueldre, est située sur la rive droite du Bas Rhin, près de sa jonction avec l'Issel. La *Veluwe*, la région stérile, s'étend au nord, entre Arnheim et le Zuyderzée ; la *Betuwe*, ou la région fertile, est au sud-ouest, enserrée entre le Rhin, le

Leck et le Wall. Peuplée de 49,998 habitants, Arnheim est une ville coquette et gracieuse, à la physionomie indécise, hollandaise et quelque peu allemande, bien que résidence préférée des riches négociants d'Amsterdam et des colonies néerlandaises.

Nimègue est au sud, plus rapprochée de la frontière d'Allemagne. La vieille ville romaine qui, sous le nom de *Noviomagum* figure dans la table de Peutinger, renferme 32,000 habitants. Charlemagne s'y fit construire un palais et les empereurs allemands se plurent à accroître les privilèges de Nimègue qui devint l'une des grandes villes Hanséatiques. A Nimègue se réunit le Congrès qui signa, le 10 août 1678, la paix entre la France et la Hollande et successivement entre la France, l'Espagne et l'Empire. Nimègue comprend deux villes : l'une, la vieille, a gardé l'aspect original du passé, l'autre est une ville moderne, aux rues larges et droites.

Au nord d'Amsterdam, Zutphen, 17,000 habitants, est située au confluent de l'Issel et de la Berkel. Elle est renommée pour la richesse de ses habitants, elle est curieuse par son cadre pittoresque. Zutphen est un entrepôt des bois de la Forêt-Noire ; elle possède en outre des tanneries, huileries et papeteries. Tiel, peuplée de 10,000 habitants, est un centre agricole, un marché de grains et de bestiaux.

III. — PROVINCES SEPTENTRIONALES DES PAYS-BAS : HOLLANDE DU NORD. OVER-YSSEL. — DRENTHE. — GRONINGUE. — FRISE.

La mer du Nord à l'ouest et le Zuyderzée à l'est enserrent la Hollande septentrionale. Le golfe du Zuyderzée est une mer intérieure que ferme au nord une chaîne d'îles décrivant une courbe régulière entre la pointe du Helder et l'estuaire de l'Ems. Sa superficie est de 44 lieues carrées, sa forme est celle d'un bassin circulaire dont l'orifice mesurerait 15 kilomètres de largeur. Semée de bas-fonds, fouettée par les vents, cette mer intérieure, aux eaux peu profondes, est d'une navigation pénible ; les bouées semées de distance en distance la rendent seules praticable, indiquant aux navigateurs le chenal à suivre.

Sous cette mer dorment des cités autrefois florissantes. Elle-même est d'origine récente ; autrefois la Frise et la Hollande septentrionale se reliaient par une terre ferme Le Zuyderzée était une région de lacs séparés au temps de Tacite ; la mer envahit successivement ce bassin, ainsi que le relatent les documents du xiii° siècle. La Hollande veut le reprendre à la mer, fermer par une digue énorme le Zuyderzée entre Enkhuizen et Kampen, et dessécher cette vaste cuvette au fond d'alluvions épais et dont la profondeur moyenne ne dépasse pas 3 mètres et demi. La digue à construire ne mesurerait pas moins de 40 kilomètres de longueur, 50 mètres de largeur à sa base et 8 mètres de hauteur au-dessus du niveau moyen des hautes marées. « Pour comprendre écrit M. Georges Hérelle, dans la *Revue des Deux-Mondes*, que l'industrie de l'homme ne recule pas devant un pareil travail, il faut se rappeler que le Zuyderzée est très peu profond, semé de bas-fonds, que par un heureux hasard un de ces bas-fonds s'étend sans interruption d'Enkhuizen à Kampen et qu'il fournira pour la digue une assiette solide. La superficie des terrains qui seraient ainsi conquis sur la mer s'élève à 200,000 hectares. En déduisant la superficie des digues, canaux et chemins, il restera 178,000 hectares de terrains cultivables, dont 150,000 de premier choix. » On évalue à vingt années de travail et à 240 millions de francs la durée et le coût de cette gigantesque entreprise. Le prix de revient de l'hectare serait d'environ 1,900 francs et le revenu annuel que l'État en retirerait par le seul impôt foncier s'élèverait à 1,880,000 francs annuellement.

Amsterdam, chef-lieu de la Hollande septentrionale, est aussi la capitale du royaume Elle est située à l'embouchure de l'Amstel, dans le golfe de l'Ij, aujourd'hui presque entièrement desséché, à 24 kilomètres de la mer du nord et à 6 du Zuyderzée. La *Venise du nord* renferme 406,316 habitants. Bâtie, comme Venise, sur d'innombrables pilotis, sillonnée par des canaux coupés de ponts, Amsterdam n'a ni le ciel de Venise, ni son monumental aspect, ni sa silencieuse grandeur. Elle n'a pas non plus son passé, son histoire et son prestige. C'est une ville relativement moderne; elle eut pour berceau au xie siècle un village de pêcheurs; sa première digue date du xiiie. Ce n'est qu'après le siège d'Anvers en 1585, après la paix de Munster en 1648, qu'Amsterdam prit son essor et, sur la ruine des cités flamandes, édifia sa colossale fortune. La fermeture de l'Escaut atteignait Anvers au cœur; Amsterdam prit sa place, celle de Bruges et aussi celle de Venise et de Lisbonne. Elle attira à elle le commerce des Indes; son intelligente hospitalité aux réformés chassés de France accrut sa population, développa son industrie; sa résistance à Louis XIV étendit son influence et son prestige. Enrichie par la pêche et par le commerce, Amsterdam devint l'une des grandes villes de l'Europe, l'une des plus opulentes. Elle l'est restée; sa population augmente, son importance croît encore; elle est la tête et le cœur de ce petit pays qui a fait de si grandes choses.

« Il est difficile, écrit M. E. de Amicis, d'exprimer l'effet produit par cette ville quand on en a parcouru quelques rues. On trouve que c'est une ville immense et désordonnée; Venise très agrandie et enlaidie, une ville hollandaise, il est vrai, mais vue à travers un verre qui la fait paraître trois fois plus grande; la capitale d'une Hollande imaginaire de cinquante millions d'habitants; une métropole antique, fondée par un peuple de géants sur le delta d'un fleuve demesuré pour servir de port à une flotte de dix mille navires; une ville majestueuse, presque lugubre, éveillant un sentiment de stupeur qui vous porte à la réflexion. La ville, assise au bord de l'Ij, est construite sur quatre-vingt-dix îles, presque toutes de forme rectangulaire, et reliées entre elles par trois cent cinquante ponts environ. Sa figure est un parfait hémicycle, coupé par suite de canaux en forme d'arcs concentriques à celui qui forme la ville, et traversés par d'autres canaux convergeant vers le centre comme les fils d'une toile d'araignée. Un large cours d'eau, appelé l'Amstel, formant avec le mot *dam*, digue, le nom d'Amsterdam, divise la ville en deux parts presque égales, et va se jeter dans l'Ij. Presque toutes les maisons sont bâties sur pilotis, ce qui a fait dire que la ville d'Amsterdam, retournée, présenterait le spectacle d'une grande forêt sans feuilles et sans branches; presque tous les canaux sont bordés de deux larges rues et de deux rangées de tilleuls. »

L'existence d'Amsterdam est un défi perpétuel à la mer qui l'entoure et la menace,

VUE D'AMSTERDAM.

et aux retours offensifs de laquelle elle oppose les écluses de Schellingvende, formidable
montagne de granit, percée de portes immenses que peuvent franchir cinq navires de
front. De gigantesques écluses, fermées à la marée haute, établissent un courant artificiel qui chasse les vases du canal. Toujours en guerre avec la mer, Amsterdam dépense
annuellement plus de 400,000 florins pour l'entretien de ses digues.

Elle n'est pas seulement la capitale commerciale d'un pays enrichi par le commerce,
elle est aussi la ville des arts et des sciences, la patrie des deux Van den Wilde, des
deux Van der Neer, de Weynix, de Van Huysum. Son musée renferme les chefs-
d'œuvre des maîtres néerlandais ; ses sociétés savantes brillent au premier rang, sa
société de géographie est l'une des plus importantes de l'Europe ; ses jardins zoolo-
gique et botanique contiennent de merveilleuses collections de la flore et de la faune
de l'extrême Orient.

Non moins que leur intelligente activité, la probité des négociants et des armateurs
d'Amsterdam a contribué à assurer la prééminence de leur ville. Elle est au premier
rang pour sa taille des diamants, et ses ateliers de polissage sont célèbres. « Jusqu'à la
fin du xvᵉ siècle, écrit M. Boudant dans son *Traité de minéralogie*, on n'a employé
que les diamants bruts ; les plus recherchés étaient ceux qui présentaient naturellement
une figure pyramidale que l'on nommait pointes naïves, et que l'on montait de manière
qu'ils présentassent cette pointe en avant. Ce ne fut qu'en 1576 que Louis de Berghem
découvrit l'art de tailler le diamant et de le polir au moyen de sa propre poussière, et
ce fut alors seulement qu'on connut toute sa beauté. » Plus de 10,000 personnes, dont
environ 9,000 Israélites vivent du commerce et de la taille des diamants, commerce
dont l'importance annuelle dépasse 100 millions de francs.

A 10 kilomètres au nord d'Amsterdam, Zaandam, petite ville de 15,000 habitants,
appelée aussi Saardam en souvenir du séjour qu'y fit le tsar Pierre le Grand, déroule à
l'embouchure de la Zaan ses maisons bariolées et ses moulins à vent qui se prolongent
sur deux lieues de longueur et sont utilisés par l'industrie d'Amsterdam dont Zaandam
est un faubourg détaché.

Haarlem est à l'ouest d'Amsterdam, sur la Spaarne, canal d'écoulement de l'ancienne mer d'Haarlem, et à 7 kilomètres de la mer du Nord. La ville étroite et vieille,
renommée pour ses blanchisseries de toiles, renferme une population de 52,000 âmes.
Près d'Haarlem s'étendait autrefois un vaste lac, sorte de mer intérieure, aux mouvements désordonnés et incompréhensibles, inquiétants pour Haarlem et aussi pour
Amsterdam et Leyde. Ce lac mesurait 11 lieues de circonférence, et sur cette étroite
superficie se produisaient des tempêtes soudaines ; les naufrages y étaient fréquents et
les lois qui le régissaient échappaient à tout calcul. On l'avait vu se soulever le
1ᵉʳ novembre 1755 lors du tremblement de terre de Lisbonne, alors que la mer restait
calme. On le vit le 9 novembre 1836 déborder par-dessus ses digues et arriver jusqu'aux
portes d'Amsterdam. Il en coûtait plus cher à réparer ses dégâts qu'à l'assécher.

On se mit à l'œuvre aussitôt que la découverte de la vapeur eût fourni des moyens
d'action suffisants. On fit construire en Angleterre une machine colossale, le *Leegh
Water*, ainsi nommée en mémoire de Leegh Water, l'ingénieur et *faiseur de moulins*

qui avait, le premier, mis en avant l'idée de l'assèchement. Au Leegh Water on adjoignit deux autres machines, la *Cruquius* et le *Lijden*. En 39 mois, les machines d'épuisement déversèrent dans la mer, par un canal de ceinture, 924,266,112 mètres cubes d'eau, quantité suffisante pour remplir un lac de 180 kilomètres carrés et d'une profondeur moyenne de 4 mètres. On dépensa, pour mener à bien l'entreprise, 7,240,368 florins. On en retira 18,000 hectares d'excellentes terres et, là où fut le lac, des fermes et des métairies entourent le populeux village de Hoofddorp, qui bientôt sera une ville.

D'Amsterdam, en remontant vers le nord, au long du Zuyderzée, on rencontre Monnikendam, « charmante petite cité pavée en briques jaunes, bâtie en briques rouges, avec des encadrements clairs aux fenêtres et des jalousies vertes ». Bien qu'en décadence, elle est encore un centre agricole où, entre autres produits, se vendent annuellement 200,000 kilogrammes de ces fromages ronds et jaunes, connus sous le nom de fromages de Hollande. Mais ce que Monnikendam vend en un an, Hoorn l'écoule quelquefois en un seul marché hebdomadaire. On estime à 2,500,000 kilogrammes son exportation de fromages.

Hoorn doit son nom à la forme recourbée de son port. Ce nom, Hoorn l'a donné, par une curieuse antithèse, à la puissante saillie de l'Amérique méridionale, au cap de Hoorn, bien connu des navigateurs et que doubla le premier un fils de Hoorn, Schouten. Près de Hoorn, Enkhuizen eut jadis 60,000 habitants, mais son port est ensablé; Médemblik fut la capitale du pays, capitale bien déchue. A Enkhuizen, il reste 5,000 habitants sur 60,000, le port est presque vide et les rues sont désertes. « Si Enkhuizen est un vaste cimetière, écrit M. H. Havard, Medemblik est un vrai tombeau. A la parcourir, on se sent envahi par une mortelle tristesse, on éprouve une sensation de froid. Et pourtant ce port sans navires est un des plus vastes qui soient sur le Zuyderzée. Ces quais sans passants, ces allées sans promeneurs, ces promenades séculaires, ces rues désertes et abandonnées sont larges, bien situées, bien bâties, et si elles se ranimaient, ce serait une charmante ville, de celles qu'on aime à visiter et qu'on tient à revoir. » Il semble que la vie se retire lentement de ce bassin que le desséchement du Zuyderzée convertirait, ainsi que le lac de Haarlem, en une immense campagne.

A l'extrémité septentrionale de la Hollande, s'ouvre le port du Helder, qu'un canal de 80 kilomètres de longueur relie à Amsterdam. Napoléon eut de grandes vues sur cette côte de la Hollande; il rêvait de faire du Helder le « Gibraltar du Nord », en face de l'Angleterre. La Hollande a, en partie, réalisé ses projets. Le Helder peut recevoir 30,000 hommes; couverte par sa formidable digue de 10 kilomètres de longueur, bordée de redoutes et de canons, la place peut en outre être défendue par l'inondation. Construite entièrement de blocs de granit de Norvège, la digue de Helder est l'un des plus formidables remparts que l'homme ait opposés aux fureurs de l'Océan. Il semble, à la voir par un temps calme, qu'aucune force ne puisse prévaloir contre cette formidable barrière et, qu'à son abri, les habitants de Helder puissent dormir en paix. Et cependant peu d'années s'écoulent sans que les vagues ne déferlent par-dessus la

digue et n'ébranlent la prodigieuse masse de pierres. Niewe-Diep est le port de Helder,
le port militaire de la Hollande, dont la flotte est ancrée entre la rade de Niewe-Diep
et l'île de Texel. C'est là que l'on vit, en janvier 1794, le curieux spectacle d'une flotte
de guerre immobilisée par les glaces et emportée d'assaut par un détachement de
cavalerie française.

De l'autre côté de la mer intérieure du Zuyderzée, au nord de la province de
Gueldre, s'étend celle d'Over-Yssel. Elle confine à l'Allemagne; Zwolle, sa capitale, est
une ville de 26,000 habitants, commerçante et bien située sur le Zwarte-Water. Elle
n'apparaît dans l'histoire qu'en 1230, époque où l'évêque d'Utrecht lui confère, en récompense de ses services militaires, le titre de ville. Deventer, comme Zwolle, est une ville
d'industrie et de commerce, peuplée de 23,000 âmes; elle est située sur l'Yssel, à son
point de jonction avec la Schipbeck. Kampen est au nord, près du Zuyderzée et sur
la rive droite du fleuve. Kampen est riche et prospère, son port est visité par des
milliers de barques du Zuyderzée, mais pour leur faciliter les approches de la ville il a
fallu prolonger, dans la mer intérieure, au moyen de jetées, les deux rives de l'Yssel.

Les provinces de Drenthe et de Frise s'étendent au nord de l'Over-Yssel; la
première, au long de la frontière d'Allemagne, la seconde sur le Zuyderzée et la mer
du Nord. Dans leur partie méridionale se déroule la région des prairies tourbeuses dont
l'étonnant aspect impressionne vivement le voyageur. Aussi loin que son regard peut
s'étendre il ne découvre qu'une surface horizontale et plate, révélant la courbure de
la sphère, une terre amphibie, imprégnée d'eau, semée d'étangs au ras du sol, peuplée,
l'été, de nombreux troupeaux, l'automne et l'hiver, de mouettes, d'oiseaux de passage
et d'échassiers. Toutes les nuances du vert s'y succèdent, depuis le vert invraisem-
blable de l'herbe jusqu'au vert le plus pâle ou le plus sombre. Le sol plie, élastique et
spongieux sous les pas, à peine capable de supporter le poids d'une légère voiture.

Sur les vastes étangs errent des prairies flottantes, des *dryjtillen* comme les
habitants les appellent. Formées de débris de feuilles, de détritus de végétaux, elles
surnagent à la surface, s'agrandissant et s'épaississant, formant d'immenses radeaux sur
lesquels l'herbe pousse, abondante et drue. Les riverains s'en emparent, les annexent à
leur domaine et quand elles ont atteint une consistance suffisante ils y font paître les
troupeaux auxquels leur pied sûr et leur instinct font éviter les parties molles où ils
s'enliseraient. L'été, quand les eaux baissent, quand la sécheresse se prolonge, il
arrive parfois que ces îles flottantes reposent sur le fond même du marais peu profond
et par les racines de leurs joncs et de leurs graminées s'y attachent au point de ne plus
obéir au mouvement d'ascension des eaux. En ce cas, la prairie est perdue, force est
d'attendre qu'une autre se reforme et la remplace. Parfois aussi, la prairie, trop peu
solidement rattachée à la terre ferme, ou chassée par le vent, démarre et va s'échouer
plus loin, emportant avec elle les bestiaux qu'elle renferme, seule propriété que le
détenteur primitif de l'île puisse légalement réclamer.

« Ce qui caractérise surtout la région verte de la zone basse, écrit M. E. de Laveleye,
dans la *Revue des Deux-Mondes*, c'est le rôle que l'eau y joue. L'eau y est à la fois

une source de richesse et une cause de périls et de désastres; mais elle ne ressemble en rien à ce qu'elle est dans les pays accidentés. Ce n'est plus cet élément vivant et joyeux qui court, se précipite, bondit, gazouille, mugit ou tonne, qui anime le paysage du reflet de son écume argentée, de l'éclair de ses remous et de l'écho de sa voix tour à tour babillarde ou sévère; c'est un corps liquide encore, mais qui semble l'être à peine tant il est immobile, lourd, opaque, tout chargé de limon ou rempli de plantes aquatiques. C'est pourtant cet élément d'un aspect si morne qui est le bienfaiteur de la contrée. Tandis que l'eau joyeuse des hauteurs, charmante mais perfide, entraîne les terres et restreint la surface habitable, l'eau des terres basses crée d'abord le sol, puis le revêt d'un épais tapis d'herbages qui donne au cultivateur le bien-être et l'abondance; elle féconde et engraisse ses prairies; elle lui offre des chemins de grande et de petite communication; elle lui prépare ou lui conserve d'énormes provisions de combustible, la tourbe; elle nourrit la plante dont il couvre ses toits; l'hiver, durcie par la gelée, elle lui ouvre des routes unies comme un miroir; enfin, quand la patrie est menacée, elle lui sert de boulevard, et, à la dernière extrémité, de suprême et héroïque moyen de défense. »

Assen, capitale de la Drenthe, est une petite ville de 9,000 habitants, ville de fonctionnaires, de magistrats et d'employés, siège administratif de la province. Ses maisons éparses, sans nul souci de l'alignement et de la régularité, entourées d'arbres et de verdure, coquettement construites, lui donnent un aspect original. Dans la plaine qui l'entoure les villas prolongent la ville. D'anciennes tourbières asséchées sont converties en métairies; d'autres, encore en exploitation, constituent l'unique industrie d'Assen que des canaux secondaires relient au canal central et mettent en communication avec Meppel. A peu de distance d'Assen on rencontre un certain nombre de *Hunnebedden*, tumuli celtiques ou germains.

Meppel, aussi peuplée qu'Assen, est sur la lisière de la province d'Over-Yssel, au centre d'un réseau de canaux qui desservent les nombreuses tourbières de la région environnante. Meppel est une ville industrielle et commerçante; on y fabrique des étoffes de coton et des toiles à voile. Près d'elle, Hooggeven est une grande commune rurale peuplée de 12,000 habitants; autour d'elle les landes s'étendent à perte de vue, semées de bouquets d'arbres et coupées par les pâturages.

Bien que conservant toujours son implacable horizontalité, le sol de la Drenthe est quelque peu plus élevé que celui de la Frise, absolument plate et basse, envahie chaque automne par les eaux, et sillonnée de lacs et de canaux. Dans cette grande plaine, mélange de tourbe, de sable et d'argile, on ne rencontre que vastes pâturages où paissent, sans pasteurs, de nombreux troupeaux. Ils constituent la principale ressource de l'habitant qui vit et s'enrichit de leurs produits, du beurre et du fromage qu'il fabrique, et aussi de la pêche et de l'exploitation des tourbières. Aussi loin que l'œil peut s'étendre on n'aperçoit que quelques villages et métairies, des voiles blanches glissant sur d'invisibles canaux, des troupeaux errants dans un léger voile de brume. Les villes sont rares; les villages se dressent sur de petits tertres, *terpen*, monticules artificiels élevés par les anciens habitants pour s'y réfugier lors des hautes marées, avec leur bétail.

TYPES POPULAIRES HOLLANDAIS.

Leeuwarden est la grande ville et la capitale de la Frise ; elle compte 30,149 habitants, et fut, quelque temps, la résidence des stathouders de la province. Ses remparts ont disparu, convertis en boulevards ; ses maisons peintes en lilas, en rose, gris, vert, lui donnent un aspect original. Des canaux la relient aux bourgades voisines et font de Leeuwarden le grand centre agricole de la province, celui où affluent, aux jours de marché, les paysans venant vendre leurs produits et faire leurs emplettes dans les magasins, non sans laisser une bonne partie de leur argent dans les boutiques de bijouterie très nombreuses à Leeuwarden. La ville possède aussi un curieux musée d'objets antiques trouvés pour la plupart dans les tourbières des environs.

La Frise produit un beurre exquis, très apprécié à Londres où on en exporte des quantités énormes, plusieurs millions de kilogrammes. En aucun pays du monde l'art de fabriquer le beurre n'est poussé aussi loin. La merveilleuse propreté du paysan Frison fait, de l'étable des vaches et du local où se prépare le beurre, un temple dans lequel le visiteur est rarement admis. Harlingen est le port par lequel s'expédient, dégustés, pesés et marqués aux armes de la ville, les innombrables tonnelets de beurre à destination de l'Angleterre.

Harlingen, port de Leeuwarden, est la seconde ville de la Frise, par sa population de 10,500 habitants, et par son commerce d'exportation que desservent un millier de navires. Elle occupe, sur le bord de la mer, l'emplacement d'*Almenum* que les flots engloutirent en 1134. Pour conjurer pareil sort, Harlingen est couverte par de fortes digues, hautes de 40 pieds, sur lesquelles on veille avec le plus grand soin. En 1566 une terrible inondation faillit emporter la ville. Sneek, au sud-est d'Arlingen, renferme 11,000 habitants. Elle est située à peu de distance du *Sneeker Meer*, grand lac en partie desséché et cultivé. Bolsward, l'une des plus vieilles villes de la Frise, fut autrefois très commerçante ; elle ne compte plus aujourd'hui que 6,000 habitants.

De toutes les provinces néerlandaises, la Groningue, la dernière qu'il nous reste à décrire, est celle que l'incessant labeur de l'homme a le plus étonnamment transformée. Ce n'était, il y a trois siècles à peine, qu'une terre inhabitée, sombre d'aspect, couverte de marécages et de lacs sinistres aux eaux troubles ; la mer l'inondait périodiquement et, quand la mer se retirait, des bandes de loups l'envahissaient. La plus pauvre et la plus misérable province des Pays-Bas est aujourd'hui l'une des plus opulentes ; à elle seule elle produit presque autant que toutes les autres réunies.

Nulle part on ne rencontre plus belles et plus vastes métairies, habitations plus confortables, que ces fermes de Groningue d'une irréprochable propreté et dont le mobilier révèle une large aisance. « Derrière la demeure du fermier, écrit M. E. de Laveleye, mais y attenant, se dresse un énorme bâtiment, haut comme une église et long comme un chantier couvert. Là se trouvent réunies l'étable, l'écurie, la grange, tout sous le même toit. En entrant, vous voyez d'abord des espaces énormes suffisants pour abriter la récolte de 100 hectares et toute une collection d'instruments aratoires perfectionnés, puis parfois soixante ou soixante-dix vaches sur un seul rang, et, non loin de là, vingt superbes chevaux noirs, l'orgueil du cultivateur. Les fermiers ont conservé les mœurs simples de leurs ancêtres. Quoique possédant souvent plusieurs *tonnelets d'or*, ils ne dédaignent pas de mettre la main à la charrue et de surveiller par eux-mêmes tous les travaux des champs... Souvent, comme les grands fermiers lombards, ils envoient un de leurs fils étudier à l'Université, et ici ce n'est pas un mince sacrifice, car, dans ce pays riche, les habitudes sont fastueuses. Les cultivateurs sont à la tête du pays ; aucune classe ne s'élève au-dessus d'eux. C'est parmi eux qu'on choisit presque tous les membres des différents corps électifs et même ceux qui vont représenter le pays aux États généraux; le soin de leur culture ne les empêche pas de prendre une part active à la vie politique et à l'administration de la chose publique. Ils suivent non seulement les progrès de l'art agricole, mais aussi le mouvement de la pensée moderne. Ils entretiennent à Haren, près de Groningue, une excellente école d'agriculture; nulle part, peut-être, l'instruction n'est aussi merveilleusement répandue dans les campagnes. En tout, la Groningue passe pour la province la plus avancée de la Néerlande. Elle forme une espèce de république habitée et gouvernée par une classe de paysans riches et éclairés, complètement guéris de tout esprit de routine. On ne voit nulle part ici les tourelles du château féodal dominer les arbres des grands parcs, et on chercherait en vain ces aristocratiques résidences dont s'enorgueillissent les campagnes britanniques. Les bonnes maisons des fermiers sont les seuls châteaux, et toutes se ressemblent. La richesse est également distribuée, et presque toute celle que la terre produit reste aux mains de ceux qui la cultivent. Le bien-être et le travail sont partout associés; l'oisiveté et l'opulence ne le sont nulle part. »

Groningue, peuplée de 55,215 habitants, est la capitale de la province à laquelle elle a donné son nom. Elle-même le tient, suivant les uns du Troyen *Grunus*, suivant les autres des *Gruines*, peuplade germaine dont parle Tacite. Quoi qu'il en soit, elle existait en l'an 48 de notre ère et Corbulon y éleva une forteresse. Groningue, plus tard, prit part aux croisades et fut ville hanséatique. Son université date de 1614 et réunit jusqu'à 6,000 étudiants. La ville est située au confluent de l'Aa et de la Hunse qui, par un large estuaire, débouchent dans le Lauwerszee, golfe de la mer du Nord. Par les canaux elle se relie à Leeuwarden et à Winschoten, près de la frontière du Hanovre.

En dehors de sa capitale, la province ne renferme que de petites villes : Delfzijl, Winschoten, Veendam; la population, presque exclusivement agricole, se groupe autour des métairies formant centres ruraux et occupant de nombreux cultivateurs.

Bien qu'il ne relève pas directement des Pays-Bas, le grand-duché de Luxembourg, déclaré État neutre par le traité de Londres de 1867, n'en est pas moins possession de la maison d'Orange-Nassau, qui règne en Hollande. Son roi en est le grand-duc. Ce petit État, en partie couvert par les Ardennes, n'a qu'une ville un peu peuplée, Luxembourg, 18,000 habitants, située sur l'Alzette.

Si les Pays-Bas sont, avec la Belgique, l'un des plus petits États de l'Europe, ils sont l'un de ceux dont le domaine colonial est le plus riche et le plus étendu, occupant une superficie de 2 millions de kilomètres carrés et renfermant une population de 30 millions d'habitants. Ce domaine comprend : les Indes orientales, Java, Sumatra, Bornéo, les Célèbes et les Moluques, Timor et partie de la Nouvelle-Guinée ; dans les Indes occidentales : Curacao, Bonaire, Aruba, Saint-Martin, Saint-Eustache, Saba ; dans l'Amérique méridionale : Surinam ou la Guyane néerlandaise.

Le mouvement des échanges extérieurs se chiffre par 1,245,287,000 florins à l'importation et 1,094,078,000 à l'exportation, soit un total de 2,339,365,000 florins à l'année. Ce commerce emploie, à l'entrée comme à la sortie, environ 17,000 navires ; il porte principalement sur les produits agricoles, la houille et le fer faisant presque complètement défaut aux Pays-Bas, et aussi sur le sucre, les liqueurs, le tabac, les chaussures, tapis, draps, lainages, toiles, bijouterie et joaillerie, diamants. L'importation consiste surtout en matières premières : céréales, fer, houille, bois, tissus, etc.

Aucun pays n'est aussi riche en voies navigables ; ses canaux mesurent 3,068,638 kilomètres de longueur. En temps de paix, l'armée néerlandaise comprend 27,000 soldats et 1862 officiers. En temps de guerre ce chiffre peut s'élever à 55,000 hommes. La marine militaire compte 23 navires cuirassés, sans compter les corvettes et les canonnières, montés par 6,000 matelots et officiers.

Si le sol des Pays-Bas pèche par excès d'humidité, par contre, il en est peu où les prairies réussissent mieux. Aussi l'élevage est-il la principale ressource agricole des Pays-Bas, qui possèdent plus de 1,500,000 bêtes à cornes, près d'un million de moutons et 300,000 chevaux. Sous ce rapport ils sont l'un des pays les plus favorisés de l'Europe. Si, par suite de la concurrence que leur font l'Angleterre et la Norvège, les pêcheurs néerlandais n'ont plus le monopole des pêcheries de la mer du Nord, ils arment encore annuellement plus de 2,500 bateaux de pêche, montés par près de 10,000 matelots.

Costume des femmes d'Amsterdam.

Le Musée Thorwaldsen, à Copenhague.

IV. — LE DANEMARK

Royaume presque insulaire, le Danemark, tel que l'ont fait l'agression de l'Allemagne et de l'Autriche, et la paix de Vienne en 1864, ne comprend plus que la partie septentrionale de la presqu'île du Jylland, ou Jutland, et environ 150 petites îles disséminées entre le Jutland et le sud de la presqu'île Scandinave. Ces îles semblent les assises d'un gigantesque pont destiné à relier la Scandinavie à l'Europe centrale. Autrefois, en effet, le Danemark se soudait à la Suède et à la Norvège, et la pointe du Jutland s'adapte encore aux contours du Skagerak ; la Baltique était alors, comme la Caspienne, une mer fermée.

Mais, d'une part, la presqu'île Scandinave s'est exhaussée, de l'autre le Jutland s'est affaissé ; la rupture s'est faite, rupture violente comme l'accuse l'émiettement des îles surnageant à la surface des eaux, comme l'attestent aussi le littoral déchiqueté du Jutland et les côtes frangées de la Scandinavie. Si l'on excepte le mince pédoncule de 90 kilomètres de largeur par lequel le Jutland adhère au Sleswig, le Danemark est, de tous côtés, entouré par la mer. Celle du Nord baigne la côte ouest du Jutland, le Skagerak la côte nord ; à l'est s'étend le Kattégat, qui, par trois passes, donne accès dans la Baltique.

Profondément échancré, le Danemark, malgré sa faible superficie de 38,302 kilomètres carrés, possède, par le fait de ses îles, un énorme développement de côtes de près de 4,000 kilomètres, sans compter les découpures de ses *fiords*, anses ou baies. Mais ces côtes elles-mêmes, d'ordinaire sablonneuses et basses, offrent peu de bons ports; les bancs de sable et les hauts-fonds en rendent l'accès difficile et ce n'est pas trop des nombreux phares édifiés sur le littoral pour guider le navigateur. Sur un point, toutefois, les côtes du Danemark présentent une singulière conformation. Le Jutland occidental dessine au long de la mer du Nord une ligne unie composée d'arcs très légèrement infléchis, et mesurant 375 kilomètres de longueur. Telle est la force du courant qu'il a poli et façonné cette côte droite à laquelle, chaque année, il enlève la partie meuble de ses terres. Pour la défendre ou tout au moins en protéger les saillants les plus exposés, on a dû édifier, de distance en distance, des *Hoefder*, séries de pieux qui s'avancent dans la mer et dont on comble les intervalles avec du béton et du varech. Sur cette côte inhospitalière on ne rencontre pas de ports. Un bourrelet de dunes y sépare la mer des étangs qui lui sont parallèles ; çà et là des coupures font communiquer ces étangs avec la mer, mais nulle part ces coupures ne sauraient offrir un abri, vu leur peu de profondeur et leur abord dangereux. Aussi la côte baignée par la mer du Nord est-elle redoutée des marins dont le vent fait dériver les navires sur les bancs de sable.

Au nord, le Skagerak est libre d'écueils et la haute côte de Norvège l'abrite des vents du nord-ouest. La pointe de Skagen doublée, on entre dans le Kattégat, que les Romains nommaient le *Sinus Codanus*. Les bancs de sable et les hauts-fonds y reparaissent ; les coups de vent y sont fréquents, les courants dangereux. Au centre, une série d'îles : Anholt, Læso, Hesselo, rendent la navigation incertaine, et dessinent deux passes inégales, dont la plus rapprochée du Jutland est la plus fréquentée. Cette côte, découpée en fiords, offre, en effet, quelques abris, des ports, dont deux seulement, Frederikshavn et Aarhus, ont une certaine importance.

Par trois passes, le Kattégat communique avec la mer Baltique : par le Petit-Belt qui s'ouvre, à l'ouest, entre le Jutland et la Fionie; par le Grand-Belt, au centre, qui sépare la Fionie du Seeland ; par le Sund, à l'est, entre le Seeland et la Suède. Cette dernière est la principale voie commerciale et maritime de la Baltique et de la mer du Nord, celle par laquelle passent annuellement 30 à 40,000 navires. Elle est aussi la plus sûre, nonobstant l'étroit chenal d'Helsingor, ou Elseneur, de 4 kilomètres d'ouverture, au delà duquel le Sund s'élargit, mesurant 30 kilomètres de largeur; elle est enfin la plus courte, sa longueur totale ne dépassant pas 75 kilomètres. Par delà le Sund, s'ouvre la mer Baltique.

Elle ne baigne que la partie méridionale du Danemark et nous aurons mieux l'occasion de la décrire dans notre étude sur la péninsule scandinave. Ici, elle forme un golfe aux nombreuses ramifications, semé d'îles bizarrement découpées. Les courants septentrionaux dominent et charrient vers la mer du Nord les eaux abondantes que les fleuves et les lacs russes déversent dans la Baltique.

Sur une superficie de 38,302 kilomètres carrés, le Danemark possédait, au 1er février 1890, 2,185,159 habitants, soit un peu plus de 57 par kilomètre carré. Prolongement de la plaine de l'Europe centrale qui, autrefois, reliait par ses terres plates la Scandinavie au littoral d'Allemagne, le sol de cette région est bas; aucun point ne dépasse 200 mètres d'altitude et la moyenne n'excède guère 30 mètres. Toutefois le Danemark n'offre pas la monotone horizontalité de la Hollande; si, dans le Jutland, on rencontre quelques plaines, elles sont rares ailleurs, surtout dans les îles. Le sol se déroule en une surface inégale et ondulée, semée de collines et creusée de vallons. Seule, l'île de Bornholm, détachée de la masse granitique de la péninsule scandinave, offre un aspect différent.

Dans ce pays aux dimensions restreintes, les fleuves et les rivières ne sont que des cours d'eau; on les désigne modestement du nom de *Aa*, ruisseaux. Le plus long, le Guden, mesure 132 kilomètres de longueur; les autres, et ils sont nombreux, ne dépassent pas 75 kilomètres, comme le Varde, l'Omne, le Stor, la Skive; le plus grand nombre a une portée moindre encore. Les lacs et les lagunes sont innombrables; le Jutland, à lui seul, renferme plus de trente lacs de grande étendue.

Sur cette terre désarticulée et émiettée, débris géographique d'un continent, vit une population qui est elle-même un glorieux débris historique; elle garde, sous sa rêveuse mélancolie, les grands souvenirs de son passé, du temps où ses ancêtres, les *Norsemen*, les hommes du nord, les Normands, conquéraient la Scandinavie et le littoral de la Gaule, menaçaient Paris, s'emparaient des Iles Britanniques et, de l'Islande, découvraient le Groenland, devançaient l'Europe en abordant au Vinland, le Massachussets actuel, posaient à Novgorod la première pierre de l'Empire moscovite, et sur toutes les mers d'Europe, sur les côtes d'Espagne et d'Italie, de Grèce et de Constantinople promenaient leur pavillon redouté.

Malte-Brun, Danois lui-même, Français d'adoption, a tracé de ses compatriotes le portrait suivant : « Autrefois conquérant insatiable, aujourd'hui brave, mais pacifique; peu entreprenant, mais laborieux et persévérant; modeste et orgueilleux; hospitalier, mais non pas officieux; gai et franc avec ses compatriotes, mais un peu froid et cérémonieux avec les étrangers; aimant ses aises plus que le faste, plus économe qu'industrieux; imitateur des autres peuples, mais lent et minutieux; doué d'une imagination plus forte que riche; constant, romanesque et jaloux dans ses affections; capable d'un grand enthousiasme, mais rarement de ces saillies d'esprit, de ces finesses qui surprennent le succès ou l'admiration; très attaché à son sol natal et aux intérêts de sa patrie; accoutumé au calme de la monarchie, mais ennemi de la servitude du pouvoir arbitraire : tel est le portrait du Danois. »

La race remonte haut, mais ce n'est que tardivement que son histoire se dégage de la légende nébuleuse des peuples du nord, trop éloignés de Rome, trop peu connus d'elle pour que ses historiens en fassent mention. Le premier chef danois dont il soit parlé est un Goth, Skiold, d'où le titre de *Skioldunger* porté par ses successeurs. Au moyen âge, leurs barques apparaissent sur les côtes mal gardées de l'Empire carlovingien et de l'Angleterre. Danois ou Finnois, Suédois ou Norvégiens, les populations effrayées les désignaient sous le nom générique de Normands. Le type était le même, même aussi l'origine. Ils en avaient conscience, et, lorsqu'en 1397 les trois États de

Danemark, de Suède et de Norvège proclamèrent à Kalmar l'union perpétuelle et irrévocable des États scandinaves, le Danemark, la Suède et la Norvège ne firent que rentrer dans la vérité historique.

L'union, cependant, dura peu ; la Suède la rompit. Livré à ses propres forces, le Danemark ne put conjurer les convoitises de ses ennemis. Il n'était pas, comme la Suède et la Norvège, en dehors du continent, couvert par la mer, isolé. On sait comment l'Angleterre, sans provocation, sans déclaration de guerre, bombarda Copenhague en 1807 pour punir le Danemark de vouloir rester neutre dans le conflit du blocus continental. On sait comment, en 1864, l'Europe, laissant violer le traité de Londres de 1852, livra le Danemark à la Prusse et à l'Autriche, comment, après une héroïque résistance, écrasé à Duppel par des forces supérieures, le Danemark dut subir le traité de paix qui lui enlevait le Holstein, le Schleswig et le Lauenbourg : un million d'hommes et 19,000 kilomètres carrés : un tiers de son territoire, plus de la moitié de sa population. On n'a pas oublié non plus comment, ne pouvant s'entendre pour le partage des dépouilles, la Prusse et l'Autriche en vinrent aux mains. Sadowa termina cette lutte, prélude de celle qui devait, quatre ans plus tard, se continuer sur notre propre sol. « Les souvenirs de la guerre de 1864, écrit M. Albert Vandal, sont encore aussi vivaces à Copenhague qu'au lendemain d'une paix durement imposée. Jusque dans les plus petits détails de sa vie, le Danois fait éclater sa haine pour des voisins exécrés ; il proscrit l'usage de la langue tudesque, avec laquelle la sienne a pourtant plus d'un point de contact. A Copenhague, tout le monde sait l'allemand, personne ne le parle, personne ne veut avouer qu'il l'entend. Adressez-vous en français à un passant, il ne comprendra pas, mais il s'attachera à vos pas jusqu'à ce qu'il vous ait trouvé un interprète ; parlez allemand au même Danois, il restera muet ; il a compris, mais il ne veut pas répondre. »

Le royaume de Danemark est administrativement divisé en 18 bailliages, 19 en y comprenant les îles Fœroer. A cette division administrative en correspond une autre, plus fréquemment usitée, celle en diocèses ou évêchés. Ils sont au nombre de 7 : 4 pour le Jutland, que le Limfiord, fossé navigable de 2 kilomètres de largeur, traverse de l'ouest à l'est, et 3 pour les îles.

Les quatre premiers sont : le diocèse d'Aalborg, comprenant le nord du Jutland, Mors et quelques îles plus petites du Limfiord et de l'île de Lœso dans le Kattégat ; le diocèse de Viborg, au sud du Limfiord ; le diocèse d'Aarhus, comprenant le Jutland oriental, les îles d'Anholt et de Samso ; le diocèse de Ribe, embrassant l'ouest et le sud du Jutland. Les diocèses insulaires sont celui de Seeland, englobant le groupe des îles seelandaises, Amager, Moen, d'autres plus petites et Bornholm ; celui de Laaland-Falster, composé de ces deux îles et d'autres secondaires, et enfin le diocèse de Fyen, comprenant, outre l'île de ce nom, celles de Taassinge, Langeland, Odense et Swendborg. Ainsi deux divisions principales : d'une part la péninsule du Jutland, formant 4 diocèses peuplés d'environ 900,000 habitants, de l'autre les îles partagées en 3 diocèses et renfermant un peu plus d'un million d'habitants. Les îles Fœroer et l'Islande forment un groupe distinct que nous étudierons séparément.

I. — LE JUTLAND.

Du curieux et intéressant travail publié à Copenhague par M. H. Weitmayer, avec le concours de savants danois, il ressort que plus d'un quart de la population du Danemark habite les villes. Elles sont au nombre de 75, dont 6 seulement sont des places de commerce; les autres, plus petites, sont des *kjobstœder*, jouissant de quelques privilèges relatifs aux professions. Une seule ville, Copenhague, capitale du royaume, peut être rangée parmi les grandes villes; elle renferme à elle seule la moitié de la population urbaine du royaume, près d'un sixième de sa population totale. Cinq autres villes possèdent une population supérieure à 10,000 âmes, 11 en ont plus de 5,000 et 29 n'atteignent pas le chiffre de 2,000. Les îles contiennent deux fois plus de villes que le Jutland; par contre, les villes du Jutland sont comparativement plus grandes.

Ribe est la première que l'on rencontre au-dessus de la frontière du Schleswig. Située sur le Ribeaa, à 3 kilomètres de la mer du Nord, elle fut une ville importante; dans son château de Riberhus résidèrent les souverains. Cité ecclésiastique, elle possédait de grands couvents et de nombreuses églises. La Réforme précipita sa décadence; aujourd'hui Ribe ne compte plus que 4,000 habitants. Entre Ribe et Warde, en face de l'île de Fano, s'ouvre un port récent, le port d'Esbjerd, créé depuis 1868 en vue du commerce d'importation avec l'Angleterre. Plus au nord, Ringkjobin est sur le fiord du même nom; Holstebro et Struer sont au sud du Limfiord, reliées entre elles par un chemin de fer qui longe la côte et se rattache par des lignes latérales avec la voie ferrée de l'est.

Cette dernière dessert des localités plus importantes. Nous avons décrit la côte occidentale du Danemark, son littoral rigide, sans échancrures, son long bourrelet de dunes derrière lesquelles s'étendent les marécages. Sur ces plages inhospitalières on ne trouve que hameaux de pêcheurs. Mieux abritée et mieux découpée la côte du Kattégat et du Petit-Belt est aussi plus peuplée. Dans l'intérieur les centres sont peu nombreux et de médiocre importance.

Kolding est, comme Ribe, au-dessus de la frontière du Schleswig, mais sur le versant est. Elle fut durement éprouvée pendant la guerre civile. Plus tard son château brûla pendant le séjour qu'y firent Bernadotte et les troupes espagnoles. A l'est de Kolding, sur une éminence, se dresse la colonne de granit érigée en mémoire de la lutte soutenue par les habitants du Schleswig, pour le maintien de leur langue nationale. Au-dessous de Kolding, sur le Petit-Belt, on rencontre Fredericia, forteresse construite par Frédéric III. Bien bâtie, percée de larges rues droites, Frédéricia n'a pas pris l'essor qu'espérait son fondateur, Dans sa trop vaste enceinte les jardins et les vergers ont remplacé les maisons absentes. Vainement, pour attirer la population, Frédéric III et, après lui, Christian V multiplièrent les privilèges, Frédéricia ne possède pas plus de 8,000 habitants.

Veile, au nord-ouest de Frédéricia, est située à l'extrémité du fiord qui porte son nom. Ici, le sol plus accidenté offre des pentes boisées et des vallons serpentant à travers les collines. Au-dessus du fiord de Veile s'ouvre celui de Horsens, qui fut, au moyen âge, une ville considérable. Très déchue depuis, elle semble se relever; sa population est de 17,290 habitants. Horsens, centre agricole, est aussi un centre d'élevage, un entrepôt considérable de beurre et de fromages.

Au long de la côte orientale, Aarhus, au nord d'Horsens, est la plus grande ville du Jutland: sa population atteint le chiffre de 33,308; son port, le meilleur de ce littoral, entretient avec Copenhague et la Scandinavie un trafic important; elle est en outre le point central des voies ferrées du Jutland, la tête de ligne de communication de la péninsule avec la capitale; Aarhus, ville ancienne, est en voie de prospérité. Ses environs sont fort beaux; autour d'Aarhus s'étendent quelques-unes de ces propriétés domaniales, de ces châteaux dont le Danemark possède encore un grand nombre et dont l'un des plus considérables est celui de Frysenborg, dans le bailliage d'Aarhus. La plupart de ces résidences seigneuriales datent du xvie et du xviiie siècle. « Il y en a d'imposants dans leur masse, écrit M. Dargaud; il y en a de charmants dans leur légèreté et leur fantaisie; les uns sont environnés de murs crénelés, flanqués de tours solides; les autres sont dentelés d'ornements, décorés de cintres, d'ogives, d'échancrures, de galeries, de balcons, où l'imagination arabe et l'imagination écossaise se rencontrent avec le caprice scandinave. Il y a des châteaux qui sont des citadelles féodales, des donjons tristes, menaçants; d'autres sont des résidences de chasseurs au milieu des bois; d'autres des nids d'alcyons au bord de la mer; d'autres des palais vénitiens sur des lacs ou sur des étangs, dont les ponts ciselés se réfléchissent à la surface de vastes lagunes; d'autres, plus rares, sont des Rosenborgs privés où le goût le plus exquis, sans abdiquer le passé, l'a relié au présent par les miracles du bien-être moderne et par l'enchantement des arts. »

C'est l'un des traits caractéristiques du Danemark cette quantité de palais et de châteaux disproportionnée à son étendue. Dans l'île de Taasingue se trouve le château de Waldemar, dans Langeland celui de Tranekjoer. La Fionie a la résidence de Glorup et vingt autres fiefs; Seeland a les châteaux de Kongsdal, Holstenborg, Svenstrup et nombre d'autres. Dix-huit de ces grands domaines ont le titre de comtés, quatorze celui de baronnies.

Entre Aarhus et le Limfiord, on ne rencontre que trois villes, dont une seule mérite ce nom, c'est Randers à l'embouchure du Gudenaa. Hobro et Mariager sont à peine des bourgs. Randers est une cité industrielle et commerçante peuplée de 16,617 habitants.

Dans l'intérieur des terres, Skanderborg, entre Horsens et Aarhus, est un centre agricole, bien placé sur la voie ferrée. Sikelborg doit son existence à une fabrique de papier créée en 1845; depuis lors elle est devenue une station estivale assez fréquentée grâce à ses alentours pittoresques. Viborg est au centre du Jutland dont elle fut la capitale; elle est restée siège épiscopal et, la première, se rallia à la Réforme. Viborg, peuplée de 8,600 habitants, est régulièrement bâtie sur une colline basse, Vebjerg, ou *colline sainte*, que domine son imposante cathédrale construite au xie siècle.

Aalborg est sur la rive méridionale du Limfiord. Elle compte 19,503 habitants et, presque seule des villes du Jutland, elle a conservé son antique cachet, ses rues étroites et tortueuses, ses maisons à pignons, avec leurs galeries extérieures. Au nord-est du Limfiord, sur le Kattégat, Frederickshavn fait avec la Norvège un important commerce de fer. Son port est, en outre, la première étape des navires qui se préparent à doubler la pointe du Jutland, celle de Skagen, près la ville de ce nom. Skagen est la ville la plus septentrionale du Danemark. Les sables l'assiègent et ont recouvert déjà sa vieille église dont les tours seules émergent. La population, de 2,000 habitants, vit de la pêche et des sauvetages auxquels donnent lieu les nombreux naufrages dont cette côte est le théâtre. A Skagen s'arrête la péninsule du Jutland ; au sud-est s'étend l'île de Seeland.

II. — LES ILES.

« Dans cette île de Seeland, écrit M. Xavier Marmier, pas une montagne. Mais, malgré cette lacune, une étonnante variété de sites et de points de vue. Çà et là, des bois solitaires ombragés par les larges rameaux de chênes et les branches flottantes des saules. Çà et là de vastes pelouses vertes et fleuries comme celles des parcs anglais, des champs de blé qu'un fermier de la Beauce envierait, des forêts de hêtres les plus magnifiques du monde et de tout côté la mer : la mer Baltique, la mer du Nord, le Sund et le Belt, superbe ceinture de cette forte terre Scandinave. Sur les contours de la plage, à l'intérieur de l'île, partout la vie aventureuse du marin, l'actif travail du laboureur, les légères barques glissant sur l'eau limpide des lacs, les gros navires luttant contre les hautes vagues ; sur la grève, les longs filets appendus aux façades des maisons ; ailleurs, les habitations agricoles avec leurs enclos d'arbres fruitiers comme ceux de Normandie, leurs beaux attelages comme ceux de la Suisse, leurs murailles de briques et leurs fenêtres luisantes comme celles de Hollande ; puis les constructions de fantaisie, kiosques, pavillons, villas des riches négociants ou des familles nobiliaires ; de côté et d'autre, d'anciennes et vénérables églises, des monuments tumulaires d'un âge lointain et plusieurs cités où aux traditions du passé s'allie le mouvement des temps modernes : Elseneur qui commande le détroit du Sund ; Rœskilde, tombeau des rois ; Soro, célèbre par son ancien couvent et sa riche académie, à laquelle le poète Holberg a légué toute sa fortune ; Copenhague la royale capitale. »

La grande cité danoise a presque triplé depuis 40 années. En 1850 elle possédait 130,000 habitants, elle en compte aujourd'hui 312,387 et avec sa banlieue 375,251. Copenhague couvre une superficie de 23 kilomètres carrés. Nulle part, sauf à Berlin et à Vienne, on ne compte autant d'habitants par maison ; la moyenne à Londres est d'environ 10, à Paris de 35 ; elle atteint 45 à Copenhague, 58 à Berlin et 60 à Vienne.

Capitale du Danemark, résidence royale, siège du gouvernement, Copenhague est aussi une place forte et la plus importante ville de commerce du royaume. Elle doit sa prospérité à son heureuse situation sur le Sund. Dès le xie siècle elle apparaît dans l'histoire sous le nom de *Hafn*, le port, le *portus mercantorum* de Saxo. Elle ne devint capitale qu'en 1443 et, depuis lors, s'accrut rapidement, non sans avoir à traverser les phases douloureuses des villes d'avenir. Elle soutint deux sièges en faveur de Christian II, tint sept mois contre Frédéric Ier, et résista à Christian III. Charles-Gustave l'assiégea en 1658; les flottes d'Angleterre, de Suède et de Norvège bloquèrent son port en 1700; nous avons dit le bombardement de 1807.

De son passé, Copenhague n'a presque rien gardé : les incendies fréquents qui l'ont dévastée et le bombardement des Anglais n'y ont pas laissé subsister de monuments remarquables. La partie méridionale de la ville, la plus ancienne, se distingue de la ville moderne par ses rues étroites et tortueuses, par le Slotsholm entouré de canaux et par les ruines du palais de Christiansborg. Sur cet îlot se trouve le musée Thorwaldsen, construit en forme de cénotaphe antique; il renferme l'œuvre et les collections du grand artiste dont le corps repose dans une cour au centre de l'édifice.

Le mouvement maritime du port de Copenhague se chiffre par un total de plus de 12,000 navires, dont près de 3,000 à vapeur.

En dehors de la ville, à l'ouest du quartier d'Amalienborg, dans le Kongens Have, parc de la ville intérieure, s'élève le château de Rosenborg, construit par Christian IV. « La perle de tous les palais danois, écrit M. V. Fournel dans son livre le *Danemark contemporain*, c'est Rosenborg, construit au début du xviie siècle, par l'illustre architecte anglais Inégo Jones, auquel Londres doit Whitehall. Rien de plus original et de plus charmant que la physionomie de cet édifice, avec sa maçonnerie de briques rouges, ses trois tours noires aux flèches élancées, sa façade étroite, et la prodigalité d'ornements dont l'a décoré la fantaisie de l'artiste. Rosenborg tient, à la fois, de l'église gothique, du donjon féodal, et du château de la Belle au bois dormant. On y arrive par un délicieux jardin, plein d'ombrages et d'eaux vives. Sous ces tilleuls deux fois centenaires qui ont vu passer le grand roi Christian IV, les petits Danois se livrent à leurs ébats tumultueux avec ces rires ou ces larmes qui sont les mêmes partout et constituent la langue universelle. Par les allées sinueuses, le long des pelouses et des parterres de fleurs, on arrive jusqu'à un pont-levis, fermé d'une grille de fer, qui clôt l'entrée du palais comme celle d'une forteresse... Rosenborg est une magique évocation du passé. On en sort avec des éblouissements dans les yeux, et l'imagination enflammée par cet entassement de merveilles historiques. Les richesses de deux siècles sont concentrées dans cet écrin de pierre où nous apparaît, en toute sa splendeur, l'âge d'or de la monarchie danoise, alors qu'elle régnait sur la Norvège, qu'elle humiliait la Suède, qu'elle occupait l'Europe de sa gloire, et que l'oriflamme rouge à croix blanche se promenait triomphalement sur toutes les mers. »

Copenhague s'étend, bien au delà de ses murailles et de ses fortifications, par ses faubourgs d'Osterbro, de Norrebro et de Vesterbro qui ont pris un développement tel qu'ils forment une ville et se relient eux-mêmes à des communes plus distantes. Au nord de Copenhague apparaît Helsingor, Elseneur, la vieille ville où se percevaient autrefois les droits sur les navires qui franchissaient les détroits, et qu'on appelait les

droits du Sund, parce que les navires empruntaient le plus souvent le chenal de ce nom.
Ces droits constituaient l'une des principales sources de revenus du pays, « la veine
d'or » du Danemark, chargé alors d'assurer la sécurité de la navigation. En 1857 cet
impôt fut aboli par une convention passée avec les puissances maritimes, lesquelles
allouèrent au Danemark, à titre d'indemnité de rachat, une somme de 87 millions.
Par le chenal, désormais libre, passent annuellement 50,000 navires.

Près d'Helsingor se dresse le château de Kronborg dans les souterrains duquel, dit
la légende, dort Olger le Danois attendant le jour où la patrie en danger réclamerait
l'appui de son bras. Ce jour est venu en 1864 et Olger ne s'est pas levé. Comme Kronborg, Helsingor a sa légende que Shakespeare a immortalisée, celle d'Hamlet dont on
montre le tombeau au nord de la ville. Non loin de là, près du lac d'Esrom est située la
petite ville de Frendensborg, célèbre par son château royal, résidence d'été du souverain. Au sud-ouest, Hillerod doit son origine au palais de Frederiksborg. Au fond de son
fiord, Roskilde, la vieille cité épiscopale, l'ancienne capitale du Danemark, a perdu son
évêché et son titre ; elle ne possède plus que 6,000 habitants et sa cathédrale, l'une
des plus belles du royaume.

Sur la route de Copenhague à Korsor, nous relevons successivement Ringsted, Soro,
Sagelse, vieilles villes, riches en souvenirs historiques. Dans l'église de Ringsted reposent les rois de la dynastie des Valdemare ; Soro, entre son lac et ses forêts, garde les
tombes du poète Holberg et de l'archevêque Absalon ; Korsor est une ville commerçante
et maritime.

L'île de Bornholm est plus au nord, à 45 kilomètres de la côte scandinave, dont elle
fit partie et à laquelle elle se relie encore par un plateau sous-marin. Son ossature de
granit rappelle celle de la Norvège ; sa grande ville, Konne, ne compte pas plus de
7,000 habitants, elle est située sur la côte occidentale de l'île et n'a guère d'autre industrie que celle des terres cuites et des horloges à poids. Bornholm a cela de remarquable
que toutes ses églises sont rondes. Construites en granit, elles ne servaient pas unique-
ment au culte, mais aussi à tenir les pirates en échec et à offrir un refuge à la population.

L'île de Fyen, ou la Fionie, s'étend entre la côte du Schleswig et du Jutland méridional et l'île de Seeland. Ses villes sont maritimes, à l'exception d'une seule, Odense,
la plus importante, située au centre de la région. Odense compte 30,277 habitants ; elle
est en voie de prospérité, son commerce s'accroît et elle possède quelques manufactures. C'est l'une des plus antiques cités du Danemark ; elle fait remonter son origine à
Odin, d'où son nom primitif d'*Odin Ve*, « sanctuaire d'Odin ». La voie ferrée qui traverse
l'île de Fyen relie Odense à Nyborg, petite ville située sur le Grand-Belt. La forteresse
de Nyborg a joué un rôle important dans l'histoire du Danemark ; restée ville militaire,
Nyborg est aussi maritime ; son port est bon et fréquenté. De l'autre côté de l'île, sur le
Petit-Belt, Middelfart doit à sa plage, à ses beaux environs et à son château de
Hindsgarl, d'être une ville de bains et une station d'été fort appréciée. Svendborg,
au sud, avantageusement placée sur le détroit auquel elle donne son nom et qui
sépare Fyen de l'île de Taasinge, bien que ne possédant encore que 7,500 habitants,

est une ville prospère, animée, entretenant un commerce actif avec les petites îles du sud et renfermant plusieurs chantiers de construction de navires.

L'île de Langeland n'a qu'une ville, Rudkjobing, sur la côte occidentale. L'île d'OEro, plus petite et plus peuplée, en a deux : OEroskjobing et Marstal. Cette dernière possède une flotte marchande assez considérable. Dans l'île de Falster on ne relève également que deux centres de populations, Nykjobing et Gjædeserodde, qu'une ligne de vapeurs met en communication avec Warnemunde-Rostock sur la route de Berlin. L'île Laaland renferme cinq petites villes; deux seulement méritent ce nom. La première est Maribo, vieille ville d'origine ecclésiastique comme la plupart des cités danoises; la seconde, Nakskov, la plus peuplée du Laaland, compte 5,500 habitants. Place de guerre, elle tint, en 1659, les Suédois en échec par sa brillante défense ; ville maritime elle fait un commerce assez actif avec les îles adjacentes. Quelques lieues de mer séparent des côtes d'Allemagne cette pointe méridionale du royaume de Danemark que nous venons de parcourir et de décrire et dont il nous reste à étudier les dépendances dans le nord-ouest.

III. — LES FŒROER. — L'ISLANDE. — LES ÉTABLISSEMENTS DU GROENLAND.

L'archipel des Fœroer, îles Féroé, s'étend dans l'océan Atlantique septentrional sous le 62ᵉ degré de latitude nord et le 7ᵉ degré de longitude ouest, à 380 kilomètres de l'Écosse, à 1,000 du Danemark. Il comprend 17 îles habitées, dont la plus grande, Stromo, mesure tout au plus 400 kilomètres carrés; la superficie totale de l'archipel est d'envion 1,300 kilomètres carrés. Son nom de Fœroer signifie, en langue scandinave, *îles aux brebis*. Floke, le pirate norvégien, qui les découvrit au ixᵉ siècle, y trouva de grands troupeaux de moutons sauvages. Ils provenaient vraisemblablement d'animaux antérieurement débarqués par des pirates normands qui l'avaient précédé dans l'archipel.

Christophe Colomb aborda aux Fœroer en 1467; de là il gagna l'Islande dont les indigènes lui révélèrent l'existence, dans l'ouest, d'une grande terre qu'ils désignaient du nom de Vinland et qui n'était autre que la côte du Massachussets. C'est à Reykiavik, affirme Alexandre de Humboldt, que le navigateur génois apprit par les *Sagas* d'Islande la découverte du Vinland et conçut l'idée de chercher dans cette direction un chemin vers les Indes ; aussi M. Anderson dit-il que les Fœroer et l'Islande furent les gonds sur lesquels roula la porte qui ouvrit l'Amérique à l'Europe.

Formées de roches volcaniques, de trapp et de basalte, ces îles offrent à l'œil des côtes escarpées, profondément échancrées, des plateaux de 800 à 900 mètres d'altitude surplombant des terres plus basses que recouvre une puissante végétation herbacée; aussi l'élevage du bétail est-il l'une des principales ressources de la population. Baigné par le Gulf-Stream, l'archipel, malgré sa situation septentrionale, jouit d'une température plus douce que le Danemark; la moyenne annuelle est au-dessus de 6 degrés centigrades; l'hiver n'y est pas trop rigoureux et le bétail peut le passer en plein air. La mince couche de terre végétale qui recouvre l'ossature rocheuse est suffisante pour les graminées et les pommes de terre, mais ne comporterait pas la culture des céréales et moins encore la végétation arborescente. Les Fœroer sont restées la terre d'élevage des moutons ; les habitants tissent leur laine dont ils font leurs vêtements et tirent de la pêche un supplément de ressources.

« Les moutons, écrit le docteur Henry Labonne, vivent sur ces îles en bandes considérables; avec les produits de la pêche, ils représentent la véritable richesse des habitants. Le mouton est pour eux ce que le phoque est pour le Groenlandais et le renne pour le Lapon... Ces pauvres bêtes sont absolument réduites à l'état sauvage; sans étables et sans hangar pour l'hiver, elles errent continuellement par monts et par vaux, cherchant sous la neige glacée une nourriture qu'elles ne peuvent pas toujours atteindre. Aussi, me disait un habitant, si les neiges durent plus longtemps que décembre ou janvier, nous en perdons beaucoup qui meurent de faim, et souvent alors on trouve leur estomac rempli de laine qu'elles ont mangée. »

Au moyen âge, cet archipel appartenait à la Norvège ; le Danemark l'a gardé, en 1814, pauvre compensation de la perte de la Norvège. Il fait partie du royaume, dont il forme un bailliage distinct, mais relève, ecclésiastiquement, du diocèse de Seeland. La population totale des Fœroer n'excède pas 11,000 habitants; Thorshavn, dans l'île de Stromo, est l'unique centre habité, moins une ville qu'un village.

L'Islande est à 560 kilomètres de distance des îles Fœroer, au nord-ouest, entre 63° 23′ et 66° 33′ de latitude nord, entre 13° 30′ et 24° 30′ de longitude ouest. Sa superficie, de 105,000 kilomètres carrés, est beaucoup plus du double de celle du Danemark. L'Islande, l'*île de glace*, affecte la forme d'un quadrilatère irrégulier, mesurant du nord au sud 350 kilomètres, 500 de l'ouest à l'est; elle présente un relief rocheux et accidenté, des côtes échancrées par des fiords nombreux, effrangées au nord et à l'ouest où les flots ont découpé trois grandes presqu'îles. On n'y rencontre de terres basses que sur le littoral ou dans les vallées ; presque partout ailleurs, le sol se relève en un vaste plateau continu d'une altitude moyenne de 600 mètres, que dominent les *Jokler*, névés ou glaciers, qui recouvrent une superficie de 14,000 kilomètres carrés environ. Le plus étendu se trouve au sud-est, c'est le Vatna, qui forme avec les *Jokler* latéraux le plus vaste champ de glace de l'Europe; là aussi se dressent les plus hautes cimes de l'île, atteignant, à l'Orœfujokul, 1,960 mètres. Plus au nord, les sommets s'abaissent et les glaciers diminuent d'étendue. Au centre de l'Islande, une chaîne volcanique se déroule du sud-ouest au nord-est, semée de plus de vingt cratères en activité dont le plus connu, l'Hékla, au sud-ouest, mesure 1,557 mètres d'altitude.

A maintes reprises, l'Hékla fit trembler l'Islande et la couvrit de cendres. Des 18 éruptions dont on a conservé le souvenir, les plus redoutables semblent avoir été celles de 1597 qui engloutit dans d'énormes crevasses plusieurs fermes, et celle, plus récente, du 2 septembre 1845, qui dura sept mois. « Toutefois, écrit le docteur H. Labonne, ce ne fut que le 13 septembre au matin que les fermes habitées furent envahies par la pluie de sable; la terre s'en couvrit d'une couche épaisse... Puis, trois

mois durant, l'eau, le sable, les pierres continuèrent à s'échapper de l'horrible four-
naise. Pour se représenter les émotions terribles, les impressions épouvantables des
malheureux Islandais, il faut se les imaginer au milieu de la nuit perpétuelle qui régnait
alors sur l'île pendant ces mois d'hiver, nuit seulement interrompue à l'horizon par
d'immenses lueurs rougeâtres couvrant le ciel de taches sanglantes. Il faut se les imaginer entendant, du fond de leurs *bœrs*, les détonations successives du volcan, les
hurlements plaintifs des chiens affolés, le hennissement des poneys mourant de faim,
le mugissement des vaches aux mamelles taries. Le 25 mars, la catastrophe prit fin ; le
volcan s'épuisa en un dernier effort qui lança du cratère de gigantesques colonnes de
flammes, et le lendemain, 26, on vit la dernière projection de cendre aller se perdre au
nord. »

A ces phénomènes volcaniques sont dues les sources chaudes jaillissantes. La plus
célèbre est le *Geyser*, au nord de l'Hékla ; une fois par jour, elle projette une colonne
d'eau bouillante de 2 à 3 mètres d'épaisseur sur 30 mètres de hauteur. Le *Geyser*
a donné son nom à toutes les sources analogues répandues sur la surface de l'Islande,
et que l'on désigne communément de l'appellation de geysers.

Région très arrosée, l'Islande contient de nombreux torrents et rivières ; ils sont
de courte portée. Les plus longs ne dépassent pas 200 kilomètres ; ils charrient d'é-
normes masses d'eau le plus souvent laiteuses, parfois brunes. Semés de rapides, ils
se précipitent en cascades formant des chutes considérables, telles le Lagaflod et les
deux Jokulsaaer. Les lacs aussi sont nombreux. Cette abondance des eaux est due, en
grande partie, à la condensation qui résulte du contraste qu'offre avec l'Islande, le climat
du nord, et celui du sud. La partie méridionale de l'île baignée par les eaux tièdes
du courant équatorial jouit d'une température humide et douce ; les brouillards y sont
fréquents, les ports n'y gèlent pas. Au nord, où passe le courant polaire, le climat est
rigoureux, et les ports sont fermés par les glaces jusqu'en juillet.

Ici, comme aux îles Fœroer, les céréales ne mûrissent point et la pomme de terre
est la seule culture. Les arbres font défaut, mais les tourbières y suppléent et le courant
du sud charrie sur les côtes des bois flottés qui servent de combustible. La principale
richesse des habitants consiste en chevaux de petite taille, dociles, vigoureux et très
recherchés en Angleterre où on les emploie au travail des mines ; en moutons et en
rennes. Les côtes sont poissonneuses ; le saumon abonde dans les rivières islandaises,
et la morue dans les baies. On capture aussi bon nombre d'oiseaux sauvages. « Les
eiders, ou canards édredons, écrit M. G. Aragon, donnent également des bénéfices
considérables, qui expliquent les mesures prises pour la conservation de ces précieux
palmipèdes. Il est non seulement défendu de les chasser, mais de tirer des coups de
fusil dans les endroits qu'ils fréquentent, de peur de les effrayer. Aussi deviennent-ils
si familiers, qu'au lieu de se sauver à l'approche de l'homme, ils se laissent souvent
caresser sans manifester aucune crainte. Ils s'établissent sur les îlots, où les renards,
leurs ennemis acharnés, ne peuvent venir les surprendre, et tels de ces rochers incultes
et abruptes que l'on aperçoit dans les fiords ou sur le bord de la mer, donnent à leurs
propriétaires, sans frais d'aucune sorte, des récoltes de 30 à 40,000 francs. »

Peuplée de 72,000 habitants, l'Islande ne contient même pas un habitant par kilomètre carré; il est vrai de dire qu'une partie de sa superficie est inhabitable et que la région peuplée, au long des côtes et sur le cours des rivières, ne paraît pas excéder 44,000 kilomètres carrés. Ainsi que l'archipel des Fœroer, l'Islande fait partie intégrante du royaume de Danemark; elle jouit de droits spéciaux, l'assemblée locale partageant, avec le roi, le pouvoir législatif.

Dans ce cadre, trop vaste pour une population trop restreinte, les villes sont rares. L'Islande n'en possède que trois. Reykjavik, la plus importante, est la capitale de l'île. Située sur la côte sud-ouest, au long du courant équatorial, elle jouit d'un climat relativement modéré oscillant entre les extrêmes de + 21 et — 16, alors qu'à Akreyri, plus au nord, le thermomètre descend jusqu'à 34 degrés au-dessous de zéro. Construite en bois, Reykjavik renferme 3,000 habitants; elle est à la fois siège épiscopal, résidence du gouverneur et lieu de réunion de l'Assemblée nationale.

« Le premier aspect de cette humble capitale, écrit M. Georges Aragon, ne m'a pas fait éprouver le sentiment de tristesse auquel je m'étais préparé sur la foi des récits de certains voyageurs. La ville est construite sur une presqu'île basse qui forme l'une des extrémités d'une rade circulaire, mal garantie des vents du large par des îlots, dont quelques-uns sont, à mer basse, accessibles à pied sec. En arrière des collines de lave auxquelles elle s'adosse, s'élèvent de hautes montagnes bleuâtres, dont les neiges recouvrent pendant presque toute l'année les plateaux supérieurs... Reykjavik est le centre administratif, commercial et intellectuel de l'Islande. C'est la résidence du gouverneur général, le siège de l'évêché et de la Cour de justice. L'*Althing* (Assemblée nationale), y tient chaque année ses sessions. Elle possède un collège, un hôpital, deux bibliothèques, deux imprimeries, trois journaux. C'est, en outre, le seul point de l'île qui communique d'une façon régulière avec le reste du monde par le paquebot danois qui fait une fois par mois le voyage de Copenhague. Ce paquebot n'accomplit ses voyages que pendant la période de mars à octobre. Comme, à partir de cette époque, la navigation devient très dangereuse sur la côte d'Islande, la capitale reste, pendant quatre longs mois, sans communications avec le monde extérieur. Pendant la belle saison, de nombreux navires de commerce viennent y porter des marchandises que les négociants danois échangent contre les différents produits de l'île. » Akreyri, au nord, Izafiord et Scutul, au sud, ne sont que des havres de pêcheurs et des dépôts d'approvisionnements.

Au nord-ouest de l'Islande, sur la côte occidentale du Groenland et sur une superficie de 88,000 kilomètres carrés s'étendent les établissements danois. Peu connu, sauf sur la côte, le Groenland, que l'on a cru longtemps rattaché au continent américain, est en grande partie inhabitable pour les Européens par suite de l'extrême rigueur du climat. L'intérieur semble n'être qu'un gigantesque plateau que recouvrent des glaces et des neiges éternelles, et d'où surgissent des cimes de montagnes inexplorées. Un blanc linceul enveloppe cette terre septentrionale, l'une des plus froides de notre globe. A Upernivik, la température moyenne de toute l'année est de 11 degrés au-dessous de zéro, la moyenne hivernale de — 24. Aussi, même dans les parties les plus favorisées, la végétation est-elle extrêmement rare.

Le Groenland fut découvert et colonisé par les Islandais, par Eric le Rouge, au xᵉ siècle, mais de cette tentative de colonisation on ne retrouva pas trace quand, bien des années plus tard, on aborda de nouveau au Groenland. Si les premiers colons européens laissés sur ces côtes succombèrent, ce fut moins dans les luttes qu'ils eurent à soutenir contre les Esquimaux que par suite de la rigueur du climat, et les probabilités paraissent être que, hors d'état de revenir en Europe, ils fusionnèrent avec la race indigène dont leurs descendants adoptèrent la langue et le genre de vie. Cette hypothèse expliquerait l'existence, sur la côte occidentale du Groenland, d'une race métisse que les explorateurs comparèrent à des Scandinaves *eskimoisés*.

La vie est rude sur ces côtes inhospitalières. « Les 10,000 habitants du Groenland, écrit M. H. Waitemeyer, sont presque tous des Esquimaux qui vivent de la chasse et de la pêche ; d'une grande importance pour eux est surtout la chasse aux phoques, ces animaux pourvoyant à presque tous leurs besoins ; leur chair les nourrit, leur huile les éclaire et les chauffe et, avec leur peau, ils confectionnent leurs vêtements, les couvertures de leurs tentes et de leurs kayaks. Le chien est, pour ainsi dire, leur seul animal domestique et ils l'attellent à leurs traîneaux. Les Esquimaux sont bien chrétiens ; mais leur état de civilisation est encore assez peu avancé. »

Les expéditions de Nordenskjold au Groenland ont révélé sur ce pays des détails curieux et éclairé d'un jour nouveau son étrange physionomie. Si le hardi explorateur n'a pu s'avancer avec un traîneau aussi loin qu'il l'eût voulu sur l'*Inlandsis*, immense glacier déchiré de crevasses qui recouvre cette terre polaire, ses Lapons, hantés du rêve d'une oasis, d'un *pays vert* qu'ils croient exister dans ce désert de glace, ont exploré avec leurs patins de neige l'*Inlandsis* jusqu'au centre même du continent groenlandais. « Arrivés, à 50 kilomètres de la station, écrit le chef de l'expédition, nous ne trouvâmes plus d'eau ; au delà, l'*Inlandsis* était parfaitement unie, accidentée seulement tous les 40 ou 50 kilomètres par une ligne de monticules. Dans ces parages, le thermomètre marquait 5 degrés. Jamais auparavant je n'avais rencontré meilleure neige pour la marche sur les *Ski* ; par suite, nous pûmes avancer sans difficulté, mais nous souffrîmes beaucoup de la soif. Au point où nous battîmes en retraite, nous fondîmes de la neige dans une boîte de conserves vide, que nous chauffâmes avec un tison provenant de nos bâtons. La surface du glacier était complètement unie, et durcie par le vent. A l'horizon, aucune terre n'était visible ; dans toutes les directions, l'*Inlandsis* étendait sa surface plane recouverte d'une neige très fine. En faisant un trou dans le glacier, on trouvait d'abord de la neige pulvérulente sur une épaisseur d'un mètre, et, au-dessous, de la glace grenue. Entre les deux couches s'étendait un interstice tapissé de cristaux de glace, assez large pour qu'on pût y glisser la main. L'*Inlandsis* s'élevait par étages ; après une longue plaine, on trouvait un renflement du glacier, auquel faisait suite une nouvelle plaine, puis une ligne de hauteurs, et ainsi de suite jusqu'à la distance de 230 kilomètres. »

Nordenskjold ne s'est pas borné à l'étude de l'*Inlandsis*, de la configuration des côtes et du relief orographique du Groenland ; il en a examiné les ressources, ressources exclusivement minérales. Cette terre est riche en *ergolithe*, « pierre de glace », translucide et friable, dont on extrait la soude et des sels d'alun ; elle est riche aussi en composés du fluor. L'exploitation de ces minerais est concentrée à Ivigtut, petite colonie européenne située sur la côte ouest, au nord du cap Farewell. Les gisements que l'on y a découverts sont identiques à ceux de la montagne d'Ilman, dans l'Oural, et du Pike's Peak dans le Colorado.

Les recherches de l'explorateur ont mis hors de doute la découverte du continent américain par Bjarne, fils d'Herjulf le *landnamsman*, « homme ayant pris possession d'une terre sans maître », qu'une tempête entraîna sur les côtes du *Vinland*. Vers l'an 1000, le fils d'Eric le Rouge partit avec 35 hommes pour cette terre nouvelle sur laquelle la vigne poussait à l'état sauvage, d'où le nom de Vinland qu'il lui donna, et dont la température était si douce, que le bétail pouvait passer l'hiver dans les pâturages.

Les détails que donne Nordenskjold confirment et complètent ceux que les navigateurs des régions arctiques avaient déjà fournis sur les Esquimaux, cette race peu connue, habile à tirer parti des conditions climatériques et des ressources limitées de son sol, ingénieuse à construire ces merveilleuses embarcations en peau, si légères qu'un homme peut les transporter à de longues distances, si stables qu'elles chavirent rarement, si rapides qu'en 24 heures, raconte Glahn, un indigène franchit près de 300 kilomètres. On sait avec quelle dextérité les Esquimaux construisent les maisons de neige dans lesquelles ils bravent les rigueurs de leur climat. « Lorsque les Esquimaux, écrit Nordenskjold, ne peuvent se procurer du bois, ils élèvent une construction ronde, en forme de tente, avec du gazon et des pierres, ou encore avec des peaux épaisses, comme l'ont fait, je crois, les indigènes de l'île Saint-Laurent. Les Esquimaux de Winter Island et d'Igloolik construisent, au contraire, leurs huttes d'hiver avec des mottes de neige en forme de briques ; dans ces abris, les vitres des fenêtres sont remplacées par des plaques de glace. Parry, Hall et nombre d'autres voyageurs décrivent minutieusement la construction de ces maisons. Leur « mobilier » se compose simplement d'un banc en neige établi le long de la muraille, sur lequel les indigènes entassent du gravier, des broussailles, des rames, des montants de tente, des os de baleine, le tout recouvert de peaux de renne. Un pareil abri peut être édifié en peu de temps, partout où l'on trouve de la neige suffisamment tassée, et il en coûte si peu de peine que, dans une halte au cours de ses voyages en traîneau dans l'archipel polaire américain, Mac Clintock paya d'une aiguille la construction de chaque maison de neige dont il eut besoin. La hutte d'hiver de Hall, qui mesurait un diamètre de près de trois mètres, fut bâtie en deux heures par trois indigènes, et c'était une maison très soignée. Contrairement à ce que l'on pourrait croire, il ne fait nullement froid dans ces huttes en neige. L'homme s'habitue rapidement à vivre dans un milieu dont la température est voisine de zéro, et tous les Européens qui ont vécu dans ces abris ont vanté leur confortable. Le grand inconvénient dont ils se plaignent, est la chaleur qui y règne et qui fait fondre la neige du plafond ; des gouttes d'eau en tombent à chaque instant, et au printemps, les habitants doivent, pour cette raison, les abandonner. »

Des voyages de Nordenskjold, il résulte, que la côte occidentale du Groenland est longée par un courant froid, tandis que des eaux venant du sud et dont la température est comparativement élevée, s'écoulent le long de la côte occidentale à une distance de 40 à 50 milles de terre jusqu'à la latitude de l'Islande. Il en résulte aussi que le Groenland renferme des gisements de minerais exploitables et, qu'à côté de ceux que l'on a déjà reconnus, il en existe probablement d'autres dont l'industrie européenne semble appelée à tirer parti. Aussi le gouvernement danois s'est-il réservé le monopole du commerce du Groenland ; jusqu'ici, l'exportation consiste en plumes et édredon, en kryolite, en huiles de phoques et de baleines, en peaux et en poissons séchés. Ces divers produits se concentrent dans quatre établissements ; celui de Julianehaab est le plus important, celui d'Upernivik est le plus septentrional qui soit au monde.

Outre ces dépendances immédiates, le Danemark possède, aux Antilles, les îles de Saint-Jean, de Saint-Thomas et de Sainte-Croix ; nous en parlerons dans notre volume de l'Amérique.

Le Danemark a peu d'industrie ; la force motrice lui manque, le pays étant dépourvu de chutes d'eau et de combustible minéral. L'agriculture y est développée et l'on évalue à près de 300 millions de francs son rendement en 1889. L'élevage du bétail s'accroît ; l'exportation de 1887 portait sur 107,000 têtes et 271,000 porcs. Il est peu de pays où la proportion de la population purement agricole soit aussi élevée ; on l'évalue aux trois cinquièmes des habitants. Le commerce extérieur est en progrès constant, atteignant près de 500 millions, importations réunies. Dans ce total, l'Angleterre figure au premier rang, l'Allemagne au second, la France au sixième seulement. En 1889, les ports danois ont reçu et expédié 53,031 navires de toutes provenances jaugeant 2,584,000 tonnes. Le commerce extérieure est desservi par un cabotage actif se chiffrant, à l'entrée et à la sortie, par 54,998 petits bâtiments, par 2,000 kilomètres de voies ferrées et par 6,600 kilomètres de bonnes routes intérieures. En temps de guerre, le Danemark peut mettre sur pied 74,000 hommes ; en temps de paix, les cadres n'en contiennent que 17,000. La flotte militaire se compose de 32 vapeurs dont 8 cuirassés, de 2 torpilleurs, de canonnières et de transports montés par 1,500 officiers et matelots.

En perdant la garde des détroits, le Danemark a vu tarir la source principale de sa prospérité. En perdant, par une agression injustifiée, le Schleswig-Holstein il a vu son territoire démembré et sa population diminuée. Pauvre en houille et en minerais, le Danemark ne saurait lutter, sur le terrain industriel, contre des voisins mieux partagés et mieux outillés. Il lui reste ses aptitudes maritimes et commerciales, ses pêcheurs et ses matelots, son domaine colonial des Antilles, un sol riche et fertile et l'accroissement soutenu du nombre de ses habitants.

Le lac de LOEN.

IV. — SUÈDE ET NORVÈGE

Rivées l'une à l'autre par l'arête montagneuse qui les unit tout en les séparant, la Suède et la Norvège forment la longue péninsule scandinave. Par la Laponie au nord, cette péninsule se relie à la Russie ; au sud, les dislocations terrestres et l'invasion des eaux l'ont disjointe du continent, émiettant en îles ses terres basses, creusant entre elles et le Danemark les fosses sinueuses des deux Belt et du Sund, les golfes ouverts du Kattégat et du Skagerak, déchiquetant les côtes du Gotaland, crevassant de fiords celles de la Norvège, semant capricieusement les ports, les baies et les anses, les gigantesques fissures et les abruptes murailles de rochers.

Ces deux terres scandinaves, qui ne font qu'une, restent profondément distinctes dans leur unité. Le géographe Fordell les compare à une vague prodigieuse subitement figée au moment de déferler. L'image est juste. Chassée de l'ouest à l'est, la vague se déroule en énormes replis, en larges protubérances que figurent les renflements montueux de la Norvège. A sa ligne de faîte, elle s'épanche et ruisselle en une courbe infléchie qui correspond à la longue ligne affaissée que dessine la Suède au-dessous de sa frontière de Norvège; puis la vague s'étend en une nappe lisse vers la Baltique et le golfe de Botnie, représentée par les terres basses et frangées des plages suédoises.

La péninsule scandinave est bornée à l'ouest par l'océan Atlantique ; au nord par l'océan Glacial ; à l'est, du côté de la Laponie russe, par le Paświg, la Tana et une ligne sinueuse qui rejoint le Torne, dont la rive gauche appartient à la Russie. A l'est, elle a pour barrière la Baltique ; au sud, les détroits du Sund, du Kattégat et du Skagerak qui la séparent du Danemark. Sa superficie dépasse celle de la France ; elle est de 775,997 kilomètres carrés, dont 450,575 pour la Suède et 325,422 pour la Norvège. Sur cette superficie : 6,774,000 habitants, dont 2 millions pour la Norvège, 4,774,000 pour la Suède, soit une densité moyenne de 11 habitants par kilomètre carré en Suède, de 6 en Norvège. Plus étendue et plus peuplée, la Suède forme le versant oriental, celui de la Baltique ; la Norvège forme celui de l'Atlantique et de l'océan Glacial.

De tous les États européens, la Russie seule est plus vaste que la péninsule scandinave. Ouverte sur quatre mers, largement échancrée, pourvue d'excellents ports, cette dernière semblait appelée à occuper une place importante dans l'histoire de l'Europe, à tout le moins le premier rang parmi les États septentrionaux. Il eût suffi, pour le lui donner, d'une légère déviation du *Gulf-Stream*, relevant la température de la Baltique, comme, plus à l'ouest, il relève celle des côtes norvégiennes. Par un étrange contraste, les côtes occidentales, plus hautes et plus montagneuses, plus exposées, battues par la longue houle de l'Océan et par les tempêtes des mers arctiques, traversées au nord par le cercle polaire, jouissent d'un climat plus doux que les côtes orientales, abritées du vent, déroulant sur une mer intérieure leurs terres basses inclinées vers le sud-est.

La ligne des côtes mesure 4,850 kilomètres, dont 2,820 pour la Norvège et 2,030 pour la Suède. Leur développement est énorme si l'on tient compte des anses et des baies, des fiords aux contours bizarres pénétrant profondément dans les terres, des îles innombrables semées à la surface des eaux, au long du littoral, et dont 1,160 sont habitées. Dans les détroits qui les séparent, la mer déferle avec fureur. Sur les côtes de Norvège, l'Atlantique fait rage ; entre les îles Lofoden et sur le littoral de Tromso, les courants se heurtent ; entre les îles Varo et Mosko, le *maelstrom*, tourbillon produit par la rencontre des masses d'eau s'abordant en sens contraires, est légendaire. Non moins redoutable est le gouffre de Saltenfiord, au sud des Lofoten, que dominent d'imposants glaciers. La mer fouille cette côte crevassée de fiords étroits mais profonds ; par mille branches latérales elle s'enfonce dans les terres qu'elle sillonne d'un réseau navigable de canaux mesurant jusqu'à 20,000 kilomètres. Tels les fiords du Folden, Trondhiem, Hals, Hardanger que le Fongefonden surplombe, du Sogne au nord de Bergen.

Le Sogne-fiord est le plus norvégien de tous, le plus grandiose et le plus mélancolique. La mer pénètre entre des roches abruptes, se heurtant contre de hautes murailles granitiques, sans plage où s'étendre et s'attarder, sans ouvertures offrant à l'œil une perspective fuyante. A la masse grise des monts succède une autre muraille, abrupte aussi, mais des monts d'une éblouissante blancheur ; c'est le Justedalsbrœ, le plus vaste des glaciers de l'Europe, déroulant sur vingt lieues de longueur sa plaine hérissée d'aiguilles. Nul n'en a tenté l'ascension; inabordable dans sa ceinture de montagnes, il domine de ses hautes cimes les monts pelés, les roches entassées, et le fiord qui promène dans sa fosse profonde son eau sombre.

La Norvège est la région des fiords, et les fiords donnent à la Norvège une physionomie toute particulière, étrange et mélancolique, mais d'une singulière grandeur. C'est autour de Bergen, surtout qu'ils se déploient dans leur majestueuse beauté.

« Bergen, écrit M. Albert Vandal, a été nommée par les poètes du Nord, la cité des fiords : jamais nom ne fut mieux mérité. Assise elle-même au fond d'un golfe, Bergen voit s'ouvrir à ses côtés les plus vastes et les plus beaux fiords de la Scandinavie; elle occupe le centre de cette région étrange où la terre et l'Océan semblent se disputer l'empire, où la côte, blessée par de profondes entailles, projette à son tour, au milieu des flots, des caps incessamment battus par la tempête, et jette des môles naturels, longs de plusieurs milles, dans cette mer du Nord, pleine de menaces et de terreurs. Les fiords proprement dits varient à l'infini de forme, d'étendue et d'aspect. Tantôt perpendiculaires à la mer, tantôt parallèles, tantôt troublés comme l'Océan, tantôt paisibles comme des lacs, ils découpent le rivage en tous sens et font ressembler la carte de Norvège à un drapeau déchiqueté par la mitraille. Parfois, le fiord se borne à échancrer le rivage comme un golfe vulgaire, ou présente l'aspect d'une rade fermée, et communique avec la mer par un étroit goulet. Plus souvent, le fiord est une fissure qu'on dirait ouverte, dans le roc de la côte, par quelque instrument tranchant; un bras de mer s'enfonce dans ce couloir, s'allonge entre des rives escarpées et offre le spectacle d'un fleuve qui remonterait vers sa source. Quelquefois, enfin, le fiord est tour à tour mer intérieure, fleuve resserré, lac aux eaux calmes, comme le Sognefiord, comme le Hardangerfiord, vastes entailles qui s'ouvrent, l'une au nord, l'autre au sud de Bergen, se divisent à l'infini, pénètrent en tous sens dans les districts de Bergen et de Voss, baignent des glaciers, s'égarent dans des gorges et se glissent jusqu'au cœur de la Norvège, à 60 lieues de la haute mer. »

Entre le cap Lindernœs, au sud, et les îles Lofoten, au nord, la côte occidentale de la Norvège, découpée par les fiords, est semée d'îles et d'îlots, d'aiguilles rocheuses, ceinture d'écueils sur laquelle déferlent les vagues dont elle amortit le choc. Dans l'espace compris entre cette ceinture et la côte, sur une mer relativement calme, d'un port à l'autre, les navires et les barques circulent, abrités de la houle de l'Atlantique, habilement dirigés dans ces passes dangereuses par les pilotes scandinaves, les premiers marins du monde, dont le sang-froid et le coup d'œil sûr faisaient dire à un amiral anglais que, pour régner sur les mers, il faudrait une flotte de vaisseaux anglais montés par des matelots norvégiens.

Au-dessus des îles Lofoten, la côte norvégienne s'infléchit vers l'est, vers le cap Nord, pointe septentrionale de la péninsule. Ici, l'océan glacial Arctique commence; sur la côte, les montagnes plus âpres se relèvent en massifs plus puissants. Celui du Kiolen, faîte de la Scandinavie, dresse, à Sulitjelma, sa cime de 1,884 mètres d'altitude, la plus élevée du Norrland. Le Saulë, au sud, mesure 1,698 mètres et les gigantesques névés du Swartisen, le *Glacier Noir*, couvrent une superficie de 800 kilomètres carrés. Au large, la ceinture d'îles et d'écueils s'étend, parallèle à la côte, mais plus dégradée, plus déchiquetée, plus usée par les terribles assauts des tempêtes du pôle, dont le cap Nord soutient le choc redoutable.

Son long promontoire de rocs noirs, taillé à pic sur la mer, supporte un vaste plateau horizontal que recouvre presque toute l'année une épaisse couche de neige. Lourd et massif, coupé à angles nets, il émerge à 300 mètres au-dessus du niveau des eaux, solidement assis sur sa large base de granit, défiant les morsures des flots qui se brisent et retombent au long de ses parois lisses. Dans l'est, commence la Russie ; la Tana, qui débouche dans l'océan Glacial, séparant le Finmarken norvégien de la Laponie.

Revenons au sud ; après les côtes de Norvège, suivons celles de la Suède. Elles commencent au nord du Kattégat, au fond du golfe du Skagerak qui s'enfonce profondément dans les terres en face du Jutland. Couvert d'îles ou d'îlots, ce littoral est hérissé d'écueils et de bancs de sable. Par une pente brusque, il descend vers le sud, longe le Sund et s'infléchit vers l'est, par delà le cap Falsterbo, déroulant des plages sablonneuses et plates. Remontant au nord, la côte se relève à partir de la baie de Carlscrona jusqu'à l'archipel de Quarken. Ici les îles reparaissent ; les plus étendues, OEland et Gottland, appartiennent à la Suède. De l'autre côté de la Baltique, autrefois lac suédois, large de près de 200 kilomètres, se profilent les côtes de Courlande, de Livonie, d'Esthonie. En face de Stockholm, le golfe de Finlande s'enfonce dans les terres. Puis la Baltique se resserre ; au-dessus des îles d'Aland s'ouvre le golfe de Botnie. Dans cette mer intérieure qui s'étend de Carlscrona au sud, à Haparanda au nord, les vents sont irréguliers et inconstants, les orages violents et fréquents ; les récifs, les bancs de sable, les brouillards et les glaces rendent la navigation dangereuse. La Baltique est peu profonde, sans marée, mais sujette à des crues soudaines qui l'exhaussent d'un mètre.

Entre les quatre mers qui l'entourent, entre l'Atlantique, l'océan Glacial, la mer du Nord et la Baltique, la péninsule scandinave offre l'aspect d'un vaste plateau granitique de 600 à 900 mètres d'altitude déployant au nord et à l'ouest une série de massifs escarpés, profondément entaillés par les fiords. Sur cette côte norvégienne qui soutient le choc des vents et des eaux, la nature semble avoir multiplié ses moyens de défense. Les îles et les récifs forment une première ceinture d'abri sur laquelle vient se briser la fureur des vagues ; dans les fiords, l'eau, fouettée par la tempête, remonte, se heurtant aux parois de rochers, rejetée de l'un à l'autre, mais perdant de sa force qui, contre les obstacles et par mille issues, s'éparpille et se dépense. Incliné du côté de l'Orient, le plateau s'infléchit, à mesure qu'il s'éloigne de l'Atlantique ; il descend en larges gradins, en terrasses allongées vers la Baltique. La chute commence à l'est de la longue ligne des monts norvégiens qui, du nord au sud-ouest se déroulent sur 1,900 kilomètres de longueur, et servent de frontière entre les deux pays scandinaves. Sur la carte, ils semblent former une ligne ininterrompue ; en réalité, ils se succèdent en massifs séparés, en systèmes distincts, que l'on peut ramener à trois. Au nord, celui du Kiolen, dont nous avons déjà parlé, et qui s'étend du plateau du Finmark à celui de Trondhiem; au sud-ouest, les monts Dorefjelde ou Dofrines, dont le point culminant, le Snoehattan, *bonnet de neige*, atteint 2,200 mètres; puis les massifs de Langfjelde dont la plus haute pointe, l'Ymmesfjelde, de 2,600 mètres d'altitude, est la cime maîtresse de la Scandinavie.

A l'est des monts norvégiens, le sol descend, avons-nous dit, en plateaux étagés, .en zone de terrasses et de collines vers la Suède jusqu'au plat littoral de la Baltique. Sur ce haut plateau prennent naissance tous les cours d'eau de la Norvège. « Ils naissent en partie de marais, écrit M. J. Broch, en partie de névés, en partie de profonds bassins sans affluents apparents, en partie de hauteurs où l'on n'aperçoit pas de sources, mais où se condensent continuellement les courants d'air humide venant de l'ouest. A leur naissance, les rivières serpentent sur le plateau par d'innombrables petit sillons tortueux, qui vont de flaque en flaque, de puits en puits, de nappe d'eau en nappe d'eau. Arrivées à la moitié de leur développement, elles s'élancent en sinuosités plus grandes d'étang en étang, et parfois de lac en lac. Ces réservoirs se succèdent comme des perles enfilées; plus ils sont petits, plus ils sont rapprochés. Plus le terrain est accidenté, plus aussi les eaux sont profondes et en général plus restreintes en largeur. »

Les cours d'eau sont assez nombreux, mais de courtes portées. Entre les quatre mers, l'espace leur manque pour s'étendre. Il n'en est pas de même pour les lacs et les cascades; peu de pays en possèdent autant que la Scandinavie. Sur le versant de l'océan Glacial, la Tana, qui, dans une partie de son cours, sépare la Norvège de la Russie, est le fleuve le plus considérable, bien que ne dépassant pas 275 kilomètres. Après la Tana viennent l'Alten, 160 kilomètres; le Reiven, 115 kilomètres; le Mals, 120 kilomètres.

Dans l'océan Atlantique se déversent plus de lacs et de cascades que de fleuves. De ces derniers, le Glommen est le plus important, 567 kilomètres de longueur; il forme la cascade du Sarp dont le volume d'eau est double de celui de la chute du Rhin à Schaffouse. Le Vormen, 322 kilomètres, sort du lac Miosen, le plus vaste de la Norvège, couvrant une superficie de 364 kilomètres carrés. Plus au sud, les cours d'eau ne sont que des déversoirs de lacs; tel le Gotaelf, sorti du lac Wenern, en Suède, d'une étendue de 5,568 kilomètres carrés et alimenté par trente rivières. Dans la mer Baltique les lacs s'épanchent directement et les cours d'eau qui relient ces lacs les uns aux autres affectent la forme de cataractes ou de cascades. Les fiords sont les vrais fleuves de cette péninsule où les lacs prennent l'aspect de mers intérieures, comme le Wenern dont nous avons dit les énormes proportions, comme le Malaren semé de 1,300 îles, bordé de 200 châteaux ou villas.

Dans ce cadre que nous venons de décrire apparaissent trois races distinctes, dont aucune ne semble être autochtone. Plus tardivement peuplée que le reste de l'Europe, la Scandinavie dut être abordée successivement par le sud, par l'est et par le nord. Au sud, par les Scandinaves, *Gotar* et *Svear*, venus du Danemark; à l'est, par les Finnois venus de l'autre côté du golfe de Botnie; au nord, par les Lapons. A la première de ces migrations correspondraient le type norvégien et le type suédois, modifiés par la seconde migration; la troisième, celle des Lapons, subsisterait à peu près intacte. Si les Suédois sont les Français du nord, les Norvégiens sont les Anglais de la Scandinavie. Entre eux, le contraste est frappant, comme il l'est entre les deux pays; bien que d'origine commune, ces deux races diffèrent autant que ces deux sols rivés l'un à l'autre et pourtant si distincts.

Au nord de la Scandinavie apparait une autre race, celle des Lapons; race asiatique d'origine, et gardant encore sa primitive empreinte. Comme tout ce qui vient d'Asie, elle fait remonter haut sa généalogie. Le Scandinave la tient, en effet, pour l'aînée, pour la première établie sur ce sol, mais aussi pour inférieure. Dans ses vieux chants, il explique ainsi l'origine du genre humain : « Un Dieu descendit sur la terre et y rencontra une femme; elle s'appelait l'Aïeule, il s'unit à elle et elle lui donna un fils. Ce fils était noir, il avait la peau des mains rude, les genoux arqués, les doigts noueux, les traits hideux, le dos courbé et les talons saillants. Il l'appela l'*Esclave* et ce fils s'en fut errer dans le nord parmi les tourbières. Puis le Dieu poursuivit sa route, il rencontra une autre femme qui avait nom : la Grand-Mère. Il s'unit à elle et en eut un fils, grand, robuste, aux cheveux rouges, au teint clair, aux yeux vifs. Il le nomma le *Paysan,* lui apprit à dompter les taureaux, à édifier des maisons, à fabriquer et à manier la charrue. Le Dieu s'en fut au sud. Là, il s'unit à une troisième femme qui se nommait la *Mère* et dont il eut un troisième fils, beau, aux joues roses, aux yeux bleus. Il l'appela le *Noble,* et lui enseigna à bander l'arc, à manier la lance, à monter à cheval, à chasser, nager et combattre. »

Les Lapons ont gardé, de leur origine asiatique, les yeux obliques et les pommettes saillantes. Une expression de placidité bestiale s'est substituée, au cours des siècles, à la férocité native de leurs traits. Ils sont restés nomades et professent un étrange amour pour leur triste région du nord. Ils sont restés aussi pêcheurs habiles et chasseurs intrépides. On les dit plus riches qu'ils ne le veulent paraître et plusieurs d'entre eux possèdent des troupeaux de 2 à 3,000 rennes représentant un capital considérable.

Dans l'histoire, leur rôle est nul; la légende n'a conservé qu'un souvenir confus de leurs migrations successives, et d'ailleurs l'histoire de la péninsule Scandinave elle-même ne commence guère qu'au ixᵉ siècle : récits de pillages et d'invasions, d'expéditions aventureuses entreprises par les hommes du Nord, par les Normands, Danois ou Scandinaves, pirates ou pêcheurs, arborant au mât de leurs navires élancés le corbeau noir d'Odin. Les *Wikings* les précèdent et la mort les suit; eux-mêmes ne savent où les poussent les vents, où les entraînent les courants. La mer n'est pas pour les effrayer; dès leur enfance ils sont familiarisés avec ses colères et ses tempêtes; où que ce soit qu'elle les porte ils trouveront à prendre et à piller, ils trouveront des terres moins rudes que la leur, des cieux plus cléments, de plus riches campagnes.

Nous les avons montrés à l'œuvre dans notre étude du Danemark, dont l'histoire, au début, se confond avec celle de la Scandinavie et ne s'en sépare qu'après la rupture de l'union de Kalmar en 1439. La Norvège reste au Danemark, la Suède s'affranchit et ses grands jours commencent : ceux de Gustave Wasa et d'Eric XIV, ceux de Charles de Sudermanie et de l'étonnante épopée de Gustave-Adolphe qui mit la Suède au premier rang des puissances militaires de l'Europe. On le vit tenir tête à la fois au Danemark, à la Russie et à la Pologne, les contraindre à la paix, déclarer la guerre à l'empereur d'Allemagne, Ferdinand II, dont Tilly et Wallenstein commandent alors les armées. Il prend la Poméranie, la Saxe et le Brandebourg, bat Tilly à Leipsick, le bat encore et le tue au passage du Lech, après lui avoir enlevé les électorats de Trèves et de Mayence, il bat Wallenstein à Lutzen et, terminant tragiquement son héroïque carrière, meurt au milieu de son triomphe.

Aujourd'hui, une dynastie, française d'origine, celle de Bernadotte, règne sur la Scandinavie, et l'on a vu la vieille sympathie qui, de tout temps, a rapproché la Suède de la France, se réveiller en 1870, à l'heure de l'épreuve.

Entre la Suède et la Norvège l'union dynastique est faite, mais le Storthing maintient avec un soin jaloux l'autonomie de la Norvège vis-à-vis de la Suède et écarte impitoyablement tout ce qui pourrait, de loin ou de près, ressembler à une tentative de fusion. La Norvège, comme la Suède, a son budget, son armée, sa marine, sa langue et sa douane. A la Suède, elle n'emprunte que son roi, et ce roi est tenu d'habiter Christiania deux mois par année. « Étrange situation, écrit M. Vandal, que celle d'un monarque souverain de deux peuples absolument dissemblables et peu sympathiques l'un à l'autre : chaque année le roi doit cesser d'être Suédois pour devenir Norvégien. Lorsque le wagon royal parvient à la frontière des deux royaumes, le prince dit adieu à ses officiers suédois et se remet entre les mains d'une suite norvégienne ; on croirait assister à l'un de ces échanges de princesses dont furent témoins, jadis, les bords de la Bidassoa. »

I. — LA SUÈDE.

Géographiquement, la Suède se divise en trois régions distinctes : le Norrland, ou Laponie suédoise, le Swealand et la Suède proprement dite, la Gothie ou Gotland. Administrativement elle est partagée en 24 *lan* ou gouvernements, dont 5 pour le Norrland, 7 pour le Swealand et la Suède proprement dite et 12 pour la Gothie.

Le Norrland, ou pays du nord, par lequel nous commencerons cette étude, comprend les cinq gouvernements de Norbotten, Westerbotten, Angermanland, Jemtland et Gefleborg.

C'est la terre des Lapons, de la race touranienne et nomade, venue d'Asie par le Caucase. Cette race fut vraisemblablement la première qui déborda sur la Suède dans le grand remous des peuples qui se heurtaient, au sud, aux barrières de l'Empire romain. Comme toutes les races inférieures, celle-ci dut se contenter de ce que les autres ne lui disputaient pas. Venue du nord, constamment refoulée et chassée des bonnes terres, elle se cantonna dans les régions plates et froides de la Suède septentrionale qui reçut d'elle le nom de Laponie suédoise. Ce ne fut toutefois que contrainte et forcée qu'elle remonta si haut. Au début elle occupa presque toute la Scandinavie; il n'y a pas longtemps encore qu'elle descendait beaucoup plus bas qu'aujourd'hui, mais devant les invasions successives de la race aryenne elle dut reculer toujours plus au nord, jusque sous le cercle polaire.

Race de pasteurs, il lui fallait, pour vivre, de grands espaces. Dépourvue d'industrie, elle n'avait d'autres ressources que ses troupeaux de rennes, la chasse et la pêche. Nomades par instinct, les Lapons le restèrent par nécessité; leur vie errante n'a d'autre but que d'assurer l'existence de leurs rennes qui leur fournissent le lait, la viande et les peaux dont ils se nourrissent et s'habillent, qui leur servent de bêtes de somme et de transport. Sans le renne, le Lapon ne saurait vivre et toute sa sollicitude se concentre sur cet indispensable compagnon. Or le renne lui-même ne peut vivre qu'en plein air, été comme hiver; il mourrait interné dans une étable. On ne le nourrit pas; il cherche et trouve sa nourriture et, pour cela, son instinct est merveilleux.

Aussitôt que le court été s'annonce, que la neige commence à fondre, le renne se met de lui-même en marche vers le bord de la mer. Tout le troupeau s'ébranle sous la conduite du vieux renne qui le précède et le guide. Si ses maîtres tentaient de s'y opposer, les rennes partiraient seuls. Force est donc de les suivre. L'instinct de l'animal l'avertit qu'il trouvera là-bas une herbe tendre et qu'il y sera à l'abri des nuées de moustiques qui sont l'une des misères de la Laponie. Pour atteindre cette bienheureuse région, le troupeau voyagera sans s'arrêter, parcourant d'immenses espaces, franchissant à la nage les lacs et même les bras de mer, suivi de ses pasteurs, escorté des chiens qui accélèrent ou ralentissent la marche, pressent les retardataires, arrêtent les impatients, circulant autour du troupeau, mais ne se hasardant jamais au milieu des rennes qui les fouleraient sous leurs pieds. Ces troupeaux en marche comprennent, généralement un millier de têtes. Nombre de Lapons n'en possédant qu'un moindre nombre se réunissent pour former ce total et se partager la besogne.

A l'automne il faut quitter la côte; l'herbe s'y fait rare et ce n'est que dans l'intérieur des terres que le renne trouve les lichens et les mousses dont il se nourrit pendant l'interminable saison de froidure et de nuit. Quand l'hiver étend sur toute la région son épais manteau de neige, quand six mois de nuit succèdent aux mois sans nuit, le Lapon, terré dans sa tanière, laisse errer son troupeau, ne sortant de sa hutte que pour traire les rennes dont le lait glacé se conserve en briques et qu'il fait fondre. Dans la plaine, autour de lui, le renne, de ses cornes et de ses pattes fouille la neige sous laquelle la mousse est ensevelie. Dans les trous profonds qu'il creuse l'animal disparaît tout entier et s'abrite du froid. Mais, parfois aussi il faut émigrer. Il arrive, en effet, qu'aux premières gelées sur la terre inondée d'eau, la glace se forme et la neige la recouvre. Le renne alors, après avoir creusé la neige, rencontre cette couche de glace qu'il ne peut percer. Force est d'aller au hasard, dans la nuit, chercher une région plus favorable, autrement le troupeau entier mourrait de faim.

On peut, par ces quelques détails, se faire une idée de l'existence de cette race laponne dans son cadre de steppes sauvages, de flaques de neige, de forêts de bouleaux nains qui, en certaines localités n'excèdent pas cinquante centimètres de hauteur, de marécages, de fondrières et de lacs. Ces derniers abondent; ils occupent un dixième de la superficie totale de la Suède. Dans cette région septentrionale il ne saurait être question de villes. Celles dont les noms figurent sur les cartes sont de simples jalons, des localités où se trouve le centre administratif du district ou de la commune; représenté, le plus souvent, par deux ou trois fonctionnaires, le pasteur et un groupe de maisons temporairement habitées. Sur les côtes seulement reparaît une civilisation relative et surgissent quelques grands villages, tels que Haparanda, au fond du golfe de Botnie, située en face de la ville russe de Tornea et séparée d'elle par le Torne qui se déverse dans la Baltique. Haparanda n'a pas 1,000 habitants; elle fait cependant un certain commerce de poissons, fer, bois, goudron et fourrures.

A mesure que l'on descend la côte, le Touranien nomade fait place à l'Aryen sédentaire. Luléa, à l'ouest, compte près de 2,000 habitants. Le soulèvement de la plage l'éloigne de plus en plus de la mer, près de laquelle elle fut construite et dont elle est aujourd'hui distante de deux kilomètres. Pitéa, au sud, n'est guère plus peuplée que Luléa; elle fait le commerce des madriers et des planches. Uméa a déjà plus d'importance; peuplée de 3,000 habitants, elle est située dans une plaine sur la rive gauche de l'Ume et borde une baie peu profonde. Uméa exploite des scieries. Dans ces petits ports que desservent les bateaux à vapeur de Stockholm, il y a peu de Lapons; la population se compose surtout de pêcheurs, et, à mesure que l'on descend la côte, d'industriels et de commerçants. Les forêts abondent ici et leur exploitation alimente un trafic important. Les scieries de Pitéa et Luléa débitent de grandes quantités de bois ouvrés que les navires transportent à Stockholm et dans les ports de la mer du Nord. La saison de navigation est courte, n'excédant pas quatre à cinq mois; elle s'ouvre généralement en mai pour clore en octobre; aussi le transit maritime est-il très actif sur la Baltique, l'été. On n'évalue pas à moins de 130 millions l'exportation de bois de la Suède, et à 60 millions celle de la Norvège. L'une et l'autre furent plus considérables encore autrefois; elles ont quelque peu diminué par le fait de l'élévation des prix d'une part et de l'autre par suite de la concurrence des bois du Canada.

Outre la valeur des bois ouvrés, il y a lieu de tenir compte de celle des déchets. Avec les sciures on fabrique la pâte de papier; les copeaux, les écorces, les bouts de planches, les côtes servent de combustibles aux nombreux vapeurs de la Baltique auxquels ils procurent une économie de 20 0/0 sur le chauffage à la houille.

Au sud d'Uméa, Hernosand, siège d'un évêché et située dans l'île de Herno, compte 3,500 habitants. OEstersund est à l'ouest, dans l'intérieur. Sundswall, au bord de la mer, est une ville pour la Suède, car elle contient 8,000 habitants.

A côté des petits centres que nous venons de parcourir Sundswall est riche et prospère. Elle doit sa richesse et sa prospérité au commerce des bois. Ici, il est des plus actifs. « Il y a vingt ans, écrit M. Kœchlin Schwartz dans son intéressant ouvrage sur la Laponie, quand naquit son industrie, la ville n'avait aucune ressource; à ce point qu'elle tirait de Stockholm non seulement tous ses approvisionnements, mais jusqu'à son alimentation journalière, le lait compris. Ce n'était alors qu'un grand camp; au

FAMILLE DE LAPONS.

jourd'hui c'est la plus grande ville de la région. Les rues sont larges, bien alignées; les maisons belles, construites en pierre, sont à plusieurs étages. On y voit de riches boutiques qui lui donnent l'allure d'un centre très important; aussi partout on y sent la richesse. Des négociants qu'on nous cite, et qui ne possédaient rien il y a quelques années, sont cotés aujourd'hui à 4 ou 5 millions de kronors, ce qui est immense pour le pays. Toutes ces fortunes ont été gagnées dans le commerce des bois. Dans la seule rivière de Sundswall il y a toujours 4 millions de troncs d'arbres flottants. Le chiffre d'affaires de la ville est évalué à 12 millions de kronors. Ces chiffres sont respectables et éloquents. Le port, qui renferme toujours une grande quantité de navires, quelquefois des centaines, est sillonné en tous sens par des légions de petites barques à vapeur qui font un service d'omnibus sur toute la côte du golfe. »

Gèfle, plus au sud, occupe le fond d'une baie. Peuplée de 22,500 habitants, elle est la cinquième ville de la Suède, le troisième de ses ports et aussi un centre de grande industrie métallurgique et de pêche, de chantiers de marine et de fabrications de toile. Falun, dans l'intérieur des terres, au cœur de l'exploitation des mines de cuivre, expédie à Gèfle ses minerais. Travaillés depuis plus de six siècles, ces gisements ont produit jusqu'à 3,000 tonnes de cuivre à l'année; leur rendement a décru. Falun, peuplée de 6,000 habitants, s'étend au long d'un cours d'eau qui relie le lac Warpen, au nord, au lac Runn au sud. Autour de la ville la végétation est flétrie par les vapeurs métalliques des usines, mais, par une singulière immunité due probablement à ces mêmes vapeurs, la ville a toujours échappé aux ravages du choléra alors qu'il sévissait autour d'elle. A Gèfle se termine le Norrland, au sud s'étendent le Swealand et la Suède proprement dite.

Ces deux provinces forment sept gouvernements : Stora-Kopparberg, Upsala, Stockholm, Westeras, Carlstad, Nykœping et OErebro. Elles séparent le Norrland de la Gothie qui fait face au Danemark et à la côte d'Allemagne. Falun appartient déjà au Swealand. Autour de Falun se trouvent Avesta et Hedemosa où l'on exploite des mines de fer, Elfdalen d'où l'on extrait le porphyre. Upsal, la cité universitaire, siège primatial de la Suède, est l'une des grandes villes du Swealand, moins par sa population de 22,000 habitants que par son mouvement intellectuel et par son antiquité.

Upsal est la ville sainte, où s'élevait jadis le temple d'Odin, où s'élève aujourd'hui la basilique nationale dans lequel a lieu le sacre des rois. Son université date de 1235 et se compose, comme celle de Lund, l'unique centre universitaire du royaume avec Upsal, de quatre facultés, théologie, jurisprudence, médecine et philosophie, cette dernière comprenant toutes les branches de l'enseignement scientifique et littéraire. La ville est bâtie sur les deux rives de la Fyris; ses principaux monuments : la cathédrale, l'Université, le château, s'élèvent sur la colline qui domine le cours de la rivière.

Au nord d'Upsal se trouvent les mines de Dannemora dont les gisements de fer sont réputés les plus riches et les meilleurs du monde entier; ils rendent jusqu'à

70 pour cent de métal pur. On ne compte pas moins de 80 puits d'extraction. On exploitait autrefois aussi à Dannemora une mine d'argent, aujourd'hui abandonnée par suite de rendement insuffisant. Toute cette région est riche en fer, en usines et en forges. Sœderby extrait le fer que l'on travaille à Œsterby; Lœfsta, près de Dannemora, possède la plus importante usine métallurgique de Suède.

Au sud d'Upsal, *Gamla Upsala*, la vieille Upsal, aujourd'hui abandonnée, fut une ville populeuse, et, pendant un temps, la capitale du royaume. Ainsi fut Sigtuna, la plus ancienne des cités suédoises, célèbre par son temple d'Odin, souvent prise et ravagée, détruite en 1187 par les pirates de Finlande, et qui depuis n'a fait que végéter, réduite maintenant à moins de 500 habitants.

Stockholm, capitale de la Suède, résidence du roi de Suède et de Norvège, est au sud et à 50 kilomètres environ d'Upsal. Elle est bâtie sur plusieurs îles, à l'embouchure du lac Mœlar, et renferme 243,500 habitants. Son nom lui aurait été donné par des habitants de Sigtuma, lesquels, fuyant leur ville en ruines, se seraient embarqués sur une poutre creuse, *ihalig stock*, auraient gagné une île, *holm*, à l'embouchure de la mer, et donné à leur patrie nouvelle le surnom de Stockholm, *île de la poutre*. Sa situation est des plus pittoresques. Elle réunit autour d'elle et en elle les beautés particulières des sites les plus renommés du monde, les rochers d'Édimbourg et les eaux du lac de Genève, les terrasses de Constantinople et les canaux de Venise. « Stockholm, dit un auteur suédois, trône comme une souveraine sur ses montagnes; ses îles déploient avec grâce leur manteau de verdure, pendant que la mer et le Mœlar, courtisans fidèles, viennent baiser ses pieds. »

« A Stockholm, les places sont des lacs, les rues sont des bras de mer, écrit M. Albert Vandal. Nous dominons un vaste bassin, où le lac Mœlar d'un côté, la mer Baltique de l'autre, versent leur eaux, et où une flotte de guerre pourrait défiler en ordre de bataille sous les fenêtres du souverain de la Suède. Le palais royal nous fait face sur l'autre rive dans l'île de Bieldarsholm... A côté du palais et en retrait, la cathédrale de Stockholm, la vieille basilique de Storkyrkan, dresse sa masse rouge et darde dans les airs cinq flèches effilées entourant un dôme trapu, sorte de calotte qui voudrait être coupole. A droite et à gauche, la vue s'arrête sur des carrefours humides, où plusieurs fleuves semblent s'être donné rendez-vous pour s'enfuir ensuite dans toutes les directions, enlaçant dans leurs replis des îles couvertes de verdure et d'habitations. Sur les flancs de chacune de ces îles, les maisons s'entassent en groupes pittoresques, les rochers montrent leurs têtes entre les constructions, et, au sommet, quelque vieille église arrondit son dôme ou dessine une silhouette gothique sur l'azur pâle du ciel... Pour embrasser le panorama de la ville dans son ensemble imposant, il faut gagner la terrasse de Mosébackke, située sur une éminence escarpée, en face de l'île de Riddarsholm, centre et berceau de Stockholm, comme la cité fut le berceau de l'antique Lutèce... Au loin, le sol se gonfle et ondule; des forêts de sapins verdissent à l'infini, elles s'étendent sur le sol comme une draperie à trame forte dont les plis majestueux prononcent et ennoblissent les contours : à gauche, l'œil se repose sur le lac Mœlar, immobile et resplendissant, avec son cadre de rochers, ses perspectives fuyant à l'horizon, ses aspects à la fois grandioses et doux; à droite, c'est la Baltique, mais la Baltique apaisée, se glissant entre les îles, découpant mille promontoires, s'attardant dans des golfes, la Baltique semblable à un autre lac, aussi calme, aussi pur, aussi beau que le premier. A nos pieds, le Mœlar et la Baltique se réunissent, enchâssant et sertissant dans leurs eaux la ville aux sept îles; au centre, comme une reine au milieu de sa cour, se dresse Riddarsholm, l'île des palais, l'île des églises, avec ses quais qui l'enveloppent d'une ceinture de granit, ses maisons hautes et pressées, d'où jaillissent vingt clochers aigus comme vingt lames de stylet. »

Grande ville industrielle, Stockholm possède de nombreuses usines en pleine activité, occupant plus de 10,000 ouvriers et produisant environ pour 40 millions annuellement. Le cabotage y est très actif, représenté à l'entrée et à la sortie par près de 40,000 bâtiments; le commerce extérieur emploie plus de 2,000 navires.

A l'ouest de Stockholm, Westeras, peuplée de 6,000 habitants, est une ville d'usines et d'ateliers. Eskiltsuna, forge des armes; Thorshalla martelle la coutellerie; Nykœping, sur une baie de la Baltique, communique par le lac Mœlar avec Stockholm.

OErebro, dans le nord-ouest, est, elle aussi, une ville d'usines, peuplée de 14,000 habitants, située dans une région fertile, bien que basse et humide, à l'extrémité ouest du lac Hjalmar. Askersund s'étend au long du lac Wettern; Aemmeberg est renommée pour ses gisements de zinc, de même que Porla pour ses eaux minérales.

Le Gotland ou Gothie forme la partie méridionale de la Suède et se divise en douze *lan* ou gouvernements : Linkoping, Kalmar, Kronoberg, Halmstad, Carlscrona, Christianstad, Malmo Skaraborg, Elfsborg, Goteborg, Jonkoping, et l'île de Gotland.

Linkoping, qui donne son nom à l'un des *lan*, est située dans une plaine, sur les bords de la Stonga et près du champ de bataille de Stongebro où Sigismond, vaincu par Charles IX, perdit la couronne de Suède. Si Linkoping est le siège du gouvernement de la province, elle n'en est pas la ville principale. Ce rang revient à Norrkoping, située un peu plus au nord, entre le lac de Glan à l'ouest, et la baie de Broviken à l'est, sur la rivière Motala dont les eaux rapides alimentent ses turbines. Norrkoping, surnommée le Manchester de la Suède, est la quatrième ville du royaume par sa population de 32,000 âmes; elle est la première par son industrie et son activité. On y fabrique les draps et les tissus de coton, on y construit les cuirassés et les canonnières de l'État, on y raffine le sucre, et Norrkoping exporte des bois, du fer, des marbres et ces allumettes suédoises répandues dans toute l'Europe. Motala lui sert de port sur le lac Vettern; près de là, Finspang renferme de grandes usines métallurgiques et une importante fonderie de canons.

Mariestad, à l'ouest, à l'embouchure de la Tida, est une petite ville de 3,000 âmes, résidence administrative. Carlsborg, place d'armes et arsenal, dresse dans le lac Wetter sa redoutable forteresse. Le lac Wetter est l'un des plus vastes de la Scandinavie; il mesure 165 kilomètres du nord au sud, 25 de l'est à l'ouest, et atteint jusqu'à 125 mètres de profondeur. Le lac Venern, plus à l'ouest, est encore plus étendu; sa longueur est de 170 kilomètres, sa largeur de 80, il est semé de nombreuses îles. A l'extrémité méridionale du lac se trouve Wenerborg, petite ville de 5,000 habitants, à l'ouest de laquelle un port donne accès dans le canal de Gothie, œuvre colossale entreprise pour relier directement la Baltique au Kattégat et éviter la navigation périlleuse des détroits Danois. Commencés en 1516, tour à tour abandonnés et repris, les travaux se poursuivirent jusqu'en 1755. La rupture d'une digue les fit encore suspendre. En 1800, le comte Platen résolut d'achever le canal; l'armée fournit annuellement plus de 6,500 terrassiers, et en 1813 la première écluse, celle de Forswik, fut ouverte. Mais le comte Platen ne devait pas voir cette grande œuvre terminée. Il mourut en 1829 et fut enseveli sur les bords du canal où sa pierre tombale porte ces mots : *Si quæris opera, circumspice*, « si tu demandes ce qu'il fit, regarde autour de toi ». Le grand ingénieur Suédois, Nils Erisoon, eut la gloire de mener à bonne fin la monumentale entreprise. Le canal de Gothie mesure 320 kilomètres de longueur; il comporte 58 écluses, 24 tunnels, 6 digues, 29 ponts, et grâce au concours de l'armée, il n'a coûté que 20 millions.

Gothenbourg, le grand port de commerce de la Suède, est situé au débouché du canal de Gothie, au point d'intersection des routes commerciales de la Scandinavie, à distance à peu près égale des deux capitales, Stockholm et Christiania, sur le Kattégat. « Gothenbourg, écrit M. Goblet d'Alviella, est peut-être la cité européenne dont la fortune a subi les vicissitudes les plus diverses. Son histoire peut nous offrir quatre périodes alternatives de grandeur et de décadence. Elle fut d'abord un comptoir de pêche, mais un beau jour le hareng disparut du Skagerak. Elle se releva de ce désastre pour devenir le principal entrepôt du nord dans son commerce avec les Indes Orientales; mais au bout de quelque temps ce trafic s'évanouit à son tour. Pendant le blocus continental elle vit la contrebande anglaise s'accumuler sur ses quais, mais la chute de l'Empire la replongea dans son engourdissement antérieur. Enfin elle trouva un élément de prospérité plus sérieux et plus durable dans l'ouverture du canal de Gothie qui, pendant quelque temps, offrit au commerce occidental la voie la moins chère, sinon la plus commode, vers la Russie et les ports de la Baltique. » Gothenbourg, deuxième ville de la Suède, possède 102,782 habitants. Son commerce est considérable; il consiste : à l'exportation, en fer, aciers et bois; à l'importation, en produits coloniaux, articles fabriqués et vins. Son trafic extérieur emploie près de 4,000 navires à l'entrée et à la sortie.

Au nord de Gothenbourg et au long de la côte, s'éparpillent nombre de petites villes qui vivent de la vie et de la prospérité de la cité industrielle et commerciale. Ce sont Marstrand, Stromstad, Uddevala, ports de pêche et stations d'été. Junkoping, à l'est, peuplée de 20,000 habitants, est située près du lac Wetter, dans une plaine souvent inondée. Elle renferme d'importantes manufactures d'allumettes, des papeteries et des fabriques d'armes. Kalmar, dans le sud-est, est célèbre par l'acte d'union conclu dans ses murs entre le Danemark, la Suède et la Norvège. En face de Kalmar, dans la Baltique, s'étend l'île d'Oland, longue de 185 kilomètres et peuplée de 45,000 habitants. La ville principale, Borgholm, exploite des mines d'alun et des carrières de pierres.

Plus au sud, Carlscrona 21,000 habitants, s'élève sur l'île de Trossœ, réunie au con-

nent par des îlots, des ponts et une digue. Charles XI fonda Carlscrona en 1680 ; il en
fit un port de guerre et l'arsenal du royaume. Le port est excellent et bien
ouvert par les forteresses de Drottningskœr et de Kungsholm. Christianstad
est plus bas, au fond de la baie de Hano et au seuil d'une plaine marécageuse.
A la pointe extrême de la péninsule se trouve Malmo, ville active, peuplée de
48,000 habitants, à laquelle la fertilité de son sol, son voisinage de Copenhague, son
commerce et ses manufactures donnent une importance qui fait bien augurer de son
avenir. Près d'elle, Lund s'accroît également et renferme 15,000 habitants. Elle en eut
autrefois 80,000 et fut le siège de l'archevêché primatial de la Scandinavie. Bien
déchue de la position qu'elle occupait au commencement de l'ère chrétienne, Lund se
relève. Siège épiscopal, elle est, en outre, la seconde ville universitaire de la Suède,
après Upsal.

Helsingborg, à l'entrée du Sund, fait face au Seeland danois. La Scanie, dans
laquelle elle est située, est de beaucoup la région la plus peuplée de la Suède. Le Sund,
la grande artère maritime sillonnée par de nombreux navires, attire sur ses plages les
habitants qu'y retiennent un sol plus fertile et un climat plus doux. Helsingborg,
18,000 habitants, prend une part active au commerce du Sund ; ainsi font les villes qui
l'entourent : Landskrona, place de guerre taillée dans le granit, Skanor et Falsterbo
que les dunes menacent, Trelleborg et Ystad, aux extrémités méridionales de la Scanie.

Ici finit la Suède. De l'autre côté de la pointe, au large et dans la Baltique, s'étend
l'île de Gotland, la plus grande de cette mer et qui forme un gouvernement distinct.
Sa population est de 56,000 habitants, sa superficie d'un peu plus de 3,000 kilomètres
carrés. Terre basse et plate, l'île de Gotland est surtout agricole.

II. — LA NORVÈGE

Moins étendue que la Suède, la Norvège est aussi moins peuplée. Sur une superficie
de 325,422 kilomètres carrés elle possède environ 2 millions d'habitants. C'est dire que
les agglomérations urbaines y sont rares et clairsemées, ce qu'expliquent, d'ailleurs,
le relief montueux du sol, le climat peu favorable à l'agriculture, et l'industrie locale
limitée à la pêche et à l'exploitation des forêts.

Administrativement la Norvège se divise en six gouvernements ou diocèses,
stifter, lesquels se subdivisent en 20 préfectures comprenant 456 communes rurales
et 61 communes urbaines. La Norvège septentrionale, en partie située sous le cercle
polaire, commence à la frontière russe, au fiord Varanger ; elle remonte au nord
décrivant une courbe à l'ouest dans l'océan glacial Arctique, s'infléchit au sud et, au
dessous de Trondhjelm rejoint la Norvège méridionale qui longe la mer du Nord, et,
par delà le cap Lindernœs, va s'unir près de Fréderikshad à la frontière suédoise. La
partie septentrionale, par laquelle nous commencerons cette étude, comprend le
Finmark, les îles Lofoten, le Nordland, le Trondhjelm septentrional et méridional.

Le Finmark est terre Laponne. Plus septentrionale que la Laponie suédoise, la Laponie norvégienne, plus étendue, est aussi plus peuplée, mais les noms de villes qui figurent sur les cartes sont, comme nous l'avons dit plus haut, des expressions géographiques, des indications de centres administratifs n'impliquant nullement l'idée d'agglomérations humaines. Quelques-uns de ces centres, et non des moins importants, contiennent à peine quelques centaines d'habitants groupés autour d'une modeste église, d'un bureau de poste, d'un délégué de l'administration et d'un agent forestier. Ici la densité de la population est 0,5, en d'autres termes d'un habitant par deux kilomètres carrés.

Nous avons décrit le Lapon suédois et nomade, promenant dans les plaines au nord du golfe de Botnie ses troupeaux de rennes, sa seule richesse et son unique ressource. Nous le retrouvons dans le Finmark, dans la Laponie norvégienne, mais non plus exclusivement nomade et pasteur. Quand, pour une cause ou l'autre, par famine ou incurie, le Lapon a perdu ses rennes, force lui est ou de se mettre au service d'un de ses compatriotes plus heureux, ou de se créer d'autres moyens d'existence. Le plus souvent il se fait pêcheur et s'établit sur les rives d'un lac poissonneux. Il s'y construit une hutte, s'y fixe et de nomade devient sédentaire. Si rude qu'elle soit, sa vie est pourtant moins dure alors qu'elle ne l'était auparavant et son indolence naturelle lui fait y trouver des charmes ; aussi peu à peu, dans le Finmark, les Lapons deviennent-ils sédentaires. Comme d'autre part, les Lapons sédentaires ont d'ordinaire plus d'enfants que les nomades, il en résulte que le chiffre des premiers s'accroît et que celui des seconds diminue.

Dans les lacs, comme sur le littoral du Finmark, le poisson est abondant, aussi tous les petits ports de la côte sont-ils des ports de pêche. Le premier que l'on relève, près de la frontière russe, est celui de Vadso dans le fiord Varanger. Il compte environ 1,500 habitants groupés autour de l'établissement Foyn qui les fait vivre et dont la curieuse histoire montre bien ce que peuvent dans les régions, en apparence les plus déshéritées, l'énergie et l'activité d'un homme. On ne s'attendrait guère à rencontrer, dans ce petit port perdu sous le cercle polaire, un homme possédant une fortune évaluée à 15 millions de francs et qui, simple mousse à l'âge de dix ans, puis matelot et pêcheur, enfin inventeur d'un obus harpon, a créé un immense établissement industriel. « M. Foyn, écrit M. Kœchlin Schwartz, possède trois bateaux de pêche qui, bon an mal an, prennent ensemble le chiffre respectable de cent baleines. Son usine est la plus importante, la mieux outillée et la plus perfectionnée comme installation de toute la région. Chez lui rien ne se perd ; chair, os, intestins, peau ainsi que la graisse, tout est employé ; il en tire la quintessence. Son établissement se compose de quatre grands corps de bâtiments parallèles, à angles droits avec le port auquel ils se trouvent directement reliés par de grands plans inclinés où se déposent les baleines prêtes à entrer en manutention. Une douzaine de ces énormes bêtes sont là étendues, plus ou moins dépecées. Autour d'elles s'agitent des hommes armés de coutelas à manche ; ils enlèvent les bandes de lard et hachent les carcasses dépouillées. La pêche a été si abondante cette année qu'on n'arrive pas à en débarrasser vite les produits. ».

Vardo, plus au nord que Wadso, est également peuplée. Là aussi, la population se groupe autour des établissements de deux compagnies de pêche à la baleine. Ces énormes cétacés sont encore nombreux sur ces côtes. Le plus commun dans ces parages est la baleine bleue dont la longueur atteint 30 à 32 mètres, et dont le poids total est d'environ 100,000 kilogrammes. En juin, désertant le pôle, elle descend vers les côtes du Finmark, suivant des bancs de petits poissons nommés *lodde*, non qu'elle s'en nourrisse, mais les *lodde*, croit-on, pourchassent des crustacés que les baleines recherchent et que les *loddes* découvrent. Les baleines vivent, dit-on, plusieurs siècles, et le baleineau, au moment de sa naissance, ne mesure pas moins de 10 mètres. Une baleine bleue rend, en moyenne, 4 à 5,000 kilogrammes d'huile. La chair et les os sont coupés, hachés, desséchés, puis broyés et utilisés comme engrais. Les fanons se vendent à part, à 100 livres sterling la tonne, et l'ensemble de ces produits permet d'évaluer à 6 ou 7,000 francs le rendement d'une seule baleine.

A l'ouest de Wardo et à l'extrémité septentrionale du Finmark, se trouve l'estuaire de la Tana qui, plus au sud, sert de frontière entre la presqu'île Scandinave et la Russie. La Tana, près de son embouchure, mesure environ un kilomètre de largeur ; elle déverse dans l'océan Glacial des eaux jaunes et troubles. Karasjok, dans l'intérieur des terres, se trouve sur la rive norvégienne du fleuve. C'est une ville laponne, si l'on peut donner le nom de ville, ou même de village, à 200 ou 300 baraques dont tout au plus 60 sont habitées en même temps par 250 résidents. Les autres errent l'été avec leurs troupeaux de rennes, sur la côte. Ici, le bois abonde, et le gouvernement donne gratuitement à chacun la quantité qu'il désire pour se chauffer. Il suffit d'en aviser l'agent forestier qui indique où on peut couper. Seul, le bois de construction se paie, mais très bon marché : douze troncs de sapins, sur pied, se vendent 7 fr. 50. Un point sur lequel tous les voyageurs s'accordent, c'est la propreté des intérieurs des Lapons sédentaires de Karasjok ; il semble qu'en renonçant à leur vie errante, ils renoncent du même coup à l'indescriptible saleté au milieu de laquelle ils vivent d'ordinaire.

C'est dans le Fjeld, à l'ouest de Karasjok, dans les vastes champs de neige qui s'étendent vers la mer polaire, que l'on retrouve les Lapons norvégiens. Ils ne se distinguent en rien des Lapons suédois, que nous avons décrits plus haut. La région qu'ils parcourent diffère toutefois de la Laponie suédoise ; elle est plus accidentée. L'horizon se déroule, vaste, profond, d'une blancheur immaculée, d'une grandeur imposante et empreinte d'une mystérieuse poésie. Plus loin, d'immenses plaines apparaissent, semées de séculaires forêts de bouleaux qui n'ont que 25 à 30 centimètres de hauteur. Ils ne sauraient s'élever plus haut, le sol est gelé sous eux, et leurs maigres racines rencontrent des couches de glace qu'elles ne peuvent percer. Par delà cette région forestière, le sol se redresse, les collines s'exhaussent. Du sommet du Vorrie Dodder, l'œil découvre un panorama immense et silencieux, les champs de neige, le domaine des rennes, le Fjeld sans bornes.

Sur la côte, au fond de l'Altenfjord, se trouve Bossekop, village de 200 à 300 habitants, mais pourvu d'un bureau de poste et de télégraphe. Il compte cinq magasins qui approvisionnent tout le pays environnant. Hammerfest, la ville la plus septentrionale de l'Europe, est plus importante. Elle possède 2,200 habitants qui vivent de la pèche de la baleine, du morse, du phoque, de la chasse des eiders, et aussi et surtout de leurs troupeaux de rennes. Hammerfest n'est pas seulement la ville la plus septentrionale de l'Europe, elle est aussi la plus empestée. Dans ses magasins, bâtis sur pilotis, dans ses maisons, habitées par les pêcheurs, dans le port et dans les rues, sur les navires et sur la plage, l'air est empoisonné par l'odeur des détritus de poissons ; partout des écailles gluantes, des têtes de morues, des écuelles de foies fondants, des intestins et du sang, puis des poissons vidés séchant à l'air et, dans les usines, des centaines d'hommes vidant, empilant des milliers de morues dont l'odeur vous saisit à la gorge, pénètre vos vêtements et ne vous quitte plus. Ici, le poisson règne en maître. La population n'a guère d'autre nourriture, le bétail non plus, pendant les neuf à dix mois d'hiver. Chèvres, moutons et chiens se repaissent d'un mélange de têtes de poissons broyées, de varech, de mousse et de foin haché.

Au sud-ouest d'Hammerfest, par le 70° 39' de latitude nord, Tromsö, surnommé le *Paris du nord*, s'étend au pied d'une colline sur laquelle s'étagent quelques villas, et que couronne un bois de bouleaux dit le bois de Boulogne, dont les arbres atteignent 3^m,50 de hauteur. Ce séjour enchanteur est très apprécié des Norvégiens, fonctionnaires, armateurs et négociants établis dans cette région. Aussi Tromsö possède-t-elle 6,000 habitants ; son port est large et sûr, très fréquenté par les caboteurs qui viennent y charger la *rogue*, œufs de poissons qui servent d'appât pour la pèche à la sardine. Tromsö fait un grand commerce de morues et de harengs, d'huile de foie, de peaux et de fourrures. Avant-poste de l'Europe sur la mer Arctique, cette ville est le point de départ des expéditions de pèche, un port d'armement et de ravitaillement. On y trouve, avec des fortunes importantes, un luxe relatif, un confort, des distractions même qui justifient, jusqu'à un certain point, les prétentions de Tromsö. L'ombre au tableau est la neige qui, chaque hiver, recouvre la ville plongée dans une nuit interminable. La neige monte jusqu'aux toits des maisons, les dépasse même, au point de permettre de circuler au-dessus de la ville. Pour maintenir les communications, on creuse des tranchées ouvertes ou, mieux encore, des tunnels avec embranchements qui donnent accès d'une porte à une autre, et, sous cette épaisse carapace, Tromsö vit, trafique et s'amuse pendant des mois.

Au-dessous de Tromsö, en descendant la côte, on voit surgir à 40 kilomètres au large, une forêt d'aiguilles blanches, des cimes bizarres et tourmentées, puis des côtes abruptes, aux contours étranges, aux invraisemblables découpures. Elles semblent fuir à l'horizon, elles s'allongent en un long chapelet d'îles et d'ilots, sur 250 kilomètres de longueur, courant du nord-est au sud-ouest. C'est l'archipel des îles Lofoten, et celui des Wester Aalen qui leur fait suite.

De loin, avec leurs aiguilles aiguës et blanches, ces îles évoquent l'idée de la mâchoire d'un gigantesque requin surgissant de la mer, poursuivant, la gueule ouverte, des bancs de poissons. Et, de fait, il est peu de localités où le poisson soit aussi abondant et la pèche aussi fructueuse. Chaque année, 16 à 20,000 pècheurs, 4 à 5,000 barques exploitent ces parages, livrant à la consommation près de 30 millions de morues

VUE GÉNÉRALE DE CHRISTIANIA.

et 40,000 barils d'huile. Swoteur est l'un des principaux ports des Iles Lofoten, c'est
un vaste cirque naturel, fermé au sud et à l'ouest, accessible par un étroit goulet, sans
végétation, sans sol. Partout la roche ; ici, la mer seule peut nourrir l'homme, la terre
ne produit rien. Sur ces roches, s'empilent les morues. La ville n'est qu'une longue
traînée de maisons de bois, de hangars remplis de morues exhalant une odeur infecte.
Dans tous les ports, dans toutes les anses des Lofoten, l'aspect est le même, et pourtant, ce pays est beau, d'une beauté lumineuse et grandiose, tant les pics s'enlèvent en
relief puissant sur le ciel, tant la mer reflète, dans son miroir uni, leurs arêtes pittoresques, tant la lumière se joue sur le blanc manteau qui les recouvre, l'illuminant de
rose, l'incendiant de flamboyants reflets.

Sur la côte, en face de l'extrémité méridionale des îles Lofoten, s'ouvre le port de
Bodö. C'est le chef-lieu du Nordland qui forme, avec le Finmark, la Laponie norvégienne. Bodö est situé à l'entrée du Saltenfjord, au-dessous des escarpements du Blaae-
mandfjeld. La cime du Sulitjelma, la plus haute de l'extrême nord, domine de 7,000
pieds d'altitude le port de Bodö, et déroule au long de la côte son étonnant entassement de contreforts abrupts que couronnent des roches bizarres affectant la forme de
remparts en ruines et de tours menaçantes.

Ville moderne, création du gouvernement désireux d'édifier auprès des pêcheries
des Lofoten un centre commercial, Bodö, malgré les privilèges octroyés, n'a fait que
végéter pendant les premières années de son existence. Aujourd'hui, elle s'étend et
compte près de 2,000 habitants, mais elle est loin encore d'avoir la prospérité de
Tromsö. Mosjoen est plus bas ; peuplé de 1,500 habitants, c'est un des centres commerciaux de la région. Il en est de même d'Halsoen qui possède quelques scieries de bois,
et de Namsos, coquette petite ville dans une baie arrondie. Autour de Mosjoen et de
Namsos, les forêts reparaissent ; à mesure que l'on descend la côte, la température se
relève, la végétation forestière envahit le sol. Namsos fait un commerce actif de troncs
de sapins.

Trondhjem ou Drontheim est le grand centre de cette région. A Trondhjem finit la
Norvège septentrionale ; peuplée de 24,000 habitants, cette ville est la troisième du
royaume. Sauf sa cathédrale, elle ne possède aucun monument remarquable. Située
sur le fiord qui porte son nom, Trondhjem date de l'an 997 et s'élève sur l'emplacement de l'antique *Nidaros*, célèbre par le temple consacré à Thor et à Odin, les dieux
scandinaves. Ville commerçante, elle exporte de nombreux chargements de poissons
et de bois ; par son port s'écoulent les cuivres de Rœraas, située à peu de distance de
Trondhjem, et où l'on exploite d'importants gisements de minerais. La ville est adossée
aux derniers contreforts du Dovro Fjeld, l'une des chaînes les plus importantes et les
plus pittoresques de la Norvège. Cette chaîne ne mesure pas moins de 400 kilomètres
de longueur sur 200 de largeur, et ses glaciers alimentent de grands cours d'eau.

Au sud de Trondhjem commence la Norvège méridionale. Les premiers ports qui
s'offrent sur la côte sont Stadland, puis Bergen, deuxième ville de la Norvège, peuplée
de 47,000 habitants. « Tout un côté du port, écrit M. A. Vandal, est occupé par une

rangée de constructions vieilles de plusieurs siècles. Leur aspect est sinistre, leurs grands toits pointus se serrent l'un contre l'autre en haie menaçante. Ce sont les comptoirs construits au moyen âge par les négociants allemands ; ils redisent une page de l'histoire de la Hanse, qui, après avoir accaparé le commerce de la Scandinavie, avait fait de Bergen le centre de ses opérations et le foyer de son despotisme. Pendant trois siècles, les Hanséates ont dominé la ville ; ils y domptèrent vingt révoltes et maintinrent par la violence des privilèges acquis par la ruse, jusqu'au jour où les habitants assiégèrent dans leurs comptoirs cette poignée de négociants, élevèrent contre eux des fortifications dont les restes subsistent encore visibles, et délivrèrent leur patrie de la tyrannie germanique. Les Allemands ont laissé à Bergen l'empreinte de leurs mœurs ; il y a quelques années, dans l'une des églises de la ville, le service se célébrait encore en langue tudesque. Aujourd'hui les demeures des Hanséates sont des magasins ; ils servent aussi de demeure à cette population misérable qui grouille au fond de toute cité commerçante : c'est une ville dans la ville, avec ses remparts, ses portes, ses rues tortueuses et malpropres. Là se pressent de vieilles masures contrefaites, titubantes, rapiécées ; aux murs se suspendent des appliques en charpente ou en maçonnerie, ignobles verrues qui interceptent le jour..... C'est dans ces antres que les fils des opulents sénateurs de Lubeck, de Brème, de Dantzig se choisissaient une demeure, présidaient aux opérations commerciales, vérifiaient la marchandise et grossissaient, thaler par thaler, la fortune paternelle. N'est-ce pas là, d'ailleurs, un temple bien digne du dieu Négoce? Qui donc a voulu installer le dieu de la richesse dans un palais de marbre, où l'or reluit, où les pierreries étincellent? C'est ici qu'est son empire, dans une cave obscure et empestée ; c'est là que ses adorateurs doivent lui faire leur cour ; c'est là qu'ils rencontrent ses faveurs. Il a pour trône, non des sacs d'or, mais des pyramides de gros sous ; il est en haillons, il ressemble à ces apparitions grimaçantes que Hoffmann rencontrait, la nuit, dans les rues de Berlin, par une pluie battante, au sortir de la taverne. »

Stavanger, au sud de Bergen, est située à l'entrée du fiord qui porte son nom. Elle renferme 23,000 habitants et vit de la pêche du hareng, comme Tromso, les iles Lofoten et Bergen de celle de la morue. L'arrivée de l'avant-garde des harengs est signalée, tout au long de la côte, par une ligne télégraphique spéciale de 200 kilomètres de longueur, laquelle avertit immédiatement toutes les stations de pêche, dont Stavanger est l'une des principales. Peu de nouvelles sont attendues avec autant d'impatience, accueillies avec autant de satisfaction. Poissons sociaux et voyageurs, les harengs se déplacent par bancs énormes ; on a vu, de ces bancs, qui mesuraient jusqu'à 30 kilomètres de longueur sur 5 à 6 de largeur. Les harengs pêchés se divisent en trois catégories : les *vierges*, qui n'ont pas encore frayé ; les *pleins*, laités ou œuvés, et les *vides*, qui n'ont plus leur laite ou leurs œufs ; ces derniers sont les moins estimés. On fait une première salaison à bord des navires, ou bien sur la côte si elle est à portée. Plus tard on les remanie et les sale à nouveau. Parfois les harengs s'engagent dans l'intérieur des fiords que les pêcheurs barrent alors avec d'immenses filets ; puis, avec d'autres plus petits, ils épuisent à leur aise cet immense vivier.

La pêche du hareng d'hiver, qui commençait en janvier, fut autrefois la plus importante sur cette côte ; mais elle est devenue très irrégulière, les harengs étant forcés d'aller chercher plus au large leur nourriture. Le hareng d'été fait son apparition en juillet et la pêche se prolonge jusqu'en septembre. Cette pêche enrichit Stavanger qui, au commencement de ce siècle, ne possédait que 2,400 habitants. Elle en a décuplé le nombre et est aujourd'hui la quatrième ville de la Norvège. On estime à 300 millions de harengs le produit de la pêche norvégienne ; le tiers environ est expédié en Russie, dans des barils de sapin qui donnent au poisson un arôme très apprécié des Moscovites ; pour les autres pays, l'expédition se fait dans des barils de hêtre. Les harengs fournissent aussi une huile qui peut remplacer l'huile de baleine. On l'obtient en faisant bouillir le poisson dans de l'eau douce. Quand il est réduit en bouillie, on le laisse refroidir, on recueille l'huile qui surnage et que l'on clarifie par le filtrage. Le résidu forme un excellent engrais.

Au sud de Stavanger se succèdent des villages de pêcheurs ; ils sont nombreux sur cette côte mais disséminés dans les petits ports tels qu'Egersund, Farsun, et Mandal. Christiansad est plus important et renferme environ 13,000 habitants. La ville est située sur un fiord, à l'embouchure de la rivière de Torrisdal et à l'extrémité méridionale de la Norvège. Dans son cadre de jardins, Christiansand apparaît plus vaste qu'elle n'est peuplée, agricole autant que maritime. C'est, en effet, une ville de marins, de constructeurs de navires et de cultivateurs. Ces derniers exploitent les riches terres conquises sur la mer.

Sur le Skagerak, en suivant la côte, on rencontre Arendal, petite ville de 5,000 habitants, pittoresquement bâtie sur plusieurs îles, à l'embouchure de la Nid. Elle possède de nombreux chantiers de construction et fait un commerce important de fer et de bois. Laurvig est plus au nord, aussi peuplée, à l'embouchure du Louven ; outre ses vastes entrepôts, Laurvig renferme des usines et une fonderie de canons. De l'autre côté de son port se dresse Fredericksvœrn, place forte dont l'artillerie abrite la flottille norvégienne. Ici le golfe se resserre, remontant à Christiania. Tonsberg, puis Kongsberg, se succèdent. La première compte 3,000 habitants et est l'une des plus antiques cités du royaume. Kongsberg est adossée au Télémaken, ce coin de la Norvège le moins connu des touristes et méritant le mieux de l'être. Les coutumes et les mœurs du temps passé se sont réfugiées dans cette pittoresque vallée qu'encadrent de hautes montagnes.

On y parle encore de l'étrange apparition qui, il y a vingt ans, plongea dans la stupéfaction les habitants de Télémaken. Par une froide et claire matinée de décembre, ils virent flotter dans l'air une tache noire qui grossissait en descendant et vint heurter le sol, bondissant avec fureur comme pour rompre les liens qui la retenaient à une nacelle dans laquelle se cramponnaient deux hommes à demi morts de froid et de faim. L'humanité l'emporta sur la terreur et les paysans de Télémaken, voyant le monstre en repos, accoururent et portèrent secours à ces étrangers tombés du ciel. Ils les conduisirent dans la meilleure maison du village, les réchauffèrent et les nourrirent, et apprirent d'eux qu'ils venaient d'une grande ville assiégée, de Paris, qu'ils avaient quittée la veille, chassés par le vent jusqu'en Norvège. Tant de hardiesse et de souffrance enthousiasmèrent les paysans, et le voyage des deux aéronautes jusqu'à Christiania ne fut qu'une longue ovation.

Les mines de Kongsberg fournissent à la Norvège l'argent de sa monnaie divisionnaire. Drammen, au-dessus de Kongsberg, est située à l'embouchure du Drammen, dans une baie du fiord de Christiania. C'est une ville de 19,000 âmes, formée en réalité de trois villes : Strœmsoë, Tangen et Bragnœs. Il s'y fait un important commerce de bois.

Christiania, capitale de la Norvège, est à l'extrémité du fiord. Elle possède 130,000 habitants, et fut fondée en 1624 par Christian IV sur l'emplacement de la ville d'Opslo, détruite par un incendie. Bâtie en panorama, Christiania a grand air à distance; de près elle serait assez ordinaire n'était son beau fiord. Puis l'enceinte de la ville paraît trop vaste pour sa population : il est vrai que cette dernière s'accroît, que l'industrie se développe, que les distilleries, les ateliers de construction, les filatures se multiplient et que le mouvement commercial du port occupe déjà plus de 3,000 navires.

« Lorsque le Parisien, écrit M. Albert Vandal, laissant son imagination voyager sur toutes les mers du globe, fait escale à Christiania dans ce voyage idéal, il se représente une ville perdue au milieu des frimas; il serait tenté de croire que les ours de l'océan Glacial s'aventurent parfois dans ses rues, et que les Lapons viennent camper à ses portes avec leurs rennes et leurs traîneaux. Pour nous, au contraire, descendant du cercle polaire par une ligne quelque peu brisée, Christiania nous semble la ville par excellence, l'oasis après le désert ; c'est l'asile désiré où nous allons retrouver tous les raffinements de la civilisation... Christiania est bâtie dans l'un des sites les plus gracieux du monde, entre le fiord et les derniers contreforts des Alpes norvégiennes. C'est en vain pourtant qu'on chercherait dans la ville quelque échappée de vue sur les riches trésors que la nature a mis à ses portes. Christiania ne touche au fiord qu'en un point, à l'entrée de son port ; puis elle semble s'enfuir vers l'intérieur des terres, prolongeant de longs faubourgs dans la vallée qui s'étend au nord. Si, au contraire, elle avait élevé ses palais, ses quartiers neufs et aristocratiques au bord du fiord, le long des courbes harmonieuses que dessine le rivage, elle pourrait s'enorgueillir d'une rue que Genève seule offre à ses habitants. Devant Christiania, le fiord s'épanouit en un lac calme, bleu, poétique comme le Léman, entouré comme lui d'une ceinture de montagnes, dont les croupes boisées s'abaissent en gradins autour des sinuosités de la côte. Mais des îles innombrables parsèment ce lac ; tantôt elles se serrent en grappes pressées, tantôt elles s'éparpillent et se dispersent, semblables toujours à des bouquets de verdure jaillissant des flots. »

Au sud de Christiania et sur la rive orientale du fiord, Moss, ville de 5,000 habitants, est entourée de forêts dont elle exporte les produits. Dans Moss fut signé l'armistice à la suite duquel eut lieu la réunion des deux royaumes ; non loin de Moss s'élève la dernière ville méridionale de la Norvège, Frédérikshald où tomba Charles XII en 1708, au moment où il gourmandait la lenteur des opérations du siège. « Dans huit jours, lui disait l'ingénieur français Mégret, la place sera à Votre Majesté. » A ce moment même une balle atteignait le roi à la tempe. « La pièce est finie, ajouta Mégret, allons souper. » Un siècle plus tard, en 1814, les Suédois emportaient Frédériksahld.

Ni la Suède ni la Norvège ne sont des pays industriels. Si elles possèdent des minerais d'excellente qualité la houille leur fait défaut, puis la rigueur du climat entrave l'activité de l'homme. Sauf au sud, la vie est suspendue pendant les longs mois d'hiver et, partout, la population est clairsemée. La péninsule produit du fer, des fontes, du cuivre et du granit, mais ses principales industries sont la pêche et l'exploitation des forêts. Les pêcheries produisent annuellement de 50 à 60 millions de francs et font vivre une portion notable de la population. L'exploitation forestière alimente plus de 6,000 scieries mises en mouvement par les chutes d'eau. La Norvège exporte annuellement pour 60 millions de bois ; la Suède pour 130 millions. La fabrication des allumettes occupe, à elle seule, 6,000 ouvriers et produit plus de 10 millions de francs. La manufacture de papier de bois, l'ameublement, les chantiers de construction ajoutent encore à l'importance de cette industrie nationale dont le total à l'exportation atteint près de 200 millions.

Le commerce général de la Suède, importations et exportations réunies, se chiffrait par un total de 606,460,000 kronors, près de 700 millions de francs en 1889 ; celui de la Norvège par 324,277,000 kronors, soit environ 400 millions de francs. Le mouvement maritime comportait, pour la Suède 28,000 navires à l'entrée et à la sortie, 26,000 pour la Norvège.

Faubourg de CHRISTIANIA.

Les mers polaires.

V· — TERRES POLAIRES D'EUROPE

BEEREN EYLAND. — LE SPITZBERG. — LA TERRE DE FRANÇOIS-JOSEPH

Au nord de la péninsule scandinave, à l'est du Groenland et de l'Islande, apparaissent les terres polaires de l'Europe. Entrevues sous la neige et dans les brumes, explorées par d'intrépides voyageurs, visitées par d'aventureux pêcheurs, elles confinent à ce pôle Nord dont l'homme poursuit obstinément la conquête, dont le cercle chaque année se rétrécit, dont les barrières reculent. Parviendra-t-il à l'atteindre et le succès couronnera-t-il tant de sacrifices, tant de vies perdues, et des meilleures? On est en droit de le croire et de l'espérer. La mer libre qui hante les rêves des navigateurs n'est peut-être pas une chimère et, par delà le pôle du froid, atteint et dépassé, le pôle magnétique, que John Ross effleura le premier en 1833, comporte-t-il une température moins extrême? Si, comme on le suppose, cette température n'excède pas une moyenne de 8 degrés au-dessous de zéro, pareil obstacle n'est pas pour arrêter des hommes qui ont affronté, avec Franklin, des froids de 50 degrés par 64° de latitude nord, avec Black de 56°7 au nord de l'Amérique, avec Mac Clure de 54° à l'île Melville. Il semble, en effet, résulter des récits des explorateurs, qu'au-dessus de ces terribles zones la température se relève et s'égalise. Ces zones, abordées et franchies, constitueraient donc le plus redoutable obstacle ; mais jusqu'ici on en est réduit à des hypothèses que l'avenir seul peut confirmer ou détruire.

Les terres polaires d'Europe comprennent : Beeren-Eyland, l'île des Ours, au sud du Spitzberg; le Spitzberg et ses dépendances ; et enfin la terre de François-Joseph, la plus septentrionale que l'on ait encore visitée.

L'île des Ours est située entre le cap Nord, promontoire extrême de la Norvège dont elle est distante de 400 kilomètres, et le Spitzberg, dont 200 kilomètres environ la séparent. L'île semble être l'extrémité méridionale d'un grand plateau sous-marin du pôle Nord soulevé au-dessus des flots. Entre elle et le Spitzberg la mer gèle quelquefois entièrement et une plaine de glace de 200 kilomètres relie alors les deux terres. Découverte en 1596 par le Hollandais Barents, l'île reçut le nom d'île des Ours, seuls animaux vivants que l'on y trouvât. Elle affecte la forme d'un carré long, orienté du nord-ouest au sud-est, et possède deux ports, dont un à chacune de ses extrémités. Autour de leurs plages se dressent, l'été, des hangars provisoires élevés par les pêcheurs. La superficie de Beeren-Eyland serait, d'après Nordenskjold, de 670 kilomètres carrés ; le sol en est plat, semé de lacs et de marais sauf dans le sud-est où le relief s'accentue et se relève en collines. La plus haute, la *Mount Misery*, mont Misère, domine, à 455 mètres d'altitude, de vastes névés. Le géologue Keilhau y a relevé en plusieurs endroits de grands gisements de houille. Beeren-Eyland est, au printemps, envahi par les mouettes et les canards qui se dirigent vers le nord, elle leur sert également d'escale, en automne, quand ils redescendent vers le sud.

L'île n'a pas d'autres habitants que les pêcheurs danois, suédois, norvégiens et anglais qui la visitent l'été, et qu'attiraient autrefois dans ces parages les morses, alors si communs qu'en 1608 un équipage de pêche en captura près de mille en sept heures. Aujourd'hui les morses ont presque entièrement disparu, mais les morues abondent sur le littoral.

Cinq grandes îles forment l'archipel du Spitzberg dont les nombreux îlots projetés surtout vers le nord ne sont distants du pôle que de 1,000 kilomètres. Ces îles principales sont : l'île du Prince-Charles, la terre de l'Ouest, la terre du Nord-Est, la terre de Wiche et la terre des États. Leur superficie totale, d'après les calculs de Leigh Smith et d'Ulve, serait de 64,290 kilomètres carrés.

L'archipel doit son nom au relief tourmenté et hérissé de son sol. « Cette terre, écrit dans son journal Guillaume Bernard, compagnon de Barents, estait la plus part rompue, bien haulte, et non autre que monts et montaignes, agües, par quoi l'appelions Spistbergen. » Ses cimes, ou Spitz, sont toutefois plus nombreuses qu'élevées. La plus haute, celle de l'île du Prince-Charles, n'excède pas 1,500 mètres. Deux autres dans la terre de l'Ouest : le pic de Horn Sound et celui de l'Ice Sound atteignent 1,380 et 1,200 mètres ; la plupart varient entre 400 et 900. Un seul, celui de la montagne Blanche, 900 mètres, a été gravi en 1865 par Nordenskjold qui n'a vu, du sommet, se dérouler sous ses yeux qu'un vaste plateau de neige que les roches perçaient de leurs arêtes noires.

Rien n'est plus pauvre en fait de végétation que ces terres arctiques. Les étés y sont courts, souvent nuls, contrariés par les tourmentes, lents à paraître, prompts à disparaître. La chaleur n'est ici qu'un phénomène accidentel, une exception passagère qui ne saurait durer au delà de quelques semaines. La lumière continue est pâle, fréquemment voilée; la nuit dure des mois pendant lesquels la neige reprend possession de son domaine. Par contre, le Spitzberg est riche en plantes fossiles. Cette richesse est révélée par les couches de charbon minéral que l'on a reconnues et, sur quelques points, exploitées. Il faudrait aujourd'hui descendre 30 degrés plus au sud pour retrouver, à l'état spontané et associées, les formes végétales qui recouvraient autrefois le Spitzberg. A cette époque, les terres arctiques formaient vraisemblablement un seul continent; on peut l'augurer par la puissance des formations d'eau douce; elles devaient être en même temps travaillées et soulevées par les feux intérieurs, ainsi que l'indiquent les coulées basaltiques. Ces feux éteints, le froid reparut, éliminant les végétaux.

Ici, la limite moyenne des neiges persistantes se confond avec le rivage même, alors que dans la Norvège septentrionale, à 8 degrés plus au sud, elle n'apparaît qu'à 720 mètres d'altitude. Rien, d'ailleurs, de plus complexe que ce phénomène de la limite des neiges; il ne dépend pas seulement de la température et de l'état hygrométrique de l'air, mais encore des courants atmosphériques, de leur plus ou moins de contact avec la terre ou la mer, du degré d'escarpement des montagnes. Dans les Alpes, cette limite moyenne commence à 2,700 mètres d'altitude, dans les Andes de Quito, près de l'Équateur, à 4,800 mètres et dans la Cordillère du Haut-Pérou à 5,200.

: Les cours d'eau sont rares et courts au Spitzberg; ils n'ont qu'une existence éphémère; les vrais fleuves sont les glaciers, encaissés dans les montagnes, glissant lentement dans leurs larges couloirs et projetant dans la mer leurs promontoires lents à fondre. M. Ch. Martins a constaté que les glaciers du Spitzberg, bien que régis par les lois générales de la formation des masses glaciales, diffèrent en certains points de ceux de l'Europe centrale. Il relève chez eux la rareté des aiguilles et des prismes ainsi que l'absence de moraines. Les blocs énormes que ces glaciers entassent, dans leur silencieuse descente, sur le bord de l'Océan, ne forment pas seulement de hautes falaises soumises à la pression des masses accumulées derrière eux; au contact de l'eau de mer elles entrent en fusion et l'on voit alors se creuser de gigantesques cavernes aux formes bizarres et merveilleuses.

L'une des plus étonnantes est celle du glacier de Bell-Sound qu'a visitée M. Ch. Martins. « Je proposai, écrit-il, aux matelots qui m'accompagnaient d'entrer avec l'embarcation dans la caverne du glacier de Bell-Sound. Je leur exposai les chances que nous courions, ne voulant rien tenter sans leur assentiment. Ils furent unanimes pour accepter. Quand notre canot eut franchi l'entrée, nous nous trouvâmes dans une immense cathédrale gothique. De longs cylindres de glace à pointe conique descendaient de la voûte, les anfractuosités semblaient autant de chapelles dépendantes de la nef

LES TERRES POLAIRES.

principale; de larges fentes partageaient les murs, et les intervalles pleins simulant des
arceaux, s'élançaient vers les cimes; des teintes azurées se jouaient sur la glace et se
reflétaient dans l'eau. Les matelots, tous Bretons, étaient, comme moi, muets d'admiration, mais une contemplation trop prolongée eût été dangereuse; nous regagnâmes
bientôt l'étroite ouverture par laquelle nous avions pénétré dans ce temple de l'hiver,
et, revenus à bord de la corvette, nous gardâmes le silence sur une escapade qui eût
été justement blâmée. Le soir, nous vîmes du rivage notre cathédrale du matin s'incliner lentement, puis se détacher du glacier, s'abîmer dans les flots et reparaître
émiettée en mille fragments de glace que la marée descendante entraîna vers la pleine
mer. »

Ici encore, sur la côte occidentale du Spitzberg, nous retrouvons le courant du Gulf-
Stream; sa température a baissé dans son long parcours, son volume a décru; au long
des côtes d'Angleterre, d'Écosse et d'Irlande, au long de la Norvège, au travers des
ondes brumeuses de la mer du Nord et de l'océan Glacial, il s'est appauvri et refroidi,
mais tel qu'il est encore, sa température est de 4 degrés au-dessus de zéro, suffisante
pour miner par leur base les falaises de glace. Elles s'écroulent, et les débris qu'il
charrie forment des banquises redoutables contre lesquelles se heurtent et se brisent les
navires.

Le courant polaire rase la côte orientale et la rend difficile d'accès. La glace qui
l'entoure en dérobe à l'œil les contours; aussi la configuration exacte de cette partie du
Spitzberg est-elle mal définie. On ne sait où finit la glace, où commence la terre, et la
terre elle-même, là où elle existe, disparaît sous une couche de glace que recouvre un
manteau de neige. Dans d'étroites crevasses protégées par les rochers, apparaissent çà
et là quelques plantes maladives et étiolées, saxifrages et renoncules, pavots ou lichens,
mousses noirâtres et spongieuses, unique végétation de cette zone déshéritée. La vie
animale n'est guère plus variée, si elle est plus abondante. En dehors des bancs de poissons, les phoques, quelques morses, les renards et surtout les oiseaux de passage
peuplent seuls ces solitudes.

L'homme n'y séjourne pas; il fut cependant un temps où les pêcheurs y abordèrent
en grand nombre. A la fin du xviie et au xviiie siècle les baleines hantaient les parages du
Spitzberg en quantités telles que Scoresby évalue à plus de 14,000 les navires hollandais
qui, pendant cette période, visitèrent les côtes, à 57,000 le chiffre des baleines qu'ils
capturèrent et à 92 millions de francs le profit qu'ils en retirèrent. Smeerenbourg, au
nord-ouest de la grande île, était leur centre de ralliement et, pendant quelques semaines,
Smeerenbourg offrait l'aspect d'un grand village populeux. Au sud, il en était de même
de la baie Magdelena et de Foul-Bay. Aujourd'hui l'on n'y trouve plus que des débris
de cabanes et quelques huttes, occupées l'été, abandonnées l'hiver.

Au nord du Spitzberg on n'a pas relevé de terre. Vainement Parzy a poussé jusqu'au
delà du 82e degré de latitude; ni lui, ni Ross, son lieutenant, n'ont rien découvert;
Nordenskjold ne fut pas plus heureux.

Dans l'est, par un temps clair, on aperçoit, de la côte orientale du Spitzberg, se dessiner à l'horizon une série de pics élevés. C'est la terre de Wiche, distante de 130 kilomètres, que des pêcheurs anglais découvrirent en 1617 et à laquelle ils donnèrent le nom de léur armateur. Longtemps mystérieuse, perdue puis découverte à nouveau, considérée tantôt comme une île, tantôt comme un archipel, tantôt comme restreinte et tantôt comme très étendue, selon que la ceinture de glace qui l'entourait s'avançait plus ou moins au large, la terre de Wiche a enfin été reconnue être une seule île, d'environ 20 lieues de longueur. Sur le littoral du sud s'entassent d'énormes amas de bois flottés. Le relief du sol est plat, toutefois, au nord-est, il se redresse en montagnes; ce sont elles que l'on entrevoit du Spitzberg. L'île est inhabitée, mais les rennes, les ours et les renards qui la peuplent disent assez que la végétation, de lichens et de mousses à tout le moins, doit y être assez abondante.

A l'Autriche-Hongrie revient l'honneur d'avoir découvert la terre de François-Joseph. Payer et Wayprecht, explorateurs intrépides et géographes éminents, ont mené à bonne fin l'expédition qui a illustré leur nom et révélé l'existence de cette terre, jusqu'à eux inconnue, située au-dessus du 80ᵃ degré de latitude nord. Partis en 1872 sur le *Téghettoff*, solide navire à vapeur et à voiles, ils espéraient trouver, libre de glaces, la mer dite *Polynie*, signalée depuis 1810 par les navigateurs, mais, avant de l'atteindre, le *Téghettoff* fut pris dans les glaces à la Nouvelle-Zemble. Payer et Wayprecht n'en poursuivirent pas moins leurs explorations ; ils découvrirent une île à laquelle ils donnèrent le nom d'île Wilczek en mémoire de l'un des promoteurs de leur expédition. De cette île, ils virent au nord d'autres terres, des montagnes et des glaciers, tout un archipel dont les séparait une mer libre. Sept ans s'écoulèrent toutefois avant que Leigh Smith, navigateur anglais, explorât la région occidentale de la terre de François-Joseph. Il y releva un port abrité auquel il donna le nom d'Éira-Harbour, de son navire l'*Eira*, et il put constater que la superficie de ce nouvel archipel était à peu près égale à celle du Spitzberg.

Les montagnes y sont plus élevées; elles affectent la forme de plateaux ; la plus haute, le mont Richtofen, atteint 1,530 mètres. Ainsi que le Spitzberg, cet archipel s'élève lentement au-dessus des eaux. La végétation est, si possible, plus pauvre encore dans l'archipel François-Joseph qu'au Spitzberg. Payer n'y a trouvé que quelques herbes, des saxifrages, une variété de pavot, peu de mousses et de lichens. Les rennes ne sauraient donc y vivre et, seuls, les animaux amphibies auxquels la mer fournit leur subsistance hantent ces régions solitaires. Au nord toutefois, près de la « mer libre », il a relevé des traces nombreuses attestant, sur cette côte, la présence de l'ours, du renard et du lièvre; les îlots qui bordent cette mer sont envahis par des myriades d'oiseaux de mer. Devrait-on en conclure que, plus au nord, la mer reste réellement libre et que cet accroissement de la vie animale correspond à une élévation de la température ; en d'autres termes, qu'au delà de ce pôle du froid se déroule une mer accessible, et que ceux-là sont dans le vrai qui s'obstinent à en affirmer l'existence et à en tenter la conquête ?

Cette « mer libre », Élisha Kane, l'explorateur américain, crut l'avoir découverte en 1853. Après avoir franchi une zone glaciaire où la température, de 30 à 40 degrés

au-dessous de zéro, tomba même à 50°, son lieutenant, Morton, déboucha, au-dessus
du 80° degré de latitude nord, sur une mer fuyant à perte de vue et sur laquelle s'ébat-
taient d'innombrables oiseaux, hirondelles, mouettes, canards. Sept ans plus tard
Hayes la retrouvait à son tour. « Tout me prouvait, écrit-il, que j'avais atteint les
rivages de l'océan Polaire. La terre que je foulais aux pieds était une grande saillie avançant au nord. Le petit ourlet de glace qui bordait ses rives s'usait rapidement. Avant un
mois la mer entière, aussi libre de glace que les eaux du nord de la mer de Baffin, ne
serait plus interrompue que par quelques banquises flottantes, errant çà et là au gré
des courants et de la tempête. Nous avions donc atteint notre but. »

Gustave Lambert croyait à l'existence de cette mer libre, et, sur cette hypothèse
basait l'expédition que sa mort, au combat de Buzenval, ne lui permit pas d'entreprendre,
Peterman, en 1868, échoua dans sa tentative d'arriver à la mer polaire par les régions
septentrionales de l'Europe. Au nord du 83° 20' de latitude qu'atteignirent, en traîneaux,
les équipages de l'*Alerte* et de la *Découverte*, l'inconnu règne encore.

Les rivages de la Nouvelle-Zemble.

Le Palais de Peterhoff.

VI. — LA RUSSIE D'EUROPE

De tous les empires du monde l'Empire Russe est le plus étendu. Si vaste est-il, si disproportionné auprès des autres, qu'Alexandre de Humboldt dut emprunter, pour rendre sa comparaison sensible, une image au système planétaire, et constater que la partie de notre globe soumise au sceptre du tsar est plus grande que le disque de la lune en son plein. Ses possessions en Asie font de la Russie le plus grand empire asiatique; ses possessions en Europe font d'elle le plus considérable des empires européens. A elle seule elle détient plus de la moitié de notre continent : près de 5,500,000 kilomètres carrés sur 10 millions.

Sa superficie totale est de 22 millions de kilomètres carrés. C'est dire que la Russie est plus asiatique encore qu'européenne, et que son domaine d'Asie est triple de son domaine d'Europe. Nous avons décrit, dans notre premier volume, la Caucasie, le Turkestan, la Sibérie, cette terre obscure encore, dont la carte est inachevée, dont l'histoire commence, terre des grands fleuves au débit immense, aux longues portées, aux eaux poissonneuses, aux grèves labourées par les glaces. De l'Oural au fleuve Amour, de la mer de Kara à la mer de Behring et à la mer d'Okhotsk nous avons parcouru ce gigantesque empire qui, au sud, confine au Pamir, au nord à l'océan Arctique.

Nous le retrouvons ici, aux rives de la Baltique, à 2,000 lieues de distance de son

cap oriental, que les glaces du pôle soudent, l'hiver, à l'Amérique. Du golfe de Bothnie
au détroit de Behring, il se déroule en une plaine sans limites. Il semble que, par lui.
l'Asie déborde sur l'Europe, prolongeant à perte de vue ses steppes, ses lacs, grands
comme des mers, son orographie massive et compacte, ses fleuves, ses toundras et ses
plaines. Devant une carte de la Russie on se demande où commence l'Europe et où finit
l'Asie; sur le plateau russe, ce que l'on voit, c'est encore l'Asie septentrionale, son sol
et son climat.

Ici, en effet, tout est démesuré. Dans notre Europe morcelée, « taillée en petits
morceaux », comme disait Montesquieu, la Russie apparaît comme un phénomène étrange, comme une perpétuelle antithèse. Elle est l'Europe des plaines, par
opposition à l'Europe des montagnes, à la France avec ses Alpes et ses Pyrénées, à
l'Italie avec ses Apennins, à l'Espagne avec ses sierras, à l'Angleterre, à la Scandinavie, à l'Allemagne, à l'Autriche, à la Grèce, avec leur ossature rocheuse, leurs
chaînes et leurs cimes. Elle est l'Europe continentale, par opposition à l'Europe maritime, car son développement de côtes, nonobstant son énorme superficie, n'est que
de 8,880 kilomètres, dont plus de la moitié sur l'océan Glacial et la mer Blanche. Elle
est l'Europe de bois, par opposition à l'Europe de pierres, car la pierre lui manque,
car presque toutes ses villes sont construites en bois et que, suivant le proverbe, la
Russie entière brûle tous les sept ans.

Elle est aussi l'Europe froide, par opposition à l'Europe tempérée que baignent les
eaux tièdes de la Méditerranée, qu'effleure le courant tropical du Gulf-Stream.
Au relief articulé de l'Europe, échancrée par les mers, frangée d'anses et de promontoires, de baies et de caps, d'îles et de péninsules, couverte de plateaux, hérissée de
pics, sillonnée de vallées, elle oppose sa plaine immense, unie, son sol horizontal, ses
territoires compacts et plats, remontant en pente insensible vers les mers inhospitalières du pôle, prolongeant en champs de glace ses steppes de neige, se perdant en
une région obscure et mystérieuse, en une terre vague, indécise, aux contours mobiles
et changeants que l'orographie hésite à fixer.

Puis à l'Europe morcelée, divisée en empires, royaumes ou républiques, mais
régie, nonobstant la diversité des systèmes politiques, par des lois précises, par des
constitutions octroyées ou votées, par des principes identiques au fond, actionnée par
un organisme dont le jeu seul des rouages varie, la Russie oppose la concentration et
l'unité du pouvoir absolu, une étonnante homogénéité de race, au sein des races les
plus diverses. De l'Asie elle semble avoir gardé les traditions d'obéissance et de
dépendance, le respect de l'autorité envisagée, ainsi qu'en Chine, comme l'exercice
du pouvoir paternel, fiction légale, consacrée par le temps, qui excuse ce que ce
pouvoir aurait d'excessif, qui légitime et relève l'obéissance, qui convertit en un fils
révolté l'adversaire politique réclamant des droits mieux définis.

De même que le chef invisible du Céleste-Empire est le père des fils de Han, le
tsar de toutes les Russies est le père de son peuple et, pour être déléguée, son
autorité n'en est pas affaiblie. La conception est la même, plus profondément ancrée
dans l'âme naïve du paysan russe que dans l'esprit sceptique et subtil du Chinois,

expert dans l'art d'incarner en des formules et des rites, des idées mortes, de donner l'apparence de la vie à ce qui n'est plus qu'une fiction. Ici, la fiction subsiste ; elle fait partie intégrante de la hiérarchie, de l'ordre social, de la vie politique, elle est un fait et, sur cette terre vierge, l'idée primitive, point de départ de la civilisation asiatique, reparaît et persiste.

Terre vierge, elle l'est ; car si l'empire existe depuis dix siècles, la Russie, en tant que colonie, ne compte encore qu'un siècle ou deux. Elle n'a ni achevé le dénombrement de ses richesses, ni peuplé son vaste territoire. Elle ne connaît bien encore ni ses ressources minières, ni ses ressources agricoles. Dans sa vaste ceinture sa population flotte au large. Peuplé comme la France, l'Empire Russe dans sa totalité, renfermerait un milliard et demi d'habitants ; il n'en contient que 108,787,000 dont 95 millions pour a Russie d'Europe, mais cette population s'accroît rapidement. Elle n'est pas urbaine, comme dans la plupart des autres États européens, comme en Angleterre où la moitié des habitants peuplent les villes, comme en France où la proportion est du quart. Un huitième tout au plus de la population russe est urbaine, les sept autres huitièmes vivent dans les villages et les campagnes.

Et cependant le climat, plus rigoureux, justifierait mieux les grandes agglomérations. Le sol horizontal est ici, plus qu'ailleurs, balayé par les vents, et les brises marines ne viennent pas tempérer les excès de la température. A Moscou, situé sous la même latitude qu'Édimbourg, la moyenne hivernale est de — 16° et à Edimbourg de + 2°,8'. A Moscou, la température oscille entre les extrêmes de — 33° et + 28°, à Saint-Pétersbourg entre — 35° et + 31°. Astrakhan, sous la latitude de Genève, subit des écarts de 70 à 75 degrés centigrades, et sous la latitude d'Avignon le froid descend en Russie à 30 degrés, la chaleur monte à 40. « Nulle part, en Occident, écrit M. A. Leroy-Beaulieu, il n'y a, sous la même latitude, d'hiver aussi dur et aussi long, d'été aussi brûlant. La Russie demeure étrangère aux grandes influences qui réchauffent le reste de l'Europe, à celle du Gulf-Stream comme à celle du Sahara. Elle est le seul des pays septentrionaux de l'Europe dont les côtes ne sentent point les tièdes émanations du courant du golfe du Mexique ; la longue presqu'île scandinave qui s'avance entre elle et l'Atlantique l'empêche d'être baignée par le « grand fleuve d'eau chaude » que le nouveau monde envoie à l'ancien. Au lieu du Gulf-Stream ou des déserts de l'Afrique, ce sont les glaces du pôle, c'est la Sibérie, la région boréale de l'Asie, qui tiennent la Russie sous leur influence. Contre ce voisinage, l'Oural n'est qu'une faible barrière. En vain la Russie s'étend-elle, vers le sud, à la latitude de Pau et de Gênes, il lui faut descendre jusqu'au-dessous du Caucase pour trouver un rempart contre les vents du nord. La conformation du sol, plat, déprimé, la laisse ouverte à tous les courants de l'atmosphère, aux souffles desséchants des déserts du centre de l'Asie comme aux vents du cercle polaire. »

Elle tient de l'Asie son climat continental, et, de fait, entre l'Asie et elle, on cherche en vain la barrière. La nature n'en a pas tracé sur ce sol et, à ne consulter que l'orographie, l'Asie finirait et l'Europe commencerait à la Vistule au nord, au soulèvement des Carpates au centre, au cours inférieur du Danube au sud.

Mais si, par son relief et son climat, par son orographie et ses concepts, la Russie est asiatique, par d'autres côtés elle se distingue profondément de l'Asie ; elle s'en distingue par sa vitalité puissante, par sa jeunesse et ses aspirations. Elle n'a ni l'engourdissement des races de l'extrême-Orient, ni leur fataliste résignation ; tout en elle proteste contre un accouplement à des civilisations usées. Indécis comment la classer, voyant en elle un indispensable complément de l'Europe et un incontestable prolongement de l'Asie, l'historien et le géographe se demandent si la fière parole d'Alexandre III : « La Russie est une sixième partie du monde » n'est pas une formule géographique appelée à devenir une vérité historique.

Superficiellement, la Russie occupe à peu près le sixième de notre globe. En Europe, elle représente, avons-nous dit, plus de la moitié du continent. Elle est la terre de transition entre ce continent et l'Asie ; par les glaces du détroit de Behring, elle les relie tous deux à l'Amérique. D'une rive à l'autre, les peuplades fraternisent et trafiquent. Les Tchoukchas vendent aux tribus américaines le tabac, le fer et les verroteries russes ; aux Russes les peaux de renards, d'isatis, de martres, de loutres et de castors qu'ils reçoivent en échange. De Petropaulowski, forteresse russe, à San-Francisco, la reine du Pacifique, il n'y a pas quinze jours de mer.

La superficie de l'Europe est d'environ 10 millions de kilomètres carrés ; celle de la Russie d'Europe est de 5,421,000, plus que décuple de celle de la France. Ses frontières sont : au nord, l'océan Glacial arctique depuis la chaîne de l'Oural jusqu'au fiord Varanger. A l'ouest, la Tana, le Muonio, la Tornéa la séparent de la péninsule scandinave ; au-dessous, la mer Baltique lui sert de frontière jusqu'à Mémel. Limitrophe aux empires d'Allemagne et d'Autriche-Hongrie et à la Roumanie, elle n'a d'autre barrière entre elle et l'Allemagne qu'une ligne conventionnelle coupant la Jura, affluent du Niémen, le Niémen lui-même en amont de Tilsitt, suivant le cours de la Szeszuppe, serpentant au travers de marécages, franchissant la Vistule au sud de Thorn, remontant la Prosna et rejoignant le cours supérieur de la Vistule à son point d'intersection avec la Przemsza.

Sa frontière d'Autriche-Hongrie et de Roumanie, moins artificielle, oblique à l'est, contournant les Carpates, coupant les vallées supérieures du Dniester, du Pruth, du Sireth et rejoignant le Danube.

Au sud, la Russie d'Europe a pour limites : la mer Noire, du delta du Danube à Makrialos. Entre elle et l'Arménie, la frontière franchit la chaîne du Lazistan et le Tehorok, suit l'Olti en se maintenant au nord des sources de l'Euphrate, coupe le massif de l'Ararat, atteint et descend l'Aras et vient aboutir à la mer Caspienne. A l'est, entre elle et la Russie d'Asie, une ligne fictive partie de la Caspienne suit une chaîne de collines parallèle au fleuve Oural, contourne et dépasse l'extrémité des monts Ourals qu'elle va rejoindre plus au nord et qu'elle suit jusqu'à la mer de Kara. Toutefois, ainsi que nous l'avons déjà dit dans notre premier volume de l'Asie, l'Oural n'est pas une barrière, mais la chaîne centrale du vaste empire, qui, par delà, déborde jusqu'au Pacifique.

Bien qu'elle aboutisse à quatre mers, la Russie d'Europe est loin d'avoir une étendue de côtes proportionnée à ses dimensions. De ses 8,800 kilomètres de rivages, la plus grande partie borde l'océan Arctique, impraticable pendant 8 à 9 mois de l'année. Sa côte septentrionale décrit une courbe, infléchie comme le cercle polaire, çà et là échancrée d'énormes baies, mers intérieures, telles que la baie de Kara au sud de la Nouvelle-Zemble, les bouches de la Petchora, la baie de Tchesskaïa, le golfe de Mézen et la mer Blanche qui, par trois baies profondes autant que poissonneuses, s'enfonce dans les terres.

Pour mettre la Russie en communication avec l'Europe du nord, l'océan Glacial n'offrait nulle facilité; la mer de Barents était rarement accessible et la navigation entre le Spitzberg et le cap Nord présentait de sérieux obstacles. Il fallait la Baltique à la Russie, sous peine d'être indéfiniment rejetée dans l'est, vers l'Asie, alors qu'elle tendait vers l'Europe. Ses efforts incessants pour atteindre la Baltique, pour y conquérir des ports et une rive, expliquent l'impérieuse nécessité qui lui fit transporter sa capitale, de Moscou, située au cœur même du pays, à Saint-Pétersbourg, sur la Néva, à l'extrémité ouest de l'Empire. D'instinct, la Russie se portait au point vital. Elle faisait ce qu'avait fait la Chine, déplaçant son centre, le reportant à Pékin, à l'extrémité nord, au seuil d'accès, à la porte ouverte aux invasions. Dans notre étude de la France, nous avons montré pourquoi ni Lyon, ni Bourges ne purent être la capitale, pourquoi Paris la devint, faisant face à la frontière, au point vulnérable et, sur ce point, concentrant toutes les forces de résistance du pays. Sauf Madrid, que la volonté d'un souverain plaça au centre géographique de la péninsule, presque toutes les capitales de l'Europe se sont élevées au point marqué pour la défense, pour l'expansion, pour le commerce de l'État dont ces capitales sont la tête, le cœur et le bras.

En dépit des inconvénients que la Baltique offre à la navigation, en dépit de ses faibles marées et de ses crues irrégulières, de ses courants dangereux et de ses vents inconstants, de ses orages, de ses bas-fonds et de ses récifs, cette mer offrait, comparée à l'océan Glacial, d'immenses ressources. Si l'hiver, dans le golfe de Bothnie, elle gelait, par contre, au sud, par les détroits du Danemark, elle communiquait avec l'Angleterre, la France, la Belgique et la Hollande; par le golfe de Dantzig avec l'Allemagne; par celui de Riga avec les provinces Baltiques.

Par la mer Noire que bordent les hautes chaînes du Caucase, par le Bosphore et les Dardanelles, la Russie possède accès à la Méditerranée, mais un accès incertain, facile à clore, difficile à forcer. Sur cette mer, le littoral russe est bas et fangeux; et, non plus que la Baltique, la mer Noire n'est une mer hospitalière; elle est, comme son nom l'indique, souvent enveloppée d'épais brouillards. Les vents y sont violents, les tempêtes soudaines et redoutables. La montueuse presqu'île de Crimée, aux formes quadrangulaires, rattachée à la terre ferme par l'isthme de Pérékop, masque le détroit de Kertch qui s'ouvre sur la mer d'Azof, déversoir du Don, impasse sans issue. Ce fut le *Palus mœotis* des anciens, la mer marécageuse que recouvre une forêt de joncs; les Russes l'appellent *Sivach* ou *putride*.

Plus à l'est s'étend la mer Caspienne, longue de 1,260 kilomètres, large de 280 à

550, d'une superficie de 396,000 kilomètres carrés. Elle est à 26 mètres en contre-bas de la mer Noire dont la Caucasie la sépare. Sa partie méridionale appartient à la Perse; en réalité, elle forme un gigantesque lac russe, un vivier poissonneux très exploité, sans profondeur au nord, se creusant abruptement au sud à la hauteur du cap Apchéron.

Ainsi que les mers, les montagnes de la Russie sont rejetées aux extrémités du territoire; elles entourent à grande distance l'immense plaine russe, de même que des bastions environnant un vaste champ de manœuvres. Dans cette plaine, le sol se déroule à perte de vue, sans pentes sensibles; c'est tout au plus si au centre quelques longs plissements s'élèvent graduellement à 350 mètres; ils ne dépassent pas cette hauteur et ne l'atteignent que par d'insaisissables gradations. En tout autre pays, on négligerait, sans en noter autre chose que la géologie, le plateau granitique de la Finlande. Ce n'est ni une montagne, ni une chaîne de montagnes. Ce sont des éminences, tantôt dénudées, tantôt boisées, encerclant des lacs et des marécages. Leur altitude moyenne n'excède pas 200 mètres; leur point culminant, Peldoivi, atteint 715 mètres. « C'est, écrit M. Vivien de Saint-Martin, par sa nature et son aspect, une contrée de transition entre la péninsule Scandinave et la Russie. Elle a, comme la Suède, les roches granitiques, les vasques pierreuses remplies d'eau pure, les innombrables moraines abandonnées dans les campagnes, mais elle n'a point de région montagneuse qui ressemble au Kiolen, et sur son territoire commencent les grandes plaines qui s'étendent à travers la Russie jusqu'aux bases de l'Oural et du Caucase. Dans aucune partie de la Finlande habitée ne se dressent des sommets que l'on puisse qualifier de montagnes; les plus hautes collines sont de simples gibbosités évidemment émoussées par le séjour et le passage d'anciens glaciers. »

Même relief insignifiant pour les ramifications des Carpates qui viennent mourir au sud de la Pologne, dans les plaines de la Vistule. Le rameau qu'elles détachent forme le massif de Sandomir, du *Lysa Gora* ou mont Chauve, point culminant de 603 mètres d'altitude, s'élevant comme une île dans une mer unie. Autour de lui, les hauteurs s'affaissent, retombant brusquement à 480 et 320 mètres.

De la Pologne il faut descendre jusqu'à la mer Noire, jusqu'à la Crimée pour retrouver un sol accidenté, une chaîne large de 9 à 10 lieues, traversant la Chersonèse, de Sébastopol à Kertch, atteignant à son point culminant, le Tchatyr-Dagh, une altitude de 1,580 mètres, déroulant au long de la côte ses cratères éteints dans l'un desquels, à Ophitone, le comte Woronzoff eut l'idée originale de créer un jardin d'agrément. Ici, par une transition brusque, il semble que la Russie s'efface dans un lointain brumeux, au nord, et que le voyageur aborde sur une plage grecque. La longue chaîne l'abrite des vents froids; la côte se déploie, chaude, ensoleillée, justifiant les descriptions que nous en ont laissé les anciens. « C'est d'abord, écrit un anonyme, la classique vallée de Baidar, célébrée sous les noms pompeux d'*Arcadie taurique* et de *Tempé criméenne*. D'un coté, la beauté sévère des montagnes; de l'autre, l'aspect riant de la vallée; les nombreux cours d'eau qui l'arrosent et dont le plus important, la Tchernaïa, va se perdre dans les bassins de Sébastopol; la pureté de l'air, la douceur du climat, cette suite de prairies et de riches champs de blé coupés par des vergers et des haies vives où la vue s'égare à plaisir, la multitude des villages semés de distance en distance, et dont les maisonnettes blanches et bien bâties ont un air de gaieté et de bien-être, rappellent la fameuse vallée abyssinienne décrite par Samuel Johnson. Ce qui frappe et charme surtout le voyageur le long de cette côte, c'est l'extrême douceur de la température, comparée au froid rigoureux, et pour ainsi dire constant de la presqu'île. Ici, en effet, sur ces hauts plateaux, tantôt unis et arides comme le steppe, tantôt coupés de lacs salés et de grands pâturages où errent d'immenses troupeaux, aucune hauteur n'arrêtant la course des vents depuis la Baltique jusqu'à l'Euxin, sur un espace de 800 lieues, on atteint à la température ordinaire des zones glacées, en sorte que le voyageur, après avoir franchi les montagnes, passe, presque sans transition, du climat de la Sibérie à celui de Naples ou de Venise. »

A l'est du plateau de Crimée, de l'autre côté du détroit de Kertch, nous retrouvons la chaîne massive du Caucase qui se déroule, sur 1,200 kilomètres de longueur, de la mer Noire à la mer Caspienne. Sa base épaisse ne mesure pas moins de 50 à 100 kilomètres d'épaisseur, et la superficie qu'elle couvre, 437,000 kilomètres, égale les quatre cinquièmes de la France. Cette puissante barrière sépare deux mondes bien distincts. Nous avons décrit celui du nord, les steppes interminables et nus, sablonneux et plats, de toute antiquité région des peuples nomades et des pasteurs errants. Au sud, les montagnes s'ouvrent en larges vallées, sillonnées de cours d'eau, abritées des vents froids par les hautes cimes, peuplées par des races sédentaires. Le *Jal-Boug*, « crinière de glace », comme l'appellent les Tartares, court du nord-ouest au sud-est; il ne forme pas une chaîne ininterrompue, au centre il se divise en une succession de massifs tantôt parallèles, tantôt obliques, semés de cimes volcaniques, de cratères éteints et de bassins, où gisent d'énormes richesses minérales.

De la mer Noire aux sources du Kouban, sur 430 kilomètres de longueur, s'étend le Caucase occidental dont les sommets s'élèvent graduellement à mesure que l'on s'éloigne de la mer Noire. Au début ils ne dépassent pas 800 mètres; au Fich-Dagh ils atteignent 2,800 mètres, 4,300 au massif du Maroukh. Sur le versant méridional qu'habitaient les Tcherkesses, les Cosaques et les Russes débordent et se fixent. Les Abkhases se maintiennent encore dans les hautes vallées, chaudes et fertiles, mais malsaines. Eux aussi ne tarderont pas à être dépossédés par l'invasion pacifique. Dans notre volume sur l'Asie nous avons parlé de ces peuplades diverses, de leurs mœurs et de leurs coutumes.

Au Caucase occidental succède le Caucase central. Des sources du Kouban au mont Borbalo, il mesure 300 kilomètres de longueur. Nœud du système montagneux, le gigantesque massif de l'Elbrouz dresse ici ses cimes altières : le Dykh Taou 5,160 mètres, le Kachtou Taou 5,211, l'Elbrouz 5,646. Le col de Darial, par 2,431 mètres d'altitude, franchit le Caucase central, empruntant le tracé de la vallée du Térek. De Vladikavkas, place forte du Caucase, à Tiflis, les Russes ont construit une route militaire de premier ordre.

Le Caucase oriental s'infléchit vers la mer Caspienne de même que le Caucase occi-

dental vers la mer Noire. Les sommets décroissent. Le plus élevé, le Jéboulos, atteint
4,500 mètres d'altitude ; par delà, vers la presqu'île d'Apchéron, la descente est graduelle,
les plateaux étagés se succèdent. Ici fut le pays des Tchetchènes et des Lezghiens qui,
sous les ordres de l'Iman Chamyl, luttèrent 30 ans pour le maintien de leur indépendance
et dont l'énergique résistance coûta aux Russes plus de 500,000 hommes. Au sud du
Caucase, l'Anti-Caucase, ou les montagnes Blanches, se déploient, formant les premiers
gradins du plateau d'Arménie. Nous l'avons décrit, et aussi le massif de l'Ararat, dans
notre étude de l'Asie. « La chaîne du Caucase, écrit M. E. Favre, plus droite que celle
des Alpes, la dépasse beaucoup en hauteur. On admire de loin ses cimes neigeuses
dont la plupart n'ont pas été foulées par le pied de l'homme. Les formes hardies et
découpées de l'Elbrouz et du Kasbek et de la haute crête dentelée qui sépare ces deux
colosses, frappent l'imagination. Quand on a pénétré dans l'intérieur des montagnes
cette impression grandiose s'efface parfois. Le voyageur jouit rarement d'une vue d'ensemble ; de grands escarpements bornent son horizon, et il faut s'élever à des
hauteurs beaucoup plus grandes que dans les Alpes pour pouvoir contempler de vastes
panoramas semblables à ceux qui font la beauté de ces montagnes. »

Une longue saillie de croupes montagneuses sépare, au nord-est, l'Europe de l'Asie,
la Russie Européenne de la Russie Asiatique. C'est l'interminable chaîne de l'Oural, « la
ceinture du monde », comme la désignaient les Russes, avant d'avoir abordé ses plateaux
et débordé sur la Sibérie. L'Oural n'était pas pour les arrêter ; ses plus hauts sommets
ne dépassent pas 1,700 mètres et sont rarement envahis par les neiges. Entre eux s'ouvrent de nombreux cols d'accès, aux pentes douces, que ne coupe aucun glacier, que
traversent les grandes voies d'Europe et d'Asie. Elles franchissent la chaîne par une
altitude moyenne d'un peu plus de 300 mètres seulement, et telle est la largeur du faîte
de partage que les routes s'élèvent insensiblement et que le voyageur a peine à croire
qu'il ait quitté la région des plaines. Par contre, ce plissement du sol est d'un développement considérable ; il mesure près de 3,000 kilomètres de longueur, de la mer de Kara
au sud d'Orenbourg. Il est riche en métaux ; on a trouvé l'or et le platine dans les roches
désagrégées dont les débris couvrent les flancs de la chaîne, et aussi le cuivre, le fer
dont il existe des montagnes entières. On exploite ces richesses et, du même coup,
l'Oural se déboise. Partout où s'établit une usine, un puits de mines, les forêts disparaissent et les hauteurs se dénudent.

Orientée du nord au sud, la chaîne de l'Oural n'est pas plus une barrière climaté-
rique qu'une frontière ; les vents du pôle la prennent d'enfilade, suivant son axe, souf-
flant librement sur ses deux versants, sur ses plaines de l'est et de l'ouest, exactement
pareilles, identiques comme flore et comme faune. En deçà comme au delà de la chaîne,
le steppe se déroule, monotone et plat ; sa constitution géologique est la même et la
longue saillie n'en modifie en rien la température ni la structure.

En dehors des plateaux de la Finlande et de la Crimée, des ramifications des
Carpates, et des chaînes du Caucase et de l'Oural, reléguées aux extrémités de la Russie
d'Europe, ce sol, au faible modelé, n'offre plus qu'un léger renflement au centre même
de la plaine russe. On le désigne du nom de plateau central. Affectant la forme

quadrangulaire, il se développe autour du plateau de Valdaï, nœud hydrographique de l'empire et source de la Volga ; il se compose de séries de collines peu élevées s'interposant entre le cours des fleuves, telles que les collines de Timan entre la Petchora et le Mézen, celles d'Uvalli entre la Dwina et la Kama, celle d'Ergani entre la Volga et le Don. Nulle part leurs sommets n'atteignent 400 mètres ; leur hauteur moyenne oscille de 150 à 250.

Entre les rares et distantes saillies que nous venons d'indiquer, entre la formidable barrière du Caucase et l'océan Glacial, entre la Baltique et les monts Ourals, s'étend la plaine russe, monotone et basse, déroulant sur des espaces d'une superficie plusieurs fois supérieure à celle de la France son sol uni sur lequel, seul, le plateau central se détache en faible relief. Sur ce plateau naissent quelques-uns des plus grands fleuves de la Russie : la Volga et le Dniéper, la Duna ou Dwina du sud et le Niémen, les nombreux cours d'eau qui alimentent les grands lacs d'Onéga et de Ladoga d'où s'épanche la Néva. Au pied de ce plateau, centre hydrographique de l'empire, l'empire naquit et l'histoire russe commença. C'est que, nulle part ailleurs, en Europe, les fleuves n'ont l'importance qu'ils ont ici. Ils sont à la Russie ce que la mer est au reste du continent, « les chemins qui marchent » et qui permettent de lutter contre la distance, « le grand ennemi », disent les Moscovites. A ce point de jonction des fleuves la civilisation est apparue ; par les fleuves, elle a pu s'étendre. Dans cet angle nord-ouest de la Russie, au centre de ce réseau fluvial et lacustre, surgit Novgorod, la vieille cité, non loin de laquelle devait s'élever Saint-Pétersbourg.

« Dans un pays aussi étendu et aussi dénué de littoral que la Russie, écrit M. Rambaud, les fleuves ont une immense importance. L'Europe orientale est bien partagée au point de vue hydrographique. Ce sont les cours d'eau qui l'empêchent d'être un continent aussi fermé que l'Afrique ou l'Australie. A défaut de bras de mer, elle a des fleuves au large cours ; ils la pénètrent jusqu'à son centre et quelques-uns ont des proportions presque maritimes. Dans ces plaines unies ils n'ont point le cours impétueux du Rhône ; ils circulent paisiblement par de grands lits coupés dans le sable ou l'argile. Les fleuves furent longtemps les seules voies de communication : quand les princes russes voulaient faire la tournée de leurs domaines ou entreprendre une campagne, il leur fallait profiter de l'hiver qui étendait, du Dniéper à l'Oural, une surface unie sous leurs traîneaux, ou attendre le dégel des fleuves pour en suivre le cours. L'été en barque, l'hiver en traîneau, il n'y avait que ces deux saisons pour les voyages ; au printemps, c'est le dégel, les inondations qui transforment la plaine en marécage, c'est la *raspontitsa*, la saison des mauvais chemins. Le commerce a emprunté les mêmes routes que la guerre ou la politique... Partout la conquête ou la colonisation russes ont suivi les cours d'eau ; c'est sur les bords de l'Oka, de la Kama, du Don, de la Volga que se trouve surtout groupé l'élément russe, rejetant partout dans l'épaisseur des forêts primitives les races aborigènes. »

Les fleuves russes s'épanchent par quatre versants : ceux de la Caspienne, de la mer Noire, de la Baltique et de l'océan Glacial. Dans la mer Caspienne se déverse la

Volga. Elle est le fleuve moscovite par excellence, le plus grand de l'Europe. La *mère*,
comme l'appellent les Russes, naît sur le plateau marécageux du Valdaï; à sa source
ce n'est qu'un mince filet d'eau suintant de tourbière en tourbière, se déversant de lac
en lac jusqu'au lac Volga auquel il emprunte ses eaux et son nom. Grossi par la Selija-
rovka qui double son volume, il franchit les dernières pentes du plateau central et
s'étale dans la plaine, serpentant à l'est vers Kazan. Déjà navigable, le fleuve atteint
Nijni-Novgorod. L'Oka le rejoint, descendue des *terres noires*, drainant la région
centrale, reliant Moscou à Novgorod, mesurant, à son confluent avec la Volga,
1,300 mètres de largeur. En aval de Kazan, la Kama lui apporte le tribut des eaux d'un
territoire aussi vaste que la France entière. Fleuve puissant, la Volga roule vers le sud-
ouest ses eaux troubles; il sort de la région des tourbières, des terres vagues et trem-
blantes, il entre dans celles des steppes, franchissant par la brèche de Samara un long
massif calcaire qui lui barre la route, érodant sa rive haute et lentement déplaçant son
lit, laissant à 6 kilomètres de distance Kazan, autrefois sur son cours. Toute la force de
ses eaux se porte sur sa rive droite; il la ronge, alors que sa rive gauche abandonnée
s'étend en terres plates à demi noyées derrière un bourrelet de sable et de limon. Des
vingt-trois cités qui s'élevaient sur cette rive occidentale, toutes, minées et sapées par
le fleuve, ont vu successivement leurs maisons s'écrouler, leurs rues disparaître et,
devant les envahissements du fleuve, ont dû reculer dans le steppe, hors de sa portée.
Le steppe lui-même n'est pas à l'abri. Dans ses grandes crues, la Volga l'envahit,
recouvre sa rive gauche de ses eaux grises; aussi les riverains préfèrent-ils la rive
droite, toute menacée qu'elle soit, mais, par sa hauteur même, plus à l'abri des inondations soudaines.

À Tzaritzin, à 500 kilomètres de la mer Caspienne, commence le delta du fleuve
dont les eaux s'éparpillent en de nombreux canaux. Au printemps, ces canaux disparaissent; la Volga descend, large comme une mer, à la rencontre de la Caspienne. En
temps normal, c'est par 70 bouches qu'elle déverse ses eaux, après un parcours de
3,400 kilomètres.

Très poissonneuse, la Volga est l'un des plus riches viviers de la Russie. On
n'estime pas à moins de 100 millions les produits de la pêche russe et, sur ce total, le
versant de la Caspienne et de l'Azov figure pour 60 millions. C'est la Volga qui fournit
le plus fort contingent, et on cite des pêcheurs habiles qui ont réalisé sur ses rives des
fortunes princières. Les grandes pêcheries sont aux embouchures du fleuve. Elles se
composent d'immenses hangars sous lesquels s'allongent de grandes auges remplies de
saumure destinées à recevoir le poisson que l'on y range par couches en le recouvrant
de sel. Entre les auges on entasse des blocs de glace pour maintenir une température
basse.

La pêche se fait, en hiver, avec des harpons. On creuse des trous dans la glace;
attirés par ce point lumineux, les esturgeons accourent et les pêcheurs les ferrent; en
été on pêche avec des filets. « Outre les filets, écrits M. Moynet, on se sert d'un grand
appareil composé d'immenses câbles de cent mètres de long, auxquels sont assujettis
des cordages pourvus d'hameçons. Ces câbles, ajoutés les uns aux autres, sont fixés

au fond du fleuve par des ancres et maintenus à fleur d'eau par des poutres : ce sont
des lignes de fond gigantesques, dont chaque hameçon peut accrocher un poisson de
trois ou quatre mètres. Aussitôt après notre arrivée, plusieurs bateaux vont visiter les
câbles, et en moins d'une heure ils reviennent avec plus d'une centaine de poissons,
dont quelques-uns sont d'une taille colossale. Il faut plus d'une barque pour saisir et
amener le plus gros de tous. Notre curiosité s'attache à ce monstre, et nous décidons de
le suivre. On le monte à grand'peine dans une vaste salle meublée d'une centaine de
baquets; là, après lui avoir fendu la tête d'un coup de hache, on lui ouvre le ventre
jusqu'à la queue; puis on en tire successivement les œufs, les entrailles, la vessie et
enfin le nerf dorsal appelé *vésiga*, avec lequel les Russes font des pâtés dont ils sont
très friands. Toute cette boucherie dure un quart d'heure; avant que l'animal cesse de
se tordre convulsivement, les œufs sont préparés pour nous être servis en caviar frais.
Voici comment se fait cette opération : on se sert d'un gros tamis pour séparer les
œufs des peaux et des veines ; on sale l'amas d'œufs dans des auges, on le laisse à peu
près trois quarts d'heures dans le sel, on le presse ensuite sur des tamis pour l'égoutter,
puis on le foule légèrement dans de petits barils de bois blanc, que l'on bouche avec
soin. On prépare ainsi du caviar salé pour être emporté, et du caviar frais qui doit
être mangé dans un assez court délai. La chair du poisson est ensuite portée dans
un de ces grands magasins qu'on peut appeler des glacières. On la tient plongée dans
la saumure pendant douze heures, puis elle est salée et transportée en bateau dans la
Russie centrale. Il ne faut pas oublier un produit qui augmente le commerce des pêcheries: c'est la colle de poisson faite avec les vessies et les vésigas. »

L'Oural, comme la Volga, est tributaire de la mer Caspienne. Bien que l'Oural
mesure 2,100 kilomètres de longueur et qu'il serve de frontière entre l'Europe de
l'Asie, il n'en est pas moins un fleuve très secondaire, au maigre débit, impropre au
commerce et à la navigation. Né dans les montagnes sud-ouraliennes, dans les gorges
de Kalgantau, il coule du nord au sud jusqu'à Orsk, de l'est à l'ouest jusqu'à Ouralsk,
recevant l'Ilek à gauche, et à droite la Sakmara. Ce sont ses deux seuls affluents
importants, mais ils ne suffisent pas à maintenir le niveau de ses eaux appauvries par
le steppe dans un parcours de 500 kilomètres pendant lequel son courant se ralentit
sans qu'aucune rivière vienne réparer ses pertes. Celles qui se dirigent vers lui taris-
sent avant de l'atteindre et, comme la grande et la petite Ouzen, se perdent dans les
sables. Aussi, au seuil de son delta, l'Oural n'a-t-il plus qu'un débit très inférieur à
celui qu'il possède plus au nord, à Ouralsk. Autrefois il se déversait dans la Caspienne
par 19 bouches, aujourd'hui trois lui suffisent, et encore deux sont-elles le plus
souvent à sec. Si l'amoindrissement de ses eaux continue, on peut entrevoir le jour où
l'Oural sera hors d'état d'atteindre la mer.

Trois grands fleuves russes s'épanchent dans le bassin de la mer Noire qui reçoit
aussi les eaux abondantes du Danube. Ces trois fleuves sont le Don, qui débouche
dans la mer d'Azof, le Dniéper et le Dniester. Tous trois ont leur physionomie distincte,
leur régime particulier.

Le Don fut le *Tanaïs* des anciens. Il naît dans un lac, près de Toula, et descend au sud, coulant parallèlement au Voronej qu'il absorbe, serpentant au sud-est, puis à l'est, comme s'il cherchait à rejoindre la Volga. Renforcé par ses deux principaux affluents, le Khopor et la Medveditza, il se rapproche de plus en plus de la Volga que son lit plus élevé domine de 42 mètres et dont il n'est, à un moment, séparé que par 75 kilomètres. Il semble près de l'atteindre, quand brusquement son cours s'infléchit de l'est au sud, puis à l'ouest, alors que celui de la Volga oblique vers l'est pour aller se perdre dans la mer fermée de la Caspienne. Un canal qui relierait, à leur coude le plus proche, les deux fleuves, prolongerait, par le Don, le cours de la Volga. Aujourd'hui les chargements descendus par la Volga, à destination de la mer Noire, mer ouverte, sont obligés d'emprunter la voie de terre pour rejoindre le Don. Pierre le Grand tenta de creuser ce canal, mais les travaux furent suspendus et, en attendant qu'ils soient repris, le trafic est desservi par une voie ferrée, reliant les deux grands cours d'eau.

Fleuve inconstant, au régime torrentiel, le Don, parfois à peine accessible aux bateaux à fond plat, roule, à l'époque des crues, des eaux abondantes, débordant dans sa vallée, mesurant alors jusqu'à 30 kilomètres de largeur, mer d'eau douce marchant à la rencontre de la mer d'Azof dont elle élève le niveau, déterminant un courant si violent parfois dans le détroit de Kertch que les navires ont peine à le remonter. Déversoir du Don, la mer d'Azof est le prolongement du fleuve, mer sans profondeur, plutôt golfe que mer, étalant à l'est ses terres basses, à l'ouest sa mer *Putride,* ses vastes marécages du Sivach, situés en dehors de l'action du Don. Les eaux stagnantes du Sivach, chargées de sel, s'abaissent l'été, laissant sur le sol d'abondants dépôts cristallins convertis en salines productives. Elles fournissent près de la moitié du sel consommé en Russie, 200 à 400,000 tonnes annuellement.

Principal affluent du Don, le Donetz, ou Petit Don, ne mesure pas moins de 990 kilomètres de longueur. Il fut autrefois navigable ; il a cessé de l'être, sauf dans son cours inférieur, et à l'époque des crues. Son régime s'est appauvri, en même temps que le steppe déboisé s'est asséché. Les prairies ont disparu et sur le sol dénudé les *bouranes*, coups de vent du nord, balaient les maigres herbes, les cailloux et le sable, de même qu'autrefois ils soulevaient et balayaient les troupeaux jusque dans les eaux de l'Azof ou les marécages du Sivach.

Impropre au pâturage, et, faute d'eau, impropre à la culture, ce bassin du Donetz est riche en gisements houillers. Découverts en 1829, ils restèrent longtemps inexploités et, sur ce sol où le combustible abondait, les paysans n'avaient recours qu'à la paille et aux bouses séchées du bétail pour leurs maigres feux. Ce n'est que depuis la guerre de Crimée que la Russie a commencé à tirer parti des houilles du Donetz et à s'affranchir du tribut qu'elle payait à l'Angleterre. Les vapeurs du Don, de la mer d'Azof et de la mer Noire y puisent leurs approvisionnements.

Très différent du régime du Don est celui du Dniéper, le plus grand des fleuves d'Europe après la Volga et le Danube. Son cours est de 2,000 kilomètres et son bassin est l'un des plus importants de la Russie. Il fut l'axe central de l'empire, le berceau de son hégémonie et de sa civilisation. Depuis, l'axe s'est déplacé, s'est reporté davantage au nord-ouest, vers les rives de la Baltique, mais le bassin du Dniéper est resté le grenier de la Russie, le centre de gravité du commerce et de l'industrie.

Il en est redevable à ses plaines et à son sol, au *tchernoziom*, riche « terre noire » qui est à la Russie ce que le *hoang-tou*, la « terre jaune » est à la Chine : un sol d'une incomparable richesse, d'une fécondité sans exemple. De même que les plaines du *Hoang-Tou* se déroulent au long du Hoang-Ho, celles du Tchernoziom s'étendent entre le bassin du Dniéper et celui du Dniester. Nous avons dit ce qu'est la terre jaune de la Chine, comment, grâce à son étonnante fertilité, la région qu'elle recouvre, plus grande que la France entière, est devenue la plus peuplée du Céleste-Empire. En Russie la région des terres noires est aussi celle où la densité d'habitants atteint son maximum, 50 par kilomètre carré, alors que la moyenne générale n'excède pas 18.

Bien que distantes de plus de 1,500 lieues, ces deux régions ont entre elles d'étranges affinités. Il n'est pas jusqu'à leur superficie qui ne se fasse contrepoids. L'une et l'autre mesurent plus de 600,000 kilomètres carrés et, si leurs modes de culture diffèrent, leur rendement semble identique. La principale différence à noter est l'épaisseur de la couche d'humus, bien autrement considérable dans le Hoang-Tou. « La terre noire, une des plus fécondes comme une des plus vastes plaines de culture du globe, écrit M. A. Leroy-Beaulieu, occupe la partie supérieure de la zone déboisée, au-dessous de la zone des forêts et des lacs. Participant encore de l'humidité de cette dernière et abritée par elle, la contrée de la terre noire est dans des conditions climatériques beaucoup moins défavorables que les steppes de l'extrème-sud. Elle doit son nom de terre noire, *tchernoziom,* à une couche d'humus noirâtre, d'une épaisseur moyenne de 50 centimètres à 1 mètre 1/2. Ce terreau est principalement composé de marne et d'une moindre proportion d'argile grasse, mêlées à des matières organiques. Il se dessèche rapidement en se convertissant en une fine poussière ; mais, avec une égale promptitude, il s'imprègne d'humidité, et, sous l'action de la pluie, reprend l'aspect d'une pâte noire comme la houille. La formation de cette couche d'une admirable fertilité est attribuée à la lente décomposition des herbes du steppe, accumulées pendant des siècles. Le *tchernoziom* s'étend en longue bande sur toute la largeur de la Russie d'Europe. Partant de la Podolie et de Kief au sud-ouest, il remonte vers le nord-est jusqu'au delà de Kazan ; interrompu par l'Oural, il reparaît en Sibérie dans le sud du gouvernement de Tobolsk. Le *tchernoziom,* dans sa partie septentrionale, conserve encore quelques bois. A mesure que l'on avance vers le sud, ces bois diminuent de taille et de grandeur pour disparaître peu à peu. Au milieu des plaines sans bornes, les derniers bouquets de chênes, de trembles ou d'ormes semblent de petites îles perdues dans l'immensité. Les arbres sont isolés, les buissons même finissent par s'effacer. Il ne reste que des terres de labour, un champ sans limite s'étendant uniformément sur une longueur de plusieurs centaines de lieues, comme une Beauce gigantesque de 600,000 à 700,000 kilomètres carrés. »

Le Dniéper prend sa source au sud du massif central de la Valdaï, plus près du golfe de Finlande que de la mer Noire, dans laquelle il s'épanche. Est-ce à lui ou à la Bérézina, son premier grand affluent, longtemps tenu pour la branche maîtresse

LE PALAIS D'HIVER A SAINT-PÉTERSBOURG.

du fleuve, que les anciens donnèrent le nom de Borysthènes? Comme la Volga, comme tous les grands fleuves orientés du nord au sud et subissant le mouvement de rotation de la terre, le Dniéper ronge sa rive droite, invariablement la plus élevée, celle que les Russes appellent la rive des montagnes, déplaçant son lit vers l'ouest, délaissant sa rive gauche aplanie, nivelée, semée de fondrières. Toute la force d'impulsion de ses eaux se porte sur la rive occidentale dont il mine et sape les hautes berges qui peu à peu s'écroulent, menaçant les villes et les villages qui dominent son cours et ont dû chercher sur ces hauteurs un abri précaire contre les débordements. Rien ne les attirait sur la rive orientale, marécageuse, inondée à l'époque des crues et de laquelle le fleuve s'éloignait chaque jour.

Après la Bérézina, le Dniéper reçoit les eaux de la Pripet, d'un volume presque aussi considérable que le sien. La plupart de ses affluents le rejoignent dans la partie moyenne de son cours. Il en résulte, pour le Dniéper, un régime irrégulier de crues et d'abaissement de niveau, selon que ces affluents haussent ou baissent eux-mêmes, la distance qui sépare leurs confluents et l'imperméabilité du sol des steppes ne laissant pas au fleuve une suffisante portée d'écoulement et d'absorption. En temps de débit normal sa largeur est de 600 à 800 mètres; des crues soudaines la portent jusqu'à 10 kilomètres; elles submergent alors la rive gauche, faisant refluer les eaux dans les vallées; crues de courte durée auxquelles succèdent des *maigres*, d'une durée d'autant plus longue d'ordinaire que ces crues ont été fortes.

Mais ces terres que le fleuve inonde, le fleuve aussi les féconde; il les recouvre du Tchernoziom dont il s'est chargé dans son cours supérieur, et ces terres basses étaient déjà d'une remarquable fertilité au temps d'Hérodote qui déclarait « qu'après le Nil, le Borysthène était le fleuve le plus utile à l'homme ». Il ne l'est pas autant qu'on le pourrait croire. Bien qu'il traverse successivement la région des forêts, dans son cours supérieur, celle des terres noires dans son cours moyen, les steppes dans son cours inférieur, bien qu'il relie les unes aux autres des zones de productions variées et semble appelé à faciliter un trafic important et un mouvement considérable, son cours, semé de rapides et de milliers de *sauts*, n'est navigable qu'en partie : jusqu'à Yékatérisnoslav en amont, jusqu'à Alexandrovsk en aval. « C'est dans l'intervalle entre ces deux villes, écrit M. Schitzler, que se trouvent, dans un espace de plus de 60 verstes, les fameuses cascatelles, *poroghi*, auxquelles les Cosaques Zaporogues ont emprunté leur nom. On compte ordinairement treize chutes, dont plusieurs disparaissent au printemps, pendant les hautes eaux, et ne laissent plus voir que des tournants dangereux à la navigation, sans la rendre précisément impossible. On sait qu'autrefois les Cosaques, dans leurs *tchaïks*, franchissaient intrépidement ces tourbillons et les cataractes elles-mêmes. Le lit du fleuve, rétréci jusqu'à n'avoir plus que 400 mètres de largeur, est encaissé dans les roches granitiques ou calcaires dont les blocs détachés l'encombrent. En luttant avec ces difficultés, le fleuve, dont la pente est si forte qu'il entraîne tout, mugit, se couvre d'écume et lance son eau à une hauteur considérable. Quand ces difficultés proviennent de bancs de rochers continus, mais dentelés à leurs extrémités supérieures, et présentant ou des pyramides ou des cônes, ou aussi des masses arrondies, ce sont alors les véritables *poroghi*, chutes ou gradins ; les habitants en comptent aujourd'hui neuf. Les *poroghi* se prolongent sur un espace de 23 milles ; sur ces points-là il n'y a pas de navigation possible en été, par les basses eaux. Dans la saison plus favorable les passages pratiqués, à grands frais et avec de grands efforts, par les ingénieurs, permettent aux radeaux et aux barques, conduits par d'habiles pilotes, de descendre à travers tous ces écueils battus par l'eau soulevée et bouillonnante. Pendant dix mois de l'année au moins, la navigation du Dniéper reste comme suspendue. »

En aval d'Alexandrovsk, les rapides franchis, le Dniéper poursuit sa course vers la mer Noire, laissant sur sa gauche le *Velikiy Long*, la « grande prairie » des Zaporogues, ancien lac que ses eaux envahissent de nouveau dans les grandes crues. Il atteint ensuite la mer dans laquelle il se jette, non par un delta, mais par des bras qui se déplacent et aboutissent à un *liman*, golfe saumâtre, qu'un bourrelet de sable sépare à demi de la haute mer et au travers duquel on entretient, non sans peine, par le dragage, un chenal accessible aux bâtiments à vapeur. Dans ce même golfe s'épanche aussi le Boug méridional, l'*Hypanis* des Grecs.

D'une portée quelque peu inférieure à celle du Dniéper, le Dniester descend comme lui de la région des forêts. Comme lui il traverse les terres noires, puis les steppes dénudés et se déverse dans un liman du Pont-Euxin. Mais autant le Dniéper est large et bas, autant le Dniester est étroit et profond. Dans son lit encaissé il roule une épaisse couche d'eau et offre, dans son cours moyen, un majestueux aspect. Le fleuve se déploie comme un tronc de chène dont les affluents représenteraient les branches maitresses symétriquement disposées.

Issu de la Galicie, le Dniester entre en Russie à Khotin. Ses principaux affluents, sur son parcours de 1,350 kilomètres, sont le Séred, la Podharca, le Réout. Ses crues, aussi rapides que celles du Dniéper, ont des écarts plus accentués encore. Ils le sont à ce point qu'à diverses époques, notamment en 1829 et en 1842, les riverains du cours inférieur du fleuve, terrifiés par la hausse anormale de ses eaux, accusaient les Autrichiens d'avoir détourné dans le lit du fleuve un autre fleuve. Telle est cependant l'étroitesse du chenal par lequel le Dniester se vide dans un liman de la mer Noire, et telle la hauteur de sa barre que les petites barques seules peuvent en franchir le seuil et que l'on est obligé de transporter par terre à Odessa les chargements que le Dniester apporte de l'intérieur.

Des trois fleuves russes qui se déversent dans la Baltique : la Vistule, la Duna ou Dvina du sud et la Néva, l'une, la Vistule, n'est russe que dans une partie de son parcours. L'Autriche en possède les sources, l'Allemagne les embouchures. La Vistule, dont le cours mesure 960 kilomètres de longueur, naît dans la Galicie autrichienne et sert de frontière à la Pologne ; grossie du San et remontant au nord, elle est déjà navigable quand elle entre en Pologne où elle reçoit le Wieprz, la Pilica, la Narew et le Boug occidental ou Boug Polonais, ses principaux et presque ses seuls affluents, car plus bas elle ne ramasse plus que de faibles cours d'eau. Orientée du sud-est au nord-ouest, la Vistule traverse la Pologne, franchit, près de Thorn, la frontière de Prusse et débouche dans la Baltique, à Dantzig.

Le nom de « pays de la Vistule » donné à la Pologne, pouvait avoir sa raison d'être alors que la Pologne possédait les bouches du fleuve qui la mettait en communication avec les mers du nord et assurait l'écoulement de ses produits. Ce nom n'est plus qu'une demi-vérité depuis que la Prusse se fit céder Dantzig en 1793, et la garda en 1813, fermant l'accès de la Baltique à la Pologne mutilée et démembrée qui voyait, dans la victoire des alliés et la défaite de la France, s'évanouir ses dernières espérances.

A l'est de l'estuaire de la Vistule, s'ouvre celui de la Duna. Le fleuve naît dans les vallées occidentales du plateau de Valdaï; cherchant sa pente, indécis entre l'ouest et le nord-ouest, il promène au travers de la plaine ses eaux basses dans un lit marécageux, aux rives mobiles et changeantes. Un moment, il semble incliner vers le sud, vers le bassin du Dniéper, puis il se redresse au contact des plateaux inclinés de la Livonie et de la Courlande; son allure change, tantôt brusque dans les rapides, lente au delà, la Duna poursuit sa marche droit au nord, vers Riga. Près du golfe, elle se divise en plusieurs bras, hésitant à aborder l'obstacle que lui opposent les dunes de sable du littoral. Renforcée par l'Aa de Courlande qui longe ces dunes, cherchant, elle aussi, à se frayer une issue, la Duna débouche enfin dans la Baltique au fond du golfe de Riga.

La Néva, l'un des fleuves les plus courts du monde, puisqu'il ne mesure que 60 kilomètres de longueur, est, par son débit de près de 3,000 mètres cubes par seconde, débit supérieur à celui du Rhône et du Rhin, inférieur seulement à celui du Danube, l'un des plus considérables de l'Europe; sa largeur varie entre 260 et 1,280 mètres. La Néva prend naissance dans le lac Ladoga, le plus vaste de la Finlande. Son altitude est de 18 mètres au-dessus du niveau de la Baltique; Strelbitskiy estime sa superficie à 18,130 kilomètres carrés, sa profondeur moyenne à 90 mètres et sa contenance à 1,631,000,000,000 mètres cubes. Très froide en toute saison, son eau est très pure; le lac n'est gelé que quatre mois par année, et parfois même il ne gèle pas au centre.

Les tempêtes sont assez fréquentes sur le Ladoga et les courants y sont violents par suite du remous des eaux tournoyant au long des rives. Si la Néva sert de déversoir au lac, le lac est le régulateur du fleuve dont le débit normal présente peu d'écarts entre les hautes et basses eaux, mais le vent d'ouest aborde de front les bouches de la Néva et, quand il souffle avec violence, il fait refluer les eaux du fleuve dont il entrave le cours et qui menacent d'inonder Saint-Pétersbourg. En 1824 et en 1879, ce vent suffit à élever le niveau de 30 centimètres à plus de 4 mètres. Il y a là, pour les riverains de la Néva, un péril constant qu'aggravent encore les glaces du Ladoga que la Néva charrie à la mer et dont le heurt compromet la solidité des quais.

Alimenté par plus de 70 rivières, le lac Ladoga reçoit en outre le trop plein du lac Onéga que lui apporte le Suir, les eaux de l'Ilmen et du Lovat qui lui arrivent par la Volkhof, celles du Saïma et d'une partie de la région lacustre de la Finlande, par le

Wuoxen. Toutes ces eaux s'écoulent par la Néva, dont l'énorme débit convertit en un bassin d'eau douce le golfe de Finlande jusque par delà Cronstadt. En aval de Saint-Pétersbourg, le fleuve se divise en plusieurs bras : grande et petite Néva, grande, moyenne et petite Nevka, dont le réseau forme les îles de Vasileyevki, de Pétrolki, de Goutouyèvski et, à leur embouchure, celle de Kotlin, sur laquelle s'élève le port militaire et commercial de Cronstadt, ainsi que le fort de Cronstadt dont les feux croisés de 600 pièces d'artillerie couvrent les approches de la capitale.

Quatre fleuves s'épanchent dans la mer glaciaire, dont trois : l'Onéga, la Dvina et le Mézen dans la mer Blanche; plus à l'est, la Petchora se déverse en face du détroit de Kara. Resserrée au sud entre la presqu'île de Kola et la saillie de la province d'Arkhangel, la mer Blanche est une mer intérieure, un bassin lacustre qu'un détroit met en communication avec l'océan Glacial. Cette mer intérieure offre des phéno- mènes bizarres. Elle est plus profonde que la mer libre, bien que l'élévation de son seuil d'accès s'oppose à la sortie des terres d'alluvions que les fleuves lui apportent; les courants y sont violents par suite de l'afflux des eaux de l'Océan, alors qu'étant donné le bassin comparativement restreint de la mer Blanche, la masse des eaux qui s'y déversent et leur peu d'évaporation, le courant paraîtrait devoir être en sens inverse. Non moins étrange était le fait, inexplicable pour les riverains et les baigneurs de Souzemskaya, de l'élévation subite de température des eaux, l'été, alors que le vent soufflait du pôle, et de leur abaissement non moins brusque sous l'influence du vent chaud du sud. Avec ce dernier, la température de l'eau tombait à 5 degrés, alors qu'elle montait jusqu'à 20 et 21 par le vent du nord. Ces écarts s'expliqueraient, suivant M. de Middendorf, par un bras du Gulf-Stream remontant au nord et que le vent du nord pousserait dans la mer Blanche, alors que le vent du sud le refoulerait au large.

Cette hypothèse semble probable depuis que l'on a constaté un écart de plus de 12 degrés entre la température de l'eau du courant et celle de la mer qu'il sillonne; elle expliquerait en outre pourquoi la baie d'Arkhangel est plus tôt libre de glaces que la baie d'Onéga située plus au sud. C'est vraisemblablement à l'influence de ce courant que la Laponie russe doit de garder ses anses et ses ports ouverts, alors que la côte d'Arkangel et celle d'Onéga sont bloquées par les glaces pendant près de neuf mois de l'année, tandis que les poissons abondent sur la côte de la Laponie.

L'Onéga, dont le cours mesure environ 650 kilomètres de longueur, naît dans le gouvernement d'Olonetz qu'il traverse, ainsi que celui d'Arkhangel. Orienté vers le nord-est, il s'infléchit vers l'ouest et se jette dans un golfe de la mer Blanche auquel il donne son nom.

La Dvina, « le fleuve », est plus importante, et par la longueur de son cours, 1,700 kilomètres, et par la superficie de son bassin, 365,000 kilomètres carrés. Les deux branches maîtresses qui la forment, la Wytschegda et la Suchona, lui apportent, la première, les eaux du versant occidental de l'Oural, la seconde celles de la région lacustre. A leur point de jonction, le fleuve mesure déjà un kilomètre de largeur et est navigable pour les grandes embarcations. La Véga et la Pinega viennent encore accroître son volume, mais sans augmenter la force de son courant. La pente est faible et le fleuve s'étale dans son lit élargi de 4 à 5 kilomètres. En approchant d'Arkhangel, ce lit se rétrécit et sa profondeur s'accroît, atteignant 20 mètres.

Le delta de la Dvina, d'une superficie de plus de 1,000 kilomètres carrés, est semé d'îles et d'îlots. Par de nombreux canaux, dont la profondeur et la largeur varient fréquemment, le fleuve se déverse dans le golfe d'Arkhangel. Son bras navigable et stable est le Maïmax, à l'entrée duquel s'élève un phare de 80 pieds que masquent souvent d'impénétrables brouillards. Sur le court espace où le Maïmax est accessible, des radeaux le sillonnent, chargés des produits de l'intérieur ; ces *praams,* comme on les désigne, primitifs chalands à toits de planches, descendent le fleuve, transportant les nombreux pèlerins des hautes terres ainsi que les bois abattus dans les forêts de Vologda et de Nijni-Konetz, à quatre cents lieues dans le sud. A Arkhangel, on délie les trains et on démolit les praams dont on vend le bois, aucune de ces embarcations ne remonte le fleuve dont l'hiver prend possession.

A l'est du delta de la Dvina et de l'autre côté du promontoire de la province d'Arkhangel, s'ouvre l'estuaire du Mézen, grossi de la Pésa. Son cours est de 815 kilomètres et la superficie de son bassin de 80,000 kilomètres carrés, moins d'un quart de celui de la Dvina.

Le delta de la Petchora est plus à l'est encore, au sud de la Nouvelle-Zemble ; il fait face au détroit de Kara. Dans la grande plaine solitaire qui s'étend des monts Ourals à la mer Blanche, la Petchora promène au long de la chaîne ouralienne ses méandres capricieux, ramassant à l'issue des vallées les cours d'eau, les torrents et les rivières : le Tchougor et l'Oussa ; puis, laissant l'Oural sur sa droite, le fleuve s'infléchit vers l'ouest, se redresse au nord et vient, après un cours de 1,650 kilomètres, se jeter dans la mer Glaciale par un delta de 200 kilomètres. Les glaces l'emprisonnent huit mois de l'année ; pendant les quatre mois d'été, le mouvement et la vie reparaissent, les radeaux se succèdent, chargés de céréales, de bois, de fourrures et de pelleteries ; de distance en distance des pêcheries bordent la Petchora, très poissonneuse comme tous les fleuves de la Russie septentrionale.

Sur cette énorme superficie qui s'étend de la mer de Kara au Caucase, de la frontière d'Allemagne à l'Oural frontière d'Asie, dans cette mystérieuse et sombre *Avarie,* dont le nom seul inquiétait Rome, bien des races ont erré, races nomades fondant des empires éphémères : Scythes et Sarmates, Goths, Avares et Bulgares, Ongres, Koumans, Lithuaniens, Mongols, Tartares et aussi Celtes et Germains. Ils n'ont fait que passer, rien ne les arrêtait, ne les invitait à se fixer ; sur ce sol sans plissements, où se cantonner, où se fortifier, où prendre pied ? Les migrations se succédaient, poussant plus loin et plus avant, cherchant un camp retranché, une région aux frontières naturelles dans lesquelles s'enfermer et résister. Tournoyant dans le vide, allant d'un fleuve à l'autre, fragmentés, puis émiettés, ces représentants de races multiples, sans liens, sans cohésion entre eux, traînards de l'arrière-garde, se sont arrêtés, las de marcher, hors d'état de faire corps, et, à défaut de barrière qui les séparât, ont fusionné sous un joug commun. Aussi, ne retrouve-t-on nulle part autant qu'en Russie des types aussi variés et aussi distincts, aussi subdivisés surtout. Finnois et Tartares, Slaves et Russes, Allemands et Polonais, Mongols et Kalmouks se scindent en une infinie diversité de tribus dont l'origine est confuse. Pour les Finnois seuls, les ethnographes, depuis Castren jusqu'à M. de Ujfalvy, n'en ont pas relevé moins de douze, et les Finnois, au nombre de 5 à 6 millions, sont comparativement ceux dont l'ethnographie est la moins compliquée. De ces douze tribus primitives, les unes, comme les Ostiaks, sont parmi les plus misérables de l'empire, les autres, comme les Lapons, au nombre des moins avancées, d'autres, au contraire, comme les Suomi, ont une littérature populaire, un cycle poétique indigène, le *Kalevala*, et sont, à maints égards, supérieurs aux races qui les entourent.

Nous retrouverons et décrirons ces races dans leur cadre, dans le milieu qu'elles habitent. Ce cadre est trop vaste, ce milieu trop étendu pour se prêter à une étude d'ensemble. Géographiquement, la Russie se divise en 5 parties distinctes entre lesquelles se répartissent les 68 gouvernements de la Russie d'Europe. Ces 5 grandes divisions sont : 1º la Russie occidentale comprenant la Pologne, l'Ukraine, la Lithuanie et les provinces baltiques, c'est-à-dire les bassins de la Vistule, du Dniester, du Dniéper et de la Duna ; 2º la Russie septentrionale : Finlande, Russie subarctique et région des lacs et bassins de la Néva, de la Dvina, de l'Onéga et du Petchora ; 3º la Russie centrale, comprenant la Grande et la Petite-Russie, le bassin de la Volga et une partie de celui du Dniéper ; 4º la Russie méridionale : Nouvelle-Russie, Tauride et Crimée, bassin du Don ; 5º Russie orientale : provinces de la Volga et de l'Oural. Nous les étudierons dans cet ordre.

I. — RUSSIE OCCIDENTALE : POLOGNE. — UKRAINE. — LITHUANIE. PROVINCES BALTIQUES.

Trois fois démembré et remanié, en 1772, en 1793, puis en 1795, l'héroïque et malheureux royaume de Pologne, partagé entre la Prusse, la Russie et l'Autriche, comptait autrefois près de 20 millions d'habitants. Slaves d'origine, les Polonais, ou Lèches, appartenaient à cette grande famille slave, dont les ancêtres, selon la légende, étaient trois frères : Lech, Czech et Rus, de qui seraient descendus les Lèches Polonais, les Tchèques et les Russes. Lors du premier partage, en 1772, l'élément polonais ne représentait, en Pologne, que le tiers des habitants ; il y était inférieur à l'élément russe. Aujourd'hui, dans la Pologne actuelle, il n'en est plus de même et les Polonais y représentent 68 0/0 de la population.

Irlande de la Russie, rivée par la force au grand empire moscovite, la Pologne affirma longtemps, par ses soulèvements, son ardent désir de reconquérir son indépendance. On sait les profondes sympathies qu'inspira à l'Europe, et surtout à la France. ce peuple brillant et chevaleresque, dont le manque de sens politique fit le malheur,

et qui, voué par ses propres institutions à un perpétuel état d'anarchie, ne put et ne sut
se maintenir entre ses trois puissants voisins. Telle que l'ont faite les événements, la
Pologne russe semble encore la mieux partagée. « Quand on regarde, écrit M. A. Leroy-
Beaulieu, ce que l'histoire a fait de la Silésie, de la Posnanie et de la vieille Prusse,
on peut dire que la domination russe est pour la Pologne de la Vistule, pour Varsovie
et la Mazovie, la meilleure et peut-être la seule garantie contre la germanisation.
Les Polonais qui se déclarent irréconciliables avec la Russie me semblent commettre
une sorte de suicide national. On le sent de plus en plus aux bords de la Vistule, et l'intérêt de l'avenir fait passer par-dessus les rancunes du passé. La crainte de l'Allemagne compense la haine de la Russie. Les considérations économiques agissent dans le
même sens que les considérations politiques. »

Ces considérations sont puissantes. Varsovie leur doit d'avoir vu doubler sa popula-
tiou, Lodz d'avoir quintuplé la sienne. L'élévation des tarifs enrichit la Pologne russe,
dont l'industrie croissante recevrait un coup mortel le jour où une barrière de douanes
lui fermerait l'accès de l'empire. La terre de la Vistule devient une région industrielle
et l'Irlande russe est en voie de devenir le Manchester et le Birmingham de la Russie.
Les usines se multiplient au long des frontières de la Silésie et les houillères de
Dombrowa ont plus que quadruplé leur extraction.

Kalisz est la première ville polonaise sur la Warta, dont le cours sépare la Russie de
la Prusse. Elle existait déjà au temps de Ptolémée qui la désigne sous le nom de Kalisia
et les nombreux tertres funéraires qui l'entourent attestent son antiquité. Aujourd'hui,
c'est une cité commerçante de 20,000 habitants, dont la principale industrie consiste
dans la fabrication des draps. Autour de Kalisz les centres manufacturiers sont nombreux, on trouve d'importantes filatures à Zgiez, à Okorzow, à Pabianiza. Le centre
de ce mouvement industriel est Lodz, au commencement de ce siècle petit village de
quelques centaines de paysans, devenue la seconde ville de la Pologne. Elle compte
114,000 habitants et fabrique la presque totalité des étoffes de coton de toute la
région. Lodz est une ville ancienne, plus allemande que polonaise, toute en longueur,
se déroulant en une rue de 10 kilomètres bordée d'usines, de filatures, de fabriques, de
forges et de teintureries.

Varsovie, ancienne capitale du royaume de Pologne, est, par le chiffre de sa population, la troisième ville de la Russie, après Saint-Pétersbourg et Moscou ; elle renferme
454,000 habitants, dont plus de 100,000 Juifs ; aucune ville du monde ne contient
autant d'Israélites. La grande cité polonaise s'élève en croissant sur la rive gauche de la
Vistule dont elle domine, d'une hauteur de 30 mètres, les îles verdoyantes et le cours
imposant. Un beau pont de sept arches et un viaduc de chemin de fer la relient à son
faubourg de Praga qui s'étend sur la rive droite et qu'enserre une ceinture de jardins
et de vergers. Mais ce qui frappe surtout à Varsovie c'est le saisissant contraste du luxe
et du paupérisme ; au sud, se trouvent les quartiers riches, les somptueuses résidences,
les belles avenues ; au nord, la vieille cité, aux rues étroites, aux ruelles infectes,
bordées de bouges, hantées par une population en guenilles. Même dans les grandes

agglomérations manufacturières d'Angleterre, on aurait peine à rencontrer visages plus hâves, corps plus amaigris, misère plus profonde.

La ville polonaise n'est pas seulement un centre administratif et universitaire, elle est aussi une ville de commerce et d'industrie ; elle renferme des filatures, des savonneries, distilleries, brasseries, tanneries, des fonderies, des manufactures et des usines. On évalue à près de 100 millions leurs produits annuels et l'activité des échanges explique le chiffre disproportionné de sa population juive, intermédiaire obligé des ventes et des achats. A l'ouest de Varsovie s'étend la plaine de Wola, dans laquelle se faisaient autrefois les élections royales ; on y vit jusqu'à 200,000 nobles polonais réunis et prêts à en venir aux mains pour faire nommer leurs candidats respectifs. Plus encore dans cette plaine de Wola que sur les champs de bataille périt l'indépendance de la Pologne.

Au sud, Lublin fut la rivale de Varsovie et la seconde ville du royaume. Elle a gardé quelques restes de sa grandeur passée, mais ses murailles ont disparu et leurs ruines jonchent la plaine. Dévastée et pillée par les Tartares et les Cosaques, Lublin se relève ; elle compte autant d'habitants qu'à l'époque des Jagellons, et son commerce se développe avec la Galicie. A l'est se trouve Kholm dont la forteresse a défié les efforts des Tartares ; ville épiscopale des Uniates, elle fut leur capitale en 1839. En aval du confluent du Narew et de la Vistule s'ouvre le camp retranché de Modlin ; il domine les deux rivières et peut abriter dans son enceinte 40,000 hommes prêts à appuyer les mouvements d'une armée en campagne.

Quand, franchissant la frontière de Pologne, on pénètre en Lithuanie, il semble que l'on aborde une autre terre ; les lacs et les marais se multiplient, l'immense forêt de Bala-Veja ou de la Tour-Blanche s'étend des sources du Narew au Boug, abritant sous ses épais ombrages des espèces animales disparues du reste de l'Europe. « Au-dessous des géants du monde végétal, écrit M. E. Reclus, vivent encore en troupeaux, à l'état presque sauvage, des bisons, représentants d'une faune presque disparue, que les traditions et les chroniques nous disent avoir existé pendant l'époque historique sur les bords du Dnepr et dans la Russie centrale ; ceux du Caucase et de la Lithuanie sont les seuls restes des troupeaux immenses qui parcouraient autrefois toute l'Europe orientale. Il est interdit, sous des peines sévères, de tuer les bisons de Vela-Beja ou de les capturer ; seulement, l'empereur de Russie fait de temps en temps cadeau de quelques-uns de ces animaux aux souverains, à des princes ses amis, à des jardins zoologiques. Au commencement du siècle, on en comptait environ un millier ; ils étaient au nombre de 1,400 en 1551, mais depuis cette époque le manque de fourrage et la dent des loups les ont réduits de moitié. Si l'homme n'aidait pas ces animaux dans leur lutte pour l'existence en leur ouvrant en hiver de grands dépôts de foin, ils auraient disparu depuis longtemps du continent européen. Peut-être l'Europe gardera-t-elle ce ruminant plus longtemps que l'Amérique ne conservera son espèce de bison, qui naguère parcourait encore les provinces de l'ouest par troupeaux de quarante à cinquante mille. On donne souvent par erreur aux bisons de la Lithuanie le nom

VUE GÉNÉRALE DE VARSOVIE.

d'aurochs, mais ce dernier animal, que les chasseurs de la contrée rencontraient encore en troupeaux considérables, il y a trois siècles, est maintenant complètement exterminé. »

La Lithuanie eut de grandes ambitions, et, un moment, elle les réalisa. A l'époque que l'on pourrait appeler l'époque flottante de la Russie, les princes lithuaniens rêvèrent de se tailler un royaume de la Baltique à la mer Noire, et, avant son union avec la Pologne, la Lithuanie confina aux deux mers. Unie à la Pologne, elle en suivit la fortune et en partagea le sort, et la Lithuanie russe ne comprend plus que les gouvernements de Kovno, de Vilno et de Grodno. Défense fut même faite par l'empereur Nicolas, en 1840, de conserver l'appellation de Lithuanie ; elle s'est maintenue toutefois, et sans danger, n'évoquant plus qu'un sens vague, n'étant plus qu'une expression géographique. Le Néman est le fleuve de cette région ; il change de nom en pénétrant en Russie et prend celui de Mémel.

On estime à près de 2 millions le nombre des Lithuaniens, et il s'en est fallu de peu que la race ne disparût, étouffée qu'elle était entre des races plus nombreuses : polonaise, allemande et russe ; grâce à leur prompte assimilation avec les Russes, les Lithuaniens échappèrent à ce danger. Ils se divisent aujourd'hui en deux groupes distincts : les Lithuaniens qui habitent les provinces de Kovno et de Vilno, de beaucoup les plus nombreux, et les Samogitiens « gens venus de la mer », qui se groupent au long de la frontière d'Allemagne. Par leur langue et leurs traditions, ils sont Aryens ; le flot de migration qui les entraîna sur le sol qu'ils occupent les y retint, car ils s'y heurtèrent au contre-courant germanique et celtique. Ils s'y fixèrent, le sol offrant une prise, c'est-à-dire les moyens de s'y cantonner et de s'y défendre, des golfes et des fleuves, une ceinture de marécages et de forêts, des frontières naturelles qui n'existaient pas dans l'interminable plaine russe, sur laquelle les peuples passaient, comme l'eau sur une grève unie, sans s'y attarder.

Merveilleusement douée, cette race eût pu faire de grandes choses ; il lui manqua la confiance en elle-même ; puis une résignation étrange, un inexplicable fatalisme paralysèrent ses dons naturels. Elle accepta le joug de ses voisins, elle accepta leur culte, ne sortant de son flegme apathique que lorsqu'elle sentait son existence même menacée, en apparence indifférente à tout le reste, poétique, intelligente et fine, mais mélancolique comme une race qui se croit condamnée. Elle faillit l'être quand Catherine II, pour se concilier les nobles polonais, leur distribua les terres de l'État en Lithuanie et, avec les terres, le bétail humain des paysans. Elle s'est relevée, depuis que l'imprévoyance de la noblesse polonaise l'a mise dans la nécessité d'aliéner ses domaines, que les Samogitiens et les Lithuaniens ont rachetés par parcelles, de paysans asservis devenant propriétaires indépendants. Mais, jusqu'ici, ils s'en sont tenus à reconquérir et cultiver leur sol sans tenter d'améliorer leur sort par l'industrie.

Aussi les villes sont-elles rares en Lithuanie ; la plupart des centres sont agricoles. Vilno, la Vilna des Polonais, est la grande cité de cette région, elle en fut la capitale, la métropole religieuse où s'élevait le temple du dieu du tonnerre, de Parkun, leur divinité. Sur l'emplacement de ce temple, se dresse aujourd'hui une cathédrale chrétienne. Vilno est située sur la Viliya, affluent du Néman, au pied d'une colline que couronnent les ruines de son vieux château. Son imprimerie fut célèbre ; centre intellectuel de la Lithuanie, Vilno se déclara en faveur du protestantisme ; les Juifs la tenaient pour leur capitale, les Tartares y élevèrent une mosquée, les Jésuites y fondèrent une académie que remplaça une Université. Les cultes et les nationalités se la disputèrent ; elle est restée lithuanienne tout en devenant russe. Entièrement brûlée en 1715, elle s'est reconstruite, repeuplée et compte aujourd'hui 103,000 habitants.

Au sud-ouest de Vilno, Brzest fait partie du quadrilatère polonais dont elle est l'une des places fortes. Elle est aussi un marché fréquenté et un point d'intersection des voies ferrées de la Russie. Ainsi que Vilno, elle eut des fortunes diverses et joua un rôle politique ; ainsi que Vilno, les Juifs, les Arméniens, les protestants et les catholiques, les Russes, les Polonais, les Lithuaniens la convoitèrent et s'y établirent tour à tour, mais sa population est loin d'égaler celle de Vilno et ne dépasse pas 37,000 habitants. Belostok, presque aussi peuplée, est une ville industrielle et fait un grand commerce de draps ; autour d'elle Novogrodek, Nesvij, Slonim, Volkovisk sont des centres secondaires ; il faut remonter à Grodno, dans l'ouest, pour retrouver un peu de vie industrielle. Grodno fut l'ancienne *Horodna :* elle possède quelques manufactures et une population de 35,000 âmes, dont un certain nombre de Tartares mahométans.

Kovno, capitale de la province de ce nom, est au nord de Vilno, au confluent de la Viliya et de la Sventa, à peu de distance du Néman. Ville de trafic et de transit, puis entrepôt et marché de céréales, elle fut ruinée par la guerre, et réduite à quelques masures ; mais, depuis le commencement du siècle, elle s'est beaucoup relevée et a repris en partie son ancienne importance. Elle compte 45,000 habitants dont plus de 20,000 Juifs. Vitebsk, plus au sud, confine au plateau de Valdaï, centre hydrographique de la Russie occidentale. Ici, le sol est pauvre ; Vitebsk n'en est pas moins un centre agricole, après avoir été autrefois une résidence princière. Polotzk, sur la Duna, fut, pendant un temps, la capitale de l'ordre des Jésuites expulsés au xviii° siècle. Dunaburg, plus au nord, est au point de croisement des voies ferrées de Saint-Pétersbourg à Varsovie, de Riga à Moscou. Sa forteresse, sur la rive droite de la Duna, commande toute la région.

L'Ukraine polonaise s'étend au sud de la Pologne et de la Lithuanie. Elle forme deux provinces : la Volhynie et la Podolie ; elle forme aussi la barrière du monde juif qui peuple en grande partie la Pologne et la Lithuanie, et, à l'ouest, déborde sur la Galicie, la Hongrie et la Roumanie. L'est lui est fermé ; au sud, la Petite-Russie le repousse et il s'entasse dans les provinces occidentales au nombre de 3 millions et demi, nombre encore grossissant par suite des vertus prolifiques de la race. Le monde juif est un danger pour ces pays auxquels il ne tient par aucun lien, dans lesquels il campe plus qu'il ne réside, qu'il appauvrit par l'usure sans s'enrichir de leur misère ; il y est en danger lui-même : le mépris populaire, les haines religieuses et irraisonnées, mais d'autant plus aveugles, ont souvent provoqué contre lui de sanglantes explosions. Et cependant, parmi ces populations pauvres, le Juif n'est pas le moins misérable. Tchoubinskiy évalue à moins de 300 roubles, 800 francs, le revenu moyen annuel des familles juives de l'Ukraine où l'on compte plus de 20,000 mendiants juifs. Ils errent autour de Berditchev, la Jérusalem russe ; le recensement de 1865 constata que sur 51,000 habitants de Berditchev, 47,000 étaient Juifs. Depuis, ce chiffre a encore augmenté et la Jérusalem russe compte aujourd'hui plus de 77,000 habitants. Elle en contient le double à l'époque des foires, les Juifs y affluent de toute la région environnante.

« L'attraction que cette ville, sans autres avantages naturels que sa position centrale entre des rivières divergentes, exerce sur les Israélites, écrit M. E. Reclus, provient de ce que le roi de Pologne, Stanislas-Auguste, y institua dix foires, à la requête du grand propriétaire dont Bertitchev était le domaine. Les habitants s'adonnent à diverses industries, fabrication des tabacs, des bijoux, des eaux de senteur, mais toutes ces industries se font en vue du commerce de détail, qui emploie des milliers de colporteurs dans les provinces environnantes, et par delà la frontière, en Roumanie et en Austro-Hongrie. On évalue à 200 millions de francs la valeur des marchandises vendues chaque année par les marchands de Bertitchev ; elles sont en grande partie entreposées dans les grottes qui sont percées dans tous les sens au-dessous de la ville, et qui sont probablement d'origine préhistorique ; leur longueur totale est évaluée à 430 kilomètres. » Des statistiques les plus récentes il résulte que le nombre des Juifs en Ukraine dépasse 750,000 et qu'il est double de celui des catholiques.

Jitomir, capitale de la Volhynie, renferme 56,000 habitants. Elle est située sur la lisière de la région des forêts et des steppes et entretient avec toutes deux un important commerce de céréales dont les Juifs, qui constituent plus du tiers de sa population, sont les intermédiaires actifs. Ils sont proportionnellement plus nombreux encore à Loutzk, ancienne place forte bâtie sur le Stir, entre Vladimir et Kremenetz. Cette dernière, située dans une haute vallée que dominent les ruines de sa forteresse, fut, pendant un temps, une ville universitaire. Dépossédée par Kiev, elle s'est vouée au commerce ; ici encore les Israélites sont les plus nombreux.

Ils ont également envahi la ville polonaise de Kamenetz-Podolsky, chef-lieu de la Podolie, peuplée de 36,000 habitants et qui eut autrefois une grande importance stratégique. Les Arméniens qui peuplaient Kamenetz, ont presque tous émigré devant l'afflux Israélite ; le commerce interlope de la ville, commerce de contrebande avec la Galicie, s'effectue par l'intermédiaire des Juifs. Balta, dont la population en 1880 était de 22,000 âmes, en possède plus de 32,000 aujourd'hui et prend chaque jour de l'extension. Située sur un affluent du Boug et à l'entre-croisement des voies ferrées d'Odessa, de Moscou et de Breslau, elle fait un grand commerce de bétail et de céréales. Ainsi que Balta, mais dans une position plus pittoresque et plus riante, Mogilof est un centre de produits agricoles. Bar, moins peuplée, fut décimée en 1768 par les Cosaques qui massacrèrent les nombreux Israélites réfugiés dans la ville ; ils y sont actuellement plus nombreux qu'alors.

A l'ouest de la Pologne et au long de la mer Baltique s'étendent les « Provinces

Baltiques ». Elles forment trois gouvernements : la Courlande, la Livonie et l'Ehstonie ; dans l'ouest elles confinent à la Prusse, dans le nord au golfe de Finlande, au gouvernement de Saint-Pétersbourg. A l'est, comme au sud, aucune frontière naturelle ne les sépare des gouvernements limitrophes ; leur limite est conventionnelle, leur barrière est artificielle.

Le relief du sol est peu élevé ; dans l'Ehstonie, la plus haute colline ne dépasse pas 160 mètres. Dans la Livonie, plus accidentée, apparaissent quelques larges plateaux dont le plus important est dominé par le Munna Maghi, d'une altitude de 323 mètres. C'est le point culminant des trois provinces, et ses faibles ramifications dans le sud-est forment une région pittoresque à laquelle on a donné le nom de « Suisse de Wenden », de même que l'on désigne de celui de « Suisse Courlandaise », un plateau boisé semé de lacs, borné au nord par une chaîne de petites collines qui n'atteignent pas 150 mètres et que l'on appelle un peu pompeusement les « *Montagnes Bleues* ».

Ce fut avec plus d'apparence de raison que l'on dénomma les provinces Baltiques « *Provinces Allemandes* » ; non que les Allemands y soient en majorité, mais outre qu'ils furent proportionnellement plus nombreux autrefois qu'aujourd'hui, et que leur influence politique ait décru, ils ont conservé celle que donnent l'argent et la possession de la terre.

Dans l'histoire tourmentée des Provinces Baltiques, ils ont joué un rôle important. Conquises au xiiie siècle par l'Ordre Teutonique, la Courlande, la Livonie et l'Ehstonie furent, pendant deux siècles, terres allemandes, envahies et colonisées par les Allemands, qui formèrent les classes supérieures : noblesse et bourgeoisie, reléguant dans celle des paysans les Ehstes et les Lettons, premiers occupants du sol, convertis par eux au catholicisme, puis gagnés par eux à la Réforme. Mais les Allemands n'étaient pas seuls à convoiter ce littoral de la Baltique ; les Danois, les Polonais, les Suédois et les Russes le leur disputaient. La Russie l'emporta en 1710, en 1721 et en 1795, et les Provinces Baltiques furent annexées à l'empire qui les russifie.

Les Ehstes, au nombre de 800,000, les Lettons, au nombre de 1,100,000, forment le noyau principal de la population, dont le total, 2,200,000 habitants, est réparti sur une superficie de 94,500 kilomètres carrés, soit à raison de 23 par kilomètre carré, densité supérieure à celle de la moyenne de l'Empire Russe. On évalue à environ 140,000 le chiffre des Allemands établis dans ces provinces. Les Ehstes sont d'origine finnoise ainsi que les Courons ou Courlandais ; les Lettons se rattachent aux Lithuaniens et leur fusion s'est opérée sous le joug commun de la domination allemande et sous l'empire d'une haine commune contre leurs oppresseurs. Leurs vieux chants nationaux en ont perpétué le souvenir : « O Riga, Riga, tu es belle, tu es bien belle ! Mais qui t'a faite si belle ? C'est l'esclavage des Livoniens. Que n'ai-je cet or qui dort au fond de la mer ! Si je l'avais, j'achèterais le château de Riga où sont les Allemands, je les traiterais comme ils m'ont traité, je les ferais danser sur les pierres brûlantes. — Mon Dieu, punis mon père, mon Dieu, punis ma mère à qui je dois de vivre esclave sur une terre asservie. »

Mitau, chef-lieu de la Courlande, est située sur l'Aa, ou rivière de Courlande ; elle possède 30,000 habitants et elle est restée la plus allemande des villes russes de la Baltique. Résidence de Louis XVIII, de 1798 à 1804, son nom revient souvent dans les récits de l'émigration. Ville paisible et aristocratique, centre universitaire et intellectuel, elle a peu de commerce et d'industrie. L'activité se concentre à Libau dont le port est libre de glaces quelques semaines avant ceux de Riga et de Saint-Pétersbourg, et se relie à Vilno par la voie ferrée. Malgré les difficultés qu'éprouvent les navires à franchir la barre du port de Libau, ce port ne laisse pas d'être assez fréquenté et sa population égale celle de Mitau. A l'est de Libau, Windau, encore plus difficile d'accès, n'en fait pas moins un commerce actif de bois et de grains.

Riga, capitale de la Livonie, est aussi celle des Provinces Baltiques, et par sa population de 175,000 habitants qui la place au sixième rang des villes russes, et par l'importance de son commerce qui s'élève à près de 500 millions. Située sur la rive droite de la Duna, à 12 kilomètres de la mer, son port n'est pas accessible aux navires de fort tonnage ; ils mouillent à l'embouchure du fleuve, près de la citadelle de Duna-munde qui couvre les abords de la ville. Riga elle-même est plus allemande que russe ; l'élément moscovite ne domine encore que dans ses faubourgs, et son gros commerce est aux mains des Allemands. Ce sont eux qui expédient en Angleterre le bois, le chanvre, le lin, les suifs, les céréales des Provinces Baltiques et importent à Riga la houille, le sel, les épices, les tabacs, les spiritueux qui alimentent ce commerce d'échanges. Par la Duna et par la voie ferrée, Riga est en communication avec la Russie centrale, malheureusement son port est fermé l'hiver par les glaces, et les débâcles en rendent l'accès périlleux au printemps. Plus qu'aucune autre ville des Provinces Baltiques, Riga a conservé l'empreinte de l'Ordre Teutonique dont elle fut le siège. Son château, son palais de l'Ordre, sa maison de la noblesse, sa cathédrale datent de cette époque.

Dorpat, située au point d'intersection des routes de Riga, de Revel, de Narva, est, elle aussi, une ville allemande, et les Ehstes qui l'habitent sont relégués dans les positions inférieures : manœuvres, hommes de peine, serviteurs. Dorpat est surtout un centre universitaire, l'enseignement s'y faisait en allemand, mais un récent décret a modifié cette prescription humiliante pour la Russie. La population de Dorpat s'élève à 30,000 âmes. Pernau, ville industrielle et florissante, est située dans le golfe de Riga, à l'embouchure du Pernau.

Reval, capitale de l'Ehstonie, possède 52,000 habitants. On a comparé, et non sans quelque raison, sa situation à celle de Naples. « Lorsque, écrit M. Léouzon le Duc, on arrive par un beau jour d'été à Reval du côté de la mer, le coup d'œil est magnifique. Au fond, la ville avec ses églises et ses clochers, le Dôme avec ses hauts édifices, la forteresse avec ses castels, le port militaire, le port marchand ; à droite, des prairies, des champs cultivés et comme point extrême, le fort de Carlson ; à gauche, le château impérial de Catharinenthal perçant à travers de riches ombrages, les ruines du couvent de Marienthal, enfin le domaine de Wiem avec sa luxueuse habitation et ses vastes parcs. Rien ne masque ce panorama ; les rochers et les écueils qui hérissent presque partout les côtes de la Baltique et du golfe de Finlande lui laissent l'espace libre, en sorte que l'œil peut l'embrasser dans tout son ensemble. »

Reval, l'une des plus anciennes villes des Provinces Baltiques, date de 1219 et fut fondée par Waldemar Ier, roi de Danemark. Elle se peupla rapidement; sa position sur le fleuve faisait d'elle un port de commerce, ses défenses naturelles la désignaient comme port militaire; l'art de l'ingénieur en a fait une place militaire importante, difficile à emporter par terre comme par mer. Avant-port de Saint-Pétersbourg, Reval est le centre d'un mouvement commercial important qui se chiffre par un total d'environ 450 millions. Port-Baltique, peu peuplée, n'est encore qu'un havre médiocre.

II. — RUSSIE SEPTENTRIONALE : FINLANDE. — RÉGION SUBARCTIQUE. RÉGION DES LACS.

Soudé à la péninsule scandinave, le promontoire de la Finlande se rattache à la Russie par un large pédoncule de terres basses et noyées de lacs et de marécages qui laissent supposer qu'un bras de mer reliait autrefois le golfe de Finlande à la mer Blanche. Rien pourtant, jusqu'ici, n'est venu confirmer cette hypothèse et nulle part le sol n'offre traces d'un séjour de la mer. Si, par certains côtés, la Finlande rappelle la Suède septentrionale, si elle en a les rocs granitiques, les lacs et les moraines, les larges sillons creusés par les glaciers descendant vers le golfe de Botnie, elle tient de la Russie le maigre relief de son sol, ses plissements de terrain et la faible élévation de ses collines.

Cette terre semble émerger des eaux, au lendemain de la période lacustre; mal essuyée encore, sans pente bien définie, on la croirait en formation, tant elle est indécise et vague, tant l'inextricable labyrinthe de ses lacs déroute et confond. Ils ne se déversent pas par un versant ou par l'autre, vers le golfe de Botnie ou la mer Blanche; ils s'égouttent, l'un dans l'autre, sans ligne de partage, et les fleuves embryonnaires à peine tracés, torrents ou ruisseaux dans la plaine, affectent, sur les côtes, les formes des fiords scandinaves.

La Finlande, dont l'administration est distincte de celle de l'Empire Russe, a été constituée, en 1809, en grand-duché, et le titre de grand-duc conféré au tsar, représenté à Helsingfors, siège de l'administration, par un gouverneur général. Le grand-duché a pour limites, à l'ouest, la Suède et le golfe de Botnie; au sud, le golfe de Finlande; à l'est, les gouvernements de Saint-Pétersbourg, d'Olonetz et d'Arkhangel; au nord, la Laponie norvégienne.

Sur une superficie de 373,612 kilomètres carrés, la Finlande possède 2,300,000 habitants. Cette population s'accroît rapidement, plus rapidement qu'en aucune autre province de l'empire. Elle a plus que doublé depuis le commencement du siècle et, par un assez singulier phénomène, elle atteste dans les paroisses luthériennes une grande prépondérance du sexe féminin sur le sexe masculin. Cette population est mélangée ; on y trouve des peuples de diverses races, mais l'élément ethnique principal est le Finlandais. Les Russes, les Allemands, les Suédois ne constituent, surtout les Allemands et les Suédois, qu'un faible appoint.

Les Finnois ou Finlandais, les *Fenni* de Tacite, semblent être de souche ouralo-altaïque, congénères des Magyars et aussi des peuplades encore nomades des Ostiaks, des Samoyèdes et des Vogoules. S'ils n'ont jamais eu l'humeur belliqueuse et conquérante des Magyars, si, comme leurs frères errants, ils se sont montrés souvent résignés à céder leurs droits et à subir le joug, ils n'en font pas moins d'intrépides soldats quand ils ont confiance dans leurs chefs. Au temps de Gustave-Adolphe ils formaient le noyau de l'armée suédoise et rien n'égalait leur sang-froid, leur fermeté et leur bravoure. « Les Finnois voisins de la mer, écrit M. Léouzon le Duc, sont tous marins ; mais, parmi eux, c'est à ceux-là seulement qui habitent les côtes et dont le sang a été mêlé au sang scandinave, qu'appartiennent les grandes spéculations de commerce et le gouvernement des navires marchands. Le Finnois pur sang se borne à gagner son pain de chaque jour en luttant hardiment contre les torrents et les cataractes, en affrontant les écueils ; les navigations lointaines sont le partage exclusif des côtiers... La probité du Finnois est proverbiale ; c'est un des traits les plus distinctifs de son caractère. Dans les campagnes, c'est à peine si l'on ferme la porte des maisons, bien que le plus souvent les habitants passent toute la saison des récoltes à des distances considérables. Rien de plus étranger à la pensée du Finnois que le vol ; il n'y croit qu'après avoir pris le voleur en flagrant délit, et alors, loin de l'exécrer, il le prend en pitié, convaincu que le malheureux doit être assez puni par les remords de sa conscience. »

Les Lapons sont peu nombreux en Finlande ; ils y viennent de préférence en été, amenant leurs rennes, ou amenés par eux, sur le bord de la mer, à la recherche de l'herbe nouvelle ; nous avons décrit leur existence dans notre étude de la Laponie. Nous les retrouvons ici avec leurs troupeaux : l'homme inséparable compagnon de l'animal sans lequel il mourrait de faim. Il ne faut pas moins de 300 rennes pour faire vivre une famille laponne. Le propriétaire de 1,000 rennes est riche, celui qui n'en possède que 200 est pauvre. Le renne tient une grande place dans les chants du Lapon. « Les rennes sont en marche. Comme leur poil est rude, comme ils sont volontaires ! Voyez comme à travers l'espace s'élancent ces fières bêtes, mais combien elle tourmente l'homme et combien il sue au front quand il les suit ! Je suis épuisé de courir après eux, mais aussi comme il est bon de posséder leur chair, leur peau, leurs cornes, leurs veines et leurs os ! Oui, le renne est bon ; il est excellent. Il est grand et ombrageux ; on ne peut le saisir que quand il est réuni à ses compagnons. Pour le manger il faut le suivre ; avec lui rebrousser chemin ; gagner les lacs et la neige et s'il y trouve à paître ne pas partir avant le coucher du soleil, et le lendemain et les jours suivants retourner aux lacs et aux neiges précédé des rennes qui gémissent. »

Les Suédois peuplent encore une partie de la Finlande, surtout l'archipel d'Aland, à l'entrée du golfe de Botnie. En hiver, la glace soude ces îles à la côte, et des loups, traversant le canal gelé, ravagent les fermes de l'archipel. Parfois même dans les hivers rigoureux, le bras de mer qui sépare les îles de la rive suédoise se prend ; c'est ainsi que l'on vit en 1809 des cavaliers Cosaques le franchir au galop et s'abattre sur la ville de Grislehamn.

Plus au nord, le climat est plus rude encore. Le cercle polaire traverse la partie septentrionale de la Finlande. L'hiver, le jour dure à peine quelques heures; l'été, le crépuscule et l'aube, que la légende finnoise compare à deux fiancés cherchant vainement à s'atteindre, se rejoignent enfin dans une lueur douce épandue sur les plaines. La végétation est d'autant plus intense que son sommeil a été plus long. Julin rapporte avoir vu, à Uléaborg, semer, germer, grandir et mûrir le blé dans le court espace de quarante-deux jours. Au-dessus du lac d'Enare, le plus vaste de la Finlande et encore si peu connu que les évaluations de sa superficie varient de plusieurs centaines de kilomètres carrés, les forêts cessent et, sur les plateaux dénudés on ne rencontre plus que les lichens et les mousses, dernière végétation du nord.

Helsingfors est la principale ville de la Finlande; siège du gouvernement du grand-duché, peuplée de 51,000 habitants, elle offre, vue de la mer, un bel aspect. « Sa rade, profonde de trente pieds, écrit M. Léouzon le Duc, s'ouvre aux lourds vaisseaux de guerre de même qu'aux navires marchands du plus fort tonnage. Une vaste place la domine, bordée de maisons hautes et blanches. Le palais impérial aux grilles couronnées d'aigles, l'obélisque de granit érigé à l'impératrice Élisabeth, femme d'Alexandre Ier, l'hôtel du gouvernement et, plus en deçà, sur un plateau isolé, la caserne de la garde finlandaise, donnent à cette partie du panorama un caractère officiel. A l'est de la rade, il reprend sa libre allure. Là se détachent de tous côtés de jolies villas, aux formes variées et bizarres; là s'élève la maison de bains si joyeusement habitée pendant l'été; l'édifice de l'observatoire, les chantiers maritimes, pleins d'animation et de bruit; et, au-dessus de ces monuments, émergeant d'une plate-forme de granit gigantesque, l'église Saint-Nicolas, dressant vers le ciel ses cinq dômes bleus, émaillés d'étoiles d'or. »

Les formidables défenses de Sweaborg, élevées sur sept îles à l'entrée du chenal, couvrent les approches d'Helsingfors à la fois capitale, place de guerre, port de commerce et cité académique. Le mouvement commercial du port s'élève annuellement à près de 50 millions et le mouvement maritime à 1,800 navires.

Au sud d'Helsingfors, Wiborg occupe l'extrémité septentrionale du fiord auquel elle donne son nom. Si sa population est très inférieure à celle de la capitale, son mouvement et son activité commerciale ne sont pas moindres, grâce au voisinage de Saint-Pétersbourg et à ses communications par eau avec l'intérieur de la Russie; son port est peu profond et les gros navires s'arrêtent au sud de la ville, à Trangsund, dont la rade est protégée par de puissantes fortifications. Au nord-est de Wiborg se trouve Kuopio, station météorologique située dans une île du lac de Kallavesi et centre d'un important commerce de beurre. Au nord d'Helsingfors, au sommet de l'angle que forment le golfe de Botnie et le golfe de Finlande, s'ouvre la rade d'Abo, la plus vieille cité de la côte et la clef de cette région. En cessant d'être capitale politique, elle devint capitale industrielle et elle est restée l'un des centres commerçants de la Finlande, le deuxième par sa population de 27,000 habitants, le troisième par son importation et son exportation

LA PERSPECTIVE NEWSKY, A SAINT-PÉTERSBOURG.

représentant ensemble près de 20 millions de francs à l'année. Abo est le Manchester de la Finlande, la ville des usines, des forges et des ateliers de constructions navales. Son port, vaste et commode, mais peu profond, communique par plusieurs passes avec la Baltique et le golfe de Botnie.

Plus au nord, sur le golfe de Botnie, Wasa, débaptisée par les Russes et officiellement nommée Nikolaistad, est située sur un fiord semé d'écueils qui lui servent d'abri contre les coups de vent. Uléaborg, centre du commerce des bois, fut l'un des ports les plus fréquentés de la Finlande; il a perdu de son importance depuis que celle des ports du sud s'est accrue.

La région subarctique de la Russie d'Europe comprend le versant de l'océan Glacial depuis la Finlande jusqu'à l'Oural septentrional, c'est-à-dire les provinces d'Arkhangel et de Vologda, la Laponie russe et la Nouvelle-Zemble. Cet immense territoire dont la superficie dépasse 1,100,000 kilomètres carrés ne compte guère que 1,500,000 habitants, un peu plus d'un par kilomètre carré. Historiquement son rôle est à peu près nul, mais au point de vue géographique et ethnologique il est l'une des régions les plus intéressantes de l'Europe : celle des grands fleuves aux longues portées, déroulant dans les plaines glacées leurs eaux lourdes et lentes, celle des sombres et profonds marécages, la terre des Lapons, des Samoyèdes et des Zarayny nomades. Dans le *Corridor*, long couloir sombre qui sépare la terre des Lapons de celle des Samoyèdes, et qui relie l'océan Glacial à la mer Blanche, erre le spectre solennel dont la seule pensée fait tressaillir d'effroi le Cosaque sous sa tente, le pêcheur de morue dans sa barque fragile.

Toute cette zone s'incline vers l'océan Glacial ; la pente est douce, presque insensible, aussi les fleuves s'attardent-ils ; le sol est plat, les massifs montueux sont rares, seuls ceux de l'Oumbdek au nord de la mer Blanche atteignent quelques centaines de mètres; dans l'est il en est peu qui mesurent 100 mètres. La mer Glaciale est sans profondeur, comme le relief du sol qui la borde est sans hauteur, mais, sur cette mer inhospitalière, les brouillards sont épais, et les glaces errantes en rendent la navigation dangereuse. Pour conjurer le péril, pour écarter les esprits malfaisants qui l'entraînent, lui et sa barque, au large, dans les mystérieuses régions polaires d'où l'on ne revient pas, le pêcheur multiplie, au long de la côte, les croix qui le protègent et le guident dans son incertaine navigation. Nomade de la mer, il fouille les îles que fréquentent les phoques et les morses, où erre l'ours blanc; il fouille les marais, peuplés de canards et d'oies, les collines basses de la côte, refuge du renne et du renard bleu. Le sol n'a rien d'autre à lui offrir qu'une espèce de terre farineuse que le Lapon mélange à sa pâte quand sa maigre provision de farine tire à sa fin. L'hiver il en est souvent réduit à se nourrir, comme le renne, de mousse et d'écorces d'arbres. La mer seule est riche en aliments, mais pendant de longs mois les glaces la recouvrent et sur elle la nuit règne.

Ici les légendes mélancoliques du nord se font étranges et mystérieuses. Suivant les Lapons, au nord de la mer Glaciale se trouvait le pays des géants et par delà s'ouvrait une autre mer qui se perdait dans un lointain embrumé. Leurs pères la connaissaient, cette terre des géants, qui s'étendait « au delà de l'étoile polaire, à l'ouest du soleil et de la lune ; on y voyait des rochers d'or et d'argent, des dalles de foyers, des pierres à filets en or et en argent. L'or brillait, l'argent resplendissait ; la montagne se mirait dans la mer, souriant à son image étincelante ».

Avec des proportions bien autres, la mer Blanche affecte la même forme que le lac de Côme. Le voyageur qui l'aborde par mer, par son unique seuil d'accès, après avoir doublé la pointe de la péninsule de Kanin, voit s'ouvrir sur sa gauche le golfe de Mézen, puis le *Corridor* qui sépare, avons-nous dit, la terre des Lapons, la presqu'île de Kola, de la terre des Samoyèdes. Des deux côtés la plage est sombre, sans échancrures ni baies ; la brume flotte à la surface des eaux troubles, car la mer Blanche n'a de blanc que son lit, que recouvrent, disent les matelots, les ossements de ceux qu'elle a engloutis. Sur la droite se déroule un paysage de lacs mornes et de dunes stériles, de rocs tapissés de mousse et de maigres bouleaux, au travers duquel le Lapon promène ses rennes. A gauche, s'étend la péninsule de Kanin, région de landes désolées, désert de glace, sans villages, sans routes, sans champs, même sans nom. On l'appelle la terre des Samoyèdes. Elle s'étend de la mer Blanche aux monts Ourals et aux *Portes de fer* de la mer de Kara. « Dans les replis de son sol, écrit M. H. Dixon, la neige ne fond jamais ; ses rivages qui se prolongent à l'orient sur une longueur de près de sept cents lieues, sont, pendant huit mois sur douze, fermés par des chaînes de glace. En juin, quand l'hiver s'éloigne, les versants de quelques vallons privilégiés se tapissent de mousses, étroites et rares mouchetures vertes sur un fond de rochers nus, de neiges sales et grises. Ces mousses précieuses, ces lichens, nourrissent le renne, chameau de la zone polaire qui fait vivre les rudes habitants du pays. »

Le *Corridor* franchi, la mer Blanche étend à l'horizon ses eaux sombres ; trois golfes profonds l'échancrent. L'un, celui d'Arkhangel, est l'estuaire de la Dvina ; l'autre reçoit l'Onéga et porte son nom ; le troisième, le plus profondément enfoncé dans les terres, à l'ouest, est le golfe de Kandalaskaïa. Arkhangel, la grande ville de cette région, est au fond de son golfe, sur la Dvina.

« Arkhangel, écrit M. H. Dixon, n'est ni un port, ni une ville, dans le sens que nous attachons à ces mots. On n'y voit point, comme à Hull ou bien à Hambourg, une innombrable quantité de docks, d'entrepôts, de boutiques, de voitures, le tout animé par un commerce intérieur actif. Arkhangel est un camp de magasins groupés autour d'un amas de beffrois, de coupoles et de dômes. Imaginez, le long d'un fleuve sombre, un vaste marais parsemé çà et là de petits ilots d'argile ; élevez sur ces monticules des édifices décorés de fresques, couronnés de croix et de coupoles, remplissez l'espace qui sépare églises et couvents avec des pilotis et des planches, de manière à réserver une superficie suffisante pour les jardins, les rues, les cours ; ouvrez deux larges voies s'étendant sur une longueur de trois à quatre milles ; peignez les murs des édifices religieux en blanc, les dômes en vert et en bleu ; entourez les maisons de jardins sans clôture ; enfin placez devant chaque fenêtre un géranium, un fuchsia, un laurier-rose ; laissez le gazon croître partout, dans les rues et sur les places... et vous aurez

Arkhangel. Sur les monticules d'argile dont nous venons de parler, s'élèvent, par groupes pittoresques, les édifices publics : la Tour du Beffroi, la cathédrale, l'Hôtel-de-Ville, le Palais de Justice, l'hôtel du Gouvernement, le Muséum, tout nouvellement construits ; de sorte que rien n'a encore amorti l'éclat des vives couleurs appliquées à leur surface. Les collections du Muséum sont pauvres ; la dorure de la cathédrale est riche. Vue de loin, avec ses tourelles et ses dômes, Arkhangel a plutôt la physionomie d'une ville sainte d'Orient que celle d'une place de commerce... Pour nous, Européens de l'Occident, Arkhangel peut paraître trop surchargée de dômes, comme le Delta est trop encombré de croix ; ce qui lui donne, à nos yeux, son importance, ce sont ses immenses magasins d'avoine et de goudron, de planches et de fourrages; mais, pour les habitants, il est la demeure de l'archange, le pont des pèlerins de Solovetsk, la porte de Dieu. »

A cette extrémité du monde russe apparaît, dans toute sa ferveur naïve et sa simplicité touchante l'un des traits caractéristiques de la race : la foi religieuse, la piété profonde, active, sincère, qui a semé sur le sol moscovite les quatre cents temples et chapelles de Moscou, qui, jusque dans les plus pauvres demeures, réserve une place à l'icone sainte et mêle la religion à tous les actes de la vie, maintenant l'homme en communication directe et constante avec son Dieu. Nulle race, si ce n'est la race arabe, n'est aussi sincèrement croyante, aussi résolument pratiquante.

Sur cette triste mer Blanche, à l'entrée du golfe d'Onéga, le voyageur voit, avec étonnement, surgir des flots l'île sainte de Solovetsk, longue de trois à quatre lieues, large de deux à trois, dressant sur chacune de ses éminences une église blanche, à la coupole verte et à la croix d'or. Des milliers de pèlerins affluent dans le port, derrière la haute muraille duquel s'élèvent couvents, palais, dômes et croix. Deux chapelles se dressent à l'endroit où Pierre le Grand et, après lui, Alexandre II posèrent le pied en débarquant à Solovetsk.

C'est la terre sacrée après laquelle soupirent les pèlerins, qui, des plus lointaines régions de l'immense empire, à travers mille périls, viennent s'agenouiller aux Portes Royales. Ici, les moines ont tout fait. Architectes, maçons, peintres, sculpteurs, charpentiers, ils ont édifié ces églises, le palais des hôtes, et ces immenses couvents. Ils reçoivent, hébergent les pèlerins, pauvres ou riches. Eux-mêmes ont construit leurs navires, eux-mêmes les montent et les manœuvrent, transportant gratuitement les visiteurs. « Nul moine dans ce sanctuaire ne mène une vie oisive, écrit M. H. Dixon. Autour de l'enceinte intérieure s'élèvent des ateliers dans lesquels le bourdonnement du travail se fait entendre depuis l'aube jusqu'à la nuit noire : forges, constructions de bateaux, tissage, corderie, cordonnerie, couture, laiterie, salaison, brasserie, tous les métiers utiles à l'homme s'y trouvent réunis. » Tout est l'œuvre de ces moines, exilés volontaires dans leur île, séparés du monde pendant huit mois de l'année, par des tempêtes de neige et des déserts de glace qui rendent toute communication impossible.

Les Lapons sont, en Russie, tels que nous les avons vus dans la péninsule scandinave. Ici, aussi, le flot de l'invasion les a refoulés vers le nord; autrefois ils s'étendaient beaucoup plus au sud et campaient sur les rives du lac Onéga. Ils ont dû émigrer et se cantonner dans la presqu'île de Kola que nul ne leur dispute encore. Plus rapprochés de l'Asie, plus Asiatiques que les Lapons, les Samoyèdes sont plus nomades encore, et, plus que les Lapons, réfractaires à l'influence européenne. Bien que se disant convertis, et se croyant chrétiens, ils ont conservé leurs traditions superstitieuses, leurs effigies de Dieux et leurs pratiques Chamanistes. Leur domaine est immense, il s'étend de l'Altaï à la mer Blanche, au long du littoral de la mer polaire. Ainsi que les Lapons, ils vécurent plus au sud, mais durent reculer devant le Russe envahisseur qui les dépossède de leurs territoires de chasse et de pêche, qui les appauvrit par l'usure et les décime par l'eau-de-vie. Comme les Tchoudes, que les Samoyèdes ont autrefois vaincus et fait « rentrer sous terre », eux-mêmes sont destinés à rentrer sous ce sol qui suffit à peine à les nourrir.

A côté d'eux, mais au-dessus d'eux, se trouvent les Ziranes, commerçants et actifs, campés sur les rives de la Dvina, du Mézen, de la Petchora, intermédiaires primitifs du trafic des pelleteries avec la Scandinavie et l'Angleterre. Ils ont donné leur nom aux sentiers de l'Oural qu'ils traversaient sans cesse et que l'on nomme encore *Routes des Ziranes*. On les retrouve partout, à Arkhangel, à Moscou, à Nijni-Novgorod, achetant, vendant, trafiquant et s'enrichissant. Ils se russifient et bientôt auront perdu leurs traits distinctifs.

Sous le nom de *Pomori*, « gens de la mer », on désigne l'élément russe, aujourd'hui prépondérant dans ces régions que d'immenses espaces séparent de la Russie centrale. Par le fait de leur éloignement, les Pomori échappèrent au servage; leurs *toundras* glacés n'étaient pas pour éveiller les convoitises de la noblesse moscovite; ils restèrent libres et indépendants.

Sur ce vaste territoire dont la superficie de plus du double de celle de la France ne renferme pas la moitié des habitants de Paris, les villes sont rares et peu peuplées. La plupart des centres indiqués sur les cartes ne sont que de pauvres villages, tels que Kola, capitale laponne de la péninsule à laquelle elle donne son nom. Kola n'a pas 1,000 habitants, et cependant elle est située sur la route de terre qui relie la baie de Kandalaskaia à l'océan Glacial. Les Anglais la bombardèrent pendant la guerre de Crimée. Kem est sur la mer Blanche, à l'entrée du golfe d'Onéga, en face des îles Saintes, dont le voisinage lui donne une certaine importance. Nous en avons parlé plus haut, ainsi que d'Arkhangel.

Onéga doit son nom à son fleuve et à son golfe, le plus méridional de la mer Blanche. Elle compte environ 3,000 habitants et vit de la mer qui lui amène des bancs de harengs si épais qu'on les peut prendre avec des seaux. Le saumon et la morue abondent aussi dans le golfe. On en pourrait saler et conserver d'immenses quantités, mais le sel est si mauvais qu'on laisse pourrir ces amas de chair qui empestent l'atmosphère. On en nourrit le bétail, on en engraisse les cochons, mais ce que l'homme et les animaux consomment n'est rien à côté de ce que la mer en fournit.

Dans le bassin de la Dvina, trois villes seulement ont plus de 5,000 habitants. La plus peuplée après Arkhangel qui en compte près de 20,000, est Vologda qui en possède 18,000. On lui en donnerait bien davantage tant est vaste son périmètre, tant ses églises profilent de coupoles à l'horizon. Située sur la route d'Arkhangel à Moscou, elle est l'intermédiaire entre le cœur de la Russie et le port russe par excellence, car de tous les ports de l'Empire, Arkhangel est le seul vraiment russe ; Astrakhan est tartare, Odessa italien, Riga livonien, Helsingfors finlandais. Outre son trafic avec Arkhangel et Moscou, Vologda entretient avec Saint-Pétersbourg un commerce assez actif, ainsi qu'avec Oust Youg, située au confluent du Youg. Tolma, peuplée de 4,000 habitants, est l'étape entre ces deux dernières villes. Oust Youg, que Novgorod, Moscou et les Bulgares de la Volga se disputèrent, est un point important, à l'entrecroisement des voies de communication. Il approvisionne Arkhangel de céréales et reçoit du nord l'ivoire fossile et des pelleteries.

Oust Sisolsk est la ville des Ziranes, ville commerçante et bien située sur la Sisolska, mais comptant à peine 5,000 habitants. En dehors de ces quelques villes, on ne rencontre que villages et hameaux, comme Mézen, lieu de détention, comme Kholmogori, autrefois florissante, supplantée par Arkhangel.

La Nouvelle-Zemble, ou la Nouvelle-Terre, fait partie de la Russie subarctique. Barents, l'intrépide navigateur qui a donné son nom à la mer qui s'étend du Spitzberg à la mer Blanche, y mourut et y fut enseveli. Prolongation de l'Oural dont la sépare le détroit de Kara, l'île de la Nouvelle-Zemble se développe du sud-est au nord-ouest sur une longueur de 900 kilomètres, soulevant à 500 mètres d'altitude son arête rocheuse que traversent deux vallées profondes. Les plus hautes cimes ne dépassent pas 1,500 mètres et leurs glaciers descendent jusqu'au rivage. Le froid y est vif, la moyenne annuelle se maintenant à 8 degrés au-dessous de zéro. Le capitaine norvégien Bjerkan qui y hiverna en 1876-1877 constata que, pendant tout le mois de décembre, la température resta au-dessous de 30 degrés centigrades ; le 2 janvier, elle tombait à — 39. Et cependant les banquises y sont rares, les courants puissants et la température de la mer supérieure à celle de l'atmosphère. C'est ici que vient mourir le courant tropical dont nous avons noté l'influence sur les côtes de Norvège. Il en suit la courbe, débouche dans la mer de Barents avec une force telle qu'il oppose un sérieux obstacle à la marche des navires qui le remontent, et glisse au long de la côte occidentale de la Nouvelle-Zemble dont la forme convexe le rejette plus au nord. Aussi les glaces s'accumulent-elles sur les plages orientales où l'action du courant ne se fait pas sentir, tandis que les plages occidentales où viennent échouer les navires désemparés par la tempête, ont reçu le surnom de cimetière des mers norvégiennes. Là s'entassent les épaves et les débris de bâtiments et de barques, et aussi les bois, les graines et les châtaignes marines que charrie le courant tropical.

L'étrange végétation de cette région polaire consiste en mousses, en lichens et en forêts, mais ces forêts lilliputiennes se confondent avec la mousse elle-même. Les saules herbacés mesurent 1 centimètre de hauteur ; les arbres les plus élevés en atteignent 15 et leur développement est tout en racines. D'habitants, il n'y en a guère ; les

Samoyèdes ont émigré; quelques pêcheurs et chasseurs hivernent parfois à la baie de
Moller, à la station de sauvetage de Maliya Karmakouli.

Revenons au sud de la Finlande, à la région des grands lacs. Géographiquement,
elle fait partie de la Russie septentrionale; par ses lacs, dont la superficie dépasse
40,000 kilomètres carrés, elle rappelle la Finlande, mais ces lacs plus vastes sont aussi
moins nombreux, ils s'étalent avec une bien autre ampleur sur un sol plus horizontal; ils
empruntent à l'immensité de la plaine russe qui s'ouvre et se déploie autour d'eux
l'aspect de mers intérieures. Le Peipous nourrit encore les phoques marins que pêchent
les tribus finnoises, les Tchoudes, qui campent sur ses rives. Si l'Ilmen, aux eaux
troubles et sans profondeur, déversoir de rivières aux pentes incertaines, n'est qu'un
vaste marécage de 1,000 kilomètres carrés, l'Onéga et le Ladoga aux flots tourmentés,
fouettés par les vents, ont les tempêtes de l'Océan, son incertaine et périlleuse navigation, ses écueils et ses phares, ses naufrages et ses victimes. L'Onéga couvre une superficie de 9,752 kilomètres carrés; celle du Ladoga en mesure 18,130. Malgré leur
différence d'étendue, leur contenance approximative est, à peu de chose près, la même;
l'Onéga, moins vaste de moitié, ayant une profondeur double de celle du Ladoga.
L'un et l'autre gèlent une partie de l'hiver. La Svir, principal tributaire du Ladoga,
apporte au grand lac le surplus des eaux de l'Onéga. La courte, mais puissante Néva
déverse dans la Baltique le trop-plein des deux lacs, égalant par son débit les plus
grands fleuves d'Europe, inférieure seulement au Danube, bien que son cours ne dépasse
pas 58 kilomètres.
Dans ce réseau de lacs et d'émissaires fluviaux apparaissent, aux origines mêmes
de l'histoire russe, les Slaves proprement dits. Nestor, moine de Kief au xiiie siècle, leur
premier historien, nous les montre campés entre les rives de l'Ilmen et celles du
Peipous; ils s'y fixèrent par de puissantes attaches, par leurs villes de Pskof, d'Isvork,
de Novgorod-la-Grande, si profondément ancrée dans le sol que rien ne l'en put déra-
ciner. Son histoire rappelle celle des cités antiques, populeuses et indépendantes, tur-
bulentes et puissantes. Elle possédait 100,000 citoyens et 300,000 sujets. « Qui peut
s'égaler à Dieu et à Novgorod-la-Grande? » disaient les Russes.
Novgorod sur l'Ilmen, Kief sur le Dniéper, Nijni-Novgorod au confluent de l'Oka et
de la Volga, Moscou sur la Moskowa, Odessa sur la mer Noire entre le Dniéper et le
Dniester, Saint-Pétersbourg sur la Néva, furent successivement autant de capitales du
vaste empire; capitales commerciales comme les deux Novgorod et Odessa, religieuses
comme Moscou et Kiev, politiques comme Saint-Pétersbourg. En chacune d'elles s'in-
carne une phase de l'histoire et du génie russes, mais toutes ont un trait commun, le
sentiment religieux inhérent à la race, qui fait de toute ville russe une ville d'églises,
comme de toute demeure russe un temple placé sous la protection d'un saint patron.
Dans une ville comme Kargopol, qui ne possède que 2,000 habitants, on compte vingt
clochers; là où l'homme d'Occident élèvera, en commémoration d'un grand événement
historique, une colonne, un pont, un monument, le Russe édifiera une église. Celle de
Saint-Vassili à Moscou rappelle la conquête de Kazan; celle de Donskoi la victoire

de • Fédor sur les Tartares de Crimée; Saint-Sauveur la déroute de Napoléon.

« Le sentiment qui, dans un cœur russe, domine tous les autres, écrit M. H. Dixon, c'est celui de ses devoirs envers le Créateur. Ce sentiment agit au dedans par l'adoration, au dehors par les cérémonies et les observations; il se manifeste dans tous les rangs de la société, dans toutes les situations de la vie; on le retrouve au sein d'une armée en marche, au milieu de la foule attirée par une foire de campagne, dans un cours rempli d'étudiants; il apparaît chez une princesse qui danse au bal, chez un vendeur qui écrit sur son comptoir, un paysan qui essaie de dégager sa voiture embourbée. Cette piété active décore le pays de temples et d'autels, en même temps qu'elle ouvre l'âme de l'individu à la grâce du repentir. Chaque village possède des reliques, chaque enfant prie son ange gardien et porte sa croix baptismale. Nuit et jour, depuis le berceau jusqu'à la tombe, un Russe vit, pour ainsi dire, en société de son Dieu, consacrant à son service une somme de temps et d'argent que personne ne songerait à lui donner dans l'Europe occidentale. Comme l'Arabe, le Slave est essentiellement religieux; l'abîme qui sépare une telle race du Saxon et du Gaulois est plus profond que ne saurait l'imaginer quiconque n'a pas visité le Levant. »

L'instinct religieux fut le lien commun des races disséminées dans ce vaste empire ; par lui la fusion se fit, la nation se constitua, groupée autour de son culte et de son temple, fortement reliée par les mêmes préceptes et les mêmes observances.

La région des grands lacs fut, avons-nous dit, le berceau de la nationalité slave ; grandes ou petites, puissantes ou déchues, les villes ont toutes ici leur histoire. Elles font à Saint-Pétersbourg, la capitale moderne, la dernière née, un cadre de souvenirs ; elles la relient au passé et, vivant à son ombre, confèrent à leur puissante héritière le prestige de leur antiquité en lui transmettant le dépôt de leurs traditions. Telle est Pskof, sur la Viélika, à l'extrémité du lac Peipous. Elle ne compte plus que 15,000 habitants; son Kremlin est en ruines, ses remparts et ses tours s'écroulent, mais dans sa cathédrale reposent les restes de ses princes. A certains jours de fête, Pskof s'éveille au bourdonnement de ses cloches innombrables et la cité morte renaît à la vie. Ce fut la patrie de sainte Olga, la ville toujours en guerre avec les Tchoudes nomades et les Allemands envahisseurs, le « jeune frère » du « frère aîné » de « Monseigneur Novgorod-la-Grande », dont Pskof copia les institutions et devint la ville sujette.

A l'extrémité septentrionale du lac Peipous, au seuil de la navigation fluviale et maritime, se trouve Narva, sous les murs de laquelle Charles XII avec 9,000 Suédois, battit 60,000 Russes. En 1704, Pierre le Grand la prit d'assaut. Narva est encore à demi allemande et fait avec l'Allemagne un important commerce de lin. Toropetz, sur la route historique de Kief, de Smolensk et de Novgorod, joua un grand rôle dans l'histoire russe. Sur les rives du Volkhof et près du lac Ilmen, sur la route de la Baltique à la mer Noire, du pays des Varègues à celui des Grecs, se trouve Novgorod.

Elle eut, avons-nous dit, 100,000 citoyens et 300,000 sujets; elle compta, un moment, près d'un million d'habitants. République fondée dans un désert, elle grandit par ses institutions libres et subit les épreuves dont la liberté n'exonère pas les peuples. Comme les cités italiennes, elle connut les jours de grandeur et de misère, de paix et de guerre et aussi de tumultes et de séditions quand sa cloche sonore, « l'âme de la ville », appelait la ville aux armes. Son empire s'étendit jusqu'à l'Oural ; sa population s'accrut, remplissant sa gigantesque enceinte ; dans son étonnante prospérité son orgueil démesuré ne connut plus de bornes : « Dieu et Novgorod-la-Grande ». Elle brava Ivan le Terrible, qu'une terreur superstitieuse fit reculer au seuil de la ville sainte, mais qui revint, honteux de sa faiblesse, vouant Novgorod au pillage et à la destruction, livrant ses 800,000 habitants aux convoitises de ses hordes tartares. Elles passèrent sur la ville comme une trombe de fer et de feu, pillant, massacrant et incendiant, ne laissant derrière elles que des amas de cadavres et des débris fumants.

Novgorod ne possède plus aujourd'hui que 20,000 âmes. Elle n'est plus un centre, pas même une étape. La route maîtresse qui relie Saint-Pétersbourg à Moscou, passe sur la droite, à distance. La capitale l'a dépeuplée, attirant à elle ses marchands et ses artisans, ne lui laissant d'autre relique de son grand passé que sa cathédrale de Sainte-Sophie, ses tombeaux de saints et de héros. Ivan ne se crut assuré de sa victoire et de la ruine de la cité turbulente qu'après avoir fait transporter à Moscou, près de la Porte-Sainte, la cloche de la tour Jaroslav, l'âme de la grande ville qu'il redoutait de voir se réveiller aux sons du tocsin.

Entre Novgorod et Saint-Pétersbourg, les villes qui se succèdent offrent un aspect plus moderne. Autour de la capitale que créa sa volonté de fer, Pierre le Grand a partout laissé son empreinte : à Petrozavodsk, « l'Usine de Pierre », où il établit une fonderie de canons et une fabrique d'armes ; à Lodeïnoyd Pole, sur la Svir, dont il fit un atelier de constructions navales. Avec les bâtiments qu'il en tira il prit Schlusselbourg, la clef de la Néva, et se lança sur la Baltique ; il bâtit Navoya Lagoda sur la rive gauche du Volkhof ; le lac et un double canal relient Navoya Ladoga à Schlusselbourg sous les canons de laquelle passent les gabares à destination de Saint-Pétersbourg.

C'est dans une plaine de vase, à 600 kilomètres de Moscou, que le tsar tout-puissant édifia sa capitale. Il avait hâte de prendre possession de cette contrée à peine conquise, d'y fonder sa ville, d'affirmer sa résolution de la garder. Il voulait cette ville là où elle est, faisant face au Suédois et à l'Allemand, fermant l'accès de l'empire, lui « ouvrant une fenêtre sur l'Occident », sur la Finlande, la Pologne, les Provinces Baltiques, qu'il lui fallait conquérir sous peine de manquer de jour et d'air. La création de Saint-Pétersbourg était une menace pour l'Allemagne et la Scandinavie, un défi jeté à ses ennemis, une ère de conflits imposée à ses successeurs. C'était Novgorod reporté à la bouche de la Néva, mais Novgorod ayant derrière elle l'empire, s'avançant vers l'Occident, mais appuyée, soutenue par toutes les Russies.

Pour édifier cette ville qu'en imagination il appelait son « paradis », il dut commencer par faire de la région environnante un enfer, engloutir des forêts dans ces marais, 100,000 ouvriers dans ces eaux pestilentielles. Toute une armée y périt de la fièvre. Pour contraindre les maçons récalcitrants à venir bâtir la ville, le tsar

interdit toute construction en pierres ailleurs qu'à Saint-Pétersbourg ; mourants de faim
et sans emploi, ils accoururent. Un autre édit obligeait tout noble, propriétaire de
trente feux de paysans, à posséder une maison dans la capitale naissante. Il suffisait d'y
venir pour avoir droit d'y choisir un terrain, et le bois ne coûtait rien. Tout navire
entrant dans le port devait débarquer un certain nombre de moellons, car les pierres
manquaient. Sa despotique volonté triompha de tous les obstacles. Dans la plaine
fangeuse il réunit des millions de travailleurs réquisitionnés de tous les points de
l'empire : Russes, Kalmouks, Cosaques, Tartares, Ingriens, Finlandais. Saint-Pétersbourg, la tête de l'empire, est l'œuvre commune de ces races différentes. « Devant la
nouvelle capitale qui s'élevait, disait Pouchkine, Moscou incline la tête, comme
s'incline devant une jeune tzarine une veuve impériale. »

Et cependant Pierre était seul alors à croire à l'achèvement et à la durée de son
œuvre. Après lui, murmurait-on, la noblesse et la cour reviendraient à Moscou. Et de
fait, les pronostics fâcheux se multipliaient. En 1705, deux ans après l'inauguration
des travaux, l'inondation recouvrait le sol ; en 1721, les rues à peine ouvertes étaient
changées en canaux et Pierre le Grand faillit se noyer sur la Perspective Newski. On
tenait la ville pour maudite.

Quand il mourut, en 1725, elle était achevée cependant. La « fenêtre sur l'occident »
était devenue une porte large ouverte sur l'Europe et qu'il n'était plus au pouvoir de
personne de fermer. Par cette porte, les idées nouvelles pénétraient, l'horizon s'élargis-
sait. Par Saint-Pétersbourg la Russie débordait sur la Baltique dans laquelle elle
voyait déjà un autre lac russe, plus étendu que le Ladoga et que l'Onéga, menant
à la mer du Nord, à l'océan libre. Nul ne parla de ramener le gouvernement à Moscou,
de reculer devant la Suède et l'Allemagne, de se cantonner dans le passé, de renoncer
à l'avenir. Cet avenir s'annonçait brillant ; quatre ans avant, par la paix de Nystad,
Pierre obtenait la Livonie, l'Esthonie, l'Ingrie, partie de la Finlande et de la Carélie.
Ce large coup de faux déblayait les abords de la capitale. Au sud-est à l'autre extrémité
de l'empire, il prenait Derbent et, s'emparant de Bakou, il s'ouvrait une autre fenêtre
sur la mer Caspienne et la Perse.

Saint-Pétersbourg, aujourd'hui peuplée de plus d'un million d'habitants, se déploie
en éventail au long des bras de la Néva. Elle recouvre une superficie de 100 kilomètres carrés, six grandes îles et de nombreux îlots. « Pour bien juger de l'ensemble de
cette ville, écrit M. Lycklama, il faut monter sur la tour de l'Amirauté. De là, en tournant
le dos à la Néva, on a devant soi le panorama le plus complet de toute la partie située
sur la rive gauche de la rivière, et qui est la plus habitée, la plus animée et la plus riche.
De l'hôtel de l'Amirauté partent, en s'écartant progressivement, les trois principales
rues : la Perspective Newski (Newski-Prospect), la rue aux Pois (Gorochova-Oulitza), et
la rue de la Résurrection (Vosnessenski-Prospect). Le spectacle est magnifique. Puis,
si l'on considère la partie de la ville qui s'étend au nord, à l'ouest et à l'est, on est
émerveillé du coup d'œil qu'offrent les diverses îles formées par les bras enchevêtrés
de la Néva, et dont les parties les plus rapprochées sont couvertes de magnifiques
constructions. Portant ses regards au delà de la grande Néva, on peut jouir d'un

tableau qui ne le cède qu'à celui que présente la scène du Bosphore. En suivant du regard le large fleuve jusqu'à son embouchure, on aperçoit, aussi loin que la vue peut s'étendre, une forêt de mâts faisant flotter au soleil les couleurs de toutes les nations ; çà et là les colonnes de fumée des bateaux à vapeur qui arrivent ou partent, venant de loin, ou des îles, ou s'y rendant ; sur les deux rives, une triple rangée de longues barques apportant hâtivement à Saint-Pétersbourg son immense approvisionnement de bois pour l'hiver ; et, au milieu, donnant au fleuve une animation extraordinaire, un va-et-vient incessant de petites embarcations joyeusement montées et rapidement conduites. »

Saint-Pétersbourg n'est pas seulement le rendez-vous de toutes les races de l'empire, elle compte aussi des représentants de toutes les races de l'Europe. Les Allemands y sont nombreux, plus de 50,000, et leurs descendants, naturalisés sujets russes, constituent un important appoint de la population. Ville de luxe et de somptueuses résidences, la capitale étend au loin ses palais et ses villas. Peterhof fut la résidence favorite de Pierre le Grand, de même que Tsarkoïe-Selo, le « village impérial », construit par Élizabeth, fut celle de Catherine II. Pawlosk, Gattchina, Oranienbaum forment des groupes de châteaux, de villas et d'hôtels. Cronstadt, la place de guerre, la formidable citadelle qui couvre les abords de Saint-Pétersbourg, fait un étrange contraste avec les ombrages et les parterres d'Oranienbaum. Le boulevard de la Russie septentrionale dresse au-dessous des flots ses murailles de granit, ses forts à tourelles blindées. Un chemin de fer et le fleuve relient Cronstadt à la capitale. L'hiver, le fleuve glacé sert de communication, et une voie ferrée temporaire est jetée sur la Néva. A mi-chemin, s'élève un hôtel, et des postes sont établis de distance en distance pour porter aide aux voyageurs en détresse égarés dans les brouillards. Le port de Cronstadt sert d'abri à la flotte militaire russe ; pour le fortifier et en faire une place de guerre de premier ordre, on n'a rien épargné.

A l'est de la région des lacs et au sud de la Russie septentrionale, que nous venons de parcourir, s'étend la Russie centrale que nous allons étudier.

III. — RUSSIE CENTRALE. — RUSSIE-BLANCHE. — GRANDE ET PETITE-RUSSIE.

Les noms de Russie-Blanche, de Grande et de Petite-Russie répondent autant à des conditions historiques qu'à des distinctions ethnologiques. On désigne du nom de Russie Blanche les provinces conquises au xiiie et au xive siècle par les princes de Lithuanie ; ce sont les gouvernements actuels de Vitepsk, Mohilef, Minsk, Grodno, Kovno, Vilna ; les Russes Blancs, ou Biélo-Russes, sont au nombre d'environ quatre millions. La Petite-Russie s'étend au sud de la Russie-Blanche ; elle compte environ 18 millions de représentants répartis dans les gouvernements de Kief, Tchernigof, Poltava, Kharkof, Volynie, Podolie. La Grande-Russie est plus considérable, comme

superficie et comme population; on compte 47 à 48 millions de Grands-Russes, soit
près de la moitié de la population de l'empire. Leur territoire est celui de l'ancienne
Moscovie et s'étend, au nord jusqu'à Arkhangel, au sud jusqu'à Odessa, mais les habitants se sont surtout groupés au centre, dans la Moscovie devenue de bonne heure la
terre russe par excellence.

Ces trois races diffèrent par leur dialecte, par leurs traits, par leurs qualités comme
par leurs défauts. Le Grand et le Petit-Russiens personnifient l'éternel contraste du
nord et du midi. Les Biélo-Russes, moins nombreux, ont, bien que de race plus pure, été
réduits, par les vicissitudes de l'histoire et par leur situation géographique, à jouer un
rôle moins important. Les circonstances qui les ont rapprochés des Petits-Russiens,
firent de la Russie-Blanche une sorte d'annexe de la Petite-Russie dont elle a suivi la
fortune.

Parmi les éléments ethniques de la Russie, le premier rang appartient sans conteste
au Grand-Russien; il en est le facteur principal, le plus vigoureux et aussi le plus
expansif. Il fut le colonisateur de la race slave. Comme son fleuve, la Volga, qui lui
traçait la route, il a progressé de l'ouest à l'est, il fut l'avant-garde de la Russie en
marche vers l'Asie. Plus résistant que les races finnoise, tartare et caucasienne, il se
modifia à leur contact; il y perdit son excessive mobilité, il y gagna l'esprit de suite qui
lui faisait défaut. S'il s'alourdit par le mélange du sang, il devint aussi moins nomade
et constitua le noyau autour duquel se solidifia la nationalité russe que Pierre le Grand
ramena au nord-ouest de l'Europe, dans son retour offensif sur les rives de la Baltique.

Ni lui ni ses successeurs n'eurent de sujets plus fidèles. Leur obéissance aux
volontés du tsar, leur dévouement à sa personne, leur conception asiatique qui faisait
de lui le père et d'eux les enfants, furent les puissantes assises sur lesquelles s'éleva le
pouvoir autocratique qui imposait à tous la volonté d'un seul, volonté indiscutable et
indiscutée. L'homme d'Occident a peine à concevoir ce mélange de terreur et
d'adoration, de culte et de soumission qui fait dire aux Grands-Russiens : « La terre est
la mère, mais le tsar est le père, et sans le tsar la terre est veuve. » Le tsar était le
maître de son peuple comme le dernier des paysans l'était de sa famille et quand sa
main s'appesantissait sur eux, ils s'inclinaient comme le faisait la femme grand-
russienne à laquelle son maître disait en la châtiant : « Je te bats comme ma fourrure,
mais je t'aime comme mon âme. »

Cette conception du rôle du chef de l'État est, en effet, essentiellement asiatique.
On la retrouve en Chine et aux Indes; chez le Grand-Russien, elle n'exclut pas un sentiment très net de ses droits. Pierre le Grand put l'amener dans les plaines fangeuses de
la Baltique, lui imposer l'œuvre colossale d'édifier Saint-Pétersbourg, mais il ne put
lui imposer de couper sa barbe longue et touffue, d'avoir le menton glabre des *Asiates*
que le Grand-Russien méprise.

Entre les Grands-Russiens et les Petits-Russiens, ou Malo-Russes, les croisements
sont rares et la fusion est lente. Ces derniers sont de taille plus élevée, de
traits plus réguliers, plus souples de corps et plus vifs d'esprit. Race méridionale, habitant sous un ciel plus doux une terre moins rude, ils sont aussi moins

actifs, et plus indépendants. Mieux doués, ils ont moins de cohésion que les Grands-Russiens, mais leur nationalité est aussi vivace; ni la Pologne ni la Lithuanie, dont le joug pesa sur eux pendant cinq siècles, ne purent se les assimiler; ils restèrent Russes, et leurs prétendues tendances séparatistes ne vont pas au delà des rêves fédéralistes, de la répulsion que leur inspire la centralisation personnifiée par une bureaucratie excessive et autoritaire. Dans les Cosaques Zaporogues s'incarna l'élément le plus résistant et le plus ardent de cette race malo-russe. Les Cosaques Zaporogues furent, au début, des Petits-Russiens groupés pour résister aux incursions des Tartares, pourvoyeurs des harems et des marchés d'esclaves de Stamboul. L'instinct de conservation se doublait chez eux de la haine religieuse. Entre le Petit-Russien chrétien, et l'infidèle, la lutte fut longue et, dans cette lutte sans merci les instincts d'indépendance des Cosaques s'affirmèrent. Leur liberté farouche, leur vie nomade et libre attirèrent à eux des paysans las d'une servitude pesante. Leur nombre s'accrut; après s'être défendus ils attaquèrent; on les vit alors franchir la mer Noire et brûler Sinope dans l'Asie Mineure; on les vit jusque sous les murs de Constantinople dont ils incendièrent les faubourgs. Aujourd'hui, paisibles cultivateurs, ils se proclament encore Cosaques, et ne se distinguent de leurs frères Malo-Russes que par un amour plus vif encore pour le sol natal.

« A l'étranger, écrit M. A. Leroy-Beaulieu, le nom de Cosaque, lié à des souvenirs d'invasion, éveille l'idée de barbarie et de pillage; en Russie, le même nom, attaché aux souvenirs de la vie indépendante du steppe, rappelle les idées de liberté et d'égalité. « Libre comme un Cosaque » est pour le Russe une locution fortement expressive, car elle désigne l'homme qui n'a subi ni le joug étranger ni la servitude de la glèbe. Chez les principaux groupes cosaques, chez ceux du Dniéper et du Don, régnait jadis l'égalité, non moins que la liberté. Les uns et les autres, les premiers sous la suzeraineté de la Pologne, les seconds sous le sceptre moscovite, formaient une sorte de république démocratique. Ils élisaient eux-mêmes leurs chefs, leurs *atamans*, et ne reconnaissaient entre eux pas plus de nobles que de serfs. Comme les paysans d'Arkhangel où de Viatka, les Cosaques ont longtemps conservé les formes d'une ancienne société russe étrangère aux distinctions de classes; ces libres colons du steppe, longtemps recrutés de serfs fugitifs, avaient laissé derrière eux dans la patrie qu'ils fuyaient toute trace de hiérarchie civile. Les distinctions de classes sont peu à peu entrées chez eux avec l'administration de la Russie moderne. La noblesse a été conférée à leurs officiers, et de l'ancienne égalité, comme de l'ancienne liberté cosaque, il ne reste guère qu'un souvenir. »

Dans l'immense plaine russe, les villes furent, et sont encore l'exception. Elles débutèrent par être des campements de nomades, elles devinrent, avec le temps, des cités libres, autonomes, gouvernées par des assemblées populaires, puis par des ducs élus. L'instinct nomade persista longtemps. Moscou ne fut qu'un campement pour Pierre le Grand, et il s'en fut planter sa tente à Saint-Pétersbourg, entraînant son peuple avec lui; de même que les princes tartares et les Mongols déplaçaient leur capitale, se transportant là où leur présence était nécessaire, y établissant leur résidence. Plus tard l'organisation sociale fut un obstacle au groupement urbain ; le servage retenait le paysan à la glèbe et le climat lui-même qui, à première vue, paraît favorable à la constitution de grands centres, leur faisait obstacle. La vie rudimentaire et simple des habitants ne comportait que peu de besoins. L'hiver, les soirées sont longues et les loisirs nombreux. Le paysan les employait à confectionner lui-même ses objets usuels ; il dépensait peu ou pas, et l'industrie naissante manquait d'écoulement. Les villes vivent par les artisans qui les peuplent, par le commerce, les fabriques, les manufactures. Le village russe, tel qu'il était constitué, se suffisait à lui-même ; il possédait ses métiers essentiels, ses forgerons, tanneurs, cordonniers, tisseurs, charpentiers, menuisiers. Puis les distances étaient grandes, difficiles à franchir et le numéraire était rare. La ville n'était donc, le plus souvent, qu'un centre administratif, le siège de l'autorité despotique et absolue, dure aux petits et aux faibles qui fuyaient son contact.

Toutes ces villes russes, à part les très grands centres, se ressemblent ; elles ont les mêmes traits, la même physionomie. Le temps seul les caractérisera et les diversifiera comme il a fait de leurs aînées. Elles s'élèvent d'ordinaire au bord d'un fleuve, elles renferment une cathédrale et une prison, un marché et un bazar, des monastères et de pauvres faubourgs. Souvent les rues sont des marais boueux que des pierres semées de distance en distance aident à franchir ; peu de commerce, sauf les jours de marché ; nombre de cabarets, un palais administratif et quelques belles résidences de nobles ou de fonctionnaires, telles étaient les villes russes il y a encore peu d'années.

Aujourd'hui, il n'en est déjà plus de même ; la vie s'éveille vigoureuse, et puissante, dans l'empire ; elle circule d'une extrémité à l'autre par le vaste réseau fluvial, par les voies ferrées, par les routes récemment ouvertes. La civilisation pénètre et s'étend. Dès que le printemps a fondu les glaces, les fleuves et les rivières sont sillonnés de barques et de chalands qui, du nord au midi, de l'est à l'ouest, transportent les grains et les bois, les pelleteries et les poissons, les produits divers de ces régions si distinctes. Ces fleuves et ces rivières ont été les premiers agents de la civilisation russe, ils sont encore les plus actifs et les plus efficaces, nonobstant les obstacles du climat.

Dans la Russie-Blanche et la Petite-Russie, plus rapprochées de la frontière allemande, les villes sont relativement nombreuses et importantes. A l'ouest de Berditchev, la *Jérusalem juive*, et au sud-ouest de Jitomir, dont nous avons parlé plus haut, se trouve Kiev, la *cité sainte*, peuplée de 170,000 habitants. Elle fut la Kioaba de Constantin Porphyrogénète, la Kouyaba arabe, dont l'origine se dérobe aux recherches. Telle est sa situation sur la rive droite du Dniéper, au point d'entrecroisement des grands affluents du fleuve, à mi-chemin de son cours, au seuil des terres noires, des forêts et des steppes, que de longue date une ville dut s'élever sur l'emplacement qu'elle occupe. Dès l'an 1000, disent les légendes russes, Kiev possédait déjà près de 800 églises. C'est à Kiev que Vladimir le Grand se convertit, avec toute son armée, au christianisme, en 989 ; c'est de là que le christianisme se répandit dans la Russie et, chaque année, des armées de pèlerins viennent visiter les reliquaires et les tombeaux de la ville qu'ils désignent du nom de la « Jérusalem russe ».

Peu de villes ont des traditions aussi merveilleuses, une histoire aussi remplie. Elle vit successivement prêcher saint André, et se convertir Vladimir ; elle subit l'assaut des Mongols et la conquête polonaise ; elle fut témoin du triomphe de Pierre le Grand. Autour d'elle, chaque village a sa légende, chaque ville son poème de guerre ou d'amour. « De toutes les cités russes de l'intérieur, écrit M. H. Dixon, elle est la plus avantageusement située. Assise sur une falaise de rochers, elle domine une immense étendue de steppes et un puissant fleuve navigable. Elle est le port et la capitale de l'Ukraine ; les Russes du Don, de l'Oural, du Dniester ont les yeux fixés sur elle, et, en toute occasion, attendent pour agir le mot d'ordre tombé de sa bouche. De la main droite, elle s'appuie sur la Pologne ; de la gauche, sur la Russie ; elle touche à la Galicie et à la Moldavie ; elle fait face aux Bulgares, aux Monténégrins et aux Serbes. Elle forme un abrégé de toutes les races et de tous les cultes slaves. La moitié de sa population est moscovite, l'autre moitié polonaise ; en religion, elle est orthodoxe, catholique romaine, grecque unie. Si quelque ville d'Europe réunit les conditions requises pour être la capitale que rêve l'imagination des panslavistes, c'est assurément Kiev. »

Ainsi que Kiev, Tchernigov est une antique cité que se disputèrent longtemps les Polonais, les Lithuaniens et les Moscovites et qui se rallia à ces derniers avec toute l'Ukraine cosaque. Il s'y fait un grand commerce de céréales et de chanvre. Néjin, peuplée de 44,000 habitants, est plus importante que Tchernigov qui n'en possède que 25,000. Néjin est située sur l'Oster et sur la voie ferrée de Kiev à Moscou ; elle reçut au xviiie siècle une colonie de Grecs qui faisaient avec l'Autriche, la Turquie et l'Italie le commerce de la soie. Cette industrie, abandonnée depuis, est aujourd'hui remplacée par celle du tabac dont le gouvernement de Tchernigov, seul, produit plus de 16 millions de kilogrammes, le tiers de la production de la Russie.

Plus au sud, Poltava, chef-lieu du gouvernement de ce nom, est célèbre par la victoire que Pierre le Grand y remporta en 1709 sur Charles XII de Suède en marche vers Moscou. La population de Poltava s'est beaucoup accrue depuis que la ville est devenue le centre d'une foire importante de laines et de chevaux. Elle compte environ 45,000 habitants dont un grand nombre de Juifs et d'Allemands. Krementchoug est toutefois le centre commercial de la Petite-Russie, le port de sa navigation sur le Dniéper. Elle possède plus de 50,000 habitants et sa population double en été, à l'époque la plus active des chargements et des déchargements.

Kharkov est située dans le bassin du Donetz dont les eaux s'épanchent dans la mer d'Azov, et au centre de la région des steppes. Sa population dépasse 190,000 âmes et double, elle aussi, mais l'hiver, quand sa grande foire de janvier attire dans ses murs une foule énorme recrutée de tous les points de la Russie. Le chiffre des transactions atteint près de 100 millions et l'on compte alors dans la ville près de 100,000 traîneaux. Kharkov est une ville industrielle ; on y raffine des sucres, on y distille des eaux-de-vie, on y tisse les toiles. Elle est aussi une ville intellectuelle et universitaire, fréquentée par plus de 800 étudiants. Ici aussi, les Juifs et les Allemands sont nombreux.

Plus au nord, Smolensk, sur la rive gauche du Dniéper, est l'un des points straté-

giques de l'empire. Les grandes routes historiques s'y croisent. Ville importante déjà
au ixᵉ siècle, et mentionnée par Nestor, elle possédait, dit-on, 100,000 habitants au xivᵉ.
Sa situation, plus encore que sa prospérité, lui valut souvent d'être assiégée. En 1812,
elle fut incendiée par l'armée française. Smolensk s'est difficilement relevée de ce
désastre, sa population n'excède pas 40,000 habitants. Vazma eut le même sort ;
Krasnoü, Valoutina furent aussi des champs de bataille. Orel est sur l'Oka, au centre
du réseau des voies ferrées et sur le cours navigable de la rivière. Il s'y fait un grand
commerce de chanvre et de céréales, ainsi qu'à Bolkhov et Mtzensk, situées sur des
affluents de l'Oka. Koursk, en partie dépossédée par Kharkov, dont la foire est plus
fréquentée que la sienne, a perdu de son importance commerciale ; Voronej, chef-lieu
de gouvernement, voit grandir la sienne. Située sur la rivière du même nom, à peu de
distance de son confluent avec le Don, elle attira l'attention de Pierre le Grand ; il en fit
un arsenal, un chantier de navires, une citadelle. Par ses ordres, on y construisit une
flottille de 55 navires, montée par 4,000 hommes, et, pour obéir à ses injonctions, on
fit venir, des forêts du nord, des charpentiers à Voronej, dont la population de
5,000 âmes a décuplé depuis lors, bien que Voronej ait cessé d'être une ville maritime.
Elle est aujourd'hui une ville de manufactures et un centre agricole ; elle est aussi
un lieu de pèlerinage et l'une des plus intellectuelles parmi les cités de la Grande-
Russie.

Riazan, 30,000 habitants, est plus au nord, sur la route de Moscou et près de l'Oka.
C'est une cité industrielle et commerçante. Près d'elle, Toula s'étend sur l'Oupa, entre
Bogoroditzk et Odoyev ; Pierre le Grand en fit sa fabrique d'armes ; elle est restée celle
de la Russie et aussi la grande manufacture de samovars et d'objets de cuivre. Située
au centre d'un bassin houiller, elle supplée par le charbon de terre au bois qui commence
à lui manquer. A Toula, comme à Riazan, se fait sentir le voisinage de la seconde
capitale de la Russie, de Moscou, de la *Moskva Matouchka*, la « mère aux blanches
murailles ».

Elle est au centre de la Russie d'Europe, au point d'intersection des routes qui, de
la mer Blanche au Pont Euxin, de la Caspienne à la Baltique, d'Europe eu Asie, se
croisent dans ses murs. Située entre le Don et la Volga, peuplée de plus de
755,000 habitants, elle devint, au xivᵉ siècle, la capitale de l'empire, dont le centre de
gravité, d'abord à Kiev, se déplaçait, se reportait dans l'est vers lequel la Russie évoluait
alors. Elle fut, elle aussi, un campement, abandonné depuis pour Saint-Pétersbourg,
comme Kiev et Vladimir l'avaient été pour elle ; mais en cessant d'être la capitale
politique, elle resta la capitale religieuse, la ville moscovite par excellence, le point de
rencontre et de contact des races de l'empire dont les fugitifs furent ses premiers
habitants.

De toutes les villes russes, elle est la plus originale. « Un pâle rayon de soleil,
écrivait Théophile Gautier, tel qu'il peut luire au mois de janvier à Moscou par ces
courtes journées d'hiver qui rappellent le voisinage du pôle, glissait obliquement sur la
ville étalée en éventail autour du Kremlin, rasant les toits couverts de neige et en
faisant par places scintiller les micas. Au-dessus de ces toits blancs, pareils aux flocons

d'écume d'une tempête figée, jaillissaient comme des écueils ou des navires les masses plus hautes des monuments publics, des temples et des monastères... On ne saurait rêver rien de plus beau, de plus riche, de plus splendide, de plus féerique, que ces coupoles surmontées de croix grecques, que ces clochetons en forme de bulbes, que ces flèches à six ou huit pans côtelées de nervures, évidées à jour, s'arrondissant, s'évasant, s'aiguisant sur le tumulte immobile des toitures neigeuses. Les coupoles dorées prennent des reflets d'une transparence merveilleuse et la lumière au point saillant s'y concentre en une étoile qui brille comme une lampe. Les dômes d'argent ou d'étain semblent coiffer des églises de la lune; plus loin, ce sont des casques d'azur constellés d'or, des calottes faites en plaques de cuivre battu, imbriquées comme des écailles de dragon, ou bien encore des oignons renversés peints en vert et glacés de quelques paillons de neige; puis, à mesure que les plans se reculent, les détails disparaissent même à la lorgnette, et l'on ne distingue plus qu'un étincelant fouillis de dômes, de flèches, de tours, de campaniles de toutes les formes imaginables dessinant d'un trait sombre leur silhouette sur la teinte bleuâtre du lointain et en détachant leur saillie par une paillette d'or, d'argent, de cuivre, de saphir ou d'émeraude. Pour achever le tableau, figurez-vous, sur les tons froids et bleutés de la neige, quelques traînées de lumière faiblement pourprées, pâles roses du couchant polaire, semées sur le tapis d'hermine de l'hiver russe. »

Bien que la superficie de Moscou dépasse 100 kilomètres carrés, et que sa fondation remonte au xiie siècle, elle a gardé sa primitive empreinte de campement, de résidences seigneuriales entourées de parcs et aussi de cabanes de serfs. L'incendie qui la dévora en 1812 et dont les lueurs sinistres font à Moscou une auréole patriotique, a peu modifié l'aspect étrange de la ville; elle s'est relevée de ses ruines, telle à peu près qu'elle était, et le Kremlin, restauré par l'empereur Nicolas, dresse sur le plateau de sa colline, le plus étonnant assemblage de palais, d'églises et de monastères que l'imagination puisse rêver. « Cela, dit Th. Gauthier, ne se rapporte à aucun style connu. Ce n'est pas grec, ce n'est pas byzantin, ce n'est pas gothique, ce n'est pas arabe, ce n'est pas chinois; c'est russe, c'est moscovite. Jamais architecture plus libre, plus originale, plus insoucieuse des règles, plus romantique en un mot, ne réalisa ses caprices avec une telle fantaisie. Parfois ses plans ressemblent à des hasards de cristallisation. Cependant les coupoles, les clochers à bulbe d'or sont la caractéristique de ce style qui semble ne reconnaître aucune loi et le font discerner à première vue. »

Au nord-est de Moscou se trouve le couvent de Troitsa, l'un des plus célèbres et aussi des plus opulents de la Russie. Il renferme des richesses fabuleuses, d'innombrables édifices, des monuments commémoratifs, quatorze églises, des tombeaux, parmi lesquels celui de saint Serge, le saint populaire de l'empire, le héros de la guerre sainte. Son corps repose dans le cercueil d'argent que lui fit faire Ivan le Terrible. « Il n'est pas caché dans un sépulcre, écrit M. A. Rambaud, mais exposé à la vue de tous comme sur un autel, au milieu de la splendeur des cierges et des lampes innombrables, au milieu du ruissellement lumineux des icônes d'or et des pierres précieuses, des fulgu-

ÉGLISE DE VASSILI BLAGENNOÏ, A MOSCOU.

rations de diamants aux feux rouges, verts ou bleus. Autour des têtes de Dieu, du Christ, de la Vierge et des saints on a placé des auréoles d'or, sur lesquelles on a incrusté des perles, des diamants, des émeraudes, des rubis, des saphirs. Les perles sont tellement serrées sur les vêtements ou les couronnes, qu'elles forment comme un tissu, comme une cotte de mailles continue. Quelquefois on n'a plus trouvé place ni sur les vêtements, ni sur l'auréole pour incruster de nouveaux joyaux ; alors on a pendu au cou des personnages divins des espèces de hausse-cols d'or qu'on a recommencé à cribler de perles, de diamants et de pierreries. »

Autour de Moscou, les villes et les villages rappellent des noms de batailles : Verega, détruite en 1812, Mojaïck, Borodino, où, sur les rives de la Moscowa, se livra l'un des combats les plus acharnés de la guerre de Russie; 110,000 hommes y périrent. Tver, au nord de Moscou, sur la route de Saint-Pétersbourg et dans le plateau de Valdaï, occupe le confluent de la Volga et de la Tverza. C'est une ville importante, de plus de 40,000 habitants, dont l'origine remonte au xiie siècle ; elle entretient avec la capitale un important commerce de céréales, qui emploie des milliers de chalands. Torschok, Rjef, Ostaschkof sont des cités commerçantes et industrielles ; on y travaille le maroquin, on y prépare le cuir dit de Russie, aujourd'hui si répandu dans l'Europe entière, et dont l'odeur pénétrante se retrouve partout dans l'Empire moscovite, comme celle du musc en Chine.

A l'est de Moscou, Iaroslav, peuplée de 40,000 habitants, s'élève au confluent de la Volga et de la Kotarosta; elle est l'une des plus anciennes villes slaves de la Volga et elle disputa à Moscou et à Tver le premier rang dans la Russie centrale. Ville universitaire et dotée d'une faculté de droit, elle n'en est pas moins commerçante et fait un grand trafic de lin, de coton et de céréales. Près d'elle, Rostov est plus ancienne encore ; ses icones, ou images sacrées, sont célèbres dans toute la Russie et ses foires sont au nombre des plus fréquentées. Kostroma, au confluent de la Volga et de la Kostroma, bien que peuplée d'environ 30,000 habitants, a plutôt l'aspect d'un grand village que d'une ville. Elle possède des manufactures de toiles, de savons, de maroquin et des fonderies de cloches. Varnavin fabrique la vaisselle de bois dont les paysans russes font usage, et Vitchouga des toiles damassées.

Vladimir, qui fut pendant un temps la capitale de la principauté de Moscovie, s'élève sur les hauteurs boisées de la Kliazma que couronne sa belle cathédrale. La ville a conservé un grand air d'antiquité. Siège d'un séminaire écclesiastique, elle fut réputée sainte, ayant servi de sépulture à saint Alexandre Nevsky. La province dont Vladimir resta le chef-lieu est l'une des plus industrieuses et aussi des plus fertiles de l'empire ; on en exporte de grandes quantités de céréales et ses manufactures sont florissantes, mais Vladimir déchue, participe peu à cette prospérité; son commerce se borne à l'exportation de ses vergers et de ses cultures maraîchères. Ainsi que Vladimir, Souzdal qui donna son nom à toute la région environnante, à la Souzdalie, a beaucoup perdu de son ancienne importance. Elle est toutefois restée le centre du trafic des images saintes que l'on fabrique à Kholouy et dans les villages adjacents anciennes dépendances des couvents de Souzdal. On évalue à deux ou trois millions le nombre des icones

souzdaliennes qui se vendent chaque année. Cette industrie fait vivre une partie
de la population et fournit du travail aux femmes et aux enfants.

Nijni-Novgorod, peuplée de 66,000 habitants, est la grande ville où se concentrent, à
l'époque de sa foire, les abondants produits de cette région industrielle, de ses filatures
de laine et de coton, de ses manufactures; de ses fabriques et de ses fonderies, et aussi
ceux des autres parties de l'empire. Le chiffre des affaires qui se traitent à la foire de
Nijni-Novgorod dépasse 500 millions de francs, et dans ce trafic la part de l'Asie, qui
dépasse 75 millions, ne cesse de s'accroître. Ouverte en 1817, la foire a toujours gagné
en importance, bien que, depuis quelques années, elle ait perdu sa pittoresque animation. « Si le marché de Nijni-Novgorod, écrit M. A. Legrelle, est un des plus anciens du
monde, la raison en est bien simple : la géographie l'imposait au commerce. Non seulement à elle seule, l'Oka, dans son cours de 1,200 verstes, traverse huit gouvernements,
tandis que le Volga en arrose neuf, mais encore de Nijni-Novgorod à Kazan, le Volga
et ses deux principaux affluents représentent le plein ou le centre d'un X, dont la partie
haute et la partie basse du Volga forment deux branches, tandis que l'Oka et la Kama
figurent les deux autres. Ces quatre routes d'eau, dont trois descendent d'elles-mêmes,
et dont une seule, le bas et le moyen Volga, est à remonter, mettent cette partie de la
Russie en communication économique avec la Lithuanie, la Moscovie, la Sibérie, par la
Kama, et la Perse par la mer Caspienne, c'est-à-dire avec tous les points cardinaux. On
peut donc affirmer que le point d'intersection commercial, le rendez-vous mercantile
naturel, non seulement de la Russie d'Europe, mais de l'Europe orientale et de l'Asie
occidentale, devait et doit encore se trouver à un endroit du Volga, dont la détermi-
nation précise pouvait appartenir aux convenances du commerce et aux préférences
des princes, mais que la topographie fixait nécessairement entre Nijni-Novgorod et
Kazan. »

IV. — RUSSIE MÉRIDIONALE : BESSARABIE. — TAURIDE ET CRIMÉE. GOUVERNEMENT DES COSAQUES DU DON.

La vaste région qui borde le littoral de la mer Noire et celui de la mer d'Azov et
qui comprend la Bessarabie, la Tauride et la Crimée et le gouvernement des Cosaques
du Don diffère peu, dans son orographie, de la Russie du nord. C'est toujours la même
interminable plaine, aux faibles ondulations, déroulant à l'horizon, son sol sans relief;
c'est toujours l'espace sans fin, sur lequel erre le regard, sur lequel erraient les hordes
nomades, indécises où se fixer dans l'éternelle et monotone solitude. Si la flore et
la faune diffèrent, c'est par la diminution des forêts et l'abondance des graminées.

Les anciens connurent cette région; ils la nommèrent Scythie, et s'ils la placèrent,
tantôt entre le Borysthène et le Tanaïs, tantôt plus à l'est, dans les profondeurs de
l'Asie, tantôt en deçà, tantôt au delà de l'Imaüs, c'est que les Scythes nomades se
déplaçaient, emportant la Scythie avec eux. Sous le nom de Scythes, les Grecs et les

Romains comprenaient toutes les peuplades errantes de cette région vague et indéterminée, les Massagètes et les Gètes, les Fennes et les Taures, les Iazyges et les Hérules, les Sarmates, les Scythes royaux et ceux que gouvernaient les femmes, les *Scythes gynécocratumènes*. C'était le seuil du monde barbare qui, plus au nord, s'étendait jusqu'aux régions hyperboréennes, monde plein de mystère redoutable, dont l'inconnu grandissait le prestige. La Grèce et Rome en eurent la terreur; elles sentaient en lui le péril menaçant; aussi les fondateurs de dynastie tentèrent-ils vainement de le refouler ou de le subjuguer; les plus grands, les plus puissants y échouèrent : Cyrus, Darius et Alexandre.

Derrière cette terre des Scythes s'étendait l'immense Avarie, plus inconnue, plus mystérieuse encore, au sein de laquelle s'accomplissaient d'étranges fusions, se heurtaient des hordes barbares venues de l'est et de l'ouest, rejetées des profondeurs de l'Asie par les convulsions socialistes de la Chine, chassées du plateau du Thibet par la faim et le froid. Ces hordes passaient au long des barrières de l'Empire Romain, jetant un regard d'envie sur les terres fertiles et les villes prospères, attendant le jour où ces barrières céderaient sous leur poids, l'heure de la curée. Elles croissaient en nombre, en force et en audace; elles devenaient des peuples. La Scythie occidentale devenait la Gothie; la Scythie orientale, la Hunnie; les Goths et les Huns apparaissaient et préparaient la grande invasion des Barbares.

Ce ne fut que plus tard que les Slaves « les hommes qui parlent » émergèrent de cette foule, que les Finnois s'en dégagèrent, que les Varègues fondèrent la nationalité russe. Quels étaient ces derniers? On les crut Latins; ils se disaient *Latvini;* on les crut Romains, de *Romove*, leur lieu sacré. Instinctivement, le monde barbare cherchait à se rattacher à Rome, à la grande ville dont le prestige subsistait malgré sa ruine. Si les Varègues venaient du sud, ils étaient probablement, comme l'indique leur nom de *Varègues*, « engagés par contrat », des soldats déserteurs des armées de Byzance, façonnés à la discipline, peut-être aussi des aventuriers du nord. L'heure était propice aux audacieux; dans l'immense désarroi que causait la chute de l'Empire, ils pouvaient, à leur guise, se tailler des royaumes et des principautés sur le sol sans maître, dans le monde sans empereur.

Ainsi firent-ils ici, comme dans le reste de l'Europe. Il fallut des siècles pour reprendre ce qu'ils avaient pris, pour constituer une unité nationale sur les débris de l'ère féodale, pour convertir les principautés moscovites, les villes libres et les provinces autonomes, les tribus éparses et les peuplades ennemies en un empire et un peuple russes. L'œuvre n'est pas achevée, la fusion n'est pas encore complète, et, ici mieux qu'ailleurs, on en peut suivre les phases multiples, les lentes évolutions. En Asie, dans la Sibérie comme dans la Caucasie, nous avons montré la marche de la Russie, ses prodigieux travaux, ses étonnantes voies ferrées, ses villes surgissant dans le steppe, ainsi qu'autant d'étapes vers l'est. Dans cette partie méridionale qui confine à la mer Noire et à la mer d'Azov, la Russie s'avance vers le sud, vers Constantinople qui l'attire, comme autrefois elle attirait les Scythes.

Dans la Bessarabie, récemment annexée, et qui fut la *Dacie Trajane*, les villes sont relativement importantes et peuplées; Kichénef en est la capitale. Elle compte 30,000 habitants et confine à la frontière roumaine ; son commerce consiste principalement en blés, lin, bestiaux et suifs. Bender, au sud-ouest, est une place forte. Charles XII s'y réfugia après la bataille de Poltava et y reçut l'hospitalité du sultan, auquel Bender appartenait alors. La Russie convoita longtemps ce point stratégique; trois fois elle prit Bender et dut le restituer. En 1812 elle s'en empara et le garda. Plus bas, sur le Dniester, se trouve l'ancienne colonie grecque de Tiras, aujourd'hui Tiraspol; on vante la beauté et la régularité des traits de ses femmes. Olonatchi fut la ville des Alains; Ovidiopol rappelle l'exil d'Ovide chez les Sarmates, mais Ovide n'y vécut point; Ovidiopol surveillait Akerman, la forteresse russe qui, de l'autre côté du Liman du Dniester, lui faisait face. Les Russes ont franchi le fleuve, ils sont maîtres d'Akerman et des deux rives du Dniester, et aussi de Khotin, en face de Kaménetz Podolsky qui fut une colonie génoise.

Odessa est le grand port commercial de cette région. Elle est la troisième ville de la Russie par sa population de 304,000 habitants, par son commerce de près de 500 millions à l'année. Colonie grecque, elle fut consacrée à Ulysse dont elle porte encore le nom; elle comptait à peine quelques milliers d'habitants au commencement de ce siècle; l'intelligente administration du duc de Richelieu, émigré français, nommé en 1803 gouverneur général, fit d'elle ce qu'elle est devenue aujourd'hui : l'un des centres les plus importants de l'empire. « Ville à la fois russe et méditerranéenne, écrit M. E. Reclus, Odessa est l'une des cités d'Europe dont la population est le plus mélangée. Les principaux négociants sont juifs, italiens, grecs, allemands, français. Les Tartares et les Roumains, les Turcs et les Bulgares se rencontrent dans les rues avec les Lases de l'Asie Mineure et les Grusiniens du Caucase. L'influence française est considérable dans cette ville fondée par le général de Ribas, construite en partie par l'ingénieur de Roland, embellie et dotée par le duc de Richelieu; cependant les étrangers dont l'action a été prépondérante sont les Italiens : naguère les inscriptions des rues étaient rédigées en deux langues, italien et russe, et beaucoup de mots italiens sont entrés dans la langue populaire d'Odessa. Du reste la physionomie de la ville change singulièrement suivant les alternatives du commerce, qui sont très grandes, car la principale denrée d'exportation consiste en céréales et nul article d'échange n'est soumis à de pareilles oscillations annuelles, provenant de l'inégalité des récoltes, des besoins et de la richesse des pays d'importation. De vastes magasins, dont quelques-uns ressemblent à des palais, servent à entreposer les grains et donnent une idée de l'importance de ce trafic. Odessa expédie aussi par ses trois ports que l'on a récemment agrandis, des quantités considérables de laines, de suifs, du lin et reçoit en échange des denrées coloniales, des objets manufacturiers, des vins, des articles de luxe; l'importation du thé est considérable. Les bateaux à vapeur ont la plus grosse part dans le commerce d'Odessa; et la ville elle-même possède une partie notable de la flotte qui dessert ce commerce. »

Soudée à la terre russe par l'isthme étroit de Pérékop, la Crimée affecte la forme d'un losange irrégulier qui mesure 320 kilomètres du détroit d'Iénikaleh, large de 15 kilomètres à l'entrée et qu'un banc de sable réduit à six, au promontoire Tarkansky, et 240 du cap Saritsch à l'isthme de Pérékop. Au nord, la Crimée apparaît comme la continuation de la plaine russe ; elle en a les traits caractéristiques et le sol sans relief ; elle semble un fond de mer en partie desséché, sur lequel les eaux, dans leur mouvement de retrait, auraient laissé un long marécage, la mer Putride, qu'une bande de sable, la flèche d'Ararat, sépare de la mer d'Azov. La partie méridionale offre un tout autre aspect ; le sol se relève en relief puissant ; une chaîne de dix lieues de longueur court de Sébastopol à Kertch, atteignant son point culminant au Tchatyr-Dagh, d'une altitude de 1,580 mètres.

Le contraste est saisissant entre les deux versants de la chaîne Taurique, entre les rocs dénudés des pentes septentrionales et la vitalité furieuse que déploie la végétation sur les pentes méridionales. C'est une Italie scythique, dont Pallas, l'illustre voyageur, arraché par ce contraste à son flegme habituel, vanta les charmes, s'attardant dans ces vallées qui jouissent du climat de l'Asie Mineure, où l'hiver se fait à peine sentir, où les primevères et les safrans printaniers poussent en février et quelquefois en janvier, où le chêne conserve parfois pendant l'hiver ses feuilles vertes. Le noyer et tous les arbres fruitiers sont les plus communs de la forêt, ou plutôt la forêt n'est qu'un jardin fruitier abandonné à lui-même. Les vignes domestiques et sauvages s'élèvent à l'envi sur les plus gros arbres, et forment, avec la viorne fleurie, des guirlandes et des berceaux sans aucun secours de l'art.

Dépendance administrative du gouvernement de la Tauride qui, plus au nord, s'étend sur les steppes des Tartares Nogaïs, la Crimée fut conquise par Catherine II, impatiente d'effacer jusqu'au dernier vestige du joug Mongol et de détruire ce repaire d'où, tant de fois, les escadrons tartares étaient sortis pour venir porter la destruction et l'incendie jusqu'aux portes de Moscou. Le génie oriental et barbare de Catherine ne recula pas devant une destruction systématique. De 400,000, la population tomba à 10,000, mais l'immigration combla les vides ; les Allemands accoururent ; ils fondèrent Heilbronn, Zurichthal, Rosenthal. Arméniens, Russes et Grecs affluèrent, mais telle était la vitalité de la race tartare qu'elle est redevenue l'élément ethnique prépondérant.

Cette terre fut célèbre dans l'antiquité. Les anciens la désignaient du nom de Chersonèse Héracléotique. Par une longue et large muraille dont il ne reste plus trace et qui s'étendait d'Inkermann à Balaklava, ils l'avaient séparée de la Chersonnèse Taurique. Avec les pierres de cette muraille, les Russes ont construit leurs maisons et leurs bergeries ; ses marbres couverts d'inscriptions ont servi aux fondations de Sébastopol.

Si la vie végétale est intense dans la Crimée méridionale, la vie animale ne l'est pas moins, surtout dans les eaux. Le taret destructeur abonde dans les ports et l'on y estime à huit années seulement la durée moyenne d'un vaisseau en bois. Le bulletin de l'Académie des sciences de Saint-Pétersbourg relate qu'en décembre 1869, un banc d'anchois poursuivi par les dauphins vint remplir la baie de Balaklava en nombre tel, qu'ils formaient une masse solide. On dut tirer le canon pour mettre en fuite les dauphins, ces assiégeants d'un nouveau genre, et débloquer la baie. Malgré l'énorme quantité d'anchois que l'on prit, il fallut des milliers d'hommes pour débarrasser la plage des masses de poissons putréfiés qui empestaient l'atmosphère à tel point que la plupart des habitants furent obligés de quitter la ville pendant quelque temps.

Ici, contrairement à ce qui eut lieu en Russie, le nomade devient de bonne heure sédentaire. Alors que le gros de l'immigration errait dans la vaste plaine moscovite, les tribus que son remous rejetait dans la péninsule de Crimée, emprisonnées par la mer, encadrées par les montagnes et les divisions naturelles du sol, s'établirent et demeurèrent. Tout les y retenait, rien ne les en déplaçait. Le grand courant passait au nord, poussant droit devant lui, vers l'ouest, les laissant à l'écart. Le sol était riche, les habitants plus riches encore. Les Alains, refoulés dans cette impasse, s'y maintinrent et le grand empire des Goths avait depuis longtemps disparu, que ce détachement des Goths occupait encore la péninsule. Les Tartares Nogaïs qui s'en emparèrent au XIIIᵉ siècle s'y cantonnèrent fortement ; après-eux vinrent les Turcs dépossédés par Catherine II.

Étant donnée la nature du sol et du climat, les villes devaient se grouper dans la partie méridionale de la péninsule. Au nord, Pérékop ou la « Coupure », gardait le seuil d'accès. Un large fossé creusé à travers l'isthme, le *fossé de Taphros* avait autrefois fait une île de la Crimée ; aujourd'hui, à l'inutile fossé que le temps a comblé, les Russes ont substitué une ligne de forts.

Il faut descendre vers le sud pour trouver Eupatoria, prospère au XVᵉ siècle, et centre d'un commerce important. On l'appelait alors Kozlov ou « cent yeux », parce qu'au loin, du steppe nu, le voyageur apercevait, à l'horizon, briller les lumières de la grande ville. Sur la plage d'Eupatoria débarquèrent, en 1854, les armées alliées en marche sur Sébastopol, dont l'héroïque résistance illustre à jamais ce port à peine connu avant le jour où il devint historique. Écrasé par ce « feu d'enfer » célèbre dans nos annales militaires, incendié par les Russes, Sébastopol meurtri ne s'est pas encore entièrement relevé de ses ruines. Les débris des docks gisent dans la baie de Karabelnaia ; sous les voûtes de l'église de Saint-Vladimir reposent les corps des trois amiraux russes tués sur les bastions. Les remparts ont disparu, remplacés par des magasins de céréales et des promenades publiques, et la population de la ville ne dépasse pas 35,000 âmes.

Le cap Chersonèse forme la pointe sud-ouest de la Crimée. Là s'éleva la ville de Charson et aussi le temple de Diane. Près du promontoire sacré se dresse le monastère de Saint-Georges et à l'est s'ouvre la vallée de Balaklava. « En face du port s'élève la ville avec ses maisons échelonnées les unes au-dessus des autres et possédant toutes un balcon et quelques arbres. Vu de ces balcons, le port, dont on ne distingue point l'étroite issue, ressemble à un lac de l'Écosse resserré entre des montagnes escarpées. Sur les hauteurs qui bordent l'entrée du côté de l'est, on aperçoit les restes d'une forteresse bâtie anciennement par les Génois. Aujourd'hui la ville génoise est devenue une ville grecque. Une troupe de hardis pirates originaires de la Morée et de l'Archipel, avaient rendu de grands services aux Russes pendant la guerre de 1770 ; après le traité de Koutchouk-Kaïnardji, Catherine, assez embarrassée de ses auxiliaires, les établit à

Balaklava, où on les employa principalement à surveiller les mouvements des Tartares. Plus tard, ces aventuriers furent rejoints par plusieurs de leurs compatriotes et Balaklava devint ainsi le chef-lieu d'une petite colonie qui s'est perpétuée jusqu'à nos jours, sans mélange de Russes ni de Tartares, et qui compte environ 600 familles. »

Simféropol est la capitale de la Crimée et aussi le centre administratif du gouvernement de la Tauride. Elle est située dans la riche vallée du Salgir, sur la route qui relie le nord et le sud de la péninsule, et sur l'emplacement, croit-on, qu'occupa Neapolis, et, après elle, la ville turque d'Ak-Metchet que les Russes détruisirent. Ce n'est qu'à Bakhtchi-Saraï, le « Palais des Jardins » que se révèle la Crimée orientale, qu'apparaissent, dans leur cadre de verdure, le palais des Khans, les hauts minarets des mosquées, les boutiques d'armes, d'étoffes, de bijoux qui rappellent les bazars de Smyrne. Les ruines qui se prolongent au sud-est attestent l'antiquité de Simféropol, et les débris de temples grecs s'y confondent avec ceux des forteresses qu'élevèrent les Goths.

Aloutcha, port de Simféropol, est à 48 kilomètres de distance; ce n'est plus qu'un village; ce fut une ville italienne : Soldaia, un comptoir de Venise, puis de Gênes. Les Turcs la dévastèrent au xve siècle et les viticulteurs allemands y ont remplacé les négociants italiens. Le sol est riche et fertile, et le vallon d'Aloutcha qu'abrite une haute ceinture de rochers volcaniques est l'un des plus chauds de la Crimée. Les anciens ont vanté les charmes de cette partie de la péninsule, de la vallée de Baïdar, « l'Arcadie Taurique », la « Tempé criméenne ». Dans nos temps plus modernes ce littoral, qui s'étend d'Aloutcha à Jalta, s'est couvert de luxueuses villas et de fermes ; les palais s'y succèdent, encadrés de parcs; ceux d'Orianda, de Livadia, résidence de l'empereur, de Castropoulo, de Laspi, de Nikita, de Khoreïs où se réfugia la mystique amie d'Alexandre Ier qui, en 1825, vint prier sur sa tombe, s'alita au retour de son pèlerinage et mourut en murmurant le nom de Mme de Krudner; puis le palais d'Oursouf que fit construire le duc de Richelieu.

C'est une autre route de la Corniche, aussi riante, aussi belle que la Corniche méditerranéenne. Elle se déroule au long de fraîches vallées, de collines pittoresques semées d'arbres et de ruines, de coteaux couverts de vignobles et d'arbres fruitiers. Elle cesse brusquement à l'entrée de la presqu'île de Kertch. Le steppe commence, aride et monotone, à mesure que l'on approche de Théodosée, sur l'emplacement de laquelle, au xiiie siècle, les Génois élevèrent Kaffa. Ce fut l'une des cités les plus riches et les plus florissantes de l'Orient; dans son port s'entassaient les produits des Indes Orientales avant la découverte de la route du cap de Bonne-Espérance. Kaffa contenait alors 100,000 habitants, 50 églises et autant de mosquées; son port recevait près de 1,000 navires chaque année et les Arabes l'appelaient le « Petit-Stamboul ». Ahmed-Pacha s'en empara en 1475; il n'y laissa qu'un amas de ruines et une population réduite à 8,000 âmes. Elle se releva cependant et de nouveau s'enrichit, cette fois par le commerce des esclaves. Elle possédait 85,000 habitants quand les Russes la prirent en 1783; elle n'en a plus que 11,000; son commerce est à peu près nul et la vieille Kaffa est devenue une ville de bains de mer, une station estivale.

Kertch, dans le détroit de Yéni-Kaleh, est plus ancienne encore que Kaffa. Fondée par les Milésiens qui l'appelèrent *Panticapée*, elle compte vingt-cinq siècles d'existence et, sous le nom de Bosporus, fut la capitale du royaume de Bosphore. Plus tard les Génois l'enrichirent par le commerce; les Turcs la ruinèrent et les Russes en firent une place de guerre. Sur le mont où s'éleva l'acropole de Panticapée, Mithridate, dit la légende, assistait au défilé de sa flotte. Là aussi serait son tombeau.

Sur la terre ferme, de l'autre côté de la mer d'Azov et à l'ouest de l'isthme de Pérékop, se trouve Yékatirinoslav, « la gloire de Cathérine », située sur le Dniéper, et que fonda Potemkin; il rêvait d'en faire l'une des capitales de la Russie, et sa position au coude du fleuve, à la jonction de la Samara et en amont des rapides, est heureusement choisie; sa population s'élève aujourd'hui à près de 50,000 âmes. Alexandrosk est en aval des rapides, au point même où s'arrêtent les embarcations et d'où partent les caravanes qui se rendent à Berdiansk, port de la mer d'Azov. De hautes falaises dominent la rade de Berdiansk; ses eaux profondes et son bon mouillage en font l'un des meilleurs ports de cette côte. Taganrog, au sud-est, est d'accès plus difficile, mais son chemin de fer en fait le port le plus rapproché de Kharkov. Marioupol, mieux située, est plus abordable aux bâtiments de fort tonnage, qui doivent mouiller à plusieurs kilomètres au large de Taganrog et à quelques encablures seulement de la plage de Marioupol. Nogaïsk est à l'ouest de Berdiansk, mais la ville créée par le duc de Richelieu n'a pas encore justifié les espérances qu'elle faisait concevoir.

A Rostov, dont nous avons parlé plus haut, finit la côte de Tauride et commence la Caucasie, que nous avons décrite dans notre volume de l'Asie. A l'est de Rostov et au nord de la Caucasie, s'étend le gouvernement des Cosaques du Don.

Nous avons dit ce que furent et sont les Cosaques Zaporogues. Entre eux et ceux du Don la ressemblance est grande; ils se tiennent pour frères, bien que de grands espaces séparent les Cosaques petits-russiens du Dniéper et ceux du Don. Leur origine est la même; ils furent, les uns et les autres des nomades, devenus sédentaires, et que l'oppression ramena à la vie errante de leurs ancêtres. Au début, fugitifs de la civilisation, réfractaires aux exactions des nobles, ils reprirent le chemin des steppes; réunis en petits groupes, ils se dérobaient par la fuite ou résistaient par la force à leurs persécuteurs. Si dure que fût leur vie, elle leur paraissait préférable au joug qui pesait sur eux. La tyrannie des *voïvodes* grossissait leurs rangs; l'imagination grandissait leur prestige. Ils se vengeaient de l'oppression subie, et leurs exploits firent d'eux des justiciers populaires. Plus nombreux, ils peuplèrent le steppe et le défendirent contre les incursions des Tartares, moins encore par patriotisme que par nécessité, car, tout en se faisant mutuellement la guerre, Cosaques et Tartares s'engageaient à ne pas incendier les prairies qu'ils se disputaient et dont le foin faisait vivre leurs troupeaux.

Ils n'en devenaient pas moins, par la force des choses, une barrière vivante qui couvrait la Russie contre les Tartares et contre les Musulmans. Utiles, nécessaires même, on respecta leur indépendance, on traita avec eux; ils négocièrent avec Ivan IV, reconnurent sa suzeraineté, tout en maintenant leur liberté. « Le tsar règne à Moscou et le Cosaque sur le Don », répétaient-ils. Et, de fait, ils y régnaient, remontant vers le nord, entreprenant, sous la conduite de Yermak, la conquête de la Sibérie, tentant, avec l'aide des Zaporogues, de s'emparer de la place turque d'Azov. Ils y réussirent avec l'aide de Pierre le Grand, mais ce dernier n'eut garde de la laisser en leurs mains. Il doutait de leur fidélité, depuis que Mazeppa, hetman des Cosaques de l'Ukraine, désireux de se rendre indépendant, avait fait alliance avec Charles XII et avait combattu à ses côtés à Pultava. Sa méfiance redoubla quand il vit les Cosaques du Don accueillir, malgré ses ordres, des fugitifs de la Russie centrale. Sa colère provoqua leur insurrection; il en profita pour écraser les rebelles, détruire leurs campements, empaler leurs chefs.

Aujourd'hui, ces nomades sont redevenus sédentaires, tout en conservant leurs cadres et leur organisation militaire. Ils sont plutôt des tributaires que des sujets de la Russie, bien qu'en leur qualité d'orthodoxes les Cosaques soient tous dévoués au tsar, auquel ils fournissent ses meilleurs cavaliers, car, sous ce rapport, l'Arabe seul est comparable à l'habitant des steppes. Ils ont repris la charrue et cultivent la terre; leurs *stanitzas* deviennent des villes, et leur antique indépendance n'est plus guère qu'un souvenir.

On les retrouve dans les gouvernements de Kharkov et de Voronej, dont nous avons déjà parlé, mais ils se groupent surtout autour de Novo-Tcherkask, capitale de de l'armée du Don, située sur l'Aksaï, branche septentrionale du fleuve. Ce grand campement est devenu une ville de 40,000 habitants. Razdorskaïa et Tzimlanskaïa sont riches en vignobles que les Cosaques cultivent et dont ils tirent un vin mousseux très apprécié; à Ouroupinskaïa se tient une foire très fréquentée.

V. — RUSSIE ORIENTALE. — PROVINCES DE LA VOLGA. PROVINCES DE L'OURAL.

Entre la Volga et l'Oural s'étend le steppe oriental, tant de fois traversé par les hordes turques et mongoles qui campèrent sur les rives de la Volga et poussèrent jusqu'aux portes de Kiev. Kalmouks bouddhistes et Kirghizes musulmans longtemps se disputèrent la possession du steppe. Les Kalmouks furent les plus nombreux et les plus forts jusqu'au jour où, sous le règne de Catherine, ils émigrèrent en partie, au nombre de 500,000, et ne revinrent plus. L'Asie les reprit, mais d'autres Asiatiques, Turcomans, Nogaïs et Gypsies, occupèrent la place qu'ils laissaient vide. Les descendants du petit-fils et des compagnons de Gengis-Khan pouvaient seuls, à ce moment, coloniser et convoiter cette terre dont M. H. Dixon a tracé un tableau saisissant. « Une vaste plaine noirâtre, uniforme, balayée par les vents, parsemée de chétives mousses brunes, de roseaux arides, çà et là une troupe de chevaux à demi sauvages; un cavalier kalmouk, galopant au milieu d'un nuage de poussière; un chameau égaré; un chariot traîné par des bœufs qui avancent péniblement sur le sol effondré par les pluies précédentes; un pli de terrain, sombre et jaunâtre, où se cache un village gypsie; des files de charrettes chargées de melons et de foin; un troupeau de moutons gardé par un jeune Cosaque coiffé d'un bonnet de fourrure, vêtu d'une capote de peau et chaussé de bottes énormes; un moulin à vent qui agite ses longs bras sur une éminence solitaire; tout cela encadré par l'immense voûte du ciel, que bordent à l'horizon des traînées de lumière verte et empourprée : tel est l'aspect du steppe oriental au déclin du jour. »

Ici, l'Europe et l'Asie se trouvent en présence et, entre les haines boudhistes et les haines musulmanes, entre le Kalmouk, le Turc et le Mongol asiatiques, s'interposent le Cosaque dont les campements jalonnent le steppe, les Mordves orthodoxes et russifiés, disséminés comme des îlots dans le bassin moyen de la Volga, des sources de l'Oka aux pentes de l'Oural, les Tchérémisses, les Tchouvaches et les Tartares.

Les Kalmouks furent, avons-nous dit, les plus nombreux et la race dominante. Ils sont encore les plus réfractaires à la civilisation. Nomades invétérés ils errent avec leurs moutons et leurs chameaux depuis les rives du Don jusqu'au long de la muraille de Chine. Leur farouche indépendance ne reconnaît que des égaux et n'admet pas de maître. Pierre le Grand dut traiter avec eux de puissance à puissance et sur quelques mots dédaigneux de Catherine, Oubascha, leur chef, partit avec 500,000 d'entre eux, emmenant avec lui d'innombrables troupeaux, dépouillant sur son chemin les provinces, affamant les villes et laissant derrière lui 15,000 tentes dont les habitants devaient le suivre au printemps. On les retint; Catherine se souvint des services qu'avaient précédemment rendus à la Russie les 30,000 cavaliers d'Oubascha en rejetant les Turcs de l'autre côté du Danube.

L'exode d'Oubascha laissait le champ libre aux Khirghiz. Ils en profitèrent pour se rapprocher de la Volga, pour passer en plus grand nombre d'Asie en Europe. Leur véritable domaine était l'espace compris entre le fleuve Oural et le lac Balkasch. La Russie essaya vainement d'amener à la vie sédentaire ces nouveaux émigrants. A la somptueuse résidence qu'elle fit construire pour le Khan des Khirghiz ce dernier préféra toujours sa tente; aux travaux agricoles ses nomades préférèrent leurs incursions sur territoire mongol et leur commerce d'esclaves avec Khiva et Bokhara.

Entre la Molochnaïa et la mer d'Azov, se trouvent les Nogaïs, Mongols d'origine, convertis à la foi de Mahomet, et longtemps nomades. « Notre demeure est sur des roues, disaient-ils. Tel homme a une maison fixe, tel autre en a une mobile; ainsi l'a voulu Allah. » Au contact des Russes ils modifient toutefois leurs coutumes et, bien que d'une façon primitive encore, ils cultivent le sol, se contentant de lui faire produire le millet nécessaire à leur subsistance. Ils payent un impôt mais ne sont pas astreints au service militaire.

Près d'eux, mais au-dessous d'eux, et plus réfractaires encore à toute civilisation, les Gypsies mènent, dans le steppe oriental, la vie qui leur est chère. Ils errent de foire en foire, vivant au jour le jour, diseurs de bonne aventure, musiciens ambulants que les Russes désignent du nom de Tsiganes, habiles aux petits métiers, plus habiles encore aux larcins. « L'instinct de leur race, écrit M. H. Dixon, les pousse à vivre en dehors du peuple russe, rôdant autour des fermes, tendant la main devant une maison, volant dans une autre; formant une caste de parias que beaucoup de gens redoutent et qui excite l'aversion de tous. En été, ils s'installent sur le gazon; en hiver, ils se creusent des tanières dans le sol, ne s'inquiétant pas plus de la chaleur et de la rosée que du froid et de la neige. Ils ont un teint presque aussi foncé que le bronze, de grands yeux farouches, des regards affamés; il semble que l'on ne puisse se les représenter en dehors du bourbier où ils vivent le jour, où ils dorment la nuit. »

La Russie orientale fut longtemps une région neutre entre l'Europe et l'Asie. Ses steppes attiraient le nomade que le fleuve Oural n'arrêtait pas. Aussi retrouve-t-on encore, dans le sud surtout, ces tribus asiatiques, errantes et distinctes, sur lesquelles la civilisation a si peu de prise. Plus au nord, avons-nous dit, dans le bassin moyen de la Volga, apparaissent d'autres groupes, les Mordves, les Tchérémisses, les Tchouvaches et les Tartares, groupes plus nombreux, moins réfractaires à l'influence extérieure, en certains endroits déjà russifiés.

Tels sont les Mordves, que les historiens byzantins décrivent comme un peuple nombreux; ils auraient été les alliés de Mithridate. Les évaluations diffèrent quant à leur nombre actuel. Koppen l'évalue à 400,000; Maïnov à près d'un million. Moyennant un rouble par tête et trois images saintes, Élisabeth les décida à se dire chrétiens. Difficilement on les distinguerait maintenant des Russes, n'étaient leur langue qui se perd, leur menton relativement glabre, et leurs anciennes croyances qui persistent sous leur apparente conversion. Ils adorent la « Terre mère »; bons cultivateurs ils font rendre à leurs champs tout ce qu'ils peuvent donner. « Les Mordves savent mieux prier que nous, disent les paysans russes, leurs dieux exaucent mieux leurs prières », et Maïnov raconte que lorsque la récolte est abondante les Mordves, pour récompenser saint Nicolas, qui préside suivant eux aux travaux des champs, frottent la bouche du saint avec du beurre; au cas contraire, ils l'enferment dans la grange, la face tournée contre la muraille.

Les Tchérémisses sont moins nombreux, 300,000 tout au plus. Leur nom d'origine tartare, signifie « Hommes méchants », eux-mêmes se désignent de celui de *Mori*, « hommes ». Ils campaient autrefois entre la Volga et la Kama et quand Novgorod établit sur leur territoire un comptoir fortifié, ils tinrent tête à Novgorod et coupèrent ses communications avec Kazan. Aujourd'hui, ils n'ont plus de cohésion ethnique et sont divisés en deux tronçons, les Tchérémisses des prairies et ceux des monts. Les Russes les enserrent de toute part et, de plus en plus, leur nationalité disparaît. Ils n'ont pas les qualités agricoles des Morvdes; le nomade persiste davantage en eux et, de préférence, ils s'adonnent à la chasse, à la pêche et à l'élevage du bétail. Le mariage est encore à l'état de rapt, et la cérémonie suit l'enlèvement qui, chez eux n'est pas un simple simulacre comme il l'est devenu pour nombre de peuplades. Le divorce est simple; les deux époux liés dos à dos sont amenés devant les anciens; le nœud tranché, chacun d'eux s'en va de son côté, et tout est dit. Comme les Morvdes, ils vénèrent saint Nicolas mais tiennent Mahomet pour un prophète. Avec une indifférence toute chinoise ils déclarent que « les soixante-dix-sept religions des soixante-dix-sept peuples sont également bonnes », aussi acceptent-ils celle du milieu où ils vivent.

Les Tchouvaches sont nombreux dans le gouvernement de Kazan; ils forment, dit-on, près du quart de la population; on les retrouve, mais en groupes moins compacts, dans les provinces de Samara, Perm, Saratov, Orenbourg. Leur chiffre dépasse 600,000; ils semblent d'origine finnoise et se disent chrétiens, mais ils ont conservé beaucoup de leurs anciennes pratiques païennes. Ils ont gardé aussi leur langue et leurs traditions. Petits de taille, faibles de corps, timides d'esprit, ils fuient le contact étranger, se tiennent à l'écart, et leurs chants mélancoliques sont ceux d'une race qui se sent condamnée à disparaître.

Il n'en est pas de même des Tartares mongols, de ceux de Kazan surtout. Les fils de la *Horde d'Or* ont conservé la pureté de leur race et aussi les grands souvenirs de leur passé, du temps où ils étaient les maîtres, où le héros et le saint de la Russie, Alexandre Nevsky, courbait la tête devant le grand Khanet, où les chroniqueurs russes disaient : « En ces temps-là pour nos péchés, arrivèrent des nations inconnues : personne ne savait quelle était leur origine, d'où elles venaient, et quelle était leur religion... Dieu seul les connaît et peut-être aussi les sages hommes versés dans la science. » Cette invasion asiatique fit dévier l'histoire russe au xiiie siècle et retarda de plusieurs siècles le développement de la Russie.

Déployée en croissant, l'immense invasion abordait alors l'Europe, enveloppant dans son mouvement convergent ses extrémités septentrionales et méridionales : la Russie son aile gauche, l'Espagne son aile droite. La Russie devait succomber. Non seulement l'Europe l'abandonnait, mais la Suède, l'Allemagne et les Chevaliers Porte-Glaives la prenaient à revers, profitant de ses embarras. Vaillamment elle soutint le premier choc, arrêtant Gengis-Khan sur la Kalka, luttant derrière les murailles de Valdimir et de Kiev emportées d'assaut. Elle était au poste le plus périlleux, au débouché de ce vaste réservoir d'hommes qui débordaient sur elle, envahissant son sol. Alors commencèrent ces tristes jours pendant lesquels la Russie écrasée, recourut, pour subsister, aux traditions de Byzance, à ce génie d'intrigues qui retarda peut-être la chute de l'Empire d'Orient mais ne la rendit que plus irréparable.

Comme elle, à l'autre extrémité de l'Europe, l'Espagne succombait. Nous avons dit la lutte héroïque qui trempa si fortement l'âme des Castillans. « L'isolement aux deux extrémités de l'Europe et la domination musulmane qui en fut la conséquence, ont écrit M. A. Leroy-Beaulieu, à bien des égards, fait à l'Espagne et à la Russie des destinées comparables. Entre le développement politique et religieux de ces deux pays si divers, cette double analogie a créé de singulières ressemblances; sur le caractère des deux peuples, un joug en apparence identique a eu les conséquences les plus opposées. L'Espagnol assujetti et jamais soumis, le Castillan qui pour chasser l'infidèle n'eut recours qu'à l'épée, garda de l'invasion des Maures une fierté outrée, un orgueil national excessif, une raideur dédaigneuse de l'étranger. Le Russe contraint de rendre les armes, le Moscovite, obligé de mettre tout son recours dans la patience et la souplesse, a gardé du joug tartare un caractère souvent moins digne, mais dont, pour le progrès de sa patrie, les défauts mêmes sont moins redoutables que les qualités espagnoles. L'oppression de l'homme, ajoutée à l'oppression du climat, creusa plus profondément certains traits déjà marqués par la nature dans l'âme du Russe. La nature l'inclinait à la soumission, à la tristesse, à la résignation : l'histoire confirma ces penchants. Comme le climat, l'histoire aussi l'endurcissait. »

A cette dure école, replié sur lui-même, le Russe sentait grandir en lui son attachement à sa foi. Sa croyance et son patriotisme faisaient cause commune contre l'étranger et l'ennemi. Il sortit de l'épreuve plus orthodoxe, de même que l'Espagnol en sortait plus catholique. Lorsque en 1480 l'inexplicable panique qui s'empara des hordes campées sur les rives de l'Oka brisa le joug tartare que la Russie portait depuis trois siècles, l'unité nationale apparut, incarnant dans le principe d'autocratie politique et religieuse qui est encore, après cinq siècles, la pierre angulaire de la Russie.

C'était la conception asiatique, et ce qui est pour surprendre, c'est que la Russie affranchie ne soit pas demeurée asiatique, que, devant la Baltique fermée et la muraille élevée entre elle et l'Occident par les Lithuaniens, les Polonais, les Suédois et les Chevaliers teutoniques, la Russie ne se soit pas tournée vers l'Orient. On put le craindre un moment. Libre du joug tartare, la Russie inclina de ce côté; descendant la Volga elle s'achemina vers la mer Caspienne; remontant la Kama, elle franchit l'Oural et déborda sur la Sibérie. Par un singulier contraste, celui des tsars russes qui s'était montré le plus implacable adversaire du Croissant, Ivan le Terrible, fut aussi celui qui copia servilement ses ennemis. S'il eut vécu plus longtemps, ou si ses successeurs eussent suivi ses errements, la Russie, délivrée des Tartares, serait devenue tartare; elle eût adopté les usages et les coutumes de ses ennemis. Dans l'organisation des provinces, dans l'équipement de l'armée, dans la constitution de la vie sociale, Ivan IV copia les Tartares, transformant son palais en harem, imposant la réclusion des femmes, rendue par lui aussi stricte à Moscou qu'elle l'était à Bokhara.

La réaction se fit sous Pierre le Grand. De même qu'en transportant la capitale de Moscou à Saint-Pétersbourg il ramenait violemment la Russie vers l'Occident, de même, par ses réformes intérieures, il la détourna résolument de l'Asie. Asiatique par tempérament et par instinct despotique, il était européen par l'intelligence et la clairvoyance; l'Occident l'attirait irrésistiblement. Là, pour lui, était l'avenir, et une Russie asiatique n'était pas pour satisfaire ses hautes ambitions. Il détruisit l'œuvre d'Ivan; il supprima les beys provinciaux, ou boyards, empruntés à l'organisation tartare; il abolit l'uniforme et les manœuvres tartares dans l'armée; il rappela les femmes à la cour, présidée par la tsarine, et fit disparaître la claustration musulmane.

Ce qui subsiste de ce passé, de ces brusques oscillations en sens contraires, c'est une égalité apparente entre les Russes et les Tartares, une opposition moins tranchée entre deux races qui, réciproquement, ont réagi l'une sur l'autre et prouvé ce qu'elles valaient par les emprunts qu'elles se sont faits. Si, sur le terrain religieux, les Tartares se maintiennent sur la défensive, ils ne vont pas au delà et ne cherchent pas à faire des prosélytes. Ils ne demandent rien d'autre aux Russes que de respecter leurs croyances religieuses et, de plus en plus s'assimilent à eux par leurs occupations, se mêlent à eux comme commerçants en blé, drogmans et intermédiaires naturels avec leurs coreligionnaires d'Asie. Plusieurs sont arrivés à conquérir, avec d'immenses fortunes, le titre de Mirza ou prince, tels dans la province de Kazan, les Mirzas

Burnaïef, Yunasof, Apakof, qui tiennent les premiers rangs parmi les négociants, et ne doivent leurs richesses qu'à leur intelligence.

Kazan, l'une des grandes villes de la Russie orientale, est le point de rencontre de l'Europe et de l'Asie, de l'église et de la mosquée. Bokhara fonda Kazan qui fut l'un des plus importants Khanats, un avant-poste asiatique. La ville, peuplée de 142,000 habitants, s'élève près de la Volga, dont les eaux ne la bordent qu'à l'époque des hautes crues. Le fleuve, rongeant incessamment sa rive droite et désertant sa rive gauche, coule actuellement à cinq kilomètres de Kazan qui se relie à lui par la rivière Kazanska. Sur une montagne à la crête dentelée, se dresse le Kremlin, citadelle et résidence du gouverneur, surmontée de la croix chrétienne. La ville est industrielle et commerçante, située au point de croisement des routes de la Baltique, de la Caspienne et de la Sibérie. Elle est aussi universitaire et possède une haute école; elle est surtout musulmane et tartare, fille de Bokhara et de Khiva, dont les noms résonnent aussi harmonieusement aux oreilles du Tartare, que celui de la patrie absente aux oreilles de l'exilé.

« Une légende arabe, dit H. Dixon, place dans la bouche de Mahomet une parole que les vrais croyants considèrent comme une promesse solennelle; d'après cet oracle, les sectateurs du prophète posséderont la terre dans tous les pays où le palmier porte ses fruits, mais dans les contrées où l'arbre béni ne fleurit pas, les musulmans, alors même qu'ils y établiraient une domination passagère, ne deviendront jamais les héritiers du sol. Cette promesse, si toutefois elle a été faite, se réalise depuis plus de mille ans. Aucune contrée produisant des dattes n'a résisté aux armes des Arabes; aucune ne les a jamais repoussés après avoir subi leur invasion. Quand, au contraire, l'islamisme a porté ses avant-postes au delà des limites du palmier, en Espagne et en Russie par exemple, il a été rejeté de ces régions plus froides, et obligé de rentrer dans ses zones naturelles. De même qu'il a dû abandonner Grenade pour revenir à Tanger et à Fez, il s'est replié de Kazan sur Khiva et Bokhara; retraite forcée sans doute, mais dont l'amertume était adoucie par l'ardent espoir du retour. Les Maures comptent reconquérir Séville et Grenade, ils gardent les clés de leurs anciens palais, les titres de propriété de leurs biens en Espagne. Les Kirghiz aussi élèvent des prétentions sur les terres de leurs compatriotes au delà de la Volga, leur chef se croit l'héritier légitime des anciens princes de Kazan. En Orient comme en Occident, les fils de l'islamisme voient dans leur abaissement actuel une punition de leurs fautes. Ils espèrent qu'un jour ils trouveront grâce aux yeux d'Allah. La durée de leur exil peut être longue; mais elle aura un terme, et lorsque le temps de la miséricorde sera venu, ils rentreront en triomphe dans leurs anciens domaines. »

Simbirsk est au sud-ouest de Kazan, sur la Volga qu'elle surplombe d'un côté, près de la Sviyaga, qu'elle domine de l'autre. Le fleuve et la rivière coulent, parallèles l'un à l'autre, mais en sens inverse et avec une différence de niveau de 40 mètres. Penza, peuplée de 47,000 habitants, est dans l'ouest, au confluent du cours d'eau du même nom et de la Sousa, affluent de la Volga. Penza est à la fois une position stratégique et

un centre commercial; elle se développe rapidement, ainsi que la plupart des villes de
la Russie orientale. Plus bas, Saratov, chef-lieu de la province, est presque aussi peuplée
que Kazan, et compte 130,000 habitants.

Elle n'a ni l'antiquité ni l'importance de Kazan. Elle est le centre des colonies
allemandes attirées dans cette région par Catherine II, désireuse d'opposer une barrière
de populations sédentaires aux incursions des nomades. L'impératrice offrit aux
immigrants des terres, des outils, des semences et l'exemption d'impôts pendant
dix années. Plus de cent colonies se fondèrent dans ces conditions et prospérèrent.
On estime aujourd'hui à 200 ou 300,000 le chiffre des colons allemands domiciliés
dans les gouvernements de Saratov et de Samara. Au début, la ville de Saratov était
plus encore un poste d'observation, un campement, qu'un centre agricole; mais, avec la
sécurité, le commerce est né, l'industrie s'est développée et Saratov est devenue le
centre des échanges des colonies allemandes, une ville d'usines et de manufactures.

Volsk compte 38,000 habitants; c'est un important marché agricole, c'est aussi
une cité industrieuse possédant des tanneries et des fabriques d'armes. Tsaritsin,
36,000 habitants, au-dessous de Saratov, a détourné à elle la prospérité de Doubovka
vers laquelle sa position sur la Volga et sa proximité du Don, qui coulait à 60 kilomètres
dans l'ouest, attiraient un grand commerce de transit. Ce commerce s'est forcément
déplacé depuis que Tsaritsin est devenu la tête de ligne du chemin de fer qui relie les
deux fleuves. Au sud de Tsaritsin et à l'embouchure de la Volga se trouve Astrakhan,
capitale de la province de ce nom.

Si Astrakhan n'a plus le rang commercial qu'elle tint à l'époque où elle possédait le monopole du commerce Russe avec les riverains de la mer Caspienne et, par la
Perse, attirait dans son port les riches produits de l'Inde, néanmoins sa population
s'accroît et dépasse 74,000 âmes, son trafic avec la Caucasie augmente, et elle centra-
lise les produits des pêcheries de la Volga et de la Caspienne. Peu de villes renferment
une population aussi variée : Arméniens, Russes, Kalmouks, Khirghiz, Persans, Tartares ; les Arméniens y sont les plus nombreux après les Russes.

Orenbourg est dans le nord-est d'Astrakhan, sur le fleuve Oural, à la frontière de
l'Europe et de l'Asie. Ville moderne, elle fut primitivement un poste militaire chargé
de surveiller les Khirghiz. La colonisation russe a procédé ainsi que la colonisation
romaine; la plupart de ses grandes villes débutèrent par être des camps. Aujourd'hui, la
frontière russe, reportée par delà le Turkestan, a enlevé toute importance stratégique
à Orenbourg qui s'est développée comme cité commerciale et dont la population s'est
largement accrue. Elle dépasse 58,000 et Orenbourg est devenue la tête de ligne du
grand réseau de 7,000 kilomètres de voies ferrées qui s'étend jusqu'à Lisbonne dans
l'ouest. Orenbourg fait un important commerce de sel; les salines, situées dans le
sud, sur un affluent de l'Oural, fournissent 25,000 tonnes à l'année, Këppen évalue
à 1,600 millions de tonnes la couche de sel gemme qu'elles renferment.

Ouralsk se trouve au nord-ouest d'Orenbourg; elle est la capitale des Cosaques de
l'Oural et offre un tout autre aspect que les villes que nous venons de parcourir. La
population vit du fleuve qui l'approvisionne de poissons. Des postes militaires surveillent

les rives pour en écarter les braconniers. L'ataman fixe le jour d'ouverture de la pêche
à laquelle tous les habitants prennent part. Ce ne fut pas sans peine que la Russie
courba sous son joug cette race indépendante. Aujourd'hui elle est assujettie au service
militaire, l'élection de ses atamans lui a été retirée et c'est le tsar qui les désigne.

Dans le nord-est, Oufa, au confluent de la rivière du même nom et de la Belaya,
compte déjà 27,000 habitants. La province d'Oufa est riche en mines d'or et de fer
qu'exploitent les colons germaniques. Oufa elle-même est une ville prospère ; marché
d'approvisionnements des districts miniers, elle voit grandir son commerce. Il en est
de même de la ville voisine, Blagovechtchensk, dont les mines de cuivre et de fer
occupent une importante population ouvrière. Plus au nord, Koungour, autrefois place
militaire et poste d'observation, est un bazar de mineurs et rappelle les villes des
placers du Nouveau-Monde où les chercheurs d'or s'approvisionnent d'outils, de chaussures, de vivres et de vêtements. Sarapoul, sur la Kama, tanne les cuirs, construit des
machines et des bateaux et fabrique des armes. Ici, la terre était sans valeur autrefois
et Ivan IV, dans un accès de générosité, faisait don à la famille Strogonov d'un domaine
dont la superficie égalait celle de la Bohême.

Au long des monts Ourals et en face de la dépression par laquelle passe la grande
voie de communication d'Europe en Asie, se trouve Perm, chef-lieu du gouvernement
de ce nom, village il y a un siècle, ville importante aujourd'hui, peuplée de
40,000 habitants, enrichie par ses mines de cuivre, de fer et de platine de l'Oural, par
ses établissements métallurgiques, ses usines et ses fonderies de canon. Autour d'elle,
et, comme elle, en voie de progrès, Mischni, Tagilsk, Verkhoturie, Yakatérinbourg se
développent rapidement.

Au-dessus de Perm, Viatka, chef-lieu de gouvernement, est une ancienne colonie de
Novgorod. Elle en a gardé les traits caractéristiques. « Quand, écrit M. Bestoujef-Riou-
miné, le voyageur a franchi la Viatka, il rencontre un mode particulier de construction
des chaumières. Ce ne sont plus ces longues lignes d'*isbas* ajoutées l'une à l'autre,
comme de ce côté-ci du fleuve : c'est une haute maison, où la cour et les corps
d'habitation sont entourés d'un rempart de madriers et sont réunis sous le même toit ;
en un mot c'est la maison novgorodienne. On entend le patois de Novgorod, on revoit
le bonnet novgorodien ; c'est la colonisation de Novgorod toute vivante encore. »

Fondée en 1181 sur un coteau dominant la rivière dont elle porte le nom, bien que
les Tartares, en souvenir de sa métropole, lui donnent celui de Noougrad, « ville des
Novgorodiens », Viatka compte près de 25,000 habitants. Elle est, avec Slobodskoï, sa
voisine, une cité industrielle, renommée pour la préparation des fourrures et la fabrication des gants fourrés dont elle écoule d'énormes quantités à Arkhangel et à la grande
foire de Nijny.

Entre Perm et Viatka s'étendait le territoire des Bachkirs, tribu nomade et nombreuse
que les Russes ont peu à peu refoulée et dépossédée, comme ont fait les Américains
avec les Indiens, tantôt par la force, tantôt en achetant leurs terres à des prix dérisoires.
C'est ainsi que le bassin minier de Kichtim, d'une étendue de plus de 160,000 hectares
fut acquis par les Russes moyennant 150 roubles. Les Bachkirs possédaient autrefois de

grands troupeaux de moutons, de bêtes à cornes et surtout de chevaux. Aujourd'hui, très appauvris, ils en sont réduits à cultiver le sol, mais on estime encore leur nombre à près d'un million.

Au nord de Viatka les villes cessent. Dans la grande plaine, que bordent à l'est les monts Ourals et qui va rejoindre le littoral de l'océan Glacial, dans les bassins de la Petchora et de la Vitchagda on ne rencontre plus que des peuplades éparses. Ce fut la terre des Samoyèdes, remplacés par les Ziranes, les « Repoussés ». Établis sur le bord des rivières navigables, sur les portages des fleuves, ils s'occupent de commerce ; ils colportent les marchandises qu'ils achètent à la foire de Nijny en échange des pelleteries et des poissons du nord. Par les passes faciles de l'Oural ils pénètrent dans la Sibérie, et ces passes, qu'ils furent les premiers à découvrir et à fréquenter, portent encore, avons-nous dit, le nom de *routes des Ziranes*. Intelligents, doux, braves et laborieux, ils sont excellents chasseurs et non moins bons cultivateurs. Leur nombre ne semble pas dépasser 100,000.

Ici finit, non l'Empire russe, qui s'étend à l'est jusqu'à l'océan Pacifique, et dont nous avons décrit les possessions asiatiques dans notre premier volume, mais la Russie d'Europe.

Solidement assise sur le double continent, confinant à l'Allemagne à l'ouest et à la Chine à l'est, la Russie possède, sur terre et sur mer, la plus vaste étendue de frontières qui soit l'apanage d'un seul État. Du côté de l'Europe elle est bien gardée ; en Asie ses places fortes sont des postes avancés, des points de concentration pour une marche en avant. L'armée, sur le pied de paix, comporte, pour 1890, un effectif de 814,000 hommes ; sur le pied de guerre, la Russie peut mettre en première ligne 19 corps d'armée comprenant 1,355,000 combattants, soutenus et renforcés par 1,100,000 hommes de réserve et de milice.

La marine russe se répartit en deux grandes escadres : la flotte de la Baltique et celle de la mer Noire, lesquelles se subdivisent en sections : 1° escadre de la Baltique comprenant 26 cuirassés de toutes tailles, 202 bâtiments à vapeur et 229 petits navires affectés au service des ports ; 2° escadre de la mer Noire : 5 cuirassés, 67 non cuirassés, 6 transports et 68 petits navires ; 3° flottille de la Caspienne : 11 bâtiments à vapeur, 6 à voiles et 6 pour le service des ports ; 4° flottille de la Sibérie : 21 navires ; 5° flottille de l'Aral : 6 navires à vapeur ; 6° flottille de l'Amou-Daria créée en 1886 et comprenant, avec l'escadre du Pacifique, 9 bâtiments, dont 2 cuirassés. Cette flotte est commandée par 108 amiraux, vice-amiraux, contre-amiraux et par 1,300 officiers ; elle comporte un effectif de 26,000 matelots.

En 1887, la Russie d'Europe possédait 20 millions de chevaux, 28 millions de têtes de gros bétail, et 62 millions de moutons. En 1888 la récolte des céréales comprenait 88 millions de boisseaux de seigle, 31 millions de blé, 17 millions d'orge, 66 millions d'avoine, 6 de millet et 7 de sarrasin.

Le sous-sol russe est riche en minerais et son exploitation fait de rapides progrès. En 1886 on en a extrait 33,448 kilogrammes d'or, 4,317 de platine, 13,336 d'argent.

Le fer a donné 532,000 tonnes, le charbon 4,567,000; l'Oural est la région du fer, de même que le bassin du Don est celle de la houille. L'industrie minière emploie environ 300,000 ouvriers.

On estime à 63,000 le nombre des usines et établissements industriels de la Russie d'Europe, non compris la Pologne et la Finlande, à près d'un million celui des ouvriers et à 1,122,000,000 de roubles leur production. Les 20,381 usines et manufactures de la Pologne occupaient 139,000 ouvriers et produisaient une valeur de 186 millions de roubles.

Avec la production, le commerce s'accroît. L'exportation de la Russie, qui n'était encore en 1872 que de 381 millions de roubles, atteignait, en 1889, 766 millions; par contre les importations ont diminué, la Russie fabriquant aujourd'hui nombre d'articles qu'elle demandait à l'étranger. De 472 millions de roubles en 1872, et de 537 en 1884, l'importation a baissé à 437 en 1889. Les céréales représentent à elles seules, 51 pour cent de l'exportation totale de 1889; les huiles de naphte, qui ne figuraient, en 1887, que pour 4 millions et demi de roubles, dépassaient déjà, en 1889, 26,800,000 roubles et tenaient le cinquième rang parmi les principaux produits d'exportation de la Russie. Les importations consistent principalement en matières premières. L'Angleterre figure au premier rang dans le mouvement commercial russe, avec un chiffre de 387 millions de roubles, importation et exportation réunies; l'Allemagne est au second avec un total de 304 millions; la France au troisième avec 73 millions. Vient ensuite l'Autriche-Hongrie avec 40.

Le mouvement maritime commercial se répartit entre les ports de la Baltique, de la mer Noire, de la mer d'Azov et de la mer Blanche. Si le nombre des navires à l'entrée et à la sortie des ports de la Baltique est supérieur à celui de la mer Noire, par contre, le tonnage est inférieur : 13,352 navires et 6,140,000 tonnes pour la Baltique; 9,799 navires et 7,458,000 tonnes pour la mer Noire. Cette disproportion provient du tonnage plus fort des navires qui fréquentent les ports méridionaux de la Russie, la navigation des ports de la Baltique ne comportant que des navires d'un faible tirant d'eau.

L'accroissement des voies de communication est un des sûrs indices des progrès de la Russie. En 1888, ses voies ferrées mesuraient 18,380 milles; en 1889 : 19,189 et 685 en construction. En 1874 elle ne possédait que 691 navires à vapeur affectés à la navigation intérieure; en 1886 on en comptait 1507. Le réseau fluvial de la Russie comporte un développement de 33,463 milles de longueur navigable, desservi par 67,000 petits bâtiments; en 1888 on estimait à 89,000 le nombre des radeaux de bois qui ont emprunté le cours des fleuves.

De ces chiffres il résulte que la Russie est en pleine voie de progrès. Sa population augmente, sa production s'accroît, son industrie se développe; elle a pris rang parmi les grandes nations du monde et semble appelée aux plus hautes destinées.

Le Rhin à COBLENZ.

IV. — L'EUROPE CENTRALE

L'Europe centrale s'étend entre la France à l'ouest, la Russie et la mer Noire à l'est; entre la Belgique, les Pays-Bas, le Danemark et la Baltique au nord; l'Italie, l'Adriatique et la Turquie au sud. La France l'isole de l'Océan et de la Manche; la Belgique, les Pays-Bas, le Danemark ne lui laissent qu'une étroite façade de 600 kilomètres sur la mer du Nord, une plus large, 1,500 kilomètres, sur la mer intérieure de la Baltique. Au sud, par l'Autriche, la Bosnie et le Monténégro, l'Europe centrale accède à l'Adriatique; à l'ouest, par la Bulgarie et la Serbie, elle confine à la mer Noire.

Comparé à sa superficie, son développement de côtes est des plus restreints; ses ports sont rares, la plupart situés sur des mers intérieures. Essentiellement continentale, l'Europe centrale est en outre infiniment morcelée. Peu de régions ont été, autant qu'elle, façonnées et remaniées; il en est peu qui aient vu aussi souvent déplacer leurs frontières, rapprocher ou disjoindre leurs populations. Ces frontières sont arbitraires et indécises, élastiques et vagues; elles se plient et s'adaptent aux événements et, suivant eux, se resserrent ou s'étendent. Ces populations sont multiples, distinctes, juxtaposées et se prêtent, elles aussi, aux combinaisons multiples de l'échiquier politique. Ici, plus lentement, plus tardivement qu'ailleurs, s'est effectuée la fusion des nationalités et des intérêts, le groupement des peuples de même race et de même langue. Ils sont restés, et ils sont encore divisés, et la force qui a pu les contraindre à une unité apparente, la force qui a créé les grands empires d'Allemagne et d'Autriche-Hongrie, n'a pu, jusqu'à ce jour, fondre ces éléments ethniques, toujours prêts, quand le lien se détendrait, à reprendre leur primitive homogénéité.

Sur cette partie de la carte d'Europe, la nature a tracé des lignes fuyantes, inintelligibles à l'homme ; elle a semé des plaines basses, des plateaux, des montagnes aux contours indécis ; les barrières naturelles et précises manquent. Les peuples se sont groupés au hasard : ici, cantonnés dans les Alpes et, comme la Suisse, offrant trois nationalités distinctes et juxtaposées, tenant comme le sol qu'elles occupent, de l'Italie, de la France et de l'Allemagne ; là, épandus sur le versant des montagnes et dans les plaines, comme l'Autriche-Hongrie peuplée de Slaves, d'Allemands, de Hongrois, d'Italiens, d'Albanais, de Grecs ; plus au nord, comme l'Allemagne, mosaïque d'Allemands, de Prussiens, Polonais, Danois, Alsaciens, Wendes, création récente de la force et que la force seule maintient. Les fleuves furent, les uns, comme le Danube, que remontèrent les Celtes, les Huns, les Avares, les Magyars, que descendirent les croisés, des routes d'invasion, non des frontières ; les autres, comme le Rhin : helvétique, allemand et hollandais ; comme l'Oder et la Vistule, autrichiens et allemands ; comme le Niémen, russe et prussien, des barrières impuissantes entre des nationalités hostiles.

L'Europe centrale, telle que l'ont constituée les événements politiques et les traités récents, comprend : 1° l'Empire d'Allemagne ; 2° la Suisse ; 3° l'Empire d'Autriche-Hongrie ; 4° la Bosnie ; 5° le Monténégro ; 6° la Serbie ; 7° la Bulgarie ; 8° la Roumanie. Nous l'étudierons dans cet ordre.

I. — L'EMPIRE D'ALLEMAGNE.

Le groupe politique des États allemands, compris sous le nom d'Empire d'Allemagne, est de formation historique récente. Il date de 1866 et de 1870 ; il eut la Prusse pour berceau, et la Prusse elle-même date du xv⁰ siècle, de 1415, époque où Frédéric VI de Hohenzollern acheta, avec le margraviat de Brandebourg, le titre d'Électeur qui y était attaché. La conquête a créé la Prusse ; elle a fait le roi de Prusse empereur et elle a groupé autour de l'hégémonie prussienne l'Allemagne du Nord et du Sud, en apparence unifiées, les provinces polonaises, danoises et françaises, en apparence soumises.

La région sur laquelle s'étend l'Empire fut la Germanie, que Rome tint pendant quatre siècles en échec, et que Tacite nous a décrite. « La Germanie, écrit-il, est séparée de la Gaule, des Rhétiens et des Pannoniens par le Rhin et le Danube, des Sarmates et des Daces par une crainte réciproque ou par des barrières naturelles... Je crois les Germains indigènes et distincts des autres peuples, car ce n'était point par terre, mais sur des embarcations que se transportaient les peuplades émigrantes, et qui donc, bravant les dangers d'une mer menaçante et inconnue, quitterait l'Asie, l'Afrique et l'Italie pour venir en Germanie, sur cette terre informe, dont le ciel est dur, dont l'aspect est triste et sauvage, si, pour lui, cette terre n'était la patrie? » César, puis Auguste, Drusus puis Tibère, obéirent à une même pensée et poursuivirent un même but : maintenir les Germains entre le Danube et le Rhin, les empêcher de déborder sur la Gaule à l'ouest, sur l'Empire au sud.

Sous ce nom de Germains, les Romains désignaient des tribus diverses ; Tacite les énumère, et elles sont nombreuses : Helvètes et Boïens, Trévires, Nerviens, Némètes, Ubiens, Bataves, Cattes, Teuctères, Bructères, Frisons, Cimbres, Suèves, Suions et bien d'autres qui constituaient quatre grands groupes : les Alamans, les Francs, les Saxons et les Goths. Les Alamans s'établirent entre le Danube et la Lahn ; les Francs débordèrent sur la Gaule ; les Saxons se cantonnèrent entre l'Elbe, le Weser, l'Ems et la Lippe; les Goths campèrent entre la Baltique et la mer Noire, forçant, au sud et à l'est, les barrières de l'Empire, que les Alamans, les Francs et les Saxons abordaient à l'ouest et au nord. Nous avons montré les Goths en Italie et en Espagne, les Francs dans les Gaules. Ce fut le descendant d'un de leurs rois, le fils de Pépin le Bref, Charlemagne, qui releva l'Empire d'Occident, devenu le Saint Empire romain germanique pendant tout le moyen âge, puis l'Empire germanique. Ce fut un héritier du trône de Pépin le Bref qui le renversa.

En l'an 800, le pape Léon III sacrait Charlemagne empereur d'Occident ; en 1806, dix siècles plus tard, Napoléon Ier, vainqueur à Austerlitz, décrétait la fin de l'Empire germanique et lui substituait la Confédération du Rhin. Elle dura peu ; on sait à la suite de quels événements, le 18 janvier 1871, le roi Guillaume de Prusse était proclamé, à Versailles, Empereur d'Allemagne.

On sait aussi comment les Hohenzollern, devenus Électeurs de Brandebourg, avaient créé la Prusse, être politique, État, non nation, groupement artificiel d'éléments hétérogènes, de provinces successivement conquises sur les champs de bataille, achetées, négociées, échangées par traités. Les *Pruczi*, peuplade slave qui occupait le territoire qui fut depuis celui de l'Ordre teutonique et une partie du Brandebourg, n'ont laissé que leur nom au duché dont hérita, en 1618, l'Électeur de Brandebourg. Il régnait déjà sur la Vistule, sur le Rhin et sur l'Elbe, sur des peuples disparates et les uns aux autres presque inconnus. « Après ces annexions, écrit M. E. Lavisse, l'État de Hohenzollern restait un édifice singulier, composé d'un corps et de deux ailes, dont l'une s'allongeait, rompue en fragments jusqu'au Rhin, et l'autre jusqu'au Niémen ; mais le gouvernement rassemblait cette forme éparse. Des princes, dont les territoires étaient des champs de bataille, ne pouvaient pas ne pas être des autocrates militaires exigeant de leurs sujets l'obéissance passive. *Nicht raisonniren*, ici on ne raisonne pas : telle était leur devise. Il fallait bien qu'ils fussent économes, et qu'ils missent en valeur toutes les forces productives. Et dans cette Allemagne, où les moindres potentats mettaient leur honneur à enlaidir les splendeurs et à parodier les vices de Versailles, les patriotes regardaient avec orgueil des princes toujours peinant et qui se vantaient d'être les premiers serviteurs de leur État. »

Ils l'étaient, en effet, attirant à eux les protestants que la France chassait, étendant leur domaine : en 1701, par la participation de Frédéric Ier à la grande guerre du nord, et à la paix de Stockholm; s'annexant, sous Frédéric II, la Silésie et la Prusse occidentale ; s'agrandissant, en 1866, du Holstein, du Sleswig, du Lauenbourg, du Hanovre, de la Hesse électorale et supérieure, de Nassau, de Hombourg et de Francfort; en 1871, des dépouilles de la France.

Si la Prusse est redevable de ses succès à l'habileté de ses princes et de ses hommes d'État, à sa puissante organisation militaire, à la bravoure et à la discipline de son armée, elle en est redevable aussi aux erreurs et aux fautes de ses adversaires et à la configuration géographique de cet Empire d'Allemagne qu'elle a façonné et édifié sur les champs de batailles. Pour manier et remanier ainsi les frontières d'un État, il fallait opérer sur une terre incertaine, comportant, à défaut de barrières naturelles, des limites artificielles, des lignes arbitraires, tracées sur un sol vague. Il fallait aussi des nationalités indifférentes au joug, souples, cherchant à se rallier au plus fort, travaillées par un secret désir d'autonomie nationale, incapables par elles-mêmes de la fonder et l'attendant du dehors. La Prusse fut, aux peuples allemands, ce que Rome fut aux peuples du Latium, un centre militaire et guerroyant, une tête agissante et pensante, une main prenante et qui gardait ce qu'elle tenait. Comme le citoyen romain, le sujet prussien est essentiellement un produit de l'État, du génie particulier dont cet État même est la résultante logique, génie roide et dur, autoritaire et absolu, façonnant l'homme en vue du but qu'il poursuit, de la guerre par laquelle il a grandi et qui a donné pour limites à la Prusse les frontières de l'Empire.

Ces frontières ont souvent changé. Tel que l'ont fait les conventions du 29 janvier 1871, signées par les États confédérés contre la France, l'Empire d'Allemagne s'étend des Alpes à la mer du Nord et à la Baltique, des Ardennes et des Vosges au Niémen, à l'Oder et à l'Inn. Il comprend trois régions distinctes : au nord, la région des tourbières, des sables et des plaines, la Poméranie, la Prusse, le Brandebourg et le Mecklembourg, le Schleswig-Holstein, la Silésie, la Westphalie ; au sud, la région des hauts plateaux : Bavière, Wurtemberg ; au centre, la région des collines et des vallées : Saxe, Thuringe ; puis le bassin du Rhin : Alsace, Bade, Palatinat, Prusse Rhénane.

L'Empire a pour limites, au nord : le Danemark et la mer Baltique; au nord-ouest : la Hollande et la mer du Nord ; au nord-est et à l'est : la Russie; au sud et au sud-est : l'Autriche et la Suisse ; à l'ouest : la France, le Luxembourg, la Belgique et la Hollande. Sa superficie est de 540,596 kilomètres carrés, sa population de 47 millions d'habitants, soit une densité moyenne de 87 habitants par kilomètre carré ; ces chiffres classent l'Empire allemand au second rang comme population, après la Russie, au cinquième rang comme densité, après la Belgique, les Pays-Bas, la Grande-Bretagne et l'Italie, immédiatement avant la France. Sa population n'a toutefois pas l'homogénéité de celle de la France; sur ses 47 millions d'habitants, 42 sont d'origine allemande ; le surplus de races diverses : Polonais, Danois, Français, originaires des provinces conquises.

L'Allemagne est orientée vers le nord ; par le nord seulement elle accède à la mer, et encore son plus grand développement de côtes est-il sur la mer basse, peu profonde et à demi fermée de la Baltique. Par la mer du Nord seulement, elle communique avec l'Océan ; mais, là encore, son principal seuil d'accès est la Manche, dont l'étroit passage, entre Calais et Douvres, peut être fermé par une flotte anglaise ou française. Puis, cette partie de la côte allemande, au nord-est de la Hollande, est périlleuse, semée de bas-fonds ; les plages basses sont exposées à de soudaines irruptions des eaux, bordées d'étangs et de marécages, mal conformées pour résister à l'assaut des vagues. De l'Ems jusqu'à l'Elbe, il a fallu, comme en Hollande, abriter les champs derrière un système de digues et de levées de 6 à 12 mètres. Une première barrière d'îles, barrière édifiée par la nature à quelques lieues au large, a été rongée par la mer. On en comptait vingt-trois au temps de Pline ; il n'en reste plus que quatorze et leur superficie décroît. Borkum, qui tint tête à Drusus, est réduite de moitié et dépeuplée. Héligoland, plus au nord, « pierre de la patrie allemande », prise, en 1808, par les Anglais aux Danois et récemment vendue par l'Angleterre à l'Allemagne, n'est guère mieux protégée contre la mer qui, plus au nord, au long des côtes du Schleswig, entamant la terre ferme, en a détaché les îlots d'Holligen, d'Amrum, de Pelworm, de Romo, de Fano.

Sur la mer du Nord, le littoral allemand mesure 600 kilomètres de longueur ; il en mesure plus du double, 1,500 kilomètres, sur la Baltique. Il commence au Petit-Belt, au Schleswig-Holstein détaché du Danemark. La côte, échancrée, découpée de baies, descend, vers le sud, vers le golfe de Kiel, au-dessous duquel se creuse la baie de Neustadt, puis elle remonte vers le nord-est, vers Stralsund et l'île de Rugen. Cette partie du littoral est, comme celui du Danemark, fouillée et déchiquetée par la mer ; elle en a les formes bizarres et tourmentées, les îles et les îlots. Au sud-est de l'île de Rugen commence le littoral de la Baltique ; il se déroule, à l'est, jusqu'à Mémel, en une longue courbe monotone, sans accident ni relief, qu'échancrent profondément, plus à l'est, le golfe de Dantzig et celui du Niémen. Deux longues dunes de sable, parallèles au rivage, barrent l'accès de la terre ferme : ce sont la Frische Nehrung et la Kurische Nehrung, toutes deux reliées au promontoire de Samland. Dans les larges bassins d'eau douce que ces dunes séparent de la pleine mer, s'épanchent les fleuves ; par leurs étroits et tortueux canaux, les eaux de ces fleuves se mêlent à celles de la Baltique.

Les côtes de la mer du Nord sont défendues par l'arsenal de Willemshaven, par les batteries de Ruskersiel, de Schaar, d'Heppens, de Mariensiel, par les forts qui couvrent l'accès de Brême, par les fortifications des bouches de l'Elbe. De l'autre côté du Schleswig-Holstein se profilent les lignes de Duppel, la citadelle de Kiel et les forts de Friedrichsort, les batteries de Wismar et la station navale d'Eckernforde, les défenses de Swinemunde et de Kolberg, le camp retranché de Mowen et les forts de Pillau.

Le relief du sol est vague et indécis. Au nord, se déroule une immense plaine. Des frontières de Hollande, de Belgique et de France, elle s'étend vers l'est et va se perdre, sans ligne de démarcation, dans la plaine russe. Géographiquement, elle est le prolongement, la continuation des steppes de l'Asie qu'elle relie à l'extrémité occidentale de l'Europe ; géologiquement, elle se divise en deux parties : la plaine de l'ouest et celle de l'est.

Dans la première, qui s'étend de Cologne et des monts de la Thuringe aux côtes du nord et de la Baltique, nous trouvons les traits caractéristiques des terres plates de la Belgique et de la Hollande : sur le littoral, les rubans de dunes, les îlots, les plages frangées de la Hollande ; dans l'intérieur, le climat humide, le sol plat de la Belgique et des Flandres. Dans la plaine orientale, nous retrouvons les longs plateaux semés de lacs de la plaine russe, les terres basses au long des cours d'eau paresseux. La pente est faible, si faible que les fleuves ont peine à s'orienter. L'inclinaison générale est vers le nord et l'ouest, mais le relief est si peu accentué, qu'à Francfort, à 75 lieues de la mer, l'Oder n'est qu'à 20 mètres au-dessus du niveau de l'océan ; qu'à Cologne, le Rhin n'est qu'à 36 ; à Magdebourg, l'Elbe à 35. Et le relief marin n'est pas plus déterminé ; la Baltique est à fond plat ; ce n'est qu'entre l'île de Gôtland et la Courlande que l'on trouve des cavités de 200 mètres de profondeur ; la mer du Nord, dans sa partie septentrionale, n'en mesure que 100.

Au sud de cette plaine, dont la vaste courbe s'allonge du sud-ouest au nord-ouest, les monts moyens de l'Allemagne forment le centre du système montueux qui sillonne le milieu de l'Europe et s'étend des Carpathes à l'est aux Cévennes à l'ouest. Les Romains donnèrent à ce noyau le nom de *Silva Hircynica*, justifié par ses pentes boisées ; il en a gardé le nom de *Harz*, plus spécialement affecté à l'une de ses parties. Ptolémée le désigne sous l'appellation de *Soideta ore*. Le système Hercynien, ou des *Sudètes*, commence à la plaine de l'Ems et de la Hase et finit au Danube ; il couvre une superficie de 140,000 kilomètres carrés. Plus élevé au sud-est, où les monts des Géants atteignent 1,605 mètres d'altitude, les monts de Glatz et les Gesenke 1,460 et 1,500, il s'abaisse dans le nord-ouest, dans la forêt de Thuringe où il tombe au-dessous de 1,000 mètres, pour se relever dans le Harz et descendre au delà de la Diémel et de la Weser, au-dessous de 500 mètres. C'est le système des Sudètes qui imprime à toute la contrée sa double pente vers le nord-ouest et le nord et détermine l'orientation des fleuves.

Autour de ce noyau central et se reliant à lui par leurs ramifications, se groupent les hauts plateaux de l'Allemagne du sud-est, le Jura de Franconie et de Souabe, les plateaux de Hesse et d'Alsace-Lorraine, le système rhénan, comprenant : le Taunus entre la Lahn, le Mein et le Rhin, région escarpée au sud, ondulée au nord, riche en forêts, en vignobles et en sources thermales ; le Westerwald que sillonnent d'étroites vallées ; le plateau âpre et rude du Rothaar Gebirge, le volcanique Eifel, les bassins houillers du Hardt et la vallée du Rhin, que ferme à l'ouest la chaîne des Vosges. Au long de la frontière de Bohème, se dressent les monts de Lusace, la chaîne du mont des Géants, plus au nord le plateau du Franken Wald que traversent les routes historiques de Baireuth, de Cobourg, de Kronach et que prolonge le Thuringer Wald, rejoignant le massif isolé du Harz, le pays des légendes et des sorcières que dépossèdent les mineurs qui l'envahissent.

Dans l'Allemagne méridionale, le plateau de la forêt Noire continue la formation granitique des Vosges dont il est le fragment géologique détaché. Couronnée de belles forêts, de ruines et de châteaux, cette chaîne s'incline vers l'est, abaissant ses hauts plateaux qui mesurent 1,493 mètres au Feldberg, 1,415 au Belchen, 558 seulement au Kaïserstuhl. Le Jura souabe, dominant de ses falaises pierreuses les vallées du Neckar et du Danube, prolonge, par delà le Rhin, le Jura suisse et le Jura franconien, se relie au Bohmer Wald, à la forêt de Bohème longue de 120 kilomètres et large de 35. Au sud s'étendent les grandes Alpes.

L'Allemagne déverse ses eaux dans trois bassins : Celui de la mer du Nord, dont les fleuves arrosent une superficie de 292,125 kilomètres carrés, reçoit le Rhin, l'Ems, le Weser et l'Elbe. Le bassin de la Baltique dessert une superficie quelque peu inférieure, 211,419 kilomètres carrés; il se compose des grands bassins fluviaux de la Vistule et de l'Oder, des fleuves secondaires de la Prusse orientale, des rivières côtières du Schleswig, du Mecklembourg et de la Poméranie. Beaucoup plus restreint, le bassin de la mer Noire reçoit le Danube qui arrose 57,524 kilomètres carrés.

Le Rhin, « le fleuve allemand », n'est allemand que dans son bassin intermédiaire qui comprend, il est vrai, la majeure partie de son cours. Son bassin supérieur est suisse, son bassin inférieur est hollandais. Il offre, en outre, trois particularités curieuses qu'a notées M. A. Malte-Brun dans son ouvrage sur l'Allemagne : 1° il a pour affluent le Danube; en effet, dans la saison sèche, le Danube disparaît entre Immendingen et Möhringer, reparaissant onze kilomètres plus bas sous le nom d'Ach, rivière qui se déverse dans le lac de Constance et, à ce titre, appartient au bassin du Rhin; 2° il s'unit, près de Koblenz, village d'Argovie, à l'Aar, dont le volume est supérieur au sien et cependant il garde son nom de Rhin; enfin, en Hollande, il rejoint la Meuse, perd son nom pour prendre le sien et, tout fleuve qu'on le nomme, il n'atteint pas la mer.

Le Rhin naît sur les massifs du Gothard et de l'Adule. Tournant le dos au Rhône dont il est peu distant à sa source, il devient allemand au lac de Constance, qu'il traverse sur une longueur de 36 kilomètres, et atteint Schaffouse où sa chute mesure 25 mètres de hauteur. Près de Waldshut il s'unit à l'Aar et contourne la forêt Noire. Entre Waldshut et Bâle il franchit encore trois rapides, ceux de Zurzach, Lautenbourg et Rheinfelden. A Bâle le fleuve s'oriente vers le nord; sur 380 kilomètres de parcours il creuse son sillon sinueux, coulant au fond de sa vallée large de 30 à 40 kilomètres. D'innombrables bancs de sable ralentissent sa marche, encombrant son lit et divisant ses eaux; de Bâle à Mayence il descend une pente de 164 mètres. A Mayence l'inclinaison diminue, le fleuve s'élargit; il décrit une courbe à l'ouest, mais ses eaux redevenues paresseuses lui donnent l'aspect d'un lac entouré de coteaux. A Bingen il se redresse au nord-est, sa vallée se rétrécit; à Bonn il n'est plus qu'à 43 mètres au-dessus du niveau de l'océan; à Constance il en était à 397. De Mayence à Bonn coule « le Rhin héroïque » que surplombent des collines semées de vignobles et de bois, couronnées de ruines féodales, de vieux couvents et de villas modernes, de bourgs démantelés et d'enceintes effondrées. A Bonn finit la région accidentée; le fleuve des montagnes devient fleuve de plaine ; il en a les allures assagies, le cours lent, mais aussi la profondeur, le mouvement commercial, la vie maritime. Il est sillonné de bateaux à vapeur et de barques ; il arrose des cités populeuses et, par Deutz, camp retranché, par Cologne, ville épiscopale, par Dusseldorf et par Wesel, place forte prussienne sur la frontière, il pénètre en Hollande. Nous y avons décrit son cours.

« Le fleuve, écrit Victor Hugo dans une de ses belles pages, naît entre deux murailles de granit ; il fait un pas et il rencontre à Andaer, village roman, le souvenir de Charlemagne ; à Coire, l'ancienne Curia, les souvenirs de Drusus ; à Feldkirch, le souvenir de Masséna, puis, comme consacré pour les destinées qui l'attendent par ce triple baptème germanique, romain et français, laissant l'esprit indécis entre son étymologie grecque ρεείν et son étymologie allemande *Rinnen* qui, toutes deux, signifient couler, il coule en effet, franchit la forêt et la montagne, gagne le lac de Constance, bondit à Schaffouse, longe et contourne les arrière-croupes du Jura, côtoie les Vosges, perce la chaine des volcans morts du Taunus, traverse les plaines de la Frise, inonde et noie les bas-fonds de la Hollande et, après avoir creusé dans les rochers, les laves, les sables et les roseaux, un ravin tortueux de 277 lieues, après avoir promené dans la grande fourmilière européenne le bruit perpétuel de ses vagues que l'on dirait composé de la querelle éternelle du Nord et du Midi, après avoir reçu douze mille cours d'eau, arrosé cent quatorze villes, séparé ou, pour mieux dire, divisé onze nations, mêlant à son écume et roulant dans sa rumeur l'histoire de trente siècles et de trente peuples, il se perd dans la mer. Fleuve Protée, ceinture des empires, ceinture des ambitions, frein des conquérants, serpent de l'énorme caducée qu'étend sur l'Europe le Dieu Commerce, grâce et parure du globe, longue chevelure verte des Alpes qui traîne jusque dans l'océan. »

Les affluents du Rhin sont nombreux. Ceux qui appartiennent à la Suisse sont, à l'exception de l'Aar, dont nous avons parlé, et de l'Ill qui ramasse les cours d'eau descendus du Jura suisse et des Vosges, de peu d'importance. Les vallées de ces petites rivières sont plus connues par leurs sites pittoresques que par le volume de leurs eaux. Ce sont la Zorn, la Moder, la Lauter, l'Isenach, le Spire, l'Eislach, puis la Murg, l'Alb et la Kinzig.

Les grands affluents de gauche sont la Moselle, la rivière lorraine, descendue du ballon d'Alsace qui, après avoir arrosé Remiremont, Épinal, Toul, Pont-à-Mousson, entre en Allemagne à Pagny, traverse Metz, Thionville, Sierk, contourne le Luxembourg et par Consarbrück, Trèves, Berncastel et Coblentz, va rejoindre le Rhin. Sur son parcours de 500 kilomètres, la Moselle ramasse la Seille et la Sarre, la Suse et la Kyll. A Dusseldorf le Rhin reçoit aussi l'Erft.

Les affluents de droite sont plus nombreux et plus importants. Outre l'Elz, la Kinsig, la Rench, la Murg et l'Alb, le Rhin absorbe le Neckar, la rivière du Wurtemberg. Né sur le marécageux plateau de Baar, le Neckar traverse Battenberg, Tubingen, Esslingen, navigable jusqu'à Heilbron pour les bateaux à vapeur, jusqu'à Canstatt pour les embarcations. Près de Mannheim, le Neckar rejoint le Rhin après un parcours d'environ 400 kilomètres. Aucun de ses affluents n'est navigable. Ce sont l'Enz, l'Elseng, le Fils, la Kocher et la Jagst. Plus considérable que le Neckar, le Main est formé par la jonction du Main Blanc descendu de l'Ochsenkopf, et du Main Rouge issu de la forêt de Lindenhart, le premier par 887 mètres d'altitude, le second par 584. Ils s'unissent à Kulmbach. Dans son cours sinueux de 497 kilomètres, le Main se dirige vers le nord-ouest à partir de Bamberg jusqu'à Schweinfurt, puis au sud vers Marktbreit, au nord de nouveau jusqu'à Gemund, au sud encore par Wertheim et Miltenberg. Là il se redresse, s'oriente au nord, et après avoir arrosé successivement Bayreuth, Schweinfurt, Wurtzburg, Hanau, Francfort, il rejoint le Rhin au sud de Wiesbaden, en face de Mayence, lui apportant les eaux de l'Itz, de la Saale, de la Nidda, des deux Rezat, de la Tauber et de la Régnitz.

L'Ems ne mesure que 331 kilomètres. Le fleuve naît par 104 mètres d'altitude au Stuckenbrook, à la limite de la principauté de Lippe. Comme la Lippe, il coule d'abord au sud-ouest, Mais à Riet il se redresse vers le nord-ouest, empruntant le fond d'une ancienne mer desséchée, de la baie de Westphalie que sillonnent de vastes tourbières. L'Ems arrose Lingen, Meppen, Leer, Emden sur le golfe du Dollart et se déverse dans la mer du Nord par un double estuaire situé au sud de l'île Borkum. Il est navigable depuis Greven, soit sur 226 kilomètres de son parcours ; il a pour affluents la Lutter, la Glane, l'Aa et surtout la Haase qui le rejoint à Meppen.

Deux rivières, l'une thuringienne, la Werra, l'autre hessoise, la Fulda, forment le fleuve Weser, dont le parcours total est de 685 kilomètres de sa source à son embouchure, de 426 seulement à partir de sa jonction avec la Fulda. Comme la plupart des cours d'eau allemands, son cours incertain oscille entre le nord et l'ouest. Le Weser arrose Hoxter, Hameln ; par la *porte de Westphalie;* il se dégage des monts, gagne Minden, traverse Nienbourg, puis Brême la ville libre hanséatique, et par Bremerhaven, avant-poste du grand port commercial, se déverse dans la mer du Nord. Il a pour principaux affluents l'Aller et la Horsel à droite ; à gauche, la Fulda, la Diémel, la Werre et la Humme.

L'Elbe est le plus grand fleuve allemand de la mer du Nord. Elle naît en Bohème, à l'Elbebrunnen par 1,397 mètres d'altitude, et, dans le cours circulaire qu'elle y décrit, elle ramasse tous les cours d'eau de la province pour les amener en Allemagne par le défilé en amont de Schandau. A Herrnkretsem, où elle franchit la frontière, son altitude au-dessus du niveau de la mer est de 122 mètres. Elle n'est plus que de 108 à Dresde, de 41 à Magdebourg, de 21 à Wesben au confluent de la Havel, de 11 à Domitz où le fleuve reçoit l'Elde. Telle est la faiblesse de la pente que l'influence de la marée se fait sentir dans l'Elbe jusqu'à Geesthacht à 166 kilomètres de Kuxhaven. A Hambourg, la différence du niveau du fleuve, entre le flux et le reflux, est de près de 2 mètres.

Les affluents de gauche de l'Elbe sont la Mulda, descendue de l'Erz-Gebirge, la Saale qui arrose Iéna et Halle. A droite, le fleuve reçoit l'Elster noire, la Havel sortie des lacs de Meklembourg et grossie de la Sprée qui passe à Berlin et l'Elde. Toute cette région, sillonnée de cours d'eau, rappelle les provinces de Hollande et de la Frise.

Un fleuve secondaire, l'Eider, sépare le Schleswig du Holstein et se déverse dans la mer du Nord au-dessous de Tonningen. Il n'a qu'un parcours restreint, étant issu d'un lac près de la mer Baltique et des sources de la Stor. L'Eider complète l'ensemble des fleuves allemands du bassin de la mer du Nord.

Dans la Baltique s'épanchent, outre les cours d'eau secondaires, l'Oder et la Vistule. Le Holstein y envoie la Trave, née dans ses lacs marécageux et qui arrose Lubeck ; les lacs du Mecklembourg s'y déversent par la Warnow, grossie de la Nébel, par la Recknitz et la Peenne. L'Oder, plus important, naît dans la partie nord de la Moravie, en Autriche, sur les pentes des monts Sudètes, entre Haslich et Kozlau. Sur 30 kilomètres de longueur, il forme la frontière entre l'Autriche et l'Empire allemand, dans lequel il entre à Oderberg, et qu'il traverse sur 808 kilomètres. L'Autriche ne possède que ses sources et son bassin supérieur de 88 kilomètres. Torrent en Autriche, l'Oder devient fleuve de plaine en Allemagne ; son orientation oscille entre le nord et l'ouest, sa pente est douce, mais plus accentuée que celle de l'Elbe, du Main, de l'Ems et de la Weser.

Le fleuve devient navigable à Ratibor. Route commerciale et ligne stratégique, les villes manufacturières et les forteresses se succèdent et alternent au long de ses rives, ce sont Ratibor, Kosel, Oppeln, Brieg, Breslau, Francfort, Custrin, Schwedt. Près de son embouchure, le fleuve se bifurque et se déverse dans le Papenwasser, golfe sud du Haff.

L'Oder a, pour affluents de gauche, la Neisse, la Weistritz, la Kastbach, la Bober, l'Ucker ; à droite, elle reçoit l'Olsa, la Klodwitz, la Malapane, la Bartsch, la polonaise Warte venue de la Pologne russe, et l'Ihne. Entre l'Oder et la Vistule, tout un réseau de petits fleuves déverse dans la Baltique les eaux des innombrables étangs de la Poméranie ; fleuves de courtes portées, ils n'ont que peu d'importance. Nous citerons la Réga, la Stolpe, la Wippu, la Persante, la Leba. Le plus long de ces fleuves, la Réga, mesure 151 kilomètres, la Leba 88 seulement.

La Vistule, le plus grand fleuve de la Baltique, a 960 kilomètres de longueur. Elle naît dans la Galicie autrichienne, au mont Troyaka, l'un des avant-postes des Carpathes. Après avoir traversé la Pologne, elle pénètre en Allemagne à 15 kilomètres en amont de Thorer après un parcours de 773 kilomètres. Le fleuve arrose Kulin, Grandenz, puis se bifurque. L'un de ses bras, la Nogat, traverse Marienwerder, Marienbourg et se déverse dans la lagune des Frisons, le Frische-Hof ; l'autre passe à Dirschau et finit à Dantzig. Il a pour principaux affluents la Brahe à gauche ; à droite, la Drewenz, qui coule entre l'Allemagne et la Russie, l'Ossa et la Liebe. La Baltique reçoit, en outre, la Préjel, le Niémen, fleuve russe qui arrose l'extrémité de la Prusse orientale et se déverse dans la Kurische-Hoff.

Le Danube, le plus grand fleuve du continent européen, se déverse dans la mer Noire. Son parcours total est de 2,800 kilomètres, la superficie de son bassin est de 820,000 kilomètres carrés. Fleuve européen, il arrose des régions diverses, il est allemand, magyar, slave, roumain, bulgare ; dans son cours de 2,800 kilomètres, il n'est allemand que sur 700. Grande route historique des migrations de peuples et des invasions armées, le Danube relie l'Europe à l'Asie. Né dans la forêt Noire, fleuve de plaines et de plateaux, il coule en sens inverse du Rhin ; trois fois arrêté par les montagnes, il a troué l'obstacle, et, par d'étroits défilés, s'est frayé sa voie. Ces passes partagent son cours en bassins distincts : le bassin allemand, qui s'étend des sources à Passau, où se dresse le premier obstacle entre les monts de Bohème et le massif du Hausruck ; le bassin autrichien, de Passau à Presbourg où les petites Carpathes et les monts de la Leitha barrent le chemin au fleuve ; le bassin hongrois, que ferme le défilé d'Orsawa, et enfin les bassins roumain et bulgare, où le fleuve libéré, coule vers la mer Noire.

Le Danube apparaît sur les versants du Schwarz-Wald, à peu de distance du mont Tryberg. Il est formé par deux ruisseaux auxquels une source abondante qui jaillit dans la cour du château de Furstenberg se joint, donnant son nom au grand fleuve. Orienté au nord-est jusqu'à Ratisbonne, il coule à travers les cluses du Jura souabe, traversant une région semée de marécages, arrosant Tuttlingen, Sigmaringen, Ulm, Lavingen, Hochstett, Neubourg, Ingolstadt. A Ratisbonne, le fleuve s'incline au sud-est, à Ulm il devient navigable, à Passau il franchit la frontière d'Allemagne et pénètre en Autriche.

Les affluents allemands sont plus nombreux qu'importants ; dans son bassin supérieur le fleuve reçoit des cours d'eau et des torrents rapides descendus des Alpes ; à gauche, la Lauter, la Wornitz, l'Altmühl, la Naab, la Régen ; à droite, l'Ablach, la Riss, l'Iller, le Lech, le Paar, l'Ilm, l'Abens, l'Isar, rivière bavaroise, l'Inn, venu de Suisse et dont le cours sépare la Bavière de la haute Autriche.

Mosaïque compliquée d'États divers juxtaposés, l'Empire d'Allemagne, tel que l'a constitué le décret de Versailles de janvier 1871, comprend vingt-six États, dont quatre royaumes : ceux de Prusse, de Bavière, de Wurtemberg et de Saxe ; six grands-duchés : Bade, Hesse, Mecklembourg-Schwerin, Mecklembourg-Strélitz, Saxe-Weimar et Oldenbourg ; cinq duchés : Brunswick, Saxe-Meiningen, Saxe-Altenburg, Saxe-Cobourg-Gotha et Anhalt ; sept principautés : Schwarzburg-Rudolstadt, Schwarzburg-Sondershausen, Waldeck, les deux principautés de Reuss, Schaumburg-Lippe et Lippe-Detmold ; trois villes libres : Lubeck, Brème et Hambourg, et enfin le pays conquis, Reichsland ou Alsace-Lorraine. Le Hanovre, la Hesse-Nassau, le duché de Lauenbourg et le Schleswig-Holstein, conquis en 1866, sont incorporés à la Prusse, dont le souverain, empereur d'Allemagne, a seul qualité pour représenter l'ensemble de ces États vis-à-vis de l'étranger, pour déclarer la guerre ou conclure la paix, signer les traités et négocier les alliances, nommer et révoquer les fonctionnaires, « ramener par la force les États récalcitrants à l'accomplissement de leurs engagements ».

Berlin, capitale de la Prusse, est aussi capitale de l'Empire. De tous ces États confédérés, la Prusse est le plus vaste et le plus peuplé ; elle occupe près des trois quarts de la superficie totale, soit 348,000 kilomètres carrés sur 540,596 ; elle compte 28,500,000 habitants sur 47 millions. Sa densité est de 81 habitants par kilomètre carré ; sur ce point elle est inférieure au Wurtemberg : 102 ; au grand-duché de Bade : 106 ; au grand-duché de Hesse : 125 ; à la Saxe : 212.

Étant donné la multiplicité des États qui composent l'Empire d'Allemagne, leur tracé arbitraire, leurs frontières artificielles et le relief indécis du sol, son étude géographique se prête mal aux grandes divisions naturelles. La politique a plus écrit sur ce sol que la nature. Autour de la Prusse, noyau central, elle a groupé des États et des provinces souvent sans autres liens entre eux que ceux imposés par la force, sans autres barrières que des lignes imaginaires fréquemment remaniées. Tel qu'il apparaît, l'Empire actuel d'Allemagne comporte trois grandes divisions : la Prusse, l'Allemagne du Nord, l'Allemagne du Sud. Nous l'examinerons dans cet ordre et nous commencerons cette étude par son noyau central, par le royaume de Prusse.

ROYAUME DE PRUSSE.

La Prusse n'est pas plus compacte que l'Allemagne n'est une et, dès le début, nous retrouvons en Prusse les mêmes lignes arbitraires que nous avons notées dans l'étude générale de l'empire allemand. Avant 1866, le royaume de Prusse se composait de deux parties distinctes que séparaient l'une de l'autre des pays étrangers tels que le Hanovre, la Hesse supérieure, le Nassau. Il y avait alors deux Prusses : l'une à l'est, l'autre à l'ouest, et la principauté de Hohenzollern était enclavée dans le royaume de Wurtemberg. La vraie Prusse, celle de l'est, possédait, à proprement parler, des provinces en Allemagne, mais son territoire était morcelé. Depuis 1870 il n'en n'est plus de même, bien que des enclaves subsistent encore dans son domaine plus étendu et que bornent au nord : le Danemark, le grand-duché de Mecklembourg, la Baltique ; à l'est : la Russie et la Pologne ; au sud : l'empire d'Autriche, le royaume et les duchés de Saxe, le Wurtemberg, Bade et la Hesse ; à l'ouest : la France, la Belgique et la Hollande.

Douze provinces ou régences, sans compter les districts gouvernementaux de Cassel et de Wiesbaden et la principauté de Hohenzollern, forment le royaume de Prusse. Ce sont le Brandebourg, la Poméranie, la Prusse orientale et occidentale, la Silésie, la Posnanie, la Saxe, le Hanovre, la Westphalie, Hesse-Nassau, les provinces rhénanes et le Schleswig-Holstein, c'est-à-dire des États très éloignés les uns des autres et très divers.

Au point de vue géologique, le royaume comprend deux parties distinctes ; la plaine et la montagne. La première s'étend de la Hollande à la Russie, décrivant de l'ouest à l'est une longue courbe septentrionale de 900 kilomètres, se confondant à l'ouest avec les terres plates et basses de la Hollande ; à l'est se perdant dans le steppe sarmate qui fuit à l'horizon. La mer du Nord et la Baltique d'une part, les montagnes de l'Allemagne centrale de l'autre, bornent cette vaste plaine. La partie montagneuse du royaume est comprise entre le massif des terrains ignés de la Bohème et les plateaux qui bordent les rives du Rhin, de Bingen à Bonn et de la rive droite de la Meuse à la rive gauche de la Weser.

Au sud du Holstein, des plissements de sol rompent l'uniforme monotonie de la plaine ; un plateau sablonneux recouvert de bruyères et d'une altitude moyenne de 100 mètres, partage la plaine en deux régions ethnographiquement distinctes. Ce plateau est connu sous le nom de plateau des bruyères de Lunebourg ; la plaine qui s'étend à l'ouest, entre la Hollande et ses faibles hauteurs, est la plaine saxonne ; celle qui se déroule à l'est est la plaine wende. La première, semée de vastes tourbières, prolongement de celle de la Hollande, fut le domaine des Tudesques ; dans la seconde, habitaient les Wendes, d'origine slave, dépossédés par les Germains. Elle s'étend au nord de la Lusace et de la Saxe ; d'aspect moins uniforme que la plaine saxonne, elle est traversée par les ramifications de la chaîne ouralo-baltique qui sillonne la Russie, soulève le massif du Waldaï que nous avons décrit, et qui vient mourir,dans la Prusse orientale au plateau des Masures, dont le sol pauvre, caillouteux, parsemé de lacs et de forêts, a peine à nourrir la population qui l'habite.

La plaine wende, elle aussi, est sablonneuse et peu féconde, surtout dans le Brandebourg et la Prusse occidentale. La Baltique la borne au Nord et les Nehrungen, longues flèches de sable, l'abritent contre les flots. Ils rappellent les *Lidi* de l'Adriatique et atteignent parfois jusqu'à 50 mètres de hauteur, sur une largeur moyenne de 6 à 8 kilomètres.

Les principaux fleuves de la Prusse sont : le Rhin, l'Ems, la Wéser, l'Elbe, l'Oder, la Vistule, le Niémen. Nous les avons décrits plus haut dans l'hydrographie de l'empire d'Allemagne. Outre ces fleuves, la Prusse compte un certain nombre de petites rivières côtières : la Leide, l'Oste, l'Eider et les rivières de la Poméranie occidentale.

I. — BRANDEBOURG. — POMÉRANIE.

Si le château de Hohenzollern, fut, au xie siècle, le berceau de la dynastie impériale actuelle, l'admission de cette famille parmi les maisons souveraines d'Europe date de 1415, de la cession faite par Sigismond, le plus endetté des empereurs d'Allemagne, à Frédéric VI de Hohenzollern, de la Marche de Brandebourg et du titre d'électeur, en échange d'un prêt de 400,000 florins d'or. Frédéric VI prit, dès ce jour, le nom de Frédéric Ier et l'acquisition du Brandebourg fut, pour lui et ses successeurs, le premier pas fait vers le trône de Prusse et la couronne impériale.

Terre de nomades, le Brandebourg avait été occupé par les Suèves, tribus errantes que les Slaves ou Wendes, venus d'Asie, refoulèrent lors de la grande invasion des Barbares qui précéda et suivit la chute de Rome. Charlemagne les convertit et les soumit, mais son œuvre ne dura qu'autant que lui, et, lui mort, ces hordes pillardes recommencèrent leurs incursions sur les terres environnantes. Henri Ier l'Oiseleur intervint, les battit après une courte campagne, et, pour les tenir en échec, créa entre eux et ses domaines une frontière militaire, *Mark* ou Marche, qui, de la forteresse Wende, *Brenniba*, reçut le nom de Marche de Brandebourg. Quand Frédéric Ier en prit possession, le margraviat était en partie démembré. Othon VII le Fainéant avait vendu le meilleur de ses terres ; Frédéric II les racheta à l'Ordre teutonique ; ses descendants les conservèrent et, lorsqu'en 1618, Jean-Sigismond, électeur de Brandebourg, hérita du duché de Prusse qui doublait ses États, sa suzeraineté s'étendait de l'Elbe à la Vistule. Il l'accrut encore par le partage de la succession de Clèves et de Juliers ; ses successeurs l'agrandirent et peuplèrent leurs incultes territoires en y attirant les protestants bannis de France. Il en vint plus de 20,000 dans le Brandebourg, dont ils développèrent l'industrie. « Ce n'étaient point là, écrit M. Lavisse, des ouvriers ordinaires. Honnêtes et laborieux, ces hommes qui avaient tout sacrifié au repos de leur conscience, l'étaient tous, et leur travail eut au Brandebourg un prix inappréciable, car ils étaient, sinon des inventeurs, des initiateurs. »

Un Hohenzollern avait acheté le Brandebourg ; un autre, Frédéric III, enfant prodigue d'une famille d'avares, acheta à l'empereur Léopold le titre de roi. Il lui en coûta un subside de 6 millions d'écus et 20,000 soldats ; Frédéric-Guillaume Ier répara, par une économie féroce, la brèche faite aux finances ; Frédéric II prit et garda la Silésie et, du royaume de Prusse, fit l'un des principaux États de l'Europe, en attendant que les événements en fissent la tête de l'Allemagne.

Le Brandebourg en est resté le cœur : Berlin, sa ville centrale, en est devenue la capitale.

Située au centre de l'Allemagne du Nord, entre deux fleuves entièrement allemands, l'Oder et l'Elbe, sur la Sprée, que des canaux réunissent à ces fleuves, Berlin occupe le point d'intersection des grandes routes de la Prusse orientale à la mer du Nord, de la Thuringe, de la Saxe et de la Bohème à la Baltique. Par Berlin passent les voies qui relient Dantzig, Breslau, Posen à Hambourg, Magdebourg et Leipzig. « Elle est située en outre, écrit M. Malte-Brun, dans une zone favorisée d'un climat relativement doux et qui s'étend de l'Elbe et de la Saale moyenne, de Dresde et de Naumbourg, vers les mers du Nord et la Baltique ; aussi sa température moyenne est d'un degré plus élevée que celle de Breslau et n'est que d'un demi-degré inférieure à celle de Francfort-sur-le-Mein. Cette ville occupe précisément le point où il est le plus facile de se rendre de toutes les contrées de l'Allemagne, sauf la vieille Bavière, et il eût été impossible de choisir un emplacement plus favorable pour la capitale de la Prusse et pour celle de l'Allemagne moyenne et septentrionale. »

Par contre, la région dont elle occupe le centre est, à coup sûr, l'une des plus déshéritées de l'Europe et l'on ne peut qu'admirer la conviction profonde dont était animé l'électeur Frédéric Ier répondant à ceux qui cherchaient à le détourner d'abandonner sa riante Franconie pour aller vivre dans les buissons et les sables de la pauvre Marche : « Une contrée qui a tant d'eau n'est pas pauvre. » On ne saurait contredire à la description qu'en fait M. E. Reclus : « La campagne environnante est une plaine de sables, de landes et de marais. Des arbres sans vigueur penchés au-dessus de mares boueuses, des prairies humides où les crapauds sautent par millions, de petites dunes, des broussailles grisâtres à demi ensevelies dans le sable mouvant, des chemins noirs de fange ou blancs de poussière suivant les saisons, des cabanes délabrées où perche la cigogne, voilà les traits des paysages que l'on a sous les yeux quand on approche de la ville par d'autres chemins que les voies royales entretenues à grands frais. La nature a toujours une certaine beauté jusque dans sa monotonie et sa tristesse, mais combien les environs de Berlin, salis d'ailleurs par tous les débris que rejettent les grandes villes, sont peu dignes d'être comparés à ceux de Vienne, de Paris, de Londres et de la plupart des autres cités principales de l'Europe ! »

En 1640 le grand Électeur Frédéric ne trouvait à Berlin que 6,000 habitants. Le recensement de 1890 en relève 1,574,485, chiffre qui la classe au troisième rang parmi les grandes villes du monde, après Londres et Paris. Il est pénible d'avoir à reconnaître que la France a plus contribué que qui que ce soit à doter Berlin des industries qui lui faisaient défaut, à porter haut la grandeur de la Prusse, en contraignant à l'exil les 25,000 Français qui émigrèrent au Brandebourg, pendant que d'autres se réfugiaient en Angleterre et en Suisse qu'ils affranchirent de la tutelle manufacturière de notre patrie en échange de l'hospitalité qu'ils y reçurent. Aucune mesure ne fut aussi désastreuse pour la France que la révocation de l'édit de Nantes, aucune ne fut aussi heureuse pour Berlin et pour l'Allemagne. Dès 1690, Ancillon écrivait dans ses dépêches au Ministère : « Il est venu dans cet État des ouvriers de tous métiers, de sorte que l'on y fait à présent toutes sortes d'ouvrages. Il ne s'en fait aucun en France que l'on ne fasse dans ce pays-ci. »

Berlin n'est pas seulement la capitale, elle est aussi l'une des premières villes manufacturières et commerçantes du royaume tout en devenant une cité politique, scientifique et littéraire. Son industrie est infiniment variée et la *Ville de l'Intelligence*, comme la désignent les Allemands, est aussi celle des usines métallurgiques, de la céramique, de la bijouterie, des brasseries, des ateliers et des manufactures. Mais cette capitale de l'Allemagne offre, avec les villes vraiment allemandes, un contraste qui frappe les visiteurs les moins prévenus. « L'élément poétique manque à Berlin, écrit M. Ch. Vogel. On n'y trouve guère d'éléments vénérables, rien n'y procède de la fantaisie ; tout est systématique, réglé sobrement à l'équerre et au compas, d'une ordonnance quasi militaire. L'esprit général de la population, positif et froidement réfléchi, caustique et satirique, n'a rien de cet abandon et de cette bonhomie qui rendent les habitudes viennoises beaucoup plus sympathiques aux Allemands du sud notamment. La différence de caractère entre la métropole du Danube et celle de la Sprée n'est pas moindre qu'entre Paris et Londres. »

Potsdam, au sud-ouest de Berlin et à 25 kilomètres, est située dans une île du Havel, au centre d'une région boisée. Peuplée d'environ 50,000 habitants, elle est célèbre par le château de Sans-Souci qu'éleva Frédéric le Grand ; il en fit sa résidence favorite. Potsdam est restée celle des hauts fonctionnaires qui l'ont convertie en une ville aristocratique. On sait la passion du père de Frédéric II pour les grenadiers de haute taille. Il s'en entourait et, par ordre, leur faisait épouser les plus grandes femmes des environs. On peut voir leurs descendants à Potsdam où abondent les hommes de haute stature.

Charlottenbourg, 32,000 habitants, à 4 kilomètres de Berlin, est un faubourg de la capitale, primitivement groupé autour du château qu'y fit construire en 1695 la princesse Charlotte, surnommée la Reine Philosophe. Depuis, Charlottenbourg s'est développée dans le sens industriel; elle contient des fonderies, des filatures et des teintureries, elle est en outre devenue un arsenal militaire. A 8 kilomètres de Charlottenbourg s'élève Spandau, au confluent de la Sprée et de la Havel. Ville forte, elle garde dans sa citadelle le trésor de guerre allemand; peuplée de 32,000 habitants, elle possède des fabriques d'armes, des fonderies de canons, des manufactures de poudre et de capsules. Spandau est la citadelle de Berlin. Brandebourg, à 65 kilomètres à l'ouest de Berlin, est l'ancienne *Brennibor*, la place forte des Wendes, qu'entourent les nombreux bras de la Havel, des lacs et des prairies. La vieille cité Wende est devenue un centre commercial et une ville industrielle; elle est redevable de sa prospérité aux protestants français qui l'ont dotée de ses fabriques de draps, de toiles et de papiers peints. Sa population est de 33,000 âmes. Le prince de Bismarck est né à Brandebourg.

Autour de Berlin et dans un rayon peu éloigné se pressent de nombreuses petites villes industrielles dont plusieurs semblent appelées à un grand avenir. Telles Neu-Ruppin, 14,000 habitants, Prenzlau 17,000, Luckenwalde 15,000.

Francfort-sur-l'Oder est, après Berlin, la plus importante ville du Brandebourg. Elle est à 81 kilomètres au sud-est de Berlin et possède 55,000 habitants. Si elle n'a pas le mouvement et l'activité commerciale de Francfort-sur-le-Main, elle n'en possède pas moins de sérieux éléments de prospérité. Elle est, sur l'Oder, le port de la capitale et son industrie se développe chaque année. Custrin est plus au nord, au confluent de l'Oder et de la Wartha. Place forte, elle couvre Berlin du côté de l'orient; les plaines qui s'étendent entre Francfort et Custrin virent, en 1758, le triomphe de Frédéric II sur les Russes et, l'année suivante, l'écrasante défaite qui le fit douter de sa fortune.

Landsberg, dans l'est de Custrin, et à 128 kilomètres nord-est de Berlin, est une ville très ancienne, depuis longtemps renommée pour son commerce de laines. Frédéric le Grand affranchit de droits son transit sur la Wartha pour faciliter son négoce avec la Pologne. Landsberg compte plus de 25,000 habitants; Kottbus, quelque peu plus peuplée, 28,000 habitants, s'occupe activement de la fabrication des toiles et des draps de lin. Elle est située sur la Sprée à 66 kilomètres au sud de Francfort-sur-l'Oder et à 115 de Berlin. A son industrie spéciale Kottbus joint l'avantage d'être au point d'intersection de nombreuses voies ferrées. Les autres villes du Brandebourg n'ont qu'une importance secondaire; ce sont : Furstenwarde 12,000 habitants, Zullichau 8,000, Sorau 14,000, Spremberg 12,000, Lubbenau 10,000.

Au nord-est du Brandebourg, la Poméranie s'étend, dans la plaine des Wendes, au long de la mer Baltique, entre les grands-duchés de Mecklembourg et la Prusse occidentale. Elle mesure 30,107 kilomètres carrés et renferme un peu plus de 1,500,000 habitants. Elle tient son nom des *Pomorjones,* tribu wende, qui occupa cette région après en avoir chassé les Goths; elle échut aux mains de Frédéric-Guillaume de Prusse par don de Pierre Ier de Russie, et lequel la prit à Charles XII dont la sœur confirma la cession moyennant le payement de 2 millions d'écus. La Suède se réservait toutefois l'île de Rugen et une bande de territoire entre la Baltique et la Peenne, mais

en 1814, lors du remaniement de la carte d'Europe, le Danemark reçut, pour sa part,
ce qui restait de la Poméranie Suédoise et l'échangea avec la Prusse contre le duché
de Lauenbourg.

Stettin est la grande ville de la Poméranie. Elle compte plus de 100,000 habitants
et s'élève sur la rive gauche de l'Oder, dans la vallée de percement du fleuve, à
134 kilomètres au nord de Berlin, et dans un site des plus pittoresques. Port maritime
de la capitale, elle entretient des relations directes avec Pétersbourg, Copenhague, Riga,
New-York et son mouvement se chiffre par plus de 5,000 navires à l'entrée et à la
sortie. Le peu de profondeur de ses bassins oblige les navires de fort tonnage à s'arrêter à
Swinemünde, son avant-port. Stettin n'est pas seulement une ville maritime et commerciale; elle est aussi un centre industriel important; elle possède des usines, des
fonderies, des distilleries, des manufactures de tabac; elle est le premier port de la
Prusse et le troisième de l'Empire, venant immédiatement après Hambourg et Brême.

Stralsund, seconde ville de la Poméranie, est au nord-ouest de Stettin, en face de
l'île de Rügen. Fondée par Jaromar, prince de Rügen, successivement danoise, puis
suédoise, elle devint allemande en 1325, de nouveau fit retour à la Suède par le
traité de Westphalie en 1648, et est aujourd'hui l'une des places fortes de la Prusse et
un port commercial important. Sa population dépasse 30,000 âmes.

L'île de Rügen, qui lui fait face, en possède 50,000. Elle mesure 49 kilomètres du
sud au nord, 45 de l'est à l'ouest et renferme quelques bonnes terres et de belles forêts
de hêtres. Sa population vit surtout de la pêche des harengs qui, en certaines saisons,
abondent sur les côtes. L'île ne possède pas de villes, mais des bourgs, comme Bergen,
peuplée de 4,000 habitants et située au centre, comme Ganz et comme Putbus,
autrefois résidence des princes de Rügen.

Köslin, à l'est de Stettin, est le chef-lieu du district qui occupe la partie accidentée
de la Poméranie et que traversent les ramifications du système ouralo-baltique dont
nous avons parlé plus haut. La chaîne principale commence au nord-est de Dantzig, au
mont Dombrowa, et se prolonge jusqu'à la vallée de l'Oder. Le relief uniformément plat
du sol donne seul quelque importance à cette chaîne de collines dont le point culminant
n'atteint pas 300 mètres. Le village d'Alt-Schwessin, près de Rummelsbourg, est l'une
des localités les plus élevées de la plaine septentrionale de l'Allemagne; il n'est
cependant qu'à 220 mètres d'altitude. Köslin compte environ 18,000 habitants; elle
est située sur le Mühlenbach et sur la route de Dantzig; c'est une ville manufacturière
où l'on fabrique le drap et on tisse la soie.

Autour de Stettin gravitent quelques petites villes d'une certaine importance:
Demmin, située au confluent de la Trébel, de la Peenne et de la Tollense, centre
manufacturier de toiles et de draps; Anklam, chantier de constructions navales; puis
des ports de pêche: Wollin, Kammin, Uckermünde. Stargard, ville plus considérable
et peuplée de 23,000 habitants, fait un grand commerce de toiles et de cuirs. Greifswald,
dans le district de Stralsund, et Stolp, dans celui de Köslin, sont les deux centres les
plus importants. Greifswald, ville universitaire, est aussi un port de commerce et
compte plus de 20,000 habitants; Stolp, plus peuplée, travaille l'ambre de la Baltique.

Nous parlerons plus loin de cette industrie spéciale dont la matière première se récolte dans la Prusse orientale.

II. —. PRUSSE OCCIDENTALE ET PRUSSE ORIENTALE.

La Prusse occidentale fait suite à la Poméranie dans l'est et s'étend au long du golfe de Dantzig. Elle continue la plaine wende sillonnée par la chaîne ouralo-baltique. Le sol y est sablonneux, semé de blocs erratiques et de pétrifications marines apportées par les flots et les glaces; les lacs y sont nombreux et le delta de la Vistule compense, par ses fortes terres noires et sa fertilité, l'aridité du reste de la province. Au long du fleuve contenu par des digues se déroulent de nombreuses métairies, et, sur ces terres d'alluvions, le blé atteint la hauteur d'un homme et le trèfle monte jusqu'au poitrail des bœufs.

Sur la côte, d'importantes fortifications complètent, contre la Russie, une ligne de défense dont nous retrouverons les postes avancés dans la Prusse orientale. Ici, ce sont les forts détachés de Thorn, les blockhaus crénelés de Graudenz, ceux de Dirschau, l'enceinte de Marienbourg, l'importante place forte de Dantzig et le camp retranché de Mowen qui, par Weichselmünde, se relie au système militaire de Dantzig.

La superficie de la Prusse occidentale est de 25,503 kilomètres carrés; sa population dépasse 1,400,000 habitants. Ce fut, avec la Prusse orientale, le territoire des *Pruczi*, qui lui ont laissé leur nom; ce fut aussi l'une des possessions de l'Ordre teutonique et plus tard de la Pologne. Elle fit retour à la Prusse en 1772.

Dantzig est sa ville principale, son port de mer et sa place de guerre, peuplée de près de 120,000 habitants et située à 7 kilomètres de l'embouchure de la Vistule, sur un bras occidental du fleuve, dont un petit affluent, la Mottlau, traverse Dantzig. Longtemps la Pologne, la Poméranie, le Danemark et le Brandebourg se disputèrent la possession de la province et de la ville qu'Alexandre de Humboldt appelle « la Naples du nord ». Elle eut ses jours d'épreuve et ses jours de prospérité. Son annexion à la Prusse ne paraît pas avoir contribué à relever son commerce. Outre la concurrence que lui fait Stettin, commercialement mieux située, l'ouverture, sur la côte de la Baltique, de nouveaux ports russes, a détourné de Dantzig une partie de son mouvement maritime. Elle n'en fait pas moins un grand trafic de grains, de bois de construction, d'huiles végétales, et d'eaux-de-vie, en échange desquels elle reçoit des houilles, des fontes, du pétrole, des vins et des cafés; on évalue à 300 millions environ le chiffre de ses importations et de ses exportations réunies.

Weichselmünde et Neufahrwasser sont les avant-ports de Dantzig. Elbing, plus à l'est, renferme près de 40,000 habitants. Ce fut l'*Urbs Drusiana* des Romains, la Truso scandinave qui se donna à la Suède, qu'achetèrent et revendirent la Pologne et l'Électeur de Brandebourg auquel elle resta. Comme Dantzig, elle occupe l'un des angles de la plaine d'alluvion, mais elle n'est pas située sur la Vistule, et l'Elbing, sa rivière, n'a pas une profondeur suffisante pour lui permettre de lutter contre sa rivale. Elle est au cœur d'une région lacustre sillonnée de canaux, et le centre d'une importante exploitation de bois.

Marienbourg, dans le sud-ouest et sur la rive droite de la Nogat, fut la résidence du grand-maître de l'Ordre teutonique, dont le château passait pour l'un des plus beaux de la chrétienté. Sous ses murs se livrèrent, entre la Pologne et l'Ordre teutonique, de terribles combats, dont le plus sanglant, celui de Tannenberg, en 1410, livra Marienbourg à la Pologne; en 1772 elle devint prussienne. « Le château des chevaliers teutoniques, écrit M. V.-A. Malte-Brun, est d'une architecture sévère et audacieuse; il a été construit, dit-on, sur le modèle du palais des Doges à Venise; c'est en même temps une résidence princière, une forteresse et un monastère. » Marienwerder, l'*Insula Mariana* des Romains, située sur la rive droite de la Liebe, est l'une des plus anciennes villes de l'Ordre teutonique; c'est à Marienwerder que les villes de Prusse signèrent, contre l'Ordre, leur traité de confédération, en 1440; c'est là aussi qu'en 1709 se rencontrèrent Pierre le Grand et Frédéric Ier. Thorn, peuplée de 22,000 habitants, est plus au sud, sur la rive droite de la Vistule. Création de l'Ordre teutonique, elle est aujourd'hui une grande place de guerre, à quelques kilomètres seulement de la frontière russe. Thorn couvre les abords de la Vistule, qu'elle domine et au delà de laquelle déborde sa formidable enceinte protégée par des forts détachés. Elle est en outre un port fluvial important et fait un grand commerce de bois et de céréales. Près de 1,300 bateaux et de 1,400 radeaux passent à Thorn ou s'y arrêtent, descendant le cours de la Vistule.

La Prusse orientale termine, au nord, l'Empire d'Allemagne dont la vaste plaine se confond avec la plaine sarmate. Elle contourne la mer Baltique, au long de laquelle elle déroule ses côtes si caractéristiques avec leurs langues de terre, la Frische et la Kurische Nehrung que nous avons décrites plus haut. Pays frontière, la partie de la Prusse orientale qui confine à la Russie, est, par le relief du sol, d'un accès facile, sans obstacles naturels contre une armée d'invasion débouchant de la Russie dans la plaine ouverte, sauf au sud où le plateau des Masures et sa région lacustre la rendent peu praticable. La Prusse a dû s'y couvrir, au nord, par des obstacles artificiels, par des fortifications savantes. Königsberg est le nœud de ce système de défense qui s'appuie en outre sur Thorn et sur Posen et qui présente une vaste enceinte abritée derrière onze forts détachés situés à 4 kilomètres en avant. Neuf grandes routes et quatre voies ferrées permettent de concentrer dans Königsberg et sous ses murs des forces imposantes.

La superficie de la Prusse orientale est de 96,977 kilomètres carrés; sa population s'élève à près de 2 millions d'habitants. Cette région fut, de bonne heure, connue des anciens. Pythéas, navigateur de Massalia, Marseille, fut l'un des premiers qui y abordèrent, à la recherche de l'ambre, que les renseignements recueillis par lui concordaient à lui faire croire originaire de cette plage de la Baltique. Ces renseignements étaient exacts, et la Prusse orientale reçut le nom de *Pays de l'Ambre* à la suite d'une exploration ordonnée par Néron, dont le délégué confirma les récits de Pythéas. Cette précieuse substance était connue du monde ancien, mais on en ignorait la provenance exacte. Des caravanes l'apportaient par les plaines de la Sarmatie ; elles-mêmes l'achetaient aux habitants du nord et la revendaient à des marchands phéniciens et grecs qui en faisaient un commerce lucratif sur les côtes méridionales. Les Romains estimaient fort ce produit pour lequel ils payaient des prix très élevés et auquel ils attribuaient de mystérieuses propriétés.

Indiquons en quelques mots son origine et sa nature, sur lesquelles M. Léon Duplessis a donné, dans le *Bulletin consulaire de* 1883, des indications précises. « L'ambre ou *succin* est la résine, non pas, comme on l'a dit, d'un peuplier, mais d'un conifère dont il devait exister des forêts immenses, dès le principe de la formation des terrains secondaires, à l'époque du soulèvement des montagnes du Nord et de l'Angleterre. Ces forêts ont très probablement couvert la moitié de l'Allemagne, le Danemark, la Baltique et une partie de la mer du Nord ; elles ont dû couvrir également de vastes régions en Russie et même certains territoires des pays actuellement riverains de la Méditerranée. Il faut admettre que partout où l'homme a rencontré de l'ambre, ces forêts de pins préhistoriques ont existé. C'est sur le sol de la Russie orientale et sur celui que recouvre depuis des siècles la mer Baltique que les forêts les plus denses se sont élevées et que s'est écoulée la plus grande quantité de résine ; c'est là que, de temps immémorial, on a recueilli le plus d'ambre... La cueillette est le mode le plus naturel d'exploitation et consiste simplement à ramasser sur le rivage les morceaux d'ambre que les flots de la mer y ont jetés. On a glané ainsi l'ambre de tout temps, et, encore de nos jours, on voit les bords de la Baltique fréquentés par des femmes et des enfants du peuple, qui s'en vont, un bâton à la main, remuer le sable ou les galets de la plage et mettent dans une petite hotte l'ambre qui brille à leurs yeux. Le fond de la mer étant de la terre bleue, celle-ci est corrodée par l'action de la mer ; l'ambre qu'elle contient est arraché et roulé par les vagues sur le rivage, tantôt seul comme un caillou léger, tantôt entouré d'herbages marins ; ballotté çà et là à la surface des flots par le vent, il surnage dans le varech et le limon et retombe ensuite au fond de la mer. La cueillette de ce *strandsegen*, de cette *bénédiction* de la côte, comme on l'appelle dans le pays, devient alors plus compliquée. Les femmes et les enfants descendent jusqu'à mi-jambe dans la mer et recueillent l'ambre à la main ou dans de petits filets assez semblables à ceux dont on se sert pour prendre les crevettes. Lorsque la mer est tranquille et transparente, les Prussiens montent dans des canots et, armés de longues gaffes, harponnent l'ambre qui reluit. »

À ces modes primitifs d'exploitation, on a substitué, de nos jours, des méthodes plus scientifiques mais aussi plus lucratives. A l'aide de dragues, on laboure le fond de la mer, que l'on passe au tamis ; ailleurs on a recours aux appareils à plongeur. La presqu'île du Samland constitue le plus riche dépôt d'ambre qui soit au monde. On en extrait jusqu'à 125,000 kilogrammes par an, alors que la Sibérie, l'Amérique septentrionale et les côtes de la mer Glaciale n'en fournissent que 5,000. L'ambre, cet or marin, se vend suivant sa qualité, sa grosseur et ses nuances, de 75 centimes à 165 francs le kilo. C'est à Vienne, en Autriche, que se trouvent les grands ateliers où on le travaille et le transforme. Les plus petits morceaux servent à la fabrication de perles, très recherchées par les Chinois et par les Japonais. Les gros morceaux sont rares; il en est peu qui dépassent 150 grammes; l'ambre opaque est le plus estimé; sa valeur dépasse de 40 0/0 celle de l'ambre transparent.

Königsberg, peuplée de près de 155,000 habitants, est la plus grande ville de la Prusse orientale; nous avons dit son importance militaire, mais son importance commerciale n'est pas moindre. Elle possède en outre une Université célèbre. Kant y naquit et y professa. Par un singulier contraste, ce puissant esprit, si hardi dans le domaine de la pensée, fut l'un des hommes les plus sédentaires qui aient vécu. Dans toute sa vie il n'alla jamais plus loin que Pillau, le port de sa ville natale, habité par les pêcheurs d'ambre de la côte.

Mémel compte 20,000 habitants. Située au confluent du Mémel et de la Dange, au nord-est de Königsberg, elle est la ville la plus septentrionale de la Prusse, le centre du commerce de l'ambre et aussi des bois qu'elle reçoit de Russie; son heureuse situation au débouché du Kurische-Hoff et aux confins de l'Allemagne et de la Russie fit de Mémel une des cités de la Hanse. Au sud de Königsberg apparaissent deux petites villes, toutes deux célèbres dans l'histoire par les événements dont elles furent le théâtre : Eylau, où Napoléon Ier remporta, les 7 et 8 février 1807, une sanglante victoire sur les armées coalisées de la Prusse et de la Russie; Friedland, où le 14 juin de la même année, il acheva de les écraser et les contraignit à signer la paix de Tilsitt.

III. — POSNANIE. — SILÉSIE.

La Posnanie ou province de Posen, s'ouvre au sud de la Prusse occidentale, entre le Brandebourg à l'ouest, la Russie à l'est et la Silésie. De toutes les provinces prussiennes, elle est la plus parfaitement horizontale; à peine y rencontre-t-on quelques légers accidents de terrain, derniers plissements de la croupe poméranienne. Trois larges vallées fluviales la traversent, celles de la Netze, de la Warthe et de l'Obra, que séparent des lignes de faîte à peine perceptibles. Dans cette région plate, les lacs et les étangs sont nombreux; les rivières ont peu de pente et les eaux indécises séjournent.

Ici encore la frontière est ouverte, sans défenses naturelles, sans autre tracé qu'une ligne imaginaire. Ce sol semble une page blanche sur lequel la nature n'a rien écrit, c'est un sol de nomades errants; l'horizon fuit à perte de vue; rien n'attire ou n'arrête le regard que les villes et les forts élevés par l'homme. Posen est la grande place militaire de cette région et la Prusse y accumule de puissants moyens de défense. A défaut de montagnes ou de fleuves, Posen s'abrite derrière les étangs qui vont de la Netze à la Warthe, dans les rives marécageuses de laquelle viendrait s'embourber une armée d'invasion. En arrière de cette première ligne de défense, Posen dresse son enceinte hexagonale que domine une puissante citadelle et que couvrent des ouvrages avancés, ne laissant entre eux que des défilés de trois à quatre kilomètres que ferment leurs feux croisés. Posen renferme un immense matériel de guerre et se relie au système militaire de Thorn et de Glogau.

Le sol est alternativement sablonneux et marécageux. Ici aussi on récolte l'ambre; en moindre quantité que dans la Prusse orientale, mais parfois en plus gros fragments. En 1848, on a trouvé à Polsnisch-Krone un morceau du poids de 3 kilog. 16 vendu 1,875 francs. Par suite des travaux de drainage et d'assainissement entrepris par le gouvernement on a conquis à la culture des terres favorables aux plantations de houblon, au lin, au tabac et aux betteraves. Sur une superficie totale de 28,954 kilomètres carrés, la Posnanie compte plus de 1,700,000 habitants.

Polonaise de cœur, cette province résista héroïquement à l'invasion prussienne. Dombrowski et Madalinski s'immortalisèrent dans la lutte qu'ils soutinrent contre Frédéric-Guillaume II qui tenait la Posnanie et ne la lâcha pas. Lorsqu'en 1807, la guerre éclata entre la Prusse et la France, la Posnanie se souleva et Napoléon Ier victorieux combla ses vœux en l'unissant au duché de Varsovie. En 1815, la Posnanie fit retour à la Prusse, mais elle s'insurgeait en 1830, en 1848, affirmant hautement et en toutes occasions l'antipathie que lui inspirait le joug qu'elle subissait. « Les Polonais de la Posnanie, écrivait alors l'auteur de *Deutches Land und Volk*, osent se plaindre qu'on ne tient pas la promesse à eux faite en 1815 de leur donner un gouverneur de nationalité polonaise, accès aux emplois de l'État, de se servir de leur langue dans les écoles publiques, de respecter leurs lois et leur religion ; mais ce sont là des plaintes qui équivalent à des crimes de lèse-Majesté et ceux qui les profèrent devraient, d'après le code criminel, être détenus dans une prison. »

La Posnanie ne compte que deux grandes villes. Posen, la plus importante, et aussi la plus peuplée, est située au confluent de la Warthe et de la Cybina; sa charte de fondation date de 1253, époque à laquelle les ducs Premislas et Boleslas donnèrent ordre aux habitants de la ville de Schrodka de se transporter sur la rive gauche de la Warthe où s'édifiait Posen. Le site n'était pas heureusement choisi, aussi Posen eut peine à grandir. Si, au xive siècle, elle résista victorieusement au roi Jean de Bohème, au xviie siècle elle fut douze fois décimée par la peste qui, chaque fois, lui enleva plusieurs milliers d'habitants. Elle eut en outre fort à souffrir des Suédois qui la rançonnèrent à outrance : en 1703, 145,376 florins; 211,432 en 1704 et ainsi de suite jusqu'en 1709 où elle fut bombardée. En 1732, Posen n'avait plus que 4,000 habitants, alors qu'en 1567 elle en possédait plus de 30,000. Puis vinrent les inondations et les incendies, les guerres entre la Prusse et la Russie, celles de l'Empire. Depuis, Posen s'est relevée et sa population atteint le chiffre de 70,000 âmes.

Bromberg, seconde ville de la Posnanie, est à 152 kilomètres au nord-est de Posen, sur la Brahe. Située aux confins de la Poméranie, Bromberg fut tour à tour polonaise, poméranienne et prussienne, et, comme Posen, elle eut grandement à souffrir des épreuves de la guerre et de la peste. Elle en était arrivée, en 1772, à n'avoir plus que 500 habitants. La résurrection momentanée de la Pologne releva Bromberg dont le commerce et l'industrie se développèrent. En devenant prussienne elle n'a pas cessé de prospérer et sa population dépasse 39,000 habitants.

Autour de ces deux grandes villes de la Posnanie se groupent des villes moins populeuses, mais industrielles et commerçantes, telles que Lissa, grand centre agricole ; Rawistch, ville de brasseries et de tanneries, de manufactures de cigares ; Ostrowo qui fait un important commerce de bois ; Wreschen et Schrimm où l'on fabrique des moulins et des machines agricoles ; Scheidemühl et ses verreries ; Gnesen et ses foires de chevaux et de bétail ; Inowrazlaw, autour de laquelle s'étendent des gisements de sel et de salpêtre.

Sur une superficie de 40,291 kilomètres carrés, la Silésie renferme plus de 4 millions d'habitants. Elle est l'une des plus populeuses et des plus riches provinces de la Prusse. Le Brandebourg, la Posnanie et la Russie la limitent au nord et à l'est, l'Autriche au sud et la Saxe à l'ouest. Entre la Silésie et la Bohème la chaîne septentrionale des *Reisengebirge,* « monts des géants », dresse son rempart de 1,300 mètres d'altitude moyenne, couvert de forêts de pins et de chênes et dont la cime culminante, la Schneckoppe, atteint 1,604 mètres ; cette chaîne se relie au sud à celle des Sudètes. Dans l'ouest, la croupe polonaise dessine une double ligne de hauteurs, celles de Tarnowitz et celles de Trebnitz. Entre ces hauteurs et les monts des Géants se déroule la plaine silésienne, double terrasse ondulée de 100 à 150 mètres d'élévation.

L'Oder est le fleuve de la Silésie ; fleuve assagi et calme dans son parcours moyen, il n'a plus les allures torrentueuses de son cours supérieur, de ses pentes rapides ; il s'étale à l'aise dans son lit élargi, et devient navigable à Breslau. Au sud-est de la province coule la Vistule qui forme sa limite.

Durement éprouvée pendant la guerre de Trente ans, ravagée et pillée par l'armée suédoise et par les Impériaux qui se la disputaient, la Silésie respira un peu après le traité de Westphalie en 1648, mais en 1741 la guerre reprit entre l'Autriche et la Prusse ; Frédéric II envahit la Silésie, la conquit, et, vainqueur à Chutositz et à Czaslau obtint de Marie-Thérèse, par le traité de Breslau, la cession de la province. L'Autriche tenta de la reprendre pendant la guerre de Sept ans ; mais le traité d'Hubertsbourg, en 1763, confirma celui de Breslau et, depuis lors, la Silésie est restée prussienne.

Breslau, sa ville principale, compte plus de 300,000 habitants ; elle s'élève dans la riche vallée de l'Oder, dont les deux bras l'étreignent et qu'arrose aussi l'Ohlau. En 1241, Breslau tint tête à l'invasion des Mongols ; ses habitants brûlèrent eux-mêmes leur ville et se concentrèrent dans l'île de l'Oder, dans leur château fort d'où ils repoussèrent les assauts des hordes asiatiques. Relevée de ses cendres, Breslau resta l'une des grandes cités intermédiaires entre l'Orient et l'Occident. La voie d'invasion, autrefois suivie par les Mongols, devint la voie pacifique des échanges commerciaux. « Le peuple, écrit M. V.-A. Malte-Brun, parle encore du temps où de longues caravanes de Russes barbus et de Tartares au nez écrasé, montés sur de petits chevaux et traînant de nombreuses charrettes, venaient sur le Rhin ou place du Marché pour échanger leurs cuirs, leurs suifs et leur cire contre des étoffes de lin et des draps de Silésie. » Ville universitaire, Breslau est aussi manufacturière et commerçante. Elle possède de nombreuses distilleries, brasseries, tanneries, des fabriques de meubles et de machines. Son commerce principal est celui du lin, des laines, des céréales et du bétail.

Toute cette région est industrieuse et peuplée. Schweidnitz compte 23,000 habitants et fait un important commerce de tissus de lin et de coton. Grünsberg possède de nombreuses filatures ; Waldenburg exploite des mines de houille et occupe plus de 10,000 ouvriers. La houille est l'une des richesses de la Silésie qui produit annuellement plus de 13 millions de tonnes ; le tissage est la grande industrie des nombreux villages ; dans le seul cercle de Waldenburg, la filature du lin emploie plus de 4,000 ouvriers. Il en est de même à Glatz, à Reichenbach, à Wohlau, centres industriels où les manufactures abondent, petites villes autour desquelles se groupent d'importants villages possédant tous des fabriques en pleine activité, des teintureries, des blanchisseries de toiles, des ateliers de foulage.

Leignitz, peuplée de 44,000 habitants, est la seconde ville de la province, à 67 kilomètres au nord-ouest de Breslau, dont elle est le diminutif, portant le surnom de *Petit-Breslau*. Elle est située dans une belle plaine près du confluent du Katzbach et du Schwarzwasser. Autour d'elle, comme autour de Breslau, se pressent des petites villes actives, industrieuses, ruches de travailleurs infatigables : Glogau, 20,000 habitants ; Grunberg 14,000 ; Sagan 12,000 ; Goldberg, Hirchsberg 15,000 ; Laubau 12,000 ; Gorlitz. A Glogau on travaille la cire ; à Sagan les draps ; partout ailleurs le verre, le lin, les laines. Oppeln a des manufactures de cigares et fabrique la quincaillerie ; Tarnowitz travaille le fer, le zinc, le plomb. Beuthen, peuplée de près de 30,000 habitants, est le centre de l'industrie minière de la Haute-Silésie ; Königshütte, 32,000 habitants, exploite des mines de houille. Ratibor, ville de 19,000 habitants, située dans un site pittoresque et dans un cadre de verdoyantes collines, possède de grandes fabriques de papier, de sucre, d'amidon ; Neisse a des fonderies de fer, des huileries et des scieries, des brasseries, distilleries et tanneries.

L'agriculture n'est pas moins développée en Silésie que l'industrie. La province produit plus de céréales qu'elle n'en consomme ; la production du lin est très importante et, après la Saxe la Silésie vient au second rang pour la culture des betteraves, le rendement moyen atteignant un million de tonnes, près de 26 tonnes à l'hectare. Le pays est riche aussi en bois ; les forêts couvrent 29 pour cent du sol, les pins abondent dans les districts d'Oppeln et de Leignitz ; les chênes et les hêtres dans celui de Breslau.

IV. — SAXE PRUSSIENNE ET HANOVRE.

Sur une superficie de 25,245 kilomètres carrés, la Saxe prussienne possède une population de près de 2,400,000 habitants. Elle s'étend à l'ouest de la Silésie, entre le Brandebourg au nord, la Saxe au sud-est, le Hanovre et le Brunswick à l'ouest et au nord-ouest ; au sud : les duchés de Saxe-Altenburg, Saxe-Weimar et Saxe-Cobourg-Gotha. Elle se complète par des exclaves dans le duché d'Anhalt, par d'autres dans le duché de Brunswick et le Hanovre ; par contre, elle renferme des enclaves appartenant au Brunswick, à Saxe-Weimar et au duché d'Anhalt, offrant ainsi l'aspect d'une province morcelée, semée d'îlots de terres qui ne lui appartiennent pas et projetant en tous sens, ainsi qu'une île, des caps et des promontoires bizarrement découpés.

L'Elbe est son fleuve ; ce fleuve arrose une région plate qu'entoure une série de hauteurs, de plateaux, de collines accidentées, de croupes sablonneuses, sorte de mer houleuse, ramification du Harz dont la plus haute sommité, le Brocken, mesurant 1,141 mètres, se dresse à l'extrémité ouest de la Saxe prussienne, dans le comté de Wernigerode. « Sa large base, écrit M. V.-A. Malte-Brun, est ce qu'on est convenu d'appeler le Brockenfeld, un immense piédestal qui atteint 700 mètres et au-dessus duquel s'élève le cône tronqué du Brocken. Le pied de la montagne est recouvert de sombres forêts de conifères, mais à partir d'une certaine hauteur on ne rencontre plus que des pins rampants. Sur le sommet même de la montagne, toute végétation forestière disparaît. Le sol est recouvert d'une mousse grise à travers laquelle percent quelques anémones des Alpes. Du haut de la tour-signal installée au sommet du Brocken, la vue embrasse toute l'île de verdure du Harz et s'étend au delà de ses limites dans un cercle immense embrassant 87 villes et 668 villages. Un phénomène intéressant se produit huit ou neuf fois par an, au coucher et au lever du soleil. Lorsque cet astre se trouve dans une position horizontale par rapport au sommet du Brocken et que du côté opposé des brouillards s'élèvent de la vallée, on voit alors l'ombre du Brocken et celles des êtres animés qui se trouvent à son sommet se dessiner dans les brouillards. » C'est la région des mirages et des vieilles légendes historiques, des chasses princières et des antiques monastères. Les habitants y vivent de la forêt ; bûcherons et charbonniers, ils abattent, débitent, sculptent et travaillent le bois.

La Saxe est riche en mines de houilles, fer, cuivre et sel dont la production annuelle dépasse 70 millions ; elle est riche aussi en produits agricoles, bien qu'une partie de son sol soit rebelle à la culture ; elle tient, en outre, le premier rang pour la production de la betterave et son rendement est de près de 3 millions de tonnes, égalant celui du reste de la Prusse.

Quand les Germains envahirent la Saxe, trois siècles avant l'ère chrétienne, ils absorbèrent ou refoulèrent les habitants, dont il ne reste d'autres traces que de nombreux *tumuli* celtes, communément désignés du nom de *tombeaux des Huns*. Les Germains durent, à leur tour, sept siècles plus tard, céder la place aux Wendes qui occupèrent, comme nous l'avons dit plus haut, le Brandebourg et la Saxe. Après des fortunes diverses, l'élément germanique reprit le dessus, la province de Saxe fut, au Congrès de Vienne, détachée du royaume de Saxe et vint grossir l'apanage de la Prusse.

Cette province forme trois districts de régence. Celui de Magdebourg est le plus compact. Adossé au Harz, il s'étend dans la plaine coupée de marais que traverse l'Ohre ; l'Elbe l'arrose et les Hellberge, collines basses dont la plus haute sommité ne dépasse pas 120 mètres, le sillonnent. Magdebourg, autrefois Maydenburg, *ville des vierges*, compte en 1891, 201,913 habitants, soit 42,393 de plus qu'en 1886. Située à l'extrémité du pays des Wendes, elle dut à Edith, femme d'Othon le Grand, princesse anglaise à laquelle l'Elbe rappelait, dit-on, la Tamise, de devenir la résidence du souverain. Magdebourg, dont l'importance s'accrut rapidement et qui déjà, du temps des Wendes, était un centre commercial, fit partie de la Hanse et entretint avec la Russie un trafic actif. Elle était riche et puissante quand, au cours de la guerre de Trente ans, Tilly l'assiégea et l'emporta d'assaut le 10 mai 1631 : deux églises et 139 maisons restèrent seules debout. Magdebourg se releva lentement de ce coup terrible ; après Iéna, elle fit partie du royaume de Westphalie ; en 1814, elle fit retour à la Prusse.

La ville a grand air et se déploie majestueusement sur la rive gauche de l'Elbe, reflétant dans le fleuve ses nombreuses tours. Par l'Elbe, elle est en communication avec la Bohème et Hambourg ; par la Saale avec la Thuringe ; par ses canaux avec l'Oder et la Vistule. Grâce à cette heureuse situation sur un réseau de voies navigables, Magdebourg grandit rapidement et la fertilité de la région qui l'entoure alimente une industrie prospère, celle de la fabrication du sucre de betteraves. Sa plaine, connue sous le nom de *Borde*, « terre fertile », mesure 45 kilomètres de longueur sur 20 à 30 de largeur ; elle porte d'abondantes moissons, notamment des choux énormes que l'on convertit en choucroute. Neustadt peuplée de 35,000 âmes et Buckau de 15,000 sont en réalité des faubourgs de Magdebourg. A Buckau se trouve l'importante usine Gruson, affectée à la construction des projectiles et aussi des tourelles blindées ; à Neustadt, comme à Buckau, la fabrication du sucre est très active et ces deux villes possèdent, outre des raffineries, des ateliers de machines, des fabriques et de grandes manufactures.

Stendal, située sur l'Uchte, occupe l'emplacement d'une ancienne colonie slave, à l'entrée de la région fertile de la Wische. Gardelegen est un centre industriel et forestier, ainsi que Letzlin où s'élève le château de chasse des électeurs de Brandebourg. Tangermünde, vieille forteresse, défend le passage de l'Elbe dont son château féodal domine le cours. Burg, située à 21 kilomètres de Magdebourg, est une ville industrielle, redevable de sa prospérité à une colonie de protestants français qui s'y établit après la révocation de l'édit de Nantes ; Schönebeck, sur l'Elbe, possède d'importantes salines, ainsi que Stassfurth, célèbre par ses dépôts salins exploités depuis 1851 et dont la couche de sel gemme pur mesure plus de 200 mètres d'épaisseur.

Quedlinburg s'élève en amphithéâtre sur les flancs du Münzenberg. « Elle est, dit M. V.-A. Malte-Brun, l'une des premières localités du monde pour les grandes cultures de graines de betteraves et de fleurs. Plus de 2,000 hectares y sont affectés exclusivement à la production des graines de betteraves dont ils fournissent annuellement plus de 50,000 quintaux. » Des centaines d'hectares fournissent, en outre, des légumineuses et des semences de fleurs, notamment de giroflées. Cette dernière industrie occupe plus d'un millier de femmes et d'enfants ; certains horticulteurs possèdent jusqu'à 30,000 pots de ces fleurs dont la semence se vend de 40 à 100 francs la livre. Aschersleben exploite des gisements de lignite ; Halberstadt, au pied des contreforts du Harz, grandit rapidement ; sa population est de près de 40,000 âmes et son industrie se développe ; elle possède des fabriques de sucre, gants, cigares, des brasseries et des mégisseries.

Erfurt, sur la Géra, est la seconde ville de la province; sa population dépasse 55,000 âmes et son université fut, au moyen âge, la plus célèbre d'Allemagne. En 1808, Erfurt fut le siège d'un congrès diplomatique; ville historique, forteresse importante, elle a gardé, avec l'empreinte du moyen âge, un aspect imposant. Luther se retira, en 1505, dans son couvent, où l'on montre encore, conservée dans son primitif état, la cellule du réformateur, sa table de travail, son secrétaire et les manuscrits de Mélanchthon. La plaine d'Erfurt est l'une des plus fertiles de la Prusse, elle est couverte de jardins maraîchers qui donnent d'abondantes récoltes; la culture horticole y atteint, comme à Quedlinburg, son maximum de rendement et l'exportation des semences a pris dans toute cette région un développement considérable.

Nordhausen, 30,000 habitants, est située sur la Zorge. Son industrie principale est l'engraissage des bestiaux et la distillation de l'eau-de-vie. Mühlhausen, au nord-ouest d'Erfurt, sur l'Unstrut, possède de nombreux ateliers, des manufactures de coton, de grandes tanneries, brasseries et teintureries. Langensalza est un champ de bataille historique. En 1075 les Saxons et les Thuringiens y battirent l'empereur Henri IV; en 1866 l'armée prussienne y écrasa l'armée hanovrienne.

Mersebourg, chef-lieu du district du même nom, est située sur la Saale à 100 kilomètres au sud-est de Magdeburg. Elle fut, au xɪᵉ siècle, la résidence des empereurs qui y réunirent successivement quinze diètes; sa foire annuelle, remplacée aujourd'hui par celle de Leipzig, fut longtemps très fréquentée. Dans les plaines de Mersebourg, Henri Iᵉʳ l'Oiseleur gagna, sur les Hongrois, une victoire célèbre; près de Mersebourg, à Lützen, se mesurèrent les deux plus célèbres capitaines du commencement du xvɪɪᵉ siècle, Gustave-Adolphe et Wallenstein. Le premier y trouva la mort au milieu de son triomphe. A Lützen, le 2 mai 1813, Napoléon battit les Russes et les Prussiens coalisés. Torgau, ville du moyen âge entourée de fortifications modernes, joua un rôle important dans l'histoire de la Réforme; les *articles de Torgau* promulgués par Luther figurent dans la *Confession d'Augsbourg*. A Wittenberg, Luther brûla publiquement la bulle du pape qui l'excommuniait. Toute cette contrée est pleine des souvenirs de la grande lutte religieuse du xvɪᵉ siècle. Lorsqu'en 1547, après sa victoire de Mühlberg et la prise de Wittenberg, Charles-Quint visita les tombeaux des réformateurs, de Melanchthon et de Luther, dans l'église du château, un de ceux qui l'accompagnaient suggéra de déterrer leurs corps et de les brûler. « Qu'ils reposent en paix, répondit l'empereur, leur juge a prononcé; pour moi je fais la guerre aux vivants, je ne la fais pas aux morts. »

Halle, peuplée de 85,000 habitants, est la grande ville de cette région. Dévastée pendant les guerres de religion, ravagée pendant la guerre de Sept ans, elle se releva de ses ruines pour subir de nouvelles épreuves pendant l'invasion française. Bernadotte y livra sous ses murs et dans ses murs de sanglants combats au prince Eugène de Wurtemberg qu'il contraignit d'évacuer la ville. Halle est une cité universitaire fréquentée par 1,700 étudiants et renfermant de nombreuses écoles d'instruction secondaire. Eisleben, situé à 52 kilomètres de Mersebourg, est un centre minier important; Luther y naquit le 10 novembre 1483; son père, Hans Luther, était un ouvrier mineur qui, par son intelligence et son activité, conquit une position honorable et une modeste aisance. On montre encore dans une des vieilles rues de la ville voisine de Mansfeld, qu'il habita, la maison où grandit Martin Luther. A la fin de sa vie, le réformateur revint à Eisleben, voulant mourir là où il était né. Son corps est déposé dans l'église de Saint-André. Autour d'Eisleben, Sangerhausen, Waissenfelds, Naumbourg, villes actives et populeuses, possèdent d'importantes industries locales, des fonderies et des tuileries, des fabriques d'huile minérale et de sucre de betteraves, principale richesse de la Saxe prussienne.

La province de Hanovre, qui occupe l'extrémité nord-ouest du royaume de Prusse, n'affecte pas des formes moins bizarres que la province de Saxe. Elle enveloppe, sans le comprendre, le grand-duché d'Oldenbourg et le territoire de Brème, qui la coupent en deux parties inégales reliées au sud par une étroite langue de terre ; elle projette à distance ses exclaves de Bodenwerder, Hohnstein et Polle ; elle détient les îles du littoral et le port de Wilhemshaven. Sa superficie est de 38,424 kilomètres carrés, sa population de 2,200,000 habitants. Elle confine, à l'est, à la province de Saxe et au duché de Brunswick ; au nord, à la mer du Nord ; à l'ouest, à la Hollande ; au sud, à la Westphalie, aux deux principautés de Lippe-Detmold et de Schaumburg-Lippe, à celle de Waldeck, au territoire de Pyrmont et au comté de Schaumburg.

Au nord s'étendent des terrains humides, au centre la plaine, au sud le Harz montagneux et les collines de la Weser. Les sommets du Harz mesurent ici 922 mètres au Bruchberg, 930 à l'Achtermamshohe. Les collines de la Weser, moins élevées, atteignent leur point culminant au Steinberg, 550 mètres. Au nord, la plaine se déroule sur 120 kilomètres, marécageuse et désolée, masse tourbeuse au sol spongieux que l'on exploite pour en extraire le combustible qu'il renferme et dont la couche, épaisse de plusieurs mètres, constitue la principale richesse de cette région. Dans les parties épuisées on cultive des céréales et, de même qu'en Hollande, ce sol marécageux donne, après quelques années de travail et de fumure, d'abondantes récoltes.

Ici encore, nous retrouvons les descendants des Wendes ; la région qu'ils occupent s'étend à l'est de la bruyère de Lunebourg jusqu'à l'Elbe. Elle est modérément fertile et il y règne une aisance générale ; mais la partie la plus riche de la province de Hanovre est celle des terres d'alluvions ou des *Marschlander* qui bordent l'estuaire de l'Elbe et la mer du Nord. Drainées et endiguées, ces terres plates se déroulent en un long ruban de verdure ; les champs, les prés, les métairies et les villages s'y succèdent, coupés de canaux, offrant partout l'aspect d'une culture intensive. Des batteries prussiennes couvrent l'embouchure de l'Ems, celle de la Weser et de l'Elbe, et le grand port militaire de Wilhemshaven se dresse sur le golfe de Jahde. Partout ailleurs la côte, impraticable pour un débarquement, est suffisamment protégée par ses eaux basses et ses bancs de sable.

La partie montagneuse de la province est riche en minerai de fer, de cuivre, de plomb, de zinc ; on y exploite aussi des gisements de plomb argentifère et d'or. On y rencontre la houille dont la production s'élève à 500,000 tonnes, mais la tourbe est surtout abondante et son extraction dépasse 6 millions de tonnes. La principauté électorale de Hanovre donna, en 1714, à l'Angleterre sa dynastie actuelle, mais elle-même, en 1866, par lettre patente du 3 octobre, fut incorporée à la Prusse.

Hanovre, sa capitale, comptait en 1891, 163,100 habitants, elle est située au confluent de la Leine et de l'Ihme, dans une plaine d'alluvions, et fut d'abord un centre agricole que la culture du houblon, la fabrication et le commerce de la bière convertirent rapidement en une cité riche et industrielle. La vieille ville est irrégulière mais pittoresque ; la ville moderne, la *ville d'Ernest-Auguste*, est grande et bien bâtie, coupée de belles avenues plantées d'arbres et de beaux jardins. L'industrie principale de Hanovre consiste surtout dans le tissage de la laine et du lin, dans la fonte du fer et la fabrication des produits chimiques ; la ville possède, en outre, d'importantes manufactures de tabac, des brasseries, des imprimeries et de grands marchés de chevaux et de bétail. Linden, également sur l'Ihme et au pied de la colline du même nom, doit sa prospérité à la famille Egestorf qui y créa des fours à chaux, des tuileries, puis une fonderie et une fabrique de machines. Plus tard, d'autres industries se groupèrent autour de celle-ci ; aujourd'hui Linden, ville d'avenir et déjà peuplée de près de 30,000 habitants, est l'un des centres les plus actifs de cette région. Il en est de même d'Hameln, qu'ont peuplée des émigrants français et qu'enrichissent ses fonderies, son commerce de grains et de bois, ses pêcheries de saumon sur la Weser et son établissement de pisciculture.

Hildesheim, fondée par saint Bernard et située sur l'Innerste, aujourd'hui chef-lieu de district, possède près de 30,000 habitants. *Le trésor de Hildesheim*, découvert en 1868 par des soldats au pied du Galgenberg et qui fut transporté au cabinet des Antiques de Berlin, comprend soixante ustensiles en argent d'une grande valeur artistique. On croit qu'il appartint à Varus et qu'il fut enfoui par Hermann, après sa victoire, dans un sanctuaire des Chérusques. Hildesheim, ville très commerçante, irrégulière et pittoresque, a pour principale industrie la fabrication du sucre de betteraves, le commerce des laines et des grains et aussi la culture des fleurs.

Goslar, 12,000 habitants, est une vieille ville au pied du Ramemlsberg ; elle fut, pendant un temps, le séjour favori des empereurs, et elle a conservé grand air avec ses tours, ses remparts et son château huit fois séculaire. Göttingen, sur la Leine, est plus peuplée, 22,000 habitants ; elle fit partie de la Hanse et, au xiiie siècle, atteignit un haut degré de prospérité. Ses fabriques de laine étaient renommées et leurs produits très recherchés jusqu'en Russie. Ruinée par la guerre de Trente ans, Göttingen se releva et devint l'un des principaux centres universitaires de l'Allemagne. Bien qu'elle n'ait pas encore recouvré son ancienne importance, elle compte encore un millier d'étudiants. Klausthal, siège de la direction des mines du Harz, possède une école des mines et exploite des gisements de fer, de plomb et d'argent.

Osnabrück, seconde ville de la province, située sur la Haas dans une riante vallée que dominent de pittoresques hauteurs, compte près de 40,000 habitants. Fondée par Charlemagne, par lui dotée d'un évêché, elle s'affranchit du joug des évêques et, de ville ecclésiastique devint ville commerçante et riche. Intermédiaire naturel entre Lubeck et

Brême, entre Anvers et Cologne, elle fit partie de la Hanse et devint célèbre par la fabrication de ses étoffes de laine et de lin. Elle est restée importante par ses hauts fourneaux et ses fonderies. Autour d'elle gravitent Lingen, Meppen, Papenburg, gros villages et petites villes actives et travailleuses.

Lüneburg, chef-lieu de district, compte 20,000 habitants. Dès le x1e siècle elle exploitait ses sources salines et au xive elle était avec Stralsund, Wismar, Rostock, Hamburg et Lubeck l'une des six villes Wendes de la Ligue hanséatique. Depuis, elle a beaucoup perdu de son importance. Il en est de même de Celle, située sur l'Aller et qui joua un rôle historique; ce n'est plus qu'une ville secondaire dont l'industrie principale consiste dans la fabrication des parapluies dont elle exporte plusieurs centaines de mille. Harburg, située au nord-est de Lüneburg, 21,000 habitants, prétendit rivaliser avec Hambourg, dont elle est distante de 11 kilomètres, mais l'ensablement de son port la força à chercher dans l'industrie des ressources que sa position maritime lui refusait. Harburg possède d'importantes fabriques de caoutchouc et d'huile de coco, des fonderies et des manufactures de tabac et de cigares.

Une légende fait de Stade une ville des plus anciennes, mais l'histoire la fait dater du xe siècle. Elle possède 10,000 habitants et n'a que peu de commerce. Geestemünde et Gestendorf, double ville qui n'en forme plus qu'une seule, est plus importante et fait un grand commerce de pétrole. Construit en 1863, le port de Geestemünde possède des chantiers de construction et des bassins de radoub. Non loin de là, à Verden, Charlemagne fit massacrer 4,500 Saxons et sur l'emplacement de leur exécution édifia l'église épiscopale de Verden.

Dans une région plate mais fertile, bien que coupée de marais, se trouve Aurich, chef-lieu du district de ce nom, petite ville de 6,000 habitants. Norden, plus peuplée, se relie par un canal à la mer du Nord ; elle exporte du blé en Angleterre, du beurre dans le Hanovre, du bétail à Berlin et reçoit des bois de la Scandinavie et de la houille d'Angleterre. Emden, autrefois sur le Dollart, à l'embouchure de l'Ems, en est aujourd'hui à près de 4 kilomètres. Située dans une plaine d'alluvions, elle constitue un centre agricole important, et, comme Norden, exporte les produits de son sol ; elle fait, en outre, un commerce assez considérable de harengs. Wilhemshaven, à l'est d'Emden, est le port militaire de l'Allemagne. La Prusse en a fait un grand arsenal maritime et ses bassins peuvent abriter toute la flotte allemande. Leer, au sud d'Aurich, sur la Kéda et près de l'Ems, est un port maritime et fluvial de 11,000 âmes.

V. — WESTPHALIE — HESSE-NASSAU.

La Westphalie s'étend au sud de la province de Hanovre et au sud-est de la Hollande, entre les principautés de Lippe, le duché de Brunswick, Hesse-Nassau et la Prusse Rhénane. Sa superficie est de 20,200 kilomètres carrés, sa population de plus de 2 millions d'habitants. Montagneuse au sud de la Lippe, elle est sillonnée, dans l'est et le nord-est, par des chaînes de collines. Entre les montagnes et les collines se déroule une surface plane désignée sous le nom de plaine de Westphalie ou de *golfe de Münster*, du nom de la ville qui en occupe le centre. Ici, la mer a laissé partout des traces de son séjour : des dépôts marneux et crétacés; le sol y est alternativement sablonneux et marécageux, mais il est riche sur les pentes et, au long de celles du Haarstrang s'étend le Hellweg, l'une des plus fertiles régions de l'Allemagne.

La Westphalie est au premier rang des États d'Allemagne pour l'extraction de la houille, au second pour l'extraction du minerai de fer. Sa production minière dépasse 100 millions à l'année et ses deux grands centres d'exploitation se trouvent dans le Siegerland et sur les bords de la Lenne, de la Ruhr et de la Volme. L'activité de ses habitants ne se borne pas à l'industrie sidérurgique; le tissage du lin, la fabrication du linge, celle des étoffes de soie et de coton, la préparation des cuirs, occupent de nombreux ouvriers, aussi la densité de la population est-elle ici plus élevée que dans les autres provinces prussiennes, sauf les provinces Rhénanes; elle excède 101 habitants par kilomètre carré.

En l'an 12 avant Jésus-Christ, Drusus pénétra dans cette région alors habitée par les Sicambres et les Bructères; il la soumit en deux campagnes, mais y mourut d'une chute de cheval. Auguste, impatient de consolider sa conquête, transporta 40,000 Sicambres de l'autre côté du Rhin et voulut imposer à ces barbares les légistes et la législation de Rome. Ils s'y refusèrent, s'insurgèrent et, groupés autour d'*Hermann*, Arminius, leur chef, ils écrasèrent, dans la forêt de Lippe, dans le défilé de Dören, les 17e, 18e et 19e légions romaines commandées par Varus, lieutenant de l'empereur. On sait le désespoir d'Auguste à la nouvelle de ce désastre inattendu. Tibère et Drusus Germanicus vengèrent Rome, que vengèrent mieux encore les Germains en assassinant Arminius. « Cet homme, écrivait Tacite, fut sans contredit le libérateur de la Germanie, et il eut à cela d'autant plus de gloire qu'il ne combattit point, comme d'autres rois et d'autres généraux, le peuple romain au début, mais dans tout l'éclat de sa puissance. Battu quelquefois, il ne fut jamais vaincu. Il vécut trente-sept ans et garda douze ans la suprême puissance. Les barbares célèbrent encore ses exploits; il est inconnu des Grecs, qui n'admirent que leur histoire, et à peine illustre chez les Romains qui n'exaltent que ce qui est ancien, dédaigneux de ce qui est moderne. » Quand, dix-huit siècles plus tard, Napoléon Ier créa le royaume de Westphalie, il lui donna pour roi son frère, Jérôme Bonaparte, mais son éphémère fondation ne survécut pas à son empire, et, en 1814, les débris du royaume de Westphalie firent retour à leurs souverains dépossédés.

Münster, peuplée de 45,000 habitants, est la ville principale de la Westphalie. Elle s'élève dans la plaine sablonneuse que nous avons décrite et à laquelle elle donna son nom. Münster fut doublement célèbre, de 1525 à 1535, comme centre de la révolte des anabaptistes, et, en 1648, comme siège du Congrès qui négocia le traité de Westphalie. Ville épiscopale et historique, elle est devenue commerçante et manufacturière sans cesser toutefois d'être une cité intellectuelle et littéraire. Autour d'elle les villes sont rares, mais les gros bourgs abondent : Ibbenbüren, Warendorf, Beckum,

Steinfurt, Rhüm, Recklinghausen possèdent de 5,000 à 10,000 habitants et de nombreux établissements industriels.

Minden, située sur la Weser, renferme 21,000 habitants. Elle a peu d'industrie et de commerce, par contre elle possède un passé historique ; ce fut la terre natale de Witikind, du héros sàxon qui longtemps défendit contre Charlemagne l'indépendance de sa patrie. Près de Minden, l'armée française, commandée par le maréchal de Contades, fut battue en 1759 par les Anglais, les Hanovriens et les Prussiens coalisés. Herford, au sud-ouest de Minden, est située au confluent de l'Aa et de la Werre ; elle compte 14,000 habitants et possède des filatures importantes. Près d'Herford, le bourg d'Enger occupe l'emplacement de la ville royale de Witikind dont le corps repose dans l'église qu'il édifia. Bielefeld, ville populeuse de 35,000 habitants, est à 45 kilomètres de Minden, dans le sud-ouest. Renommée pour ses toiles de lin, Bielefeld est l'un des centres de l'industrie linière et l'une des plus commerçantes cités de la Westphalie ; autour d'elle, de nombreux villages vivent de sa vie et prennent part à sa prospérité.

Paderborn, à 85 kilomètres au sud de Minden, fut un point stratégique important, près duquel s'élevait la grande forteresse romaine d'Aliso ; Charlemagne y fonda le premier évêché de la Westphalie. A Paderborn il convoqua la première grande diète de l'Empire ; il y donna l'hospitalité à Léon III, lequel en retour, lui conféra, à Rome, la couronne impériale. Warburg, sur la Diémel, cité du moyen âge, au sud de Minden, fut, de bonne heure, un centre industriel, peuplé de tisserands. Près de là, au mont Desenberg, la légende place le tombeau de Charlemagne. Hoxter, petite ville de 6,000 habitants, est doublement renommée ; dans la bibliothèque de son couvent on découvrit, en 1514, les cinq premiers livres des annales de Tacite ; puis Hoxter, ville hanséatique, joua un rôle important dans les guerres de l'Allemagne. Tour à tour occupée par les Impériaux, les Danois, les Hessois, les Suédois, elle fut en 1673 le quartier général de Turenne. Brakel, Driburg, Lügde sont de gros bourgs industriels possédant des manufactures de tabac, des verreries, tanneries et des ateliers de dentelles.

Arnsberg, chef-lieu du district du même nom, compte 7,000 habitants. Située sur une hauteur dominant la Ruhr, elle offre un aspect pittoresque. Lippstadt, sur la Lippe, est plus importante et renferme de grandes distilleries. Soest, 15,000 habitants, surnommée le *grand village de la Westphalie*, se trouve dans le Borde, « la terre riche ». La légende fait d'elle l'antique Susat, la résidence d'Attila. Soest fut une ville considérable par son commerce et le séjour préféré des archevêques de Cologne ; elle compta plus de 40,000 habitants ; mais à la fin du xve siècle, à la suite de ses luttes avec l'archevêque de Cologne, dont Soest sortit victorieuse mais ruinée, sa population était réduite à 3,800 ; depuis, elle s'est relevée à 14,000. Hamm en compte 23,000 et s'accroît rapidement, grâce à sa position centrale entre Dortmund, Minden et Münster.

Dortmund est la grande ville de cette région ; elle garde encore, avec sa vieille enceinte, l'empreinte du moyen âge et, avec les souvenirs de Charlemagne, ceux de l'empereur Henri IV qui lui confirma ses privilèges et la visita en pompeux appareil.

La population de Dortmund qui, au commencement de ce siècle, était tombée à 4,000 habitants, s'est extraordinairement augmentée depuis et atteint le chiffre de 80,000. Horde, au sud-est de Dortmund, en possède 13,000 et aussi d'importantes aciéries. Lünen exploite l'industrie des tuiles et du fer ; ainsi fait Schwerte, petite ville de 7,000 habitants. Bochum en compte 41,000 ; ses aciéries et ses fonderies sont renommées. Autour d'elle, Gelsenkirchen, Hattingen, Wattenscheid, Witten, Herne, Langendreer, Schalke, Uekendorf, bourgs populeux et actifs croissent et prospèrent. Le district de Bochum est le centre industriel de la Westphalie.

Cette industrie déborde dans le district de Hagen, aussi enfumée qu'une ville anglaise, aussi bruyante et aussi affairée. Hautes cheminées, forges, hauts fourneaux, aciéries se succèdent et envahissent les villages environnants convertis en gros bourgs manufacturiers comme Haspe, Herdecke, Schwelm, Eckesey, Gevelsberg, Worde, Wetter, où, du matin au soir, on martèle et l'on étire le fer, où l'on fabrique des vis, des limes, des pelles, socs de charrue, faux, serrures, le fer brut, en barre, en bandes, la tôle, l'acier. Iserlöhn, 22,000 habitants, vit de l'industrie du laiton qui l'a peuplée et qui l'enrichit ; Hohenlimburg, Menden, Letmathe suivent son exemple. Altena fabrique des clous, des aiguilles, des fils de fer et d'acier ; Siegen accapare l'industrie des cuirs.

Située au sud de la Westphalie et du Hanovre, la province de Hesse-Nassau occupe une superficie de 15,692 kilomètres carrés renfermant plus de 1,500,000 habitants. Le sol est montagneux, sauf au sud où apparaissent quelques plaines ; le Taunus et le Westerwald forment la partie occidentale ; à l'orient, les chaines se prolongent, plus basses. Sans être très élevé, le massif du Taunus dont les points culminants ne dépassent pas 881 mètres au Grand-Feldberg, 827 mètres, à l'Altkonig, 798 au Petit-Feldberg, n'en offre pas moins un aspect assez imposant. Du sommet du Grand-Feldberg, l'œil découvre un vaste horizon de hauteurs et de plaines ; celles du Rhin et du Main se déroulent, sillonnées par les fleuves, semées de villes, de villages et de champs cultivés.

Le haut plateau de Westerwald se développe sur une longueur de 25 à 30 kilomètres de Dillenbourg à Marienbourg ; son plus haut sommet, le Fuchskauten, ne dépasse pas 660 mètres. A l'extrémité méridionale de la province, au sud-ouest du massif du Taunus, s'étend le curieux pays du Rhéingau, renommé pour ses vignobles et dont les habitants, les Rhingraves, conservèrent longtemps leur autonomie et leurs privilèges en rendant leur territoire inaccessible à leurs voisins. « Au xie siècle, écrit M. V.-A. Malte-Brun, les habitants du Rheingau, voulant se garantir des invasions ennemies, entourèrent leurs frontières d'une sorte de fortification, sur le modèle des fossés garnis de palissades dont l'empereur Trajan avait ordonné la construction. Ce rempart garni plus tard de tours et de portes fortifiées et qui transformait le Rheingau en une véritable citadelle, se composait de fossés profonds et d'une portion de terrain, large de cinquante pieds, prise sur la forêt. Après avoir scié, à diverses hauteurs, les arbres situés dans cette zone, on laissa pousser de nouvelles branches qu'on fit fléchir ensuite jusqu'à terre. Ces rameaux continuèrent à croître, en s'entrelaçant, dans la direction qu'on leur avait donnée, et fournirent plus tard un bois serré et touffu, inaccessible aux hommes comme aux animaux. Il était défendu, sous les peines les plus sévères, de se frayer un passage dans ce taillis artificiel, ou d'y pratiquer quelque issue; on allait même jusqu'à punir d'une amende de dix florins d'or la coupe du moindre branchage. Clos ainsi de tous côtés et défendu contre l'ennemi du dehors, ce coin de terre offrait l'aspect d'un véritable petit État indépendant. »

Par son hydrographie, la province de Hesse-Nassau appartient à peu près également, au bassin du Rhin et à celui de la Weser. Riche en minerai de fer, elle est, par contre, assez pauvre en houille. Elle abonde en sources thermales, en salines, et elle est surtout renommée pour ses vignobles du Rheingau, au premier rang desquels figurent les crus bien connus de Johannisberg, Steinberg, Marcobrunn, Rudesheim, Geisenheim, Assmanshausen, Grafenberg. La province de Hesse-Nassau date de 1866. Lors de la guerre entre l'Autriche et la Prusse, la Hesse, le Nassau, Francfort et divers autres États allemands se rangèrent du côté de l'Autriche. A la suite de la défaite de cette dernière, la Prusse, victorieuse, réunit Francfort, la Hesse et le Nassau en une province prussienne, divisée en deux districts, celui de Cassel au nord et à l'est, celui de Wiesbaden à l'ouest et au sud, et le territoire de Francfort-sur-le-Main. Entre eux et au centre s'étend l'enclave du duché de Hesse.

Cassel, ou Kassel, chef-lieu de district et de la province de Hesse-Nassau, est l'une des belles villes de l'Allemagne, si elle n'est pas des plus peuplées, 65,000 habitants ; elle occupe un site pittoresque dans une large vallée qu'encadre un cirque montagneux. Durement éprouvée par la grande peste de 1330 qui réduisit sa population à 3,000 âmes, Cassel se releva par l'impulsion que donnèrent à son industrie les réfugiés des Pays-Bas chassés par le duc d'Albe, et les huguenots français exilés. Ils en firent une ville manufacturière et commerçante, l'enrichirent par le trafic des grains, du lin, des fourrures, des peaux, par la fabrication des toiles, des machines, des pianos, des jouets d'enfants. Dans le château voisin de Wilhemshöhe, résidence du roi Jérôme de Westphalie, fut interné l'empereur Napoléon III après la bataille de Sedan. Eschwege, 10,000 habitants, possède des tanneries et des manufactures de lainages ; Homberg fabrique des instruments agricoles. Marburg, située sur la Lahn, à 104 kilomètres au sud-ouest de Cassel, est une ville universitaire. Philippe le Magnanime y présida le fameux colloque de Marburg qui aboutit à la rupture entre les principaux chefs de la Réformation. Fulda possède 12,000 habitants; dans son couvent reposent les restes de saint Boniface, apôtre de la Germanie. Les princes-abbés de Fulda firent de l'école de ce couvent l'un des centres théologiques de l'Allemagne.

Hanau, sur le Main, au confluent de la Kinzig, renferme 25,000 habitants, et dut, elle aussi, sa prospérité à l'afflux des réfugiés protestants qui, près de l'ancienne ville fondèrent une ville nouvelle et enseignèrent aux habitants l'art de fabriquer des objets d'or et d'argent. La bijouterie et la joaillerie d'Hanau devinrent célèbres et cette industrie prime encore les autres également importées par les protestants, notamment la fabrication des gants, des bas et des tapis. Sous les murs de Hanau l'armée française battit, en 1813, les Bavarois et les Autrichiens. Bockenheim, à l'ouest de Hanau et près de Francfort, gravite autour de cette grande ville à laquelle la relie une série de châteaux et de villas. A Gelnhausen, 4,000 habitants, apparaît la culture de la vigne.

Elle s'étend dans le district de Wiesbaden, fertile en prairies, en vergers, en vignobles. Wiesbaden, son chef-lieu, renferme plus de 55,000 habitants; elle fut connue des Romains qu'attirèrent les sources thermales qui ont fait la fortune de la ville. Autour de ces sources s'élevaient de nombreuses villas, des temples et des monuments dont les assises seules subsistent. Wiesbaden fut ruinée par la guerre de Trente ans et sa population disparut; tout au plus gardait-elle une centaine d'habitants, mais au xviiie siècle on se reprit à visiter ses sources et depuis la ville n'a cessé de grandir, ville de luxe et de plaisir, très fréquentée l'été. Biebrich-Mosbach est le faubourg industriel de Wiesbaden et renferme de nombreuses fonderies de fer et lamineries.

Au sud-est de Wiesbaden, Hochheim exploite ses vignobles et fabrique des vins mousseux. Höchst s'est fait une industrie spéciale de la fabrication des couleurs; Hofheim, Rodelheim, Heddernheim cultivent la vigne et travaillent le cuivre. Dillenburg a des mines de cuivre et de nickel; Montabaur, des filatures de laine et des tanneries; Höna est le pays des poteries.

Ems, station balnéaire, est située sur la Lahn et compte 8,000 habitants; là eut lieu en 1870 l'entrevue entre le roi de Prusse et le comte Benedetti à la suite de laquelle éclata la guerre entre la France et l'Allemagne. Nassau, petite ville de 2,000 habitants, fut le berceau de la famille des princes de ce nom. Au sud de Nassau, Rudesheim élève sur le Rhin son coteau chargé de vignobles. « Cette ville, écrit M. V.-A. Malte-Brun, offre le spectacle singulier et à peu près unique dans le Rheingau, d'un paysage admirable où les arbres manquent complètement. On y trouve, en revanche, des tours gothiques, d'antiques châteaux et une montagne artificielle en maçonnerie. Les rives du fleuve sont couvertes d'une rangée d'habitations élégantes. Au-dessus de la ville se dresse le coteau de Rudesheim, garni de murs de toute grandeur, autour desquels s'entrelacent les pampres. » Rudesheim doit sa prospérité à ses vins exquis. Eltville, à l'est de Rudesheim, fut, pendant un temps, résidence impériale, puis celle des archevêques de Mayence. Elle est située sur le Rhin, ainsi que Geisenheim, aux crus renommés, que Lorch, autour de laquelle s'étendent de grands vignobles, qu'Oestrich, dont la cave du monastère est l'une des plus célèbres de l'Allemagne.

Homburg est au pied du Taunus, sur les flancs duquel ruissellent de nombreux torrents. Elle fut quelque temps le temple du jeu, transporté depuis à Monaco; elle est restée une station balnéaire importante. Dans le Taunus montagneux, les centres sont rares et peu peuplés; Obesursel compte 4,000 habitants, Kronberg 3,000.

Francfort-sur-le-Main, à 38 kilomètres à l'est de Wiesbaden, compte aujourd'hui 179,660 habitants. Neuvième ville de l'Allemagne par le chiffre de sa population, Francfort, située sur la rive droite du Main, prolonge de l'autre côté de la rivière son faubourg de Sachsenhausen. Dix voies ferrées se croisent dans les murs de la grande cité dont un vieux chroniqueur allemand raconte comme suit l'origine du nom : Du temps de Charlemagne, fils de Pépin, une guerre éclata entre lui et les Saxons, dans laquelle les Francs furent d'abord vaincus. Arrivés sur les bords du Main, qu'il leur fallait franchir, ils cherchaient vainement un passage, quand une biche leur indiqua un gué en le traversant elle-même. Ils la suivirent et gagnèrent heureusement l'autre rive où ils se trouvèrent en sûreté. Depuis lors, cet endroit a gardé le nom de *Frank en Furt*, « gué des Francs ».

Désignée par la *bulle d'or* de Charles IV comme ville d'élection des empereurs, de même qu'Aix-la-Chapelle pour leur couronnement, Francfort ne tarda pas à déposséder Aix-la-Chapelle et à devenir à la fois ville d'élection et de sacre. Au xviiie siècle, six empereurs furent couronnés à Francfort, érigée, dès 1254, en ville libre et impériale. Dans ses murs fut signé, le 10 mai 1871, le traité de paix qui termina la guerre entre la France et la Prusse. « L'étranger qui entre à Francfort par la porte de Taunus, écrit M. F. Narjoux, est frappé de l'aspect de grandeur et de richesse qu'offre la ville : devant lui s'ouvre une voie magnifique, la Kaiserstrasse, bordée de constructions énormes, grandes et hautes, toutes différentes de dimension, de caractère et de couleur. On voit, côte à côte, des maisons de pierres blanches, de briques rouges, de grès rose. Ces maisons sont surmontées de hauts et fantastiques pignons flamands, décorées de frontons, de pilastres et de corniches classiques. Les anciennes fortifications de Francfort ont été rasées ; la ville s'est étendue librement, poussant à droite et à gauche ses avenues plantées d'arbres, bordées d'hôtels et de villas. Les portes de la ville du moyen âge, seules, ont été conservées, elles sont encore debout, dressant leur noire silhouette en tête de nouveaux quartiers... Francfort a tous les dehors d'une grande ville, toutes les apparences d'une capitale. Elle l'était, il n'y a pas longtemps encore, et a conservé le souvenir de l'époque où, à la tête des villes d'Allemagne, elle était le siège de la diète de la Confédération germanique. »

VI. — PRUSSE RHÉNANE.

La Prusse Rhénane, *Rheinprovinz*, forme la partie occidentale du royaume ; elle a pour limites : au nord, la Hollande ; à l'ouest : le grand-duché de Luxembourg, la Belgique et la Hollande ; à l'est : le royaume de Bavière, la Hesse Rhénane, les provinces prussiennes de Westphalie et de Hesse-Nassau ; au sud : l'Alsace-Lorraine. Sa superficie est de 26,980 kilomètres carrés, sa population de plus de 4,000,000 d'habitants. Le Rhin la longe de Bingen à Coblence, formant sa frontière avec la Hesse-Nassau ; il la traverse de Coblence à Nimègue, creusant son sillon à travers des plateaux ardoisiers de 400 mètres d'élévation moyenne qui se déroulent sur plus de 300 kilomètres de longueur et 150 environ de largeur. A gauche du Rhin, ces plateaux sont, outre les ramifications de la chaîne de l'Ardenne qui couvrent le département français des Ardennes et celui de l'Aisne, les plateaux de l'Hohe-Venn, de l'Eifel et de l'Hundsrück ; à droite du fleuve s'étendent ceux du Taunus, du Westerwald et du Sauerland.

Nous avons décrit le plateau des Ardennes dans notre étude de la France. Celui de l'Hohe-Venn le prolonge au nord. Comme l'indique son nom de *Venn*, marais, il offre l'aspect désolé d'un soulèvement brumeux et neigeux, d'une altitude moyenne de 500 mètres; son point culminant, le Botranche, atteint 695 mètres. L'Eifel continue le Hohe-Venn au sud-est; région pierreuse et triste, elle a peine à nourrir sa population pauvre et clairsemée. Le Hundsrück, *dos de chien*, suivant certains auteurs, *abri des Huns* suivant d'autres, fait face au Taunus comme l'Eifel au Westerwald; le cours du Rhin les sépare. Le Hundsrück, que traversent des arêtes boisées, est riche en minerais; l'Eberkopf, son plus haut sommet, mesure 814 mètres. De l'autre côté du Rhin, le Taunus continue le Hundsrück, le Westerwald continue l'Eifel. Nous avons parlé du Taunus et du Westerwald dans l'étude de Hesse-Nassau.

Le Rhin, frontière hydrographique entre les races gallique et germanique, traverse sur 335 kilomètres de longueur, de Bingen à la frontière de Hollande, cette région accidentée. Il y apparaît dans toute sa majestueuse beauté, non tel que nous l'avons vu, s'orientant péniblement dans les terres basses de la Hollande, agonisant dans une mer de boue, mais déroulant entre deux mondes distincts, entre deux rives de villes, de châteaux, de vieux manoirs historiques et de monuments antiques, ses eaux claires et superbes.

La Prusse Rhénane possède de grandes richesses minérales et d'importants bassins houillers : ceux de la Ruhr, d'Aix-la-Chapelle et de la Sarre produisent plus de 100 millions par an. Après le Brandebourg, cette province est la plus boisée de la Prusse; ses vignobles couvrent 13,000 hectares et la fertile vallée du Rhin produit en abondance les céréales et nourrit de nombreux troupeaux. Au point de vue industriel, la Prusse Rhénane tient le premier rang parmi les provinces prussiennes; au long de la frontière belge, comme au long de la Wüpper, les villes et les villages semblent ne former qu'une vaste et interminable fabrique, aussi la densité de la population dépasse-t-elle 152 habitants par kilomètre carré. Administrativement, la province Rhénane comprend cinq districts de régence; ce sont, du sud au nord, ceux de Trèves, de Coblence, d'Aix-la-Chapelle, de Cologne et de Dusseldorf.

Trèves est peut-être la plus ancienne ville d'Allemagne, mais rien ne justifie l'assertion populaire allemande que : « Treize cents ans avant que Rome fût, Trèves était. » Suivant les chroniqueurs du moyen âge, Trèves aurait été fondée par Trébeta, fils de Ninus, roi d'Assyrie. Elle existait toutefois quand les Romains atteignirent le Rhin par la Gaule; c'était déjà une ville importante et Auguste en fit une colonie romaine, l'*Augusta Trevirorum*, la capitale de la *Belgique Première*. Plus tard, Constantin y transporta la résidence du préfet du prétoire de la Gaule, dont la juridiction s'étendait sur la Gaule proprement dite, l'Espagne et la Bretagne. Trèves devint alors la Rome des Gaules, la ville dont parle Ausone : « La Gaule, éprise de gloire, est grande par les armes; Trèves est son centre, ville puissante qui trône près du Rhin et repose en paix, car c'est elle qui nourrit la nation, elle aussi qui habille et arme les légions. Autour d'elle, sur la colline s'étendent ses fortes murailles et, près d'elle, la

Moselle roule ses eaux larges et paisibles qui transportent les richesses de l'Empire. »
Le sénat de Rome, s'adressant à celui de Trèves le qualifiait alors : *Senatus amplissimus curiæ Trevirorum*. A cette phase prospère de son histoire Trèves vit succéder les horreurs de l'invasion. Les Francs la ruinèrent, Attila la ravagea, ses évêques la relevèrent et la Trèves moderne a gardé, avec sa vieille empreinte romaine, sa basilique, les ruines du palais des Empereurs et de son amphithéâtre et de nombreux vestiges du moyen âge. Sa population actuelle, avec les faubourgs, est d'un peu plus de 40,000 âmes.

Auprès de Trèves, Berncastel, petite ville de 3,000 habitants, fait un important commerce de vins, ainsi que Sarrébourg qui possède, en outre, des filatures de lin et des fabriques de produits chimiques. Sarrelouis, sur la rive gauche de la Sarre, fut fortifiée par Vauban et gouvernée par Choisy qui en acheva les défenses. A Sarrelouis naquit le maréchal Ney ; Dillingen, Fraulautern, Roden, petites villes industrielles, travaillent le fer et le plomb. Sarrebrück compte 10,000 habitants ; elle est le centre du bassin houiller de la Sarre qu'exploitent 25,000 ouvriers et dont le rendement dépasse 14 millions de tonnes. Sarrebrück, comme Sarrelouis, fut ville française ; en 1815 elle fit retour à la Prusse.

Ici se succèdent des centres houillers importants : Malstatt-Burbach, 13,000 habitants, Saint-Jean, également peuplé, Dudweiller, Friedrichsthal, Guichenbach, près desquels se trouve la *montagne brûlante*, le Brennende Berg, couche de houille incendiée il y a près de deux siècles, dit-on, et dont le sol crevassé laisse encore filtrer, après les pluies, des flocons de fumée.

Le district d'Aix-la-Chapelle comprend le bassin de la Roer et forme un ensemble nettement délimité. Napoléon Ier en avait fait un département français, celui de la Roer, comprenant le duché de Juliers et dont les contours étaient les mêmes que ceux du district prussien actuel. Aix-la-Chapelle, son chef-lieu, renferme près de 100,000 habitants. Elle doit son double nom à ses eaux minérales, *aquæ*, et à la chapelle où fut enterré Charlemagne. Il avait été son véritable fondateur ; avant lui Aix n'était qu'une station balnéaire autrefois fréquentée par les légionnaires romains blessés ; après lui elle devint la ville du Sacre impérial, la ville libre du Saint-Empire, que les vieux documents désignent des noms de « *Urbs Aquensis, Urbs regalis, regni sedes principalis, prima regum curia*. Conciles, diètes et congrès se réunirent dans ses murs où furent signés le traité de 1668 entre Louis XIV et l'Espagne, et la paix de 1748, où se réunit, en 1818, le congrès de la Sainte-Alliance.

La ville est située à quelques kilomètres seulement des frontières de Belgique et de Hollande, dans une vallée qu'entourent de gracieuses collines, aux pentes douces. A l'est le sol s'incline et va rejoindre la plaine basse et fertile du pays de Juliers ; au sud, il se relève rapidement et se dresse en montagnes élevées. Aix-la-Chapelle possède deux industries distinctes, celle des draps et celle des aiguilles. Toutes deux sont importantes et absorbent l'activité des bourgs et des villages groupés autour de la ville, tels que Borcette, sorte de faubourg d'Aix, Stolberg peuplée de 12,000 habitants, en grande partie descendants de réfugiés protestants.

PERSPECTIVE DES QUAIS DE COLOGNE.

A Eschweiler commence la région industrielle dont nous avons parlé plus haut et qui s'étend jusqu'à Stolberg d'un côté, jusqu'à Aix de l'autre. Ce ne sont partout que hauts fourneaux, fours à coke, ateliers de puddlage, mines de houille, de fer, de plomb ; les villages se touchent : Alsdorf, Bardenberg, Brand, Busbach, Cornelimünster, Eilendorf, Haaren, Herzogenrath, rivalisant d'activité, de bruit et de mouvement. Il faut aller jusqu'à Heinsberg et à Juliers au nord pour retrouver une vie moins fiévreuse et encore Juliers, la vieille *Juliacum* romaine, possède-t-elle des filatures, tanneries et papeteries. Aldenhoven travaille et sculpte le bois ; Düren, peuplée de 20,000 habitants, fabrique des draps, ainsi qu'Eupen, sur la frontière de la Belgique, et que Montjoie, près de la source de la Roer.

Le plateau de l'Eifel occupe presque toute la superficie du district de Coblence ; il n'a ni l'aspect sauvage du Westerwald, ni la monotone tristesse du Hundsrück ; d'étroites vallées sillonnent le massif et, sur les hauteurs qui les dominent, les vieux castels, les manoirs féodaux attestent une séculaire civilisation. Le Rhin longe ce district qu'il sépare de Hesse-Nassau et dans lequel il pénètre au-dessous de Coblence.

La ville s'élève au confluent de la Moselle et du Rhin. Peuplée de 30,000 habitants, elle fut fondée par Drusus qui lui donna le nom de *Confluencia*, d'où serait dérivée son appellation moderne. Coblence n'est pas un centre manufacturier, mais un vaste camp retranché couvert par des forts et des batteries, un port fluvial animé. A Coblence reposent les restes de Marceau dont Lord Byron a écrit, dans son poème de *Childe Harold*, l'éloquente et brève épitaphe. « Près de Coblence, sur un coteau doucement, incliné se dresse une pyramide basse et simple ; elle couronne le sommet de la verte colline. Sous elle dort un héros, notre ennemi, mais ce nom ne nous empêche pas d'honorer Marceau. Sur sa jeune tombe plus d'un vétéran pleura, déplorant et enviant son trépas. Il mourut pour la France, en combattant pour conquérir ses droits. Il fut l'un des soldats de la liberté, l'un de ceux, trop peu nombreux, qui jamais n'abusèrent de leur pouvoir. Il a gardé une âme noble et pure, aussi les hommes ont-ils pleuré sur lui. » Près du corps de Marceau a été déposé celui de son compagnon d'armes, de Hoche, dont le monument s'élève près de Neuwied.

En face de Coblence se trouve Ehrenbreitstein qu'un pont de bateaux relie à la ville. Sa forteresse, surnommée le *Gibraltar du Rhin*, fait corps avec le rocher, et ses batteries dominent le cours du fleuve. Bendorf, à 8 kilomètres au nord, est une ville de forges et d'usines ; Rhens, située au point de rencontre des terres des quatre électeurs du Rhin, vit élire dans ses murs Henri VII et Charles IV. Saint-Goar, sur la rive gauche du Rhin, porte fièrement les ruines de la vieille forteresse de Rheinfels qu'assiégèrent vainement 60 villes du Rhin exaspérées du tribut que le comte Diéther prélevait sur la navigation du fleuve. Bacharach, au sud, fut le centre du commerce des vins du Rheingau ; elle est restée un entrepôt assez important des crus renommés de la vallée de Steeg, dont un présent de quatre foudres à l'empereur Wenceslas valut à la ville de Nuremberg son indépendance. Boppard, vieille ville romaine, puis ville impériale, fut ruinée par la Hollande qui lui ferma le Rhin, par le traité de Westphalie qui lui ferma l'Escaut et dont les stipulations portèrent à l'Allemagne un coup plus désastreux que ne le fit la guerre de Trente ans.

Oberwesel eut le même sort et sa courte prospérité comme ville impériale lui rendit plus insupportable sa sujétion à Trèves dont elle devint commune rurale. Creuznach, sur la Nahe, compte 16,000 habitants; elle est à la fois une station balnéaire et un grand entrepôt de vins. Simmern est dans le Hundsrück, et ses sites pittoresques font oublier sa décadence. Andernach, sur le Rhin, fut place frontière des Romains. Elle fait aujourd'hui le commerce du ciment et des pierres. Remagen figure sur la carte de Peutinger sous le nom de *Remagum*; on y retrouve de nombreux vestiges de l'époque romaine.

Neuwied possède 10,000 habitants et des fabriques importantes. Hammerstein dresse au-dessus du Rhin les ruines importantes de son vieux château célèbre par les amours d'Othon et de sa belle cousine Irmengarde. L'empereur Henri IV y chercha un refuge contre son fils. Altenkirchen est sur la Nied; Marceau y fut tué, le 19 septembre 1796, dans une reconnaissance. Wetzlar, sur la rive gauche de la Lahn, est une ville ancienne, aux rues sombres et montueuses; Goethe y vécut et Hoche y mourut le 15 septembre 1797.

Nulle part, au long de son cours, le Rhin n'apparaît aussi majestueux et aussi beau que dans les courbes sinueuses qu'il décrit dans le district de Coblence que nous venons de parcourir, dans celui de Cologne où nous allons le suivre. « La partie du fleuve, écrit Victor Hugo, la plus célèbre et la plus admirée, la plus riche pour le géologue, la plus curieuse pour l'historien, la plus importante pour le politique, la plus belle pour le poète, c'est ce tronçon du Rhin central qui, de Bingen à Kœnigswinter, traverse du levant au couchant le noir chaos de collines volcaniques que les Romains nommaient les Alpes des Cattes. De Mayence à Bingen, comme de Kœnigswinter à Cologne, il y a sept ou huit lieues de riches plaines vertes et riantes, avec de beaux villages heureux au bord de l'eau. Mais le grand encaissement du Rhin commence à Bingen par le Rupertsberg et le Niederwald et finit à Kœnigswinter, au pied des sept monts. Là tout est beau. Les escarpements sombres des deux rives se mirent dans les larges squames de l'eau. La roideur des pentes fait que la vigne est cultivée sur le Rhin de la même manière que l'olivier sur les côtes de Provence... A chaque tournant du fleuve se développe un groupe de maisons, cité ou bourgade. Au-dessus de chaque groupe de maisons se dresse un donjon en ruines. Les villes et les villages, hérissés de pignons, de tourelles et de clochers, font de loin comme une flèche barbelée à la pointe basse de la montagne... Du temps des Romains et des Barbares, c'était la rue des Soldats. Au moyen âge, comme le fleuve presque entier était bordé d'États ecclésiastiques, et tenu, en quelque sorte, de sa source à son embouchure, par l'abbé de Saint-Gall, le prince-évêque de Constance, le prince-évêque de Bâle, le prince-évêque de Strasbourg, le prince-évêque de Spire, le prince-évêque de Worms, l'archevêque-électeur de Mayence, l'archevêque-électeur de Trèves et l'archevêque-électeur de Cologne, on nommait le Rhin la rue aux Prêtres; aujourd'hui c'est la rue des Marchands. »

Le district de Cologne s'étend sur la rive gauche du Rhin, à l'est de celui de

Coblence, dans une région de plaines. Cologne, sa grande ville, compte, en 1891, 292,537 habitants. De 1886 à 1890, sa population s'est accrue de 43,000 âmes. Cologne, la reine du bas Rhin, est à égale distance de Paris et de Berlin, à 570 kilomètres de la première, à 590 de la seconde. Le Rhin s'y divise en deux bras, dont l'un lui sert de port naturel, l'autre de canal de navigation.

Les Romains apprécièrent les avantages de ce village Ubien; ils en firent un camp. Agrippine y naquit pendant la campagne de son père Germanicus, et, devenue épouse de Claude, elle persuada à l'empereur d'y fonder une colonie: *Colonia Agrippina*, dont Cologne a gardé, en partie, le nom. Vitellius y fut proclamé empereur, et Nerva y résidait quand Trajan l'appela à régner avec lui. Capitale de la « seconde Germanie », Cologne était, au temps de Zosime, *urbs maxima*, au temps d'Ammien, *urbs magni nominis*. De ce passé, elle a gardé les ruines monumentales de l'aqueduc qui, des crètes de l'Osning, aboutit à la ville.

Capitale des Francs Ripuaires, elle était au xi° siècle une grande et populeuse cité. « Cologne, disait d'elle Lambert d'Aschaffenbourg en 1074, renferme dans son enceinte une population considérable ; on a peine à circuler dans ses rues tant la foule qui s'y presse est nombreuse. » Cette population s'accrut encore lorsqu'en 1162 on déposa dans ses murs les corps des trois Rois mages qui y attirèrent de nombreux pèlerins. Telle fut la prospérité de la ville qu'elle donna naissance au proverbe : « Riche comme un drapier de Cologne. »

La cathédrale de Cologne est une des merveilles de l'Allemagne. « Il n'y a pas long-temps encore, écrit M. F. Narjoux, le voyageur qui arrivait à Cologne par le Rhin, ou les chemins de France et d'Allemagne, voyait, en approchant, se dresser devant lui, au sommet de l'une des tours de la cathédrale, une sorte de colossal gibet. C'était le dernier montant de la grue laissée par les ouvriers qui, au xv° siècle, renoncèrent à achever la cathédrale. Ils avaient, un beau soir, quitté leur travail pour le reprendre le lendemain. Le lendemain s'est fait attendre trois siècles, pendant lesquels la grue est restée debout, là-haut, se détachant sur le bleu du ciel. Cette grue signalait de loin l'approche de la ville; elle était devenue si populaire qu'en 1819 une souscription faite parmi les bourgeois permit de la réparer et de prolonger son existence. Aujourd'hui elle a disparu; à sa place s'élèvent les nouvelles flèches qui couronnent les tours. La cathé-drale est achevée, et l'on peut voir, dans toute sa splendeur, l'œuvre la plus importante de l'architecture française des bords du Rhin. »

Depuis 1815, époque où Cologne devint prussienne, elle a perdu sa suprématie industrielle, artistique et politique. Elberfeld lui a enlevé la première, Dusseldorf la seconde et Coblence la dernière. Elle est restée toutefois un grand port fluvial et un important marché de métaux précieux.

Deutz s'élève en face de Cologne, de l'autre côté du Rhin ; près de Deutz eut lieu, en 376, la grande défaite des Saxons. Ville de 17,000 habitants, elle possède d'importantes manufactures de tabac, des fonderies, poteries, et alimente un trafic considérable par le Rhin. Ehrenfeld, 15,000 habitants, à 3 kilomètres de Cologne, est un faubourg indus-riel de la grande ville. Bonn, plus éloignée dans le sud-est, compte 35,000 habitants;

elle est au point d'intersection de la région montueuse et de celle des plaines. Ville universitaire, elle renferme près de 1,200 étudiants. Euskirchen fabrique des draps, Siegburg est une des fonderies de projectiles de l'État. Mulheim compte 25,000 habitants; elle est l'une de ces nombreuses villes d'Allemagne que peuplèrent les protestants exilés et dont ils firent la prospérité en y important, avec leurs industries, leurs mœurs austères, leurs traditions laborieuses. Bergisch, à 12 kilomètres de Cologne, travaille le zinc et la laine; Wipperfürth est un centre métallurgique important, ainsi que Gummersbach, sur l'Agger, affluent du Rhin.

Le district de Dusseldorf forme la partie septentrionale de la Prusse Rhénane. Le relief du sol s'y relève entre le Rhin et la Westphalie, par les contreforts des montagnes houillères de la Ruhr; au nord, le voisinage de la Hollande s'annonce par de longues plaines basses et marécageuses.

Dusseldorf, chef-lieu de district, compte plus de 120,000 habitants. Ce ne fut longtemps qu'un village, c'est aujourd'hui une grande cité, composée de trois parties juxtaposées : la vieille ville, Altstadt, est triste et sombre; Neustadt, la nouvelle ville, toute moderne, est large et bien bâtie; Karlstadt est le quartier élégant. Dusseldorf est surtout un centre artistique; son école de peinture est célèbre et la fondation, en 1787, de son Académie des beaux-arts, lui a donné un nouvel éclat. Près de Dusseldorf, Solingen, peuplée de 18,000 habitants, est un centre sidérurgique important; on y fabrique surtout les armes blanches et les produits de Solingen rivalisent avec les meilleurs d'Angleterre. Reimscheid, arrosée par dix-huit cours d'eau, et peuplée par 35,000 habitants, est une ville de forges et d'aciéries.

Elberfeld, l'une des grandes villes de cette région, renferme 107,000 habitants. Elle est le centre de l'industrie cotonnière de la Prusse; la Wupper, qui l'arrose, passe pour être tout particulièrement propre au blanchiment des fils de lin, aussi l'industrie d'Elberfeld s'est-elle rapidement développée; on y fabrique des dentelles et des tissus de lin, et de nombreuses teintureries se sont élevées sur les bords de la Wupper. Barmen, peuplée de 103,000 habitants, fait face à Elberfeld à laquelle la relie un pont sur la Wupper. Barmen est moins une ville qu'une agglomération de villages et de bourgs manufacturiers. Ils forment un tout compact, un second Elberfeld également actif et industrieux. A Ruhrort s'entreposent les houilles de la Ruhr, dont l'exportation dépasse 3 millions de tonnes à l'année. Le port de Ruhrort, au confluent de la Ruhr et du Rhin, est l'un des plus considérables de l'Allemagne; il mesure 6 kilomètres de longueur.

Essen renferme 84,000 habitants. Centre d'un bassin houiller dont la production totale dépasse 17 millions de tonnes à l'année, elle est aussi le siège des usines Krupp. « Essen, écrit M. L. Lanier, était, au siècle dernier, un simple bourg d'abbaye dont les maisons se groupaient modestement autour d'une église ogivale. Depuis vingt-cinq ans, la vieille ville, entourée de magnifiques boulevards bordés de maisons neuves, a vu sa population monter de 17,000 à 57,000 et même à 80,000 habitants. D'immenses fortunes s'y sont élevées par les revenus des houillères et le commerce des laines en gros. Mais la plus grande partie des habitants vit dans l'usine et par l'usine... Il n'existe pas en Allemagne d'autre fabrique comparable à celle de Krupp. Elle couvre 400 hectares ; 15,000 ouvriers travaillent dans les ateliers, 5,000 dans les mines de fer et de houille appartenant à l'usine. On y consomme journellement 2,200 tonnes de charbon, 125,000 de coke ; on y peut fabriquer en vingt-quatre heures : 2,700 rails, 150 roues de locomotives, 1,000 ressorts, 1,500 obus, et, par mois, 250 canons de campagne. » ·

Wesel, camp fortifié de Charlemagne, puis ville impériale, · et enfin hanséatique, compte 22,000 habitants : elle est située à l'embouchure de la Lippe, et la Prusse en a fait une citadelle. C'est près de Wesel que la légende place la résidence de la prêtresse druidique Velléda. Clèves, bâtie sur trois collines, renferme 11,000 habitants; sa situation pittoresque, ses riants environs l'ont convertie en une station d'été très fréquentée par les Hollandais. Du haut de la tour du Cygne qui domine Clèves, le regard embrasse un vaste horizon. Gueldre, ancienne ville de guerre, devenue manufacturière, fabrique des draps, des flanelles et des bonneteries. Crefeld, sur la rive gauche du Rhin, enrichie par ses fabriques de soie et de velours, a vu sa population monter de 1,000 habitants, au milieu du xviiie siècle, à plus de 90,000. Munchen-Gladbach en renferme 42,000 ; elle est un centre important de filature et tissage de coton. Neuss, fondée par Drusus, plus tard ville hanséatique, fait aujourd'hui un grand commerce de grains.

VII. — SCHLESWIG. — HOLSTEIN.

Les deux provinces danoises conquises par la Prusse et l'Autriche coalisées et dont la Prusse est restée seule maîtresse forment l'extrémité orientale de l'ancienne Chersonèse cimbrique. L'Eider les divise : au nord, le Schleswig ; au sud, le Holstein. Entre elles et le Danemark, dont elles ont été violemment détachées, s'étend une frontière arbitraire capricieusement découpée au long du Jutland. Au sud, la double province a pour limites le territoire de Hambourg et l'Elbe ; à l'est, le Mecklembourg, Lubeck, la mer Baltique et le Petit-Belt ; à l'ouest, la mer du Nord. La superficie du Schleswig-Holstein est de 18,840 kilomètres carrés ; sa population est de 1.129,000 âmes.

Le relief du sol est celui de la basse plaine allemande. Une ramification de la croupe Ouralo-Baltique sillonne le pays du sud au nord, dans sa partie centrale ; mais ce faible soulèvement, suffisant comme ligne de partage des eaux, ne dépasse nulle part 150 mètres d'altitude ; il déroule dans la plaine une succession de collines sablonneuses que le navigateur relève, aussi bien de la mer Baltique que de la mer du Nord, rien ne rompant la parfaite horizontalité de cette bande de terre. Toutefois, les côtes diffèrent ; les vents dominants et les courants de la mer en ont profondément diversifié l'aspect. Sur le littoral ouest, balayé par les tempêtes, s'étendent des plaines basses marécageuses, aux contours indécis et constamment modifiés, mal protégées par des îles déchiquetées et battues par les flots. Le littoral oriental qui fait face à la Baltique est,

par contre, fertile et boisé, échancré de golfes et semé de lacs ; les îles danoises et la
Scanie amortissent le choc des vagues ; ses côtes, plus fermes, sont trouées par des
fiords qui rappellent ceux de la Norvège ; c'est une autre terre que l'homme n'a pas
à disputer à la mer et aux dunes de sable.

La ramification de la croupe Ouralo-Baltique, dont le faîte est aussi la ligne de
partage des eaux, serre de plus près la côte orientale, dont les rivières plus faibles
sont de moindre portée ; mais cette infériorité est compensée, et au delà, par les fiords
qui pénètrent profondément dans l'intérieur. La plupart des cours d'eau s'épanchent
dans la mer du Nord. L'Eider est le plus important. Elle a sa source dans le Holstein,
au sud de Kiel ; elle traverse successivement les lacs de Bothkamp, de Schulen, de
Flemhude, son lit endigué forme une partie du canal qui, de Rendsburg, aboutit à Kiel,
reliant la mer Baltique à la mer du Nord. En aval de Rendsburg, le fleuve coule au
sud-ouest, traversant dans son cours sinueux des terres marécageuses. Il rejoint la mer
dans le golfe d'Héligoland, après un parcours de 185 kilomètres. Telle est l'horizontalité du sol et son peu de pente que la marée se fait sentir dans l'Eider jusqu'à Rendsburg
situé au cœur de la péninsule, à distance égale de la Baltique et de la mer du Nord.
Les deux affluents principaux du fleuve sont la Sorge et la Treene.

En dehors de l'Eider, l'étroite péninsule n'a que des cours d'eau secondaires ; dans le
Schleswig : le Nipsau, le Konigsau, le Widanau, le Leckau, l'Arlau ; dans le Holstein : le
Haarlerau, le Gieselau, petits affluents de l'Eider, puis l'Alster, le Pinnau, le Stor, la
Trave, la Schwentine. Les lacs sont nombreux ; dans le Schleswig : ceux de Bistensee,
Ioletsee, Langsee, Wettensee ; dans le Holstein, le Westensee, Grubersee, Wardersee
sont les plus étendus.

Le Schleswig-Holstein a peu d'industrie ; la population est plus agricole que manufacturière, plus maritime encore qu'agricole ; les matelots de la péninsule sont appréciés
et recherchés, on les retrouve sur tous les bâtiments de commerce et sous tous les
pavillons. La partie sédentaire de la population se consacre surtout à l'élevage du bétail
et à la culture des céréales. C'est dire que les villes, assez clairsemées, sont peu peuplées. Nous les indiquerons en commençant par le nord, par le Schleswig.

Hadersleben compte environ 9,000 habitants ; elle est située à 8 kilomètres de la
frontière danoise, entre les fiords de Hadersleben et de Haderslevdam ; petit port
maritime, elle exporte des céréales et possède quelques manufactures. Apenrade, 7,000
habitants, est adossée à de hautes collines boisées et fait face à son fiord ; sa principale industrie est la construction des navires. Sonderburg, 6,000 habitants, fut en partie détruite
par les Prussiens pendant le siège de Düppel ; depuis, elle a été fortifiée et couverte par
d'importantes batteries. Le village de Duppel est près de là. On sait l'héroïque résistance que les Danois opposèrent, derrière les lignes de Duppel, aux Prussiens, en 1864.

Flensburg, dans l'intérieur du fiord du même nom, peuplée de 33,000 habitants,
est l'une des grandes villes du Schleswig ; elle est aussi l'une des plus commerçantes.
Son exportation consiste en bétail, en porc salé et fumé ; la ville possède, en outre,
des raffineries de sucre, des distilleries, des fonderies et des chantiers de construction
navales. Schleswig, autrefois capitale de la province et la plus ancienne ville chrétienne de

cette région, renferme 16,000 âmes ; elle est située sur le fiord de Schlei et fut cruellement
éprouvée pendant la guerre de 1864 ; sous ses murs, 11,000 Danois soutinrent pendant
toute une journée les attaques répétées de 30,000 Allemands. Eckernforde, 6,000 habitants, s'élève au fond du fiord du même nom. Petite ville industrielle, elle fabrique des
draps, des cordages et construit des navires. Tonning possède une école de navigation ;
Husum, 6,500 habitants, est un marché de laine et de bestiaux.

Au long du cercle de Tondern, se succèdent les îles de Romö, Sylt, Föhr, Amrum, peuplées de quelques milliers d'habitants. La plus grande, celle de Sylt, mesure 97 kilomètres
carrés de superficie ; la plus petite, celle d'Amrum, n'en a que 14. Aucune d'elles ne renferme de centres importants. Tondern, 4,000 habitants, est située sur la terre ferme, près
de la Widau, à 11 kilomètres de la mer du Nord. On y fabrique des dentelles estimées.

A l'est, sur la Baltique, en face du cercle d'Oldenburg, s'étend l'île de Fehmarn,
mesurant 177 kilomètres carrés et peuplée de 10,000 habitants. « L'île de Fehmarn, écrit
M. V.-A. Malte-Brun, a la forme d'un hérisson tournant son museau vers le sud-est.
Elle est plate, fertile, mais dépourvue de bois ; ses champs sont ensemencés de seigle,
d'orge, d'avoine et ses prairies nourrissent de nombreux troupeaux. Le long des côtes,
les habitants se livrent à la pêche et à la navigation. Aucune forêt, aucune élévation
n'arrêtent les vents de la mer ; ils parcourent l'île dans toute son étendue, aussi le
climat est-il assez rude et sujet à de fréquentes variations. » En vue de l'île de Fehmarn
eut lieu en 1644 un sanglant combat naval dans lequel la flotte danoise fut écrasée par
les escadres réunies de la Suède et de la Hollande. Oldenburg, 3,000 habitants, et
Heiligenhofen, 2,500, ont peu d'importance ; Neustadt, plus peuplée, fait un commerce
assez considérable de produits agricoles avec le Danemark, la Suède et l'Angleterre.

A l'ouest d'Oldenburg, Kiel, au fond de sa baie, s'élève sur une flèche de terre dans
l'intérieur d'un fiord. Kiel est une ville de 53,000 âmes, un centre universitaire,
commercial, industriel et maritime. Son port, très actif et très animé, se relie par des
lignes de bateaux à vapeur à ceux de la Scandinavie et du Danemark. La Prusse a fait
de Kiel un port militaire de premier ordre et y a concentré ses services d'armement.
Rendsburg, 15,000 habitants, est plus à l'ouest, sur le canal de l'Eider qui met en
communication la mer du Nord avec la Baltique. Heide, centre agricole, est un grand
marché de bestiaux et de grains ; il s'y tient des foires importantes, ainsi qu'à Itzehoe.

Wandsbeck, plus au sud, renferme 18,000 habitants. Elle est l'une des rares villes
industrielles du Holstein. Altona, 126,306 habitants, est la plus considérable. Le
ruisseau d'Altenau la sépare de la grande cité de Hambourg dont elle est le prolongement. A Altona s'arrête la grande navigation de l'Elbe et finit le Schleswig-Holstein.

Aux provinces que nous venons de décrire et qui forment le royaume de Prusse, il
convient d'ajouter les principautés de Hohenzollern-Sigmaringen et de Hohenzollern-
Hechingen, dont les princes ont abdiqué entre les mains de leur cousin, Frédéric-
Guillaume IV, lequel est ainsi rentré en possession du berceau de sa maison royale.
Les deux villes principales de ce double territoire enclavé entre le grand-duché de Bade
et le royaume de Wurtemberg, sont Sigmaringen, sur le Danube, et Hechingen que
domine le château de Hohenzollern.

II

ALLEMAGNE DU NORD

Les États de l'Allemagne du Nord qui, avec ceux du Sud et le royaume de Prusse, composent l'Empire allemand, sont : 1° les deux duchés de Mecklembourg-Schwérin et de Mecklembourg-Strélitz et celui d'Oldenbourg ; 2° les villes libres hanséatiques de Brême, Hambourg et Lubeck ; 3°.les États saxons et thuringiens ; 4° le grand-duché de Saxe-Weimar, les duchés de Saxe-Altenbourg, Saxe-Meiningen, Saxe-Cobourg-Gotha, ceux d'Anhalt et de Brunswick, les principautés de Schwartzbourg-Rudolstadt, de Schwartzbourg-Sonderhausen, de Reuss, de Lippe et de Waldeck-Pyrmont ; 5° l'Alsace-Lorraine. Nous les étudierons dans cet ordre.

I. — DUCHÉS DE MECKLEMBOURG-SCHWÉRIN, DE MECKLEMBOURG-STRÉLITZ ET D'OLDENBOURG. — VILLES LIBRES HANSÉATIQUES.

Les deux duchés de Mecklembourg mesurent 16,444 kilomètres carrés et renferment une population de près de 700,000 habitants. Ils sont d'inégale superficie, le duché de Mecklembourg-Schwérin occupant à lui seul 13,300 kilomètres carrés. Ils ont pour limites : au nord, la mer Baltique ; à l'est la Poméranie ; au sud, le Brandebourg et le Hanovre ; à l'ouest, le duché de Lauenbourg et le territoire de la ville libre de Lubeck.

Nous retrouvons ici la plaine basse qui, par la Poméranie, la Prusse occidentale et la Prusse orientale, va se confondre avec la plaine russe. Cette région du Mecklembourg fut autrefois un golfe de la Baltique ; partout la mer y a laissé les traces de son séjour, d'épaisses couches de limon, d'argile et de sable ; ses flots ont adouci les pentes des collines moutonneuses de la chaîne Ouralo-Baltique dont le léger renflement, à son entrée dans le Mecklembourg, ne dépasse pas 60 mètres et s'abaisse à 30 dans le nord-ouest. Au sud-ouest, le plateau se relève quelque peu ; son point culminant, à Hohe-Burg, est de 143 mètres. Entre ces faibles plissements, se déroulent de vastes prairies : celle de Lewitz, au sud de Schwérin, ne mesure pas moins de 120 kilomètres carrés, puis des marécages, des collines basses aux longues pentes orientées, des vallées larges et plates dont le sol s'incline vers la mer, et de grandes forêts d'essences résineuses.

La côte se profile de l'ouest à l'est sur un développement d'environ 200 kilomètres ; à l'ouest, au long des [golfes de Lubeck et de Wismar, elle se redresse et ses terrains ondulés viennent mourir en pente douce sur le rivage. Plus à l'est, au

LA SPRÉE ET LE CHATEAU ROYAL, A BERLIN.

delà de Warnemunde, la côte s'affaisse et se déroule en une longue bande de
dunes arides jusqu'à l'île de Rügen. Derrière ces dunes s'étendent des marécages et
des prairies.

Les principaux cours d'eau du Mecklembourg sont, outre l'Elbe qui ne fait que
l'effleurer à Dömitz et à Boitzenbourg, la Stepnitz, la Warnow navigable à partir de
Rostock, flottable au-dessus, la Peene, la Sude, l'Elde qui se déverse dans l'Elbe. Les
lacs sont nombreux ; celui de Muritz mesure 138 kilomètres carrés ; il est le plus grand
des lacs de l'Allemagne septentrionale. Ceux de Schwérin, de Plau, de Kummerow,
de Kalpin ont 63, 38, 36 et 20 kilomètres carrés.

Le pays est essentiellement agricole ; les deux tiers de sa superficie consistant en
terres arables qui produisent des céréales et du colza, des légumes et du houblon.
L'élevage du bétail est l'une des principales ressources des habitants et les chevaux du
Mecklembourg sont estimés pour leur taille et leur force. Les côtes sont poissonneuses
et Rostock est l'un des centres de la pêche du hareng dont les bancs longent le littoral.
« La trace des voyages des harengs est facile à suivre, écrit M. V.-A. Malte-Brun ;
elle est indiquée dans la mer par une longue traînée d'une couleur blanchâtre qui
sillonne la surface ; pendant la nuit, c'est par la phosphorescence des écailles des harengs
qu'on peut suivre leur piste. On reconnaît donc facilement la direction que suivent les
caravanes de harengs le long de la côte de Mecklembourg-Schwérin. Cette direction
est de plus indiquée par le vol des goélands et d'autres oiseaux pêcheurs qui cherchent
leur proie et viennent s'abattre sur les flots pour la saisir. » On pêche aussi sur ces
côtes l'anchois et la sardine, et, à l'embouchure des rivières, le saumon qui en remonte
le cours au printemps.

Le Mecklembourg possède peu d'industries : quelques manufactures d'étoffes de
laine et de fil, des tanneries, des fonderies et des fabriques de chaux et de ciment. Il
exporte surtout des substances alimentaires, sa production excédant de beaucoup sa
consommation ; par Rostock et Wismar il expédie en Angleterre d'importantes
quantités de céréales, de beurre, viande fumée et salée, fromages, poissons.
L'importation consiste en fer, houille, étoffes tissées, cuivre, goudron et produits
coloniaux.

De tous les États de l'Allemagne du Nord, le Mecklembourg est celui où les anciennes
populations ont laissé le plus de traces de leur séjour. On y rencontre de nombreux
débris de leurs camps fortifiés ; non sur les hauteurs, mais entre les lacs et les marais,
défenses naturelles plus efficaces que n'eussent pu l'être les faibles soulèvements du sol.
Sur l'emplacement habilement choisi de la plupart de ces camps retranchés se sont élevées
les villes actuelles. Schwérin, capitale du grand-duché de ce nom, et siège du
gouvernement renferme 32,000 habitants. Elle est située entre le lac de Schwérin et
cinq autres plus petits qui couvrent ses abords. Son château, l'un des plus beaux de
l'Allemagne, se trouve dans une île que des ponts relient à la ville. C'est dire que
Schwérin s'élève sur le site d'un ancien camp des Wendes. Elle est l'une des
rares villes industrielles de la région et possède de grandes distilleries, des fabriques et
des manufactures, notamment de tabac, de ciment, de draps et de toiles. Parchim,

dans le sud-est, est la patrie du maréchal de Moltke, l'une des illustrations militaires de l'Allemagne. Wasen, sur le plateau du Mecklembourg, est un centre agricole important, bien que sa population n'excède pas 7,000 âmes. Gustrow, plus peuplée, est un grand marché de laines, renommé pour ses foires de bétail.

Rostock, 40,000 habitants, est la ville la plus considérable et la plus active du Mecklembourg-Schwérin ; elle est aussi le port de l'Allemagne septentrionale sur la Baltique ; ce fut la patrie de Blücher dont la statue s'élève sur la place de la ville neuve. Telle est l'importance de Rostock comme ville commerçante qu'elle forme en quelque sorte un État dans l'État ; entre autres privilèges elle possède celui de s'administrer elle-même et le droit de frapper monnaie. Son université est célèbre, mais c'est surtout à son commerce et à sa navigation qu'elle doit son importance. Ville industrielle, elle construit des navires, équipe des flottes et trafique avec tous les ports de la Baltique.

Wismar, peuplée de 17,000 habitants, ne saurait rivaliser avec Rostock, dont 50 kilomètres la séparent ; elle n'en est pas moins un port très actif, à certains égards mieux situé que Rostock, et une station de bains de mer très fréquentée.

Moins étendu et moins peuplé, séparé de la mer par la Poméranie et le grand-duché de Mecklembourg-Schwérin, celui de Mecklembourg-Strélitz ne possède que de petites villes, des bourgs et des villages ; par contre son industrie est plus active ; le pays fabrique des toiles, des draps, des indiennes, des tissus de laine ; son exportation dépasse de beaucoup son importation et il entretient un commerce considérable avec la Russie et la Scandinavie.

Sa capitale, Neu-Strélitz, est une petite ville de 10,000 habitants située entre le lac Gambecker à l'est et le lac Zierker à l'ouest et groupée autour du château ducal. Elle aussi occupe l'emplacement d'un ancien camp retranché des Wendes. Neu-Strélitz est à la fois une ville universitaire et industrielle, renommée pour ses fabriques d'armes blanches. Neu-Brandenbourg, seconde ville du grand-duché, renferme 9,000 habitants ; elle est située sur les rives du lac Tollensee, au nord-est de Neu-Strélitz, et renferme des manufactures de tabac, draps, coton, savon, papier, produits chimiques ; il s'y tient des foires très fréquentées. Friedland, dans le nord-est, Stargard, Woldegk, Schonberg, sont des bourgs industriels et manufacturiers.

A l'ouest de la province prussienne du Hanovre, s'étend le grand-duché d'Oldenbourg. Il se compose de territoires très distants les uns des autres et comprend, outre le duché d'Oldenbourg, la principauté de Lubeck et celle de Birkenfeld, enclave de la Prusse Rhénane. Le duché d'Oldenbourg en est la partie principale, isolée des deux autres, qui, non plus qu'avec le duché, ne communiquent entre elles. Sa superficie totale est de 6,422 kilomètres carrés et sa population de 343,000 habitants. Le sol en est plat, sans autre relief qu'une chaîne de collines basses dans le sud, et dont l'altitude ne dépasse pas 100 mètres ; il est fertile au long de la mer et de la Weser, ailleurs alternativement marécageux et sablonneux. C'est le pays des grandes plaines sans arbres, des riches métairies, des nombreux troupeaux et aussi des nombreux villages,

Il doit sa prospérité à la découverte faite, en 1720, par un paysan de Fredderwarden, des puissants effets de la chaux sur la végétation. Le pays abondait en bancs de terre calcaire ; épandue sur le sol elle lui a fait porter de riches moissons de céréales et de colza.

L'agriculture et l'élevage du bétail sont les principales ressources du grand-duché; l'industrie y est peu avancée, le commerce est actif grâce aux nombreuses communications par eau. L'exportation consiste en bétail, fromages, beurre, jambons, produits agricoles, peaux et cuirs. Le sous-sol est pauvre, dépourvu de houille et de fer ; par contre, la tourbe est abondante.

Oldenbourg est la seule ville un peu peuplée du duché ; elle renferme 22,000 habitants, et elle est située au confluent de la Hasen et de la Hunte, au point d'intersection des voies ferrées de Münster, de Brème et de Wilhemshaven. Delmenshorst, 6,000 habitants, vit surtout de la fabrication des bouchons de liège, fabrication importée, comme la matière-première, de Catalogne. Vechta, 4,000 habitants, était autrefois la clef des marais, à ce titre une position stratégique importante ; elle est aujourd'hui un centre d'élevage. Wildeshausen n'a de remarquable que ses nombreux tumuli. Vasel est une ville industrielle et prospère; par son petit port de Vasel-Siel elle exporte ses produits manufacturés et de nombreux bestiaux. Brake, sur la Weser, au sud-est de Vasel, renferme d'importantes pêcheries ; ses anguilles de conserve sont renommées. Eutin, dans la principauté de Lubeck, et Birkenfeld et Oberstein dans la principauté de Birkenfeld, sont peu importantes. Eutin, la plus peuplée, ne renferme pas 6,000 habitants.

Les trois villes libres de Brème, Hambourg et Lubeck représentent seules, aujourd'hui, la puissante Ligue Hanséatique dont faisaient autrefois partie les grandes cités de l'Allemagne du Nord : Brunswick, Rostock, Wismar, Stralsund, villes Wendes, Berlin, Brandebourg, Cologne, Dantzig, Francfort, Kiel, Münster, Nimègue, Revel, Riga, Stettin, Stralsund, Thorn, Wesel et 64 autres. Cette confédération puissante naquit, en 1241, de l'initiative prise par Hambourg et Lubeck, que leur commerce grandissant et leur prospérité croissante exposaient aux incursions maritimes des pirates du nord et aux agressions des brigands qui infestaient les routes de terre. L'empereur d'Allemagne, Frédéric II, était hors d'état de les protéger, ayant peine à défendre ses propres États. Hambourg et Lubeck firent alliance contre les ennemis communs et leurs flottes unies contraignirent Eric IV, roi de Danemark, non seulement à respecter leurs pavillons, mais à leur concéder des privilèges commerciaux. Il n'en fallut pas davantage pour attirer Brème dans l'alliance ; Brunswick l'imita, puis les villes Wendes. Devenue plus nombreuse, la Hanse se sentit plus forte ; elle obtint de la Suède les mêmes avantages qu'elle avait obtenus du Danemark et fonda les comptoirs de Londres, Bruges, Novgorod et Bergen. Par eux elle tenait le commerce du nord, celui de la Baltique et de la Russie, de l'Angleterre et de la Flandre.

Association commerciale, elle recruta de nombreux adhérents ; ses règlements firent loi ; son code maritime assura la sécurité de la navigation ; ses banques et ses lettres de change facilitèrent les transactions et décuplèrent les moyens d'échange. Dès le xv⁰ siècle la Ligue Hanséatique avait créé la plupart des rouages commerciaux qui fonctionnent dans nos sociétés modernes ; elle avait supprimé ou dénoncé la plupart des coutumes et des abus qui entravaient la libre circulation des produits. Si, depuis, les remaniements de la carte de l'Europe ont incorporé les villes de la Hanse dans des États souverains, Brème, Hambourg et Lubeck attestent encore par leur richesse et leur prospérité la grandeur de cette ligue qui tint tête aux plus puissants monarques, traita avec eux d'égal à égal ; qui, simple association de marchands, représenta longtemps en Europe la liberté des transactions et lui légua, avec un code maritime et commercial que l'on a pu améliorer et compléter de nos jours, les premières notions justes de l'économie politique.

Hambourg, grande ville maritime, l'un des premiers ports du continent, s'élève sur l'Elbe et sur l'Alster, autour du bassin intérieur et du bassin extérieur qu'alimente cette dernière et que des canaux relient à l'Elbe. Elle renfermait, en 1891, 570,430 habitants et apparaît, pour la première fois, dans l'histoire, en 852, sous le nom de Hammaburg comme siège de l'archevêché du pays Saxon. Sa grandeur date de son alliance avec Lubeck. Aujourd'hui le mouvement maritime de Hambourg dépasse 7,500 navires à l'année, entrées et sorties réunies, jaugeant 4,500,000 tonnes. Elle est le grand port de l'émigration allemande, surtout pour l'Amérique ; chaque année, un grand nombre d'émigrants s'y embarquent à destination des États-Unis.

Lubeck, au nord-est de Hambourg, est situé sur la Trave que remontent les petits bâtiments ; ceux d'un fort tirant d'eau s'arrêtent à Travemünde, l'avant-port de Lubeck, où ils trouvent un abri sûr. La population est d'environ 70,000 âmes, et cette ville, bien qu'aujourd'hui dépassée par Hambourg et Brème, fut la tête de la Ligue Hanséatique, la première qui établit des règlements de navigation, limités d'abord à la Baltique, successivement adoptés ensuite par la plupart des puissances maritimes et étendus à d'autres mers sous le nom de « coutumes de Lubeck ».

Brème, dans l'ouest, s'étend entre le Hanovre et le grand-duché d'Oldenbourg, sur la Weser, dont le lit qui s'exhausse menace, bien que contenu à Brème même par des digues puissantes, d'envahir la contrée environnante située en contre-bas du niveau moyen de ses eaux. Sur ce sol plat, on a dû multiplier les travaux de défense ; un vaste réseau de digues, mesurant 102 kilomètres de développement, protège la ville et ses abords, non seulement contre le fleuve, mais contre la Wumme, le Lesum et l'Ochtum, qui l'enserrent et se déversent dans la Weser en aval de Brème. La ville renferme une population de 170,000 âmes. Son port est, après celui de Hambourg, le plus important de l'Allemagne ; son mouvement commercial se chiffre par un total de 613 millions de marks à l'importation et de 578 millions à l'exportation. Brème est le grand entrepôt des tabacs de l'Allemagne, la plus importante place de l'Europe pour la fabrication des cigares ; ses négociants importent la matière première de Cuba, du Brésil et de l'Orénoque. « A Cuba, écrit M. V.-A. Malte-Brun, les marchands brémois achètent généralement des plantations entières de tabac, soit des *vegas*. Il y a trente ans, les fabriques de cigares étaient encore concentrées à Brème et dans les environs immédiats; mais, à partir de 1854, les fabricants de Brème, pour échapper aux droits d'entrée du Zollverein, établirent des fabriques à Schaldsbruck, Achim, Enselingen et dans d'autres localités situées en dehors du territoire de Brème. Ces nouvelles fabriques, qui appartiennent toutes à des négociants de Brème, sont plus considérables que celles de la ville même. Ainsi, il se fabrique annuellement, à Brème, 100 millions de cigares, tandis qu'en dehors du territoire de Brème on en fabrique 500 millions. »

Bremerhafen, l'avant-port de Brème, peuplé de 16,000 habitants, est situé sur la Weser et la Geeste, à 55 kilomètres au nord-ouest; c'est un port considérable au point de vue des armements au long cours, et le centre d'un cabotage très actif. Hastedt, Walle, Woltmershausen, villages groupés autour de Brème, forment les faubourgs de la ville et sont habités par sa population ouvrière.

II. — ÉTATS SAXONS ET THURINGIENS.

La Saxe, dont le nom éveille l'idée d'une race puissante et nombreuse, qui conquit et peupla l'Angleterre, qui longtemps résista aux armes de Charlemagne, et dont le territoire comprenait la plus grande partie de l'Allemagne, n'est plus aujourd'hui que le moins étendu des royaumes allemands. Sa superficie est de 14,993 kilomètres carrés; par contre sa population, de 3 millions d'habitants, en fait la région la plus dense de l'Empire, l'une des plus denses de l'Europe, 198 habitants par kilomètre carré; la Belgique seule lui est supérieure sous ce rapport.

Ici, comme dans le reste de l'Allemagne, les frontières naturelles n'existent pas; des limites artificielles séparent : au nord et à l'est, la Saxe de la Prusse; à l'ouest, de la principauté de Reuss, du grand-duché de Saxe-Weimar-Eisenach, et du duché de Saxe-Altenbourg; seuls les Erzgebirge, les monts Métalliques, au sud, ébauchent un semblant de barrière entre le royaume de Saxe et la Bohême. Ils constituent la principale chaîne de montagnes de la Saxe, mesurant 180 kilomètres de longueur sur une largeur de 60 environ; leurs plus hauts sommets, le Keilberg en Bohême, le Fichtelberg en Saxe, mesurent 1,235 et 1,213 mètres d'altitude. L'arête toutefois en est mal déterminée; les pentes longues et indécises n'accusent ni versants opposés, ni une ligne de partage des eaux nettement indiquée, aussi la frontière politique suit-elle de préférence le tracé des cours d'eau et des rivières, se tenant à distance des monts dont une grande partie reste à la Bohême.

Au nord s'étend la plaine saxonne couverte de dépôts de sable et d'argile, de cailloux diluviens; par la Silésie et la Prusse elle se relie à la plaine allemande qui fuit dans l'est. Entre cette plaine et les Erzgebirge, se déroule un pays accidenté, coupé de collines et de vallées, riche en sites pittoresques dont les plus célèbres sont ceux qui portent le nom de Suisse saxonne, au sud-est de Dresde. Les monts Moyens et les monts d'Oschatz prolongent, au nord-ouest, cette région tourmentée que termine, au sud-est, la Suisse saxonne qui en est séparée par l'Elbe. .

L'Elbe est le fleuve de la Saxe ; il la traverse du sud-est au nord-ouest dans son cours moyen, creusant entre les hauteurs couronnées de sombres forêts de sapins sa vallée étroite et profonde, dans laquelle remontent, faute de pouvoir s'étendre en longueur, des villages longs et minces auxquels la place seule a manqué pour devenir des villes. Ils se groupent aux points de jonction des vallées latérales de ses affluents, étageant, sur les pentes, des vignobles et des vergers, dominés sur les hauteurs par des ruines féodales. Si l'Elbe est son bassin principal, la Saxe est sillonnée en outre par de nombreux cours d'eau ; les plus importants sont l'Elster noire et l'Elster blanche, autrefois riche en perles, la Sprée qui passe à Berlin, la Neisse descendue des Isergebirge et la Mulde dont la vallée est l'une des plus belles de l'Allemagne entière.

Située au cœur même de l'Europe centrale, la Saxe en est le centre militaire, le point stratégique dont l'occupation par une armée ennemie couperait les communications entre l'Allemagne du Nord et l'Allemagne du Sud, isolerait Berlin et permettrait de frapper en tous sens des coups rapides et redoutables. Aussi la Saxe fut-elle toujours l'objectif que se disputèrent la Prusse, la Suède, l'Autriche, la France et la Russie ; elle fut le champ de bataille où se vidèrent les grands conflits. Dresde et Leipzig en sont les deux clefs ; la première ouvre les routes du nord, la seconde les portes de la Saxe et de la Thuringe. Dresde fut, pendant la guerre de Sept ans, la base d'opération de Frédéric le Grand ; à Dresde, en 1813, Napoléon Ier tint en échec l'Europe coalisée, rejetant Blücher sur la Bohême. Sous les murs de Leipzig, Gustave-Adolphe remporta, en 1631, la décisive bataille qui lui livra l'Allemagne et Napoléon perdit celle qui la lui enleva. Autour de Leipzig, les villages portent des noms historiques : Lutzen où périt Gustave-Adolphe, où Napoléon battit les Russes et les Prussiens, Rosbach où Soubise fut vaincu par Frédéric II, Mülberg qui vit, en 1547, Charles-Quint victorieux, Bautzen où Napoléon battit les alliés. En 1866, la Prusse préluda à ses succès en devançant les Autrichiens dans la Saxe. Maîtresse des défilés de la Lusace, des Sudètes et des Erzgebirge, elle déboucha dans la Bohême, écrasant à Sadowa son ancienne alliée.

Après la Prusse, la Saxe est le pays d'Allemagne le plus riche en houille et en lignite. Les deux centres de l'exploitation houillère sont les districts de Zwickau et de Dresde. La lignite se trouve surtout dans la vallée de la Neisse ; le sous-sol renferme en outre d'importants gisements de plomb argentifère, quelque peu de fer et de sels. Le pays est plus industriel qu'agricole et le rendement de la terre ne suffirait pas à nourrir une partie seulement de sa population ; l'industrie textile et l'industrie métallurgique rétablissent l'équilibre rompu entre le nombre des habitants et la puissance de production du sol. Le district de Zwickau et la ville de Chemnitz sont le centre de l'industrie textile qui atteignit son apogée il y a trente ans. La Saxe possédait alors plus de 150 filatures et 750,000 broches ; depuis, le nombre en a diminué et aussi l'importation du coton qui a baissé de près de moitié. A Freiberg, on exploite des mines de plomb argentifère dont on extrait pour près de 10 millions de francs d'argent; à Cainsdorf, près de Zwickau, se trouvent les hauts fourneaux de Marienhutte, la plus grande usine saxonne.

Les villes sont nombreuses dans la Saxe. Dresde, sa capitale, située sur les deux rives de l'Elbe, renfermait, en 1891, 275,085 habitants. Cette capitale de la Saxe, eut pour berceau quelques cabanes de pêcheurs; en se multipliant elles formèrent des villages dont les noms subsistent encore aujourd'hui, désignant, comme Peppitz, Ostra, Fischersdorf, des quartiers de la ville. « Dresde, écrit M. E. Narjoux, est une ville triste ; les grandes avenues, les immenses places qui entourent la résidence et les palais sont toujours vides et silencieuses. Seul, le pont qui réunit les deux rives du fleuve présente quelque animation... C'est du pont que la ville se présente sous son meilleur aspect ; on peut, en le traversant, voir successivement la terrasse de Brühl, l'ensemble des palais de l'Opéra, de la Frauenkirche, la ligne des grands édifices qui bordent les quais ; à l'horizon, la silhouette gris bleu des montagnes de la Suisse Saxonne et les massifs de verdure dans lesquels disparaissent les eaux vertes du fleuve. » Dresde est célèbre par son musée et par son parc, l'un des plus beaux de l'Allemagne, par ses établissements scientifiques et littéraires, par ses grandes collections. Centre d'une industrie artistique importante, elle possède en outre de nombreuses fabriques, de grandes brasseries et elle entretient avec le dehors un commerce actif dont bénéficient la navigation de l'Elbe et les nombreuses voies ferrées qui se croisent à Dresde.

Pirna, au sud-est de la capitale, est située au point de jonction de la Gottleuba et de l'Elbe; elle renferme 12,000 habitants et possède des chantiers de construction de bateaux. Konigstein, dont la forteresse est réputée imprenable, bien qu'elle n'ait pu empêcher la reddition de l'armée saxonne à Frédéric II, garde le cours de l'Elbe et la voie ferrée de Bohème. Freiberg, dont nous avons parlé plus haut, renferme 26,000 habitants. Elle doit sa prospérité à ses mines d'argent dont le hasard fit découvrir un galet de minerai à des charretiers du Harz, conduisant du sel en Bohème. Ils le jetèrent dans leur voiture et le montrèrent à des mineurs de Goslar qui en reconnurent la richesse, et, désertant leurs mines plus pauvres, vinrent exploiter celles de Freiberg. La ville se peupla rapidement, Othon le Riche octroyant à ses habitants des privilèges qui firent donner à ce camp de mineurs le nom de Freiberg, « Franc-Mont ». Meissen, au nord-ouest de Dresde, possède 15,000 habitants. Elle est située sur l'Elbe et offre un aspect des plus pittoresques. Ville épiscopale, devenue manufacturière, sa principale industrie est la porcelaine. Böttger fut le créateur de cette fabrication qui demeura longtemps le monopole de la Saxe et qui occupe encore une nombreuse population ouvrière.

Plus peuplée que Dresde, Leipzig renferme 353,372 habitants. Située à égale distance de la Baltique et de la mer du Nord, du Rhin et de l'Oder, au point de jonction des routes d'Allemagne et de l'Europe centrale, Leipzig a grandi rapidement et sa foire est demeurée célèbre; il s'y traite de grandes affaires. Elle eut pour berceau un village wende nommé Leipzk, au confluent de la Parthe et de la Pleisse ; elle est aujourd'hui une ville universitaire dont la librairie est la principale industrie. On imprime plus de livres à Leipzig qu'à Berlin ; on y publie jusqu'à 300 journaux et revues; on y édite, entre autres collections nombreuses, celle des auteurs anglais. A l'industrie de la librairie sont venues s'adjoindre la reliure, la fabrication des papiers, des presses et machines à imprimer. Leipzig est, en outre, le plus vaste entrepôt de fourrures du monde entier; l'Asie et l'Amérique du Nord y envoient leurs pelleteries dont une faible partie seulement s'écoule en Allemagne ; le reste est préparé, expédié et vendu à l'étranger.

Autour de Leipzig gravitent de nombreux bourgs et villages qui vivent de son industrie : Markranstadt, Taucha, Reudnitz, Lindenau, Gohlis, Connewitz, Stotteritz, faubourgs de la grande ville. Grimma, plus éloignée, s'étend dans la vallée de la Mulde et possède d'importantes papeteries ; Oschatz fabrique des draps ; Dobeln, 12,000 habitants, est un centre agricole ; Hainichen travaille les cuivres et Leisnig le fer; Mittweida est une ville de tisserands, et Penig une ville de potiers.

Le district de Zwickau occupe le centre d'une région montagneuse entre les monts Métalliques et les monts Moyens, ou chaîne de Hohenstein. Zwickau, son chef-lieu, renferme près de 83,000 habitants ; située sur la route de Nuremberg et Leipsick, elle s'est enrichie par le traitement des minerais d'argent, puis par l'extraction de la houille. Chemnitz est plus importante encore ; sa population, y compris celle de ses faubourgs, dépasse 125,000 âmes. A Chemnitz, on pourrait se croire dans une ville manufacturière d'Angleterre ; un épais nuage de fumée plane au-dessus de l'entonnoir des vallées que les usines remplissent à déborder; ce ne sont partout que hautes cheminées, vastes fabriques aux façades nues et noires, casernes industrielles où travaille un peuple d'ouvriers, maisons pauvres et tristes où il vit, rivières sales, roulant des eaux fétides. Chemnitz doit son développement rapide au blanchiment des toiles de lin dont un margrave du moyen âge octroya le monopole à trois bourgeois de la ville, interdisant l'exportation des toiles non blanchies. L'industrie du lin se concentra à Chemnitz et le tissage y prit une extension considérable; l'Aktienspinnerei, l'une des filatures de Chemnitz, compte jusqu'à 650,000 broches. Le blocus continental donna, en 1806, un grand essor à la fabrication naissante qu'il affranchissait de la concurrence de l'Angleterre. Comme toutes les grandes villes manufacturières, Chemnitz a débordé sur la région environnante et converti en bourgs industriels les villages qui l'entourent.

Frankenberg et Marienberg sont de petites villes très actives, en voie de prospérité; Annaberg, au sud de Chemnitz, exploita des mines d'argent, mais leur rendement vint à tomber au-dessous des frais d'extraction et Annaberg n'échappa à une ruine complète qu'en se consacrant à l'industrie des dentelles. Neustadtel et Schneeberg ne forment qu'une seule ville, ville minière autour de laquelle on travaille des gisements de nickel, de bismuth et de cobalt. Plauen, 43,000 habitants, est située sur l'Elster, au penchant d'une colline que domine son château. Le tissage des draps

PLACE SAINTE-MARIE, A MUNICH.

autrefois, puis l'industrie du coton importée par les tisserands suisses au xviiie siècle, donnèrent une certaine importance à Plauen qui est plus connu aujourd'hui par ses articles dits de Plauen, mousselines, jaconas, batiste et autres tissus légers, dont elle fait un grand commerce. Auerbach fabrique des épingles et des dentelles, Oelsnitz des rideaux; Glanchau, peuplée de 24,000 âmes, après avoir été une petite commune agricole est devenue un centre de fabrication de draps, ainsi que Meerane, également peuplée.

Bautzen, chef-lieu du district de ce nom, compte 22,000 habitants. Ancienne capitale de la Lusace, elle est située sur la Sprée, dans un cadre pittoresque, et renferme de grands entrepôts de grains et de laine. Zittau est aussi peuplée et passe pour la plus riche ville de la Saxe, possédant, comme elle le fait, de grands biens et de grandes terres, des forêts, des mines et des métairies couvrant une superficie de 20,000 hectares.

Les États de la Thuringe, *Thuringischen Staaten*, occupent une superficie de 12,336 kilomètres carrés et renferment une population de près d'un million d'habitants. On désigne de ce nom les huit petits États groupés au centre de l'Allemagne près de la forêt de Thuringe. Ce sont : le grand-duché de Saxe-Weimar, les duchés de Saxe-Meiningen, de Saxe-Altenbourg, de Saxe-Cobourg et Gotha, les principautés de Schwarzburg-Rudolstadt, Schwarzburg-Sondershausen et Reuss.

La forêt ou le plateau de la Thuringe sépare l'Allemagne du Nord de l'Allemagne du Sud, mais sur ce sol au relief indécis les lignes de démarcation elles-mêmes sont sans limites bien déterminées, elles se confondent avec les terres environnantes, sillonnées de vallées fluviales, inclinant en sens contraires comme mal équilibrées et n'ayant pu reprendre leur aplomb. De là ces morcellements bizarres, ces petits États étrangement découpés; sur la carte apparaissent des parcelles juxtaposées, des enclaves disséminées pareilles à des champs acquis au hasard des occasions par un propriétaire impatient mais impuissant à constituer un domaine d'un seul tenant. Le grand-duché de Saxe-Weimar-Eisenach est morcelé en vingt-sept parties, sans lien entre elles, dispersées aux quatre points cardinaux, séparées, souvent même englobées par d'autres États. Saxe-Cobourg-Gotha est découpé en sept parcelles, Saxe-Meiningen en cinq et, pour passer de l'une à l'autre, force est d'emprunter un territoire étranger.

Le plateau de Thuringe s'étend du sud-est au nord-ouest, coupant en deux sections inégales les États de la Thuringe. Le Rennsteig, longue route carrossable, qui, de Blankestein à l'angle sud-est, aboutit au nord-ouest, à Horsel sur la Werra, suit la crête du plateau, séparant deux régions primitivement habitées par deux races distinctes : les Thuringiens au nord et les Francs au sud. Au long de cette route, se dressent les plus hauts sommets de la chaine, mesurant de 800 à 900 mètres. Au nord de la forêt ou plateau de Thuringe, et au sud du Harz, le haut et long plateau désigné sous le nom de Terrasse de Thuringe se profile de l'est à l'ouest, débordant, à ses deux extrémités, les limites des États de Thuringe; ses plus hauts sommets ne dépassent pas 600 mètres.

Par son hydrographie, cette région appartient au bassin de la Weser et à celui de l'Elbe : au premier par son sous-bassin de la Werra; au second par celui de la Saale. Son haut plateau de la Thuringe constitue une importante ligne stratégique couvrant le centre de l'Allemagne, un point de concentration pour une entrée en campagne, un point de ralliement en cas de défaite.

Les villes de la Thuringe sont plus nombreuses que peuplées, vingt-sept d'entre elles contiennent plus de 5,000 habitants, douze seulement en ont plus de 10,000, cinq dépassent le chiffre de 20,000. Ainsi que le sol même, l'agriculture et l'industrie y sont morcelées, réparties dans de petits centres; sur 1,233,000 hectares, un tiers, 402,000, sont en forêts, 625,000 en terres cultivées, 123,000 en pâturages. Les filatures et le tissage des étoffes constituent, avec l'exploitation métallurgique, la principale industrie du pays.

Weimar, capitale du grand-duché de Saxe-Weimar est située sur l'Ilm, affluent de la Saale; sa population est de 22,000 âmes. Résidence princière, ville de musées et de bibliothèques, Weimar fut le centre intellectuel de l'Allemagne, la ville de Goethe, de Schiller, de Wieland, de Herder; elle est restée la ville des poètes, un centre de culture artistique et littéraire. Ilmenau, sur l'Ilm, station balnéaire très fréquentée, est, en outre, une petite cité industrielle. Apolda, sur le Stadtbach, peuplée de 16,000 habitants, attire de plus en plus à elle le mouvement commercial de cette région : elle possède d'importantes fabriques et un grand nombre de hauts fourneaux.

Iéna, 11,000 habitants, est sur la rive gauche de la Saale, à 23 kilomètres de Weimar. Célèbre par son Université où professèrent Fichte, Schelling, Hégel et qui contenait alors de 3,000 à 4,000 étudiants, Iéna l'est aussi par la bataille du 14 octobre 1806, dans laquelle Napoléon anéantit l'armée prussienne. Eisenach a 20,000 habitants; située au pied de la forêt de Thuringe, elle est la seconde capitale du grand-duché et aussi une ville de fabriques. Le Wartburg, qui la domine, fut autrefois la résidence des landgraves de Thuringe. C'est l'un des plus anciens et des plus beaux monuments du style roman qui existe en Allemagne.

Cobourg, 16,000 habitants, capitale des duchés de Saxe-Cobourg-Gotha et du duché de Cobourg, occupe une situation pittoresque sur l'Itz. La hauteur escarpée qui domine la ville porte à 460 mètres d'altitude un vieux château à triple enceinte encadré de tours et de bastions, entouré de vastes terrasses d'où la vue embrasse un immense horizon. Gotha est plus peuplée, 28,000 habitants; située sur la Leina elle s'étend en demi-cercle autour du Schlossberg au sommet duquel se dresse le château de Friedenstein. Ville scientifique, Gotha possède une bibliothèque renommée et un établissement cartographique de premier ordre, celui de Justus Perthes. Ohrdruf, à 17 kilomètres au sud de Gotha, renferme des fabriques de porcelaines et fait un grand commerce de bois.

Meiningen, capitale du duché de ce nom, contient 12,000 habitants; durement éprouvée par l'incendie de 1874 qui détruisit la moitié de la vieille ville, elle se relève lentement; son industrie peu active se concentre dans quelques fabriques de cotonnades et des ateliers de machines. Sonneberg, dans la vallée de la Rothen, exploite l'industrie des jouets d'enfants et les articles dits de Sonneberg, en verre, en argile et en papier mâché dont elle exporte pour près d'un million de francs. Saalfeld, sur la Saale, conserve encore sa ruine pittoresque du Sorbenburg, vieille forteresse Sorbe, croit-on, et qui existait déjà du temps de Charlemagne. Possneck, sur la petite Orla, est la ville la plus riche du duché; elle renferme des fabriques de draps, de rubans, de porcelaines dont les produits alimentent un trafic actif.

Altenbourg, 27,000 habitants, capitale du duché de ce nom, s'élève près de la Pleisse, sur un sol accidenté. Son château, l'un des plus vastes de l'Allemagne, a pour piédestal un rocher de porphyre; il fut résidence impériale. Altenbourg possède en outre de nombreux couvents. Autour d'elle se groupent de petits centres industriels assez actifs : Meuselwitz, Gössnitz, Schmölin, Ronnebourg, villes de tisserands et de filateurs.

Rudolstadt compte 9,000 habitants. Capitale de principauté elle est, au dire de ses habitants, une ville unique au monde. Elle est certainement l'une des plus gracieuses et des mieux encadrées. Stadtilm, sur l'Ilm, est la ville industrielle de ce petit État; on l'a surnommée le « Petit Chemnitz »; elle posséda d'importantes filatures, aujourd'hui en partie remplacées par des tanneries. Sondershausen, capitale de la principauté du même nom et située sur le Wippar, ne contient que 7,000 habitants. Arnstadt, sur la Weiss, en a 12,000 et fait un commerce assez important de gants et de cuirs. Autour d'Arnstadt la campagne est fertile et la culture maraîchère très active.

Le pays de Reuss forme deux principautés : branche aînée et branche cadette. Gera, la ville principale, l'une des plus peuplées des États de Thuringe, 32,000 habitants, est située sur l'Elster Blanche et doit son importance aux industries diverses qu'apportèrent dans ses murs les protestants des Pays-Bas.

Les duchés de Brunswick et d'Anhalt, les principautés de Lippe-Detmold, de Lippe-Schaumbourg et de Waldeck-Pyrmont complètent l'ensemble des États de l'Allemagne du Nord. Le duché de Brunswick se compose de trois territoires distincts et de cinq exclaves, séparés les uns des autres et figurant sur la carte une de ces bizarres mosaïques si fréquentes en Allemagne. La partie nord du duché appartient à la région des plaines, le centre et le sud sont sillonnés par les ramifications du Harz; l'ensemble relève des bassins de la Weser et de l'Elbe.

Brunswick, capitale du duché, renferme 85,000 habitants. Située sur l'Oker, sur la route de la mer du Nord et de la Baltique, fondée en 861 par le duc Bruno, qui lui donna son nom, elle fut, au xv⁰ siècle, l'une des grandes cités commerçantes de l'Allemagne, l'une des grandes villes hanséatiques; par sa cote d'impôt elle figurait au quatrième rang, après Lubeck, Cologne et Dantzig. L'établissement du Zollverein, en 1834, porta à sa prospérité un coup sensible; elle s'en est partiellement relevée par l'industrie du sucre de betteraves dont elle est, avec Magdebourg, le principal centre; elle est également renommée pour ses fabriques de pâtes alimentaires et de saucissons. Wolfenbüttel, seconde ville du duché, possède 14,000 habitants. Située sur l'Oker, elle ne devint une ville qu'au xvi° siècle; son duc voulait en faire la rivale de Brunswick, une cité de 100,000 âmes, solidement fortifiée. La guerre de Trente ans arrêta ces projets et la population de Wolfenbüttel tomba à 9,000; elle s'accroît, mais l'industrie de Wolfenbüttel ne semble pas l'appeler à de hautes destinées et le transfert du gouvernement à Brunswick assure la prédominance de cette dernière ville.

Helmstedt, 10,000 habitants, située sur l'Elz, fut une ville universitaire devenue industrielle; elle renferme des fabriques de cigares et de papier, des raffineries de sucre et, dans son voisinage, on exploite des dépôts de lignite. Schöningen, 7,000 habitants, possède des salines dont on extrait annuellement 100,000 quintaux de sel. Holzminden renferme une importante école d'architecture très fréquentée de tous les points de l'Allemagne; elle est, en même temps, un port d'hivernage pour les embarcations de la Weser et un entrepôt des pierres et bois du Solling. Blankenburg, 6,000 habitants, est une ville de forges et de fonderies située, dans l'une des plus belles régions du Harz.

Le duché d'Anhalt a pour capitale Dersau, bâtie sur la rive gauche de la Mulde, près de son confluent avec l'Elbe. Elle renferme 25,000 habitants et se déploie dans une belle plaine ombragée; son industrie est importante et son commerce actif. Dersau possède des filatures, fonderies, fabriques de tapis, de parfumerie et savon. Köthen, vieille cité Wende, sur la Ziethe, possède 18,000 habitants. Bernburg en a 22,000 et offre un imposant aspect avec ses hautes maisons de pierre, son château ducal et les nombreuses tours de ses églises. Elle est située sur la Saale et la plaine qui l'entoure est l'une des plus fertiles de l'Allemagne.

La principauté de Lippe n'a qu'une superficie de 1,188 kilomètres carrés et une population de 125,000 âmes. Elle ne contient que trois centres de plus de 5,000 habitants; Detmold, sa capitale, en renferme 9,000; c'est une jolie ville située au pied de la forêt de Thuringe, contenant l'un des plus beaux châteaux des petits États de l'Allemagne. Lemgo, au nord de Detmold et sur la Lippe, 7,000 habitants, fit partie de la Ligue Hanséatique et fut ruinée par la guerre de Trente ans. Elle s'adonne à la fabrication des articles dits d'écume de mer, et elle est, après Vienne, le centre le plus important de cette industrie.

Sur une superficie de 340 kilomètres carrés, la principauté de Schaumburg-Lippe renferme 38,000 habitants. Le lac de Steinhuder la borne au nord; sur ses rives, Germanicus défit Arminius dans une bataille sanglante. Buckeburg, sa capitale, est une petite ville de 5,500 âmes, groupée autour du château et du parc princier. Arolsen est le chef-lieu de la principauté de Waldeck-Pyrmont, et renferme 2,500 âmes. La superficie de la principauté est de 1,121 kilomètres carrés et sa population de 57,000 habitants. Elle compte 14 villes, si tant est que ce nom puisse s'appliquer à des centres de moins de 1,000 habitants et dont plusieurs n'en ont même pas 500.

III

ALLEMAGNE DU SUD

Les États qui forment l'Allemagne du Sud actuelle sont : le royaume de Bavière, celui de Wurtemberg, le grand-duché de Bade, celui de Hesse-Darmstadt et la partie de l'Alsace-Lorraine détachée de la France par le traité de Francfort; nous les étudierons successivement.

I. — ROYAUME DE BAVIÈRE.

Plus nettement délimité, mieux assis entre des frontières naturelles que la plupart des autres États allemands, le royaume de Bavière occupe une superficie de 75,863 kilomètres carrés renfermant une population de 5,300,000 habitants. Il se divise toutefois en deux parties séparées l'une de l'autre par le Wurtemberg, le grand-duché de Bade et la Hesse; l'une, celle de l'est, de beaucoup la plus étendue, est le royaume proprement dit de Bavière, l'autre, à l'ouest, est le Palatinat Rhénan.

La Bavière affecte la forme d'un quadrilatère limité par la Prusse et la Saxe au nord-est, par les duchés de Saxe et la principauté de Reuss au nord, à l'est et au sud par l'Autriche, au sud-ouest par la Suisse, à l'ouest par les grands-duchés de Hesse, de Bade et le Wurtemberg. Autour de la Bavière s'étendent les Alpes du Tyrol et de Salzbourg, les chaînes de la Bohême, les monts de Thuringe, le Jura de Souabe et de Franconie. Dans ce cadre naturel coule le Danube, orienté de l'ouest à l'est, coupant la Bavière en deux parties à peu près égales : la Bavière du sud et celle du nord. La première appartient au système alpin, elle forme un haut plateau de longues plaines, nues et froides, souvent marécageuses, qui s'étendent entre le fleuve et les Alpes; la seconde, qui se rattache au système des monts de Bohême et au Jura de Franconie, offre l'aspect d'un pays accidenté et montagneux.

A la précision des contours géographiques et des frontières naturelles correspondent une individualité plus accentuée, une homogénéité plus grande, un patriotisme plus tenace. A travers l'histoire, en dépit des guerres, des démembrements et des partages arbitraires, la Bavière a toujours, d'elle-même, retrouvé son équilibre, conservé sa force de cohésion. Ses parties séparées se rapprochaient et se resoudaient, et l'on s'explique que cette adhérence obstinée ait fait germer dans l'esprit de certains hommes d'État l'idée que la Bavière pourrait devenir un jour, au cœur de l'Allemagne, une puissance appelée à prendre rang auprès de l'Autriche et de la Prusse et à constituer un troisième groupe d'États. En attendant, la Bavière gravite autour de la Prusse et n'est qu'une province de l'Empire, la plus compacte, il est vrai, et la mieux équilibrée.

Les Alpes Bavaroises forment, au sud, la ceinture rocheuse qui sépare la Bavière de l'Autriche; elles s'étendent, de l'est à l'ouest, du lac de Constance au Teufels Horn, sous les noms d'Alpes de l'Algovie, d'Alpes Bavaroises proprement dites et d'Alpes de Salzburg. Par les mœurs et les coutumes, l'Algau rappelle la Suisse à laquelle elle confine. C'est un pays de pâturages alpestres, de grandes foires de bétail et de fabrication de fromages. Les sommets de l'Algovie atteignent 2,643 mètres au Madelesgabel, 2,587 au Hochvogel. Du sommet du Grünsten, 1,750 mètres, l'œil découvre depuis le Finsteraarhorn dans l'Oberland Bernois jusqu'au Madelesgabel.

Dans les Alpes Bavaroises proprement dites, le Zuzspitze atteint 2,957 mètres d'altitude; il fait partie du massif de Wetterstein, le plus pittoresque de cette région semée de lacs et creusée de profondes vallées. Les Alpes de Salzburg, plus tourmentées encore, dressent à 3,000 mètres leurs sommets des Hagengebirge dont les terrasses surplombent le lac de Königssee.

De l'autre côté du Danube, dans la Bavière du nord, le Jura de Franconie s'étend du nord au sud, de Cobourg à Ratisbonne. Il doit son nom à sa formation jurassique; au nord, le Frankenwald relie le Jura de Franconie au plateau de Thuringe. A l'est, se déroulent les monts de Bohème; ils séparent la Bavière de l'Autriche, dressant entre elles leur chaîne aux bizarres structures, coupée de longues vallées longitudinales, de vastes et profondes dépressions que dominent des crêtes de 1,200 à 1,500 mètres d'altitude.

Les eaux de la Bavière se déversent directement dans le bassin du Danube et indirectement dans celui du Rhin par le Main. Le Danube entre en Bavière à Ulm, où finit son cours supérieur, où commence son cours moyen. Sorti d'un petit bassin du château de Donaueschingen, dans le grand-duché de Bade, grossi de la Brage descendue du Schwarzwald, puis du Brigach venu du Hirzwald, d'où le dicton : *Brig und Berg bringen die Donau Z'weg :* « la Breg et la Brigach enfantent le Danube », le grand fleuve européen n'a jusqu'ici fait que se dérober au lac de Constance et au Rhin qui l'attirent et qu'il fuit, et se frayer une route à travers le Jura de Souabe. A Ulm il s'élargit; l'Iller lui apporte le tribut des Alpes, doublant le volume de ses eaux. Il en laisse une partie dans les marais de Gundelfingen, mais l'Altmühl, la Regen et la Naab le renforcent et, décrivant une vaste courbe, il arrose la fertile plaine du Dungaboden, pénétrant dans la basse Bavière, et entrant en Autriche à Passau, où l'Ilz à gauche et l'Inn à droite viennent le rejoindre.

Dans son passage à travers la Bohème, le fleuve a déposé sur sa rive septentrionale des terrains d'alluvion « qui ont offert, écrit M. Huot, aux recherches de la zoologie générale, des ossements de ces antiques animaux qui habitèrent notre planète avant qu'elle pût donner à l'espèce humaine un climat et une nourriture propres à sa conservation. Les os fossiles de tapirs et de rhinocéros découverts dans la vallée de la Régen, les crocodiles des schistes calcaires de la vallée de l'Altmühl, les débris d'éléphants qui furent trouvés dans la vallée du Main, enfin les cavernes remplies d'ossements de lions et d'hyènes découverts dans le Streigerwald annoncent combien ce pays est intéressant pour tout ce qui tient aux sciences naturelles. »

Le Main, au cours sinueux, naît sur le massif central de la forêt Hercynienne, dans l'angle nord-est de la Bavière. Il coule de l'est à l'ouest, décrivant de vastes courbes, parcourant une distance double de celle qui sépare sa source de son point de jonction avec le Rhin, laquelle n'est que de 250 kilomètres, alors que le cours du Main est de 490. Par ses affluents de gauche, la Regnitz, la Tauber, l'Erf, la Mudau, la Mumling et la Gersprenz, par ceux de droite : la Rodach, l'Itz et la Saale Franconienne que l'on désigne ainsi pour la distinguer de la Saale Thuringienne, le Main draine la partie septentrionale de la Bavière dont il porte les eaux au Rhin.

Trois places fortes s'élèvent sur le Danube, grande ligne stratégique de la Bavière : Passau, au sud-est, au confluent de l'Inn et du Danube et sur la frontière de la Haute Autriche ; Ingolstadt, au cœur même de la Bavière, dont elle fut le boulevard militaire, sur la rive gauche du fleuve et dans une plaine, constitue le point central de défense, non seulement de la Bavière mais de l'Allemagne du Sud ; Ulm enfin, sur la frontière du Wurtemberg, est le point de jonction des routes reliant la Bavière à l'ouest de l'Allemagne. Dans Ulm, le général autrichien Mack, cerné par Napoléon, dut mettre bas les armes. Entre Ingolstadt et Ulm s'étendent les grands champs de bataille d'Hochstædt, de Nordlingen, de Lechfeld.

Moins riche en minerais que la Saxe et la Prusse, la Bavière extrait de son sous-sol la houille, la lignite et le fer. Par contre, sa production agricole est de beaucoup supérieure à celle de la Prusse ; près des deux tiers du sol sont en culture, près d'un tiers en bois et forêts. L'industrie est peu considérable, sauf celle des cuirs, des papiers, des bois et des jouets d'enfants ; la situation compacte et relativement isolée de la Bavière limite sa production industrielle aux besoins de la consommation intérieure qui est assez considérable. Le mouvement extérieur se borne à l'exportation des céréales, du bétail, du vin, houblon, cuirs et bois. Le royaume est divisé en huit districts administratifs : haute et basse Bavière, haute, moyenne et basse Franconie, Palatinat et Haut Palatinat, et enfin Souabe, Neubourg et Aschaffenbourg.

Rome occupa cette région que se disputaient les Helvètes, les Boiens et les Suèves. Elle en fit une province, la *Vindelicia*, qu'une route militaire reliait à l'Italie, que deux autres rattachaient à la Germanie. Elle y créa d'importantes colonies *Augusta Vindelicorum*, depuis Augsbourg, *Castra Regina* qui fut Ratisbonne, *Castra Batava* devenue Passau. La victoire de Tolbiac qui ouvrit l'Allemagne à Clovis, livra la Bavière aux Francs et les petits-fils de Clovis y régnèrent. Louis le Germanique, fils de Louis le Débonnaire fit de Ratisbonne la capitale de son royaume. Dix siècles et demi plus tard la Bavière retournait à l'Empire Allemand.

Les villes y sont nombreuses, plus nombreuses que populeuses. Deux seulement : Munich et Nuremberg, ont une population supérieure à 100,000 âmes ; 25 en comptent plus de 10,000. De toutes ces villes Munich est la plus moderne. Henri le Lion la fonda au milieu des plaines de graviers et de marécages de l'Isar ; comme Berlin, comme Saint-Pétersbourg et comme Madrid, elle fut la création arbitraire d'une volonté s'imposant à la nature. Gustave-Adolphe comparait Munich à une selle de grand luxe sur le dos d'une rosse; il s'étonnait de voir un grand centre, une capitale, dans un site si peu approprié. Depuis, Munich n'a cessé de grandir, de s'embellir et de s'étendre. Elle est devenue la quatrième ville de l'Allemagne et compte aujourd'hui 334,710 habitants; de 1885 à 1890 sa population s'est accrue de 72,729. L'Isar arrose la ville; une vaste plaine sablonneuse et stérile l'environne. Trois générations de souverains, protecteurs déclarés des arts, ont accumulé dans Munich les musées, les palais, les églises, ambitieux de lui obtenir et de lui conserver le titre « d'Athènes de l'Allemagne ».

Munich est plus connue par sa Glyptothèque, par sa Pinacothèque et son musée national que par son industrie. Dans celle-ci cependant se reflètent les aspirations artistiques qui illustrent son nom; la gravure sur pierre et sur bois, la fabrication des vitraux, la fonte des bronzes d'art y occupent le premier rang.

Au nord de la capitale et, comme elle, dans la haute Bavière, Ingolstadt est située sur la rive gauche du Danube, à son confluent avec la Schutter. Peuplée de plus de 16,000 âmes, Ingolstadt fut, dès le xi⁰ siècle, une place militaire durement éprouvée par de nombreux assauts. Elle résista à ceux de Gustave-Adolphe et aussi à ceux des Autrichiens; Moreau la prit et rasa ses fortifications que lui rendit Louis Iᵉʳ. L'industrie de la ville consiste en fabriques de drap et en brasseries. Landsberg, dans l'ouest, et Rosenheim au sud-est de Munich, bien que moins peuplées, ont un commerce plus actif. Traunstein exploite des salines importantes.

Augsbourg est la grande ville du district de la Souabe. Située sur la rive gauche du Lech, elle renferme 66,000 habitants et fut, avons-nous dit, une colonie romaine, *Augusta Vindelicorum.* Elle fut ensuite une ville épiscopale, la plus riche de la chrétienté, son évêque était de droit, prince de l'Empire; puis ville impériale, la première au siège de laquelle, en 1372, la poudre à canon fit son apparition. Augsbourg a donné son nom à la confession d'Augsbourg, formule de foi luthérienne rédigée par Mélanchton en 1530. Prise et reprise par les Suédois et les Impériaux, par les Français et les Bavarois, elle fut incorporée définitivement à la Bavière en 1806. Centre d'un grand commerce, elle possède d'importantes maisons de banque, des filatures de coton et de laine, une fonderie de canons, des fabriques de papier, de tabac, de cuirs, et aussi de nombreux établissements d'éducation, des bibliothèques et des musées. Donauworth et Nordlingen, au nord d'Augsbourg, Gunzbourg et Hochstædt à l'ouest rappellent des luttes sanglantes. Kempten, ancienne cité impériale, est une ville manufacturière; Lindau est un centre agricole, un important marché de grains ainsi que Memmingen. Près de Neu Ulm, situé sur la rive gauche du Danube en face de la ville wurtembergeoise d'Ulm, se trouve le village d'Elchingen, célèbre par la victoire qui valut, en 1805, au maréchal Ney son titre de duc.

Dans le district de la Basse-Bavière, les seules villes à noter sont : Landshut, sur l'Isar, 18,000 habitants, grand marché de céréales; Straubing, 13,000 habitants, sur le Danube, centre agricole, et Passau, au confluent du Danube, de l'Inn et de l'Ilz. Nous en avons parlé plus haut.

Le district du Haut-Palatinat s'étend au nord de la Basse-Bavière. Ratisbonne où

VUE GÉNÉRALE DE NUREMBERG.

Regensburg, la *Castra Regina* romaine, est sa principale ville, peuplée de près de 40,000 habitants. Située au sommet de la courbe que le Danube décrit au nord, elle occupe un point stratégique dont les Romains d'abord, Charlemagne après eux, et Frédéric Barberousse ensuite apprécièrent l'importance. Sa position commerciale n'est pas moins avantageuse ; si.Ratisbonne commandait les routes militaires, elle commandait aussi les voies de transit et de trafic. Par Ratisbonne passèrent les croisés, descendant le cours du Danube, en marche vers la Syrie ; par Ratisbonne, remontant le cours du fleuve, les produits de l'Orient pénétraient dans l'Europe occidentale, aussi Ratisbonne fut-elle, au moyen âge, la ville capitale de l'Empire, celle où siégeaient les diètes. Elle a gardé l'empreinte de cette époque qui vit l'apogée de sa grandeur.

Bayreuth est la ville capitale du district de la Haute-Franconie ; située sur la rive gauche du Main Rouge, dans un cadre riant de villages et de villas, elle renferme 23,000 habitants ; patrie de Jean-Paul Richter et de Richard Wagner, elle doit à ce dernier et aux représentations de ses œuvres, sa renommée moderne. Bamberg, plus peuplée, 32,000 habitants, fut une ville épiscopale ; Hof, 23,000 habitants, baignée par la Saale, est une cité industrielle.

Le district de la Franconie moyenne a pour chef-lieu Nuremberg, ancienne ville impériale, restée ville du moyen âge, la plus curieuse et la plus originale de l'Allemagne, musée autant que cité, bâtie sur la Pegnitz qui la traverse et au long de laquelle se dressent, dans un inextricable fouillis, des constructions vermoulues, disjointes, penchées en tous sens, débordant l'une sur l'autre, reliant leurs pignons pittoresques, accotant et soutenant leurs murs décrépits. C'est la ville ingénieuse, où se fabriquèrent les premières montres, dites « œufs de Nuremberg, et aussi les arquebuses à vent et les batteries de fusil ; où fut créée la gravure sur bois, où furent inventées les premières clarinettes, où se manufacturent ces innombrables jouets d'enfants qui sont encore aujourd'hui, avec ses établissements artistiques, ses imprimeries, ses fabriques de crayons, l'une des grandes industries de Nuremberg, la seconde ville de la Bavière, peuplée de 115,000 habitants.

Ansbach en renferme 15,000 ; Erlangen, autant. A Ansbach se tiennent de grandes foires de chevaux et de bétail ; Erlangen possède une industrie florissante dont l'ont dotée les réfugiés protestants français. Fürth, plus peuplée, 36,000 habitants, renferme une importante colonie israélite. Rothenburg, réduction de Nuremberg, a, plus qu'elle encore, gardé dans tous ses détails sa physionomie du moyen âge.

Dans le district de la Basse-Franconie, nous rencontrons peu de villes. Würzburg, la capitale, renferme 56,000 habitants. Elle fut le siège d'une principauté épiscopale et joua un rôle important dans les guerres de la réforme. Construite sur le Main, la ville s'étend en amphithéâtre dans un cadre de vignobles et de vergers. Son climat comparativement doux, grâce à sa position abritée, est favorable à la culture du raisin. Ville universitaire, Würzburg est aussi une ville industrielle et commerçante et un centre agricole très actif.

Aschaffenburg, vieille colonie romaine, est dominée par le beau château de Johannisburg. Schweinfurt compte 13,000 habitants et doit sa prospérité à ses fabriques de couleurs ; Kissingen est redevable de la sienne à ses sources minérales que 10,000 étrangers visitent annuellement.

Le district du Palatinat Rhénan est, avons-nous dit, séparé de la Bavière dont il fait partie, par toute l'épaisseur du royaume de Wurtemberg. Il confine au Rhin, qui le longe à l'est et inonde ses plaines basses ; par le Hardt, il se relie au système montagneux des Vosges, dont le Hardt est la prolongation septentrionale.

Spire est la ville historique du Palatinat Rhénan ; elle fut la *Civitas Nemetum* des Romains. Sur l'emplacement qu'occupait le temple de Diane s'élève, croit-on, la cathédrale de Spire. De ce temple, non plus que de ceux de Mercure et de Vénus, il n'est resté trace ; Attila passa à Spire, ne laissant derrière lui que des ruines et des cadavres ; Clotaire II fit de Spire un siège épiscopal ; Charlemagne, une résidence impériale ; Henry V, une ville libre. Les Français la détruisirent en 1689 ; elle s'est relevée depuis. Aujourd'hui, peuplée de 16,000 habitants, elle fait le commerce des céréales et du houblon. Ludwigshafen, port libre sur le Rhin, au nord de Spire, date de 1843 et déjà compte autant d'habitants que cette dernière. Deux-Ponts, *Bipuntum*, située au confluent du Schwarzbach et du Hornbach, en possède 11,000 et constitue un centre industriel d'une certaine importance. Kaiserslauten, 35,000 habitants, renferme de nombreuses fabriques de toile, tissus de laine, cotonnades, des papeteries, brasseries, scieries ; elle exploite les mines de fer de la région environnante. Landau, dont Rodolphe de Habsbourg fit une ville libre, fut prise par Louis XIV et fortifiée par Vauban ; incorporée au baillage de Hagueneau, elle devint ville alsacienne et en 1816 elle fit retour à la Bavière.

II. — ÉTATS SOUABES : ROYAUME DE WURTEMBERG.
GRAND-DUCHÉ DE BADE.

Sur une superficie de 19,504 kilomètres carrés, le royaume de Wurtemberg renferme une population de 2 millions d'habitants. Il représente, avec le grand-duché de Bade, l'étonnante mosaïque d'États morcelés qui, au nombre de plusieurs centaines, constituaient ce que l'on appelait les États Souabes. La rude main de Bonaparte, premier consul, et de Napoléon Ier, empereur, pétrit et remania ces groupes disparates, préludant à l'œuvre d'unification de l'Allemagne que la France semble avoir pris à tâche de favoriser et de consolider quoi qu'il en pût lui coûter.

Le royaume actuel de Wurtemberg a pour limites : au sud, le lac de Constance ; au sud-ouest, à l'ouest et au nord-ouest, le grand-duché de Bade ; la Bavière au sud-est, à l'est et au nord. Pays montueux, son orographie est assez compliquée. Deux chaines de montagnes, celle de la Forêt-Noire à l'ouest, celle des Alpes d'Algovie, au sud-est, l'échancrent assez profondément ; entre ces deux massifs, une troisième chaîne, l'Alb, divise le Wurtemberg en deux parties et forme la ligne de partage des eaux entre le bassin du Rhin et celui du Danube. La Forêt-Noire, ou Schwarzwald, sépare du grand-duché de Bade le Wurtemberg qui n'en possède qu'une partie. Les plus hauts sommets ne dépassent pas 1,200 mètres. Parallèle au Rhin et à la chaîne des Vosges qui, de l'autre côté du fleuve, lui fait face, la chaîne de la Forêt-Noire, comme elle, se développe dans le sens du méridien; comme les siens, ses sommets s'abaissent et, ainsi que la sienne, sa largeur décroît à mesure que la chaîne s'éloigne des Alpes et remonte vers le nord ; toutes deux ont leurs cimes arrondies en ballons, leurs pentes boisées, toutes deux sont fertiles. « Toutes les deux enfin, écrit M. Himly, dans son remarquable ouvrage sur la *Formation territoriale des États de l'Europe centrale*, sont habitées par une population aussi industrieuse qu'intelligente : la Forêt-Noire a, de vieille date, son horlogerie, ses chapeaux de paille et surtout le flottage de ses énormes sapins qui, transportés jusqu'au Rhin par les eaux de la montagne, vont ensuite en grands radeaux gagner les ports de la Hollande; dans les vallées des Vosges s'est établie la grande industrie moderne, qu'y a primitivement attirée la force motrice, mais dont les puissantes manufactures travaillent actuellement en grande partie à la vapeur. En un mot la Forêt-Noire et les Vosges ne sont au fond que les deux moitiés d'un seul et même massif que les révolutions du globe ont fendu selon son axe de longueur; également belles, également civilisées, les deux chaînes sœurs sont le digne encadrement de la riche plaine badoise et alsacienne qui, des deux côtés du Rhin, les unit plus qu'elle ne les sépare, et elles forment avec elle, dans l'Europe centrale montueuse, un des cantons les plus attrayants, sinon le plus charmant de tous. »

Dans le sud-est, l'Alb de Souabe, détaché de la chaîne du Jura, traverse le Wurtemberg, sur une longueur de plus de 150 kilomètres, offrant, du côté du sud, l'aspect d'un plateau sans caractère, du côté du nord au contraire, présentant l'apparence d'un mur de montagnes hérissé de forêts, couronné de rochers et de châteaux.

Les cours d'eau sont nombreux ; ils appartiennent aux deux grands bassins du Rhin et du Danube. Le premier de ces fleuves, bien qu'il coule en dehors du Wurtemberg, draine par ses affluents la plus grande partie de sa superficie, 70 0/0 environ ; le reste, soit 30 0/0, déverse ses eaux dans le Danube qui, à deux reprises et dans un parcours de 129 kilomètres, traverse le Wurtemberg. Quelques-unes des rivières du bassin du Rhin s'épanchent dans le lac de Constance, telles : l'Argen, la Schussen, la Rothach, le Mühlbach ; d'autres, comme la Kinzig, la Murg, l'Alb aboutissent directement au Rhin ; le plus grand nombre empruntent la voie du Neckar, l'affluent wurtembergeois du Rhin. Le Danube reçoit sur sa gauche douze affluents, dont le plus important, la Lauchert, mesure 66 kilomètres. A droite, il en recueille huit, dont le plus considérable, l'Iller, a 109 kilomètres de parcours.

Le Wurtemberg est parsemé de lacs ; le plus étendu, le Federsee, qui couvrait autrefois plus de 1,000 hectares, n'en occupe plus que la moitié. Le même phénomène d'assèchement se produit d'ailleurs dans toute cette région ; on évaluait autrefois à 10,000 hectares la superficie des lacs, réduite aujourd'hui à 3,700 hectares.

Très cultivé en céréales, surtout en épeautre, riche en prés et en forêts, le Wurtemberg est, avec le grand-duché de Bade et la Bavière, l'une des principales régions viticoles de l'Allemagne ; cette culture se concentre surtout dans la basse vallée du Neckar ; on évalue à 11 millions de francs le rendement moyen annuel des vignobles du Wurtemberg. Son sous-sol donne des minerais de fer et des sels, surtout des sels gemmes. L'industrie y est variée et celle des tissus est l'une des plus répandues, viennent ensuite l'industrie des papiers, celles des cuirs, du bois qui occupe 25,000 ouvriers, des produits chimiques, des produits alimentaires et des vêtements.

Le royaume de Wurtemberg est divisé en quatre cercles administratifs ou districts : ceux du Neckar, du Schwarzwald, du Jagst et du Danube. Stuttgart, capitale du royaume, est dans le cercle du Neckar dont le chef-lieu est Ludwigsbourg. Peuplée de 130,000 habitants, Stuttgart s'étend dans un cadre de collines qui dominent de 200 mètres d'altitude la vallée au fond de laquelle coule le Nesenbach ; les vignes couvrent les pentes et les forêts couronnent les sommets. La librairie est la principale industrie de cette ville et, sous ce rapport, elle occupe le premier rang dans l'Allemagne du Sud. Résidence agréable, centre de culture intellectuelle et d'éducation, Stuttgard possède une importante colonie d'Anglais et d'Américains ; ils peuplent tout un quartier de la ville dont la population s'accroît rapidement.

Ludwigsbourg, chef-lieu du district, renferme 17,000 habitants. Elle est située près de la rive gauche du Neckar. Heilbronn, plus peuplée, 28,000 habitants, est l'une des premières villes industrielles du Wurtemberg ; elle renferme de nombreuses fabriques et d'importantes filatures. Cannstatt, à 4 kilomètres au nord-est de Stuttgard, n'a pour elle que son antiquité, ses foires de bétail et sa station balnéaire desservie par quarante sources thermales ; elle compte 18,000 habitants. Esslingen en a 22,000 ; ancienne ville libre située sur le Neckar, elle est l'un des centres industriels et commerçants les plus actifs du Wurtemberg ; elle possède la plus grande manufacture du royaume dans laquelle on travaille le fer-blanc ; elle fabrique aussi la bijouterie, l'orfèvrerie et exporte des vins mousseux.

Le cercle de la Forêt-Noire a pour chef-lieu Reutlingen, petite ville de 18,000 habitants, située sur l'Eschaz, centre manufacturier très actif. Tubingen, 12,000 habitants, est sur le Neckar. Ville universitaire, elle eut son heure de célébrité ; Schiller, Hégel et Schelling sortirent de ses écoles. Les villages sont nombreux et les villes sont rares dans ce district.

Il en est de même dans le cercle de la Jagst, dont le chef-lieu, Ellwangen, petit centre industriel, ne compte pas 6,000 habitants. Aalen en a 7,000 et quelques filatures de laine et de coton ; Gmünd en possède 14,000 ; c'est une vieille ville du moyen âge, pittoresque et curieuse, dont l'industrie consiste en fabriques de bijouterie, de laiton, de cuivre et d'étoffes. Hall, 10,000 habitants, est située dans une vallée profonde, sur les deux rives de la Kocher. Heidenheim, que dominent les ruines du château de Hellenstein, est sur la Brenz et renferme 7,000 habitants.

Ulm, capitale du district du Danube, située sur le fleuve, se trouve au point de croisement des voies ferrées de Zurich, Stuttgart, Munich et Friedrichshafen. Vieille colonie romaine, elle eut nom *Alcimænium*. Nous avons dit son importance stratégique et son rôle historique. Son industrie est assez considérable et sa population se relève. Ulm compte environ 35,000 habitants, elle en eut 60,000 au XVIᵉ siècle. Biberach n'en a que 8,000 ; sous ses murs, les Français battirent les Autrichiens en 1796 et en 1800. Goppingen, 12,000 habitants, est située sur la Fils, au nord-ouest d'Ulm ; son industrie, assez importante, consiste en fabriques de laine et de coton et en impressions d'étoffes. Ravensburg, sur la Schussen, cultive les vignes et exporte des vins. Friedrichshafen, sur le lac de Constance, est un port assez actif.

La superficie du grand-duché de Bade est de 15,084 kilomètres carrés et sa population de près de 1,600,000 habitants. Le Rhin le longe et l'Alsace le borne à l'ouest, la Suisse au sud, le Wurtemberg et le Hohenzollern à l'est, la Hesse et la Bavière au nord. Historiquement, son importance politique date du commencement de ce siècle, du traité de Presbourg en 1805 et de la constitution, par Napoléon Iᵉʳ, de la nouvelle confédération du Rhin en 1806. Il semble que partout au dehors, et jusque sur ses propres frontières, quelque danger qu'il en pût résulter pour elle, la France ait porté, dans l'organisation des États étrangers, cette tendance à l'unification qui l'a faite, elle-même, ce qu'elle est, ce besoin d'équilibre, d'ordre stable, de synthèse harmonieuse qui la caractérise. En toutes circonstances elle a encouragé, favorisé, souvent même accompli par la force le rapprochement d'États distincts, morcelés et par là même impuissants, poursuivant le rêve d'une Italie unifiée, d'une Allemagne, à tout le moins, confédérée.

Sur 382 kilomètres de longueur, le Rhin forme la limite du grand-duché de Bade et dessine, de l'embouchure de la Wiese jusqu'en aval de Mannheim la plaine badoise, longue de 240 kilomètres et d'une largeur moyenne de 20. Le fleuve fut la grande voie romaine, au long de laquelle apparurent les stations militaires, puis les colonies latines ; les villes s'élevèrent dans cette plaine que le Rhin longeait à l'ouest, que dominait à l'est la Forêt-Noire presque tout entière située dans le grand-duché de Bade. Sur les 6,500 kilomètres carrés qu'elle recouvre, le Wurtemberg n'en possède en effet que 150 ; le reste, soit 6,350, se trouve sur le territoire badois. Ses plus hauts sommets, ceux de la partie méridionale, la plus rapprochée des Alpes, atteignent 1,495 mètres au Feldberg, 1,417 au Herzogenhorn, 1,415 au Belchen. Le Feldberg, point culminant de la chaîne, est aussi le centre orographique des chaînons montagneux qui sillonnent le grand-duché et dont le plus considérable est le Schwarzwald méridional. Dans le nord-est s'élève le plateau de Bauland, relié aux collines de la Franconie ; son altitude moyenne ne dépasse pas 400 mètres.

Des deux grands fleuves qui forment ses bassins hydrographiques, Bade ne détient que les sources et le cours supérieur de l'un, le Danube, dont le parcours sur son territoire ne dépasse pas 100 kilomètres. L'autre, le Rhin, le longe, avons-nous dit, sur 382 kilomètres de longueur.

Ni la géographie, ni l'histoire ne confirment l'assertion politique qui prétend faire du Rhin une frontière naturelle, une barrière permanente creusée sur le sol. Tout au plus le fleuve marque-t-il une délimitation administrative, une frontière toute théorique qui n'offre aucun des caractères saillants des grandes lignes tracées par la nature et fatalement appelées à séparer les peuples. Loin de les séparer le Rhin les rapproche ; il est leur voie de communication, non le rempart derrière lequel ils s'abritent. De tous les fleuves nul n'a été aussi fréquemment, aussi facilement franchi. Ni les Romains, ni les Celtes, ni les Francs, ni les Allemands ne l'ont tenu pour une frontière ; les uns et les autres ont successivement occupé ses deux rives, débordant de l'une sur l'autre, à la fois cisrhénans et transrhénans, paisiblement assis sur l'un ou l'autre côté de ce fossé, de cette grande rue successivement dénommée selon les temps : « Rue des Soldats », puis « Rue des Prêtres » et enfin « Rue des Marchands ».

Dans son long parcours à travers le grand-duché de Bade, le Rhin ramasse les eaux de la Biber, de la Wutach, la Wiese 82 kilomètres, la Kander, le Klembach, l'Elz, la Kinzig 96 kilomètres, la Rench, la Murg 76 kilomètres, la Neckar, plus importante, issue du Wurtemberg et mesurant 370 kilomètres, dont 90 dans le grand-duché.

Dans son cours de 100 kilomètres à travers le pays de Bade, le Danube reçoit de nombreux cours d'eau dont le plus important, la Brigach réunie à la Breg, forme l'une de ses sources ; elle mesure 45 kilomètres de longueur.

Les divisions administratives sont au nombre de onze : elles comprennent les cercles de Constance, Villingen, Waldshut, Fribourg, Lorrach, Offenburg, Bade, Carlsruhe, Mannheim, Heidelberg et Mosbach.

Carlsruhe, capitale du grand-duché, renferme 61,000 habitants. Située dans la plaine du Haardt, au point de jonction des voies ferrées et à égale distance du Rhin et de la Forêt-Noire, elle fut d'abord un rendez-vous de chasse auquel aboutissaient trente-deux routes percées dans la forêt du Haardt. Un caprice du margrave Charles-Guillaume en fit en 1720 la capitale de l'État. Elle est devenue une belle ville, d'aspect majestueux et froid, insuffisamment peuplée encore, une résidence princière, un centre administratif sans grand commerce et de peu d'industrie. Bruchsal, 12,000 habitants, située sur la Salbach, à son débouché dans la plaine, possède des fabriques et des usines ; on y cultive le houblon et l'on y fait un commerce assez actif de bestiaux. Heidelsheim est un centre viticole. Durlach, 8,000 habitants, et Ettlingen, 7,000, furent occupées successivement par les Suédois, les Impériaux et les Français. A Ettlingen, Moreau remporta sur l'archiduc Charles une victoire importante. Pforzheim, 25,000 habitants, est l'une des villes industrielles du grand-duché ; sa bijouterie est renommée et occupe des milliers d'ouvriers.

Constance s'élève sur la rive gauche du Rhin, à sa sortie du lac auquel elle donne son nom. On lui attribue pour fondateur l'empereur Gratien et pour marraine l'impératrice Constance. Dans ses murs, Barberousse signa, en 1183, la paix avec les villes lombardes ; en 1414 Constance fut le siège du concile qui condamna Jean Huss à mort et investit Frédéric VI, burgrave de Nuremberg, de la Marche de Brandebourg, première étape des Hohenzollern vers le trône d'Allemagne..

Villingen, 7,000 habitants, chef-lieu du cercle de ce nom, est située sur la Brigach ; elle est l'une des petites villes les plus peuplées et les plus travailleuses de la Forêt-Noire, l'une aussi des plus pittoresques ; elle joua un rôle important dans la guerre de

Trente ans ; plus tard elle tint tête à Tallard qui l'assiégea sans succès. Lorrach, sur la Wiese, concentre l'activité industrielle de la vallée de la Wiese. Fribourg-en-Brisgau, chef-lieu du cercle de ce nom, renferme 37,000 habitants et date du xi° siècle. La ville s'est groupée autour du Schlossberg que couronne son vieux château. Vauban fit de Fribourg une forteresse importante que la paix de Ryswick rendit à l'Autriche, que Villars reprit en 1713 et que la France démantela en 1745. Dans son cadre de forêts, Fribourg est une des belles villes de cette région, elle est aussi une ville d'industrie et de commerce.

Dans le cercle d'Offenburg il n'existe pas de villes importantes. Offenburg a 8,000 habitants, Lahr 9,500. Bade, chef-lieu du cercle de ce nom, est plus peuplée et aussi plus connue comme ville d'eaux. Elle renferme 13,000 habitants et fut l'Aurélia Aquensis des Romains ; ses environs sont célèbres et le travail de l'homme en a mis en relief les beautés naturelles. A 24 kilomètres au sud-ouest de Bade se trouve Achern où Turenne fut tué en 1675. Rastadt, 12,000 habitants, située au confluent de l'Oos et de la Murg, est une place de guerre importante. A Rastadt fut signée par Villars et le prince Eugène, en 1714, la paix de Rastadt qui marqua l'apogée de la grandeur de la France sous Louis XIV.

Mannheim, chef-lieu de cercle, située au confluent du Rhin et du Neckar, à 72 kilomètres au nord de Carlsruhe, est la plus grande ville du duché. Elle renferme 62,000 habitants et possède d'importantes manufactures, des fabriques, des distilleries ; son activité déborde sur les villages environnants ; Mannheim est en outre un grand port fluvial, le premier du Haut Rhin. Heidelberg, dans le cercle de ce nom, possède 27,000 habitants. Elle est l'une des plus pittoresques villes de ce Palatinat si éprouvé par la guerre de Trente ans et cruellement dévasté par les armées françaises qui, en 1693, firent sauter la tour du château. Heidelberg, célèbre par ses ruines, par la beauté de ses environs, l'est aussi par son université, l'une des plus fréquentées de l'Allemagne.

Des 17 villes du cercle de Mosbach, les plus peuplées : Mosbach, Eberbach et Wertheim, ne comptent pas plus de 5,000 habitants.

III. — GRAND-DUCHÉ DE HESSE.

Deux territoires distincts, séparés l'un de l'autre par la province de Hesse-Nassau, forment le grand-duché de Hesse. L'un est une enclave de la Prusse qui l'enveloppe de tous les côtés ; l'autre se développe sur les deux rives du Rhin entre la Prusse, la Bavière et le grand-duché de Bade. Leur superficie est de 7,680 kilomètres carrés ; leur population d'environ 960,000 habitants. Dans la Hesse méridionale, le plateau de l'Odenwald, d'une altitude moyenne de 400 mètres et dont le plus haut sommet ne dépasse pas 600, s'étend entre la plaine du Rhin, le Neckar et la Mudau, affluent du Main. Les croupes allongées de l'Odenwald sont creusées de vallées profondes. Dans la Hesse septentrionale nous retrouvons les contreforts du Taunus et du Westerwald et la chaîne du Vogelsberg, d'une hauteur moyenne de 600 mètres et d'origine volcanique.

Toute cette région appartient au bassin du Rhin qui la traverse du nord au sud et dont les affluents principaux sont ici la Nahe et le Main. Au nord-est seulement les eaux du Vogelsberg s'épanchent, par la Fulda, dans le bassin de la Weser. Plus agricole qu'industriel, le grand-duché de Hesse possède des régions fertiles, telles que la Wettereau, les plaines du Rhin et celles du Main. Les forêts couvrent une importante partie de sa superficie, 240,000 hectares sur 768,000. La population est très dense, surtout dans la Hesse Rhénane où elle atteint 203 habitants par kilomètre carré, densité moyenne de la Belgique; et ici ce taux élevé est dû, non comme en Belgique à l'industrie, mais à la grande fertilité du sol.

Le grand-duché se divise en trois provinces : province de Starkenburg, de la Hesse supérieure et de la Hesse Rhénane. La première a pour chef-lieu Darmstadt, qui est aussi la capitale de la Hesse. Peuplée de 52,000 habitants, Darmstadt est située au pied de l'Odenwal et au point de croisement des voies ferrées. Sa position entre le Rhin et le Main, entre la région des plaines et celle des hauts plateaux appelait un groupement de population; il débuta par un camp romain, par un *Castellum* qui fut peut-être le *Monumentum Trajani*. La Darmstadt actuelle, dont le développement date du commencement du xv⁰ siècle, est un centre administratif, une ville universitaire, scientifique et littéraire, possédant de nombreuses et excellentes écoles. Offenbach, 32,000 habitants, située sur la rive gauche du Main, à 35 kilomètres au nord-est de Darmstadt, renferme de nombreuses fabriques; les plus importantes sont celles des portefeuilles, dont Offenbach s'est fait une spécialité qu'importèrent dans cette ville les réfugiés français. Ils y affluèrent en 1675 et donnèrent leur nom à l'une de ses rues.

Mayence, chef-lieu de la Hesse Rhénane, est la plus populeuse ville du grand-duché, et renferme 67,000 habitants. Elle est aussi l'une des villes célèbres du fleuve historique. Sur son emplacement actuel, Drusus fonda, d'après l'ordre d'Auguste, un camp romain, *Castrum Mogontiacum;* le bâtiment qu'il éleva subsiste encore en partie sous le nom d'*Eigelstein*. Autour du camp se groupa la *civitas Maltaciorum* que les Suèves, Francs et Alémans détruisirent et que Dagobert reconstruisit. Sur les ruines du *Castrum* s'édifia le palais des Mérovingiens; Mayence devint alors la capitale de la France orientale, le point de départ des expéditions militaires contre les Saxons, le point de concentration des missionnaires chargés de les convertir. Au xiii⁰ siècle « Mayence la Dorée » était la première des villes du Rhin; dans ses murs, en 1792, les rois et les princes coalisés déclaraient la guerre à la France et le duc de Brunswick y publiait son manifeste. Alors vinrent pour Mayence les jours d'épreuve, suivis de l'incorporation à la France qui se prolongea jusqu'en 1814. Célèbre par sa cathédrale, la ville est importante par son commerce, surtout celui des bois, des vins et des farines; elle est importante aussi comme place militaire; ses immenses fabriques de vivres de campagne et ses magasins d'approvisionnements peuvent alimenter une armée de 500,000 hommes.

Bingen, 8,000 habitants, a une importance géographique; à Bingen se trouve le point d'intersection du cours moyen du Rhin qui s'étend de Bâle au sud à Bonn au nord

LE CHATEAU ET LA CATHÉDRALE, A STRASBOURG.

et qui comprend la moitié du cours total du fleuve. Par la trouée de Bingen, le Rhin précipite ses eaux puissantes, contournant le Niederwald, socle sur lequel se dresse le monument national de la *Germania*. Bingen dut à sa situation stratégique d'être l'une des grandes forteresses que Drusus édifia sur le Rhin. Worms, au sud et sur la rive gauche du Rhin, renferme 22,000 habitants ; elle fut une ville historique, romaine, puis épiscopale, plus tard impériale ; elle compta jusqu'à 60,000 habitants. Charles-Quint y convoqua la diète de 1521 devant laquelle comparut Luther. A partir de ce jour, Worms ne fit que décroître ; successivement ravagée par Mansfeld et Tilly, par les Suédois et les Français pendant la désastreuse guerre de Trente ans, elle vit sa population tomber à 6,000 âmes et son commerce disparaître.

Giessen, chef-lieu de la Hesse supérieure, compte 20,000 habitants et le chiffre de sa population s'élève rapidement par suite de l'assèchement des marais qui l'entourent, assèchement qui, rendant la ville salubre, augmente la production agricole. Alsfeld, située sur la Schwalm, fut, au xvᵉ et au xviᵉ siècles, une ville importante. Ruinée par la guerre de Trente ans, elle s'est relevée depuis et devient l'un des centres industriels de la Hesse. Friedberg, 5,000 habitants, et Vilbel 4,000, sont d'anciennes colonies romaines, autrefois points stratégiques, aujourd'hui centres d'agriculture.

IV

L'ALSACE-LORRAINE.

Ces territoires détachés de la France ne forment pas un État allemand mais une province administrée directement, sous le nom de *Reichsland*, par les agents de l'Empire d'Allemagne. Les limites actuelles de l'Alsace-Lorraine sont : à l'ouest, la France ; au sud, la Suisse ; à l'est, le grand-duché de Bade ; au nord, le grand-duché de Luxembourg et les provinces rhénanes de la Bavière et de la Prusse.

Terre riche et féconde, terre de montagnes, de collines et de plaines, elle a, au plus haut degré, le don d'inspirer à ses habitants un attachement profond, à ceux qui l'ont perdue des regrets cuisants qu'avivent encore sa douloureuse fidélité, son ardent patriotisme, révolte éternelle du cœur et du droit contre la force.

Terre frontière, éternel objet des convoitises de la France et de l'Allemagne, l'Alsace fut leur séculaire champ de bataille. L'antagonisme remonte haut. Déjà, au temps de la domination romaine, quatre tribus, dont deux d'origine celtique, les *Sequani* et les *Raurici*, une d'origine belge, les *Mediomatrici*, et une teutone, les *Tribocci*, se disputaient le territoire que la bataille de Tolbiac donna plus tard à la France, refoulant l'Allemagne au delà du Rhin. De ces tribus primitives, il ne reste plus que des tertres funéraires ; leurs noms mêmes ont disparu, ainsi que les appellations latines de *Maxima Sequanorum* et de *Germania Prima* qui attestent l'antique conflit des deux races. Un nom nouveau, celui d'*Alsatia*, apparaît dans Frédégaire et persiste dans l'histoire ; il est emprunté à la rivière Ill ou Ell, d'où Ell-Sass, pays de l'Ell, dénommé dans les textes romains *Alsa*. Quand Charles le Chauve et Louis le Germanique se partagèrent l'Empire, l'Alsace fut attribuée à l'Allemagne. En 1648, elle revenait de nouveau à la France, moins Strasbourg réuni en 1681, détaché, en 1871, avec l'Alsace et 6,200 kilomètres carrés de la Lorraine.

L'Alsace-Lorraine comprend trois parties distinctes : la plaine, la région des collines et celles des montagnes. La plaine d'Alsace s'étend de Mulhouse à Lauterbourg, mesurant 160 kilomètres de longueur sur une largeur moyenne de 20. La région des collines longe le pied des Vosges et se prolonge à travers la Lorraine, dessinant un plateau coupé de riches vallées. Celle des montagnes comprend les Vosges et le bas Jura. La superficie totale de l'Alsace-Lorraine est de 14,512 kilomètres carrés; sa population de près de 1,600,000 habitants.

Sur 280 kilomètres de longueur, de Belfort au sud, jusqu'à Bingen au nord, la chaîne des Vosges se déroule, large de 60 kilomètres à ses deux extrémités, étranglée au milieu, entre la vallée de la Sarre à l'ouest et celle de la Zoser à l'est. Par delà la forêt des Ardennes, la chaîne s'abaisse et, insensiblement, se fond dans la plaine. Elle se divise en trois parties : les Hautes Vosges, les Basses Vosges et le Donnenberg dont nous avons parlé plus haut. Les premières vont du Ballon d'Alsace au Champ de Feu qui surplombe le Ban de la Roche. Là se trouvent les hauts sommets de Guebwiller, 1,426 mètres, du Hohneck, 1,366 mètres. Les Basses Vosges s'étendent du massif du Champ de Feu à Pyrmasens, dans le Palatinat. Une plaine étroite, la Trouée de Belfort, sépare les Vosges du massif du Jura; une autre, la dépression de Saverne, sépare les Vosges moyennes des Basses Alpes. César, maître de la première, y barra le passage aux Germains d'Arioviste; par la seconde, l'empereur Julien marcha sur Strasbourg et y battit les Alémans.

L'Alsace Lorraine appartient au bassin du Rhin, dont les principaux affluents, dans cette partie de son cours, sont l'Ill qui lui apporte, au-dessous de Strasbourg, les eaux de la Largue, la Doller, la Thur, la Zauch et la Feecht, puis la Moder, le Sauerbach, la Lauter, la Moselle grossie de la Seille et la Sarre. Bien arrosé, le sol est fertile, admirablement cultivé et partout mis en pleine valeur; il produit en abondance les céréales, le bétail et les vins. Le sous-sol n'est pas moins riche; on en a extrait, en 1889, pour une valeur de 12,866,686 marcs. Si la Basse-Alsace est remarquable par le degré de puissance et de perfection auquel elle a porté son agriculture, la Haute-Alsace ne l'est pas moins par sa grande industrie. Depuis l'année 1746, en laquelle fut fondée, à Mulhouse, la première manufacture de toiles peintes, depuis l'année 1803, où s'éleva, à Wesserling, la première filature de coton, le tissage et l'impression des étoffes ont pris en Alsace un développement extraordinaire et les indiennes de Mulhouse sont renommées dans le monde entier pour leur qualité supérieure et le bon goût de leurs dessins.

Le grand fleuve historique qui longe l'Alsace dans toute sa longueur, fit de l'Alsace la grande voie historique de Rome en Germanie. Au temps d'Auguste huit légions la gardaient et cinquante camps s'échelonnaient sur le cours du Rhin. Successivement province romaine, duché d'Austrasie, puis de Lotharingie, terre impériale, puis terre française, l'Alsace cédée à la France par le traité de Westphalie en 1648 en a été détachée par le traité de Francfort en 1871, ainsi qu'une portion de la Lorraine, et déclarée. pays d'Empire, formant trois districts : la Haute-Alsace, chef-lieu Colmar ; la Basse-Alsace, chef-lieu Strasbourg ; la Lorraine, chef-lieu Metz.

Sur une superficie de 3,504 kilomètres carrés, la Haute-Alsace renferme près de 500,000 habitants. Elle se subdivise en six cercles : Colmar, Altkirch, Guebwiller, Mulhouse, Ribeauvillé et Thann.

Colmar, chef-lieu de la Haute-Alsace, est située dans une plaine au point de jonction de la Lauch et du Logelbach, à 16 kilomètres du Rhin et à 8 des Vosges qui se déploient en amphithéâtre à l'ouest de la ville. Entre elle et le Rhin s'étend la plaine d'Alsace coupée de forêts et semée de villages. Colmar, peuplée de 27,000 habitants, est à la fois un centre agricole et manufacturier ; à trois kilomètres de la ville, Logelbach renferme l'une des plus importantes manufactures d'Alsace. Ribeauvillé, 7,000 habitants, est au centre de la région viticole et à l'entrée de la vallée pittoresque de Strengbach. Sainte-Marie-aux-Mines, après avoir exploité pendant plus de 700 ans ses gisements de cuivre, d'argent et de plomb, dont le rendement baissait déjà beaucoup au xviiie siècle, s'est tournée vers l'industrie de la laine et du coton. Elle est devenue un centre manufacturier très important autour duquel gravitent de nombreux villages peuplés de plus de 40,000 ouvriers.

Guebwiller, au sud-ouest de Colmar, située sur la Lauch et peuplée de 13,000 habitants, est, elle aussi, un centre industriel renfermant de nombreuses fabriques de draps et des filatures de cotons. Thann, 8,000 habitants, sur la Thur, possède des manufactures de cotonnades et des ateliers d'impression d'étoffes. Mulhouse est la grande ville de la Haute-Alsace, elle renferme 70,000 habitants. Ses usines, ses hautes cheminées, ses manufactures, sa nombreuse population ouvrière, l'activité de son port et le mouvement de son canal rappellent les grandes cités industrielles de l'Angleterre. L'industrie a fait de Mulhouse ce qu'elle est ; au début de ce siècle, cette ville comptait à peine 6,000 âmes, aujourd'hui elle a concentré dans ses murs et dans ses environs une industrie textile qui fait vivre en Alsace plus de 80,000 ouvriers. Ce grand essor donné à Mulhouse date de son incorporation à la France, et des heureux efforts faits en 1803 pour substituer à l'importation des étoffes bigarrées venues d'Asie et connues sous le nom d'*Indiennes*, des tissus analogues plus solides, de meilleur goût et d'un prix moindres.

La Basse-Alsace est divisée en huit cercles : Strasbourg ville, Strasbourg campagne, Erstein, Haguenau, Molsheim, Schlestadt, Wissembourg, Saverne. Partout ici nous retrouvons les traces d'un passé vivant et douloureux, d'une de ces épreuves cruelles que la destinée n'épargne à aucun peuple. Mais la France a trop vécu pour croire aux malheurs irréparables, aux défaites sans lendemain. La fortune inconstante ne lui a ménagé, dans le cours de sa longue existence, ni les élévations vertigineuses ni les revers les plus imprévus. Vivante et debout, confiante dans l'avenir et le triomphe de l'éternelle justice, elle poursuit en paix son œuvre de civilisation et de progrès.

Strasbourg, la grande ville alsacienne, peuplée de 112,400 habitants, est située dans

la plaine d'Alsace, sur l'Ill et à 4 kilomètres du Rhin. En des jours plus heureux, Victor
Hugo a décrit, en quelques lignes, le panorama de Strasbourg, vu du sommet de sa flèche.
« On a Strasbourg sous ses pieds, vieille ville à pignons dentelés et à grands toits chargés
de lucarnes, coupée de tours et d'églises, aussi pittoresque qu'aucune ville de Flandre.
L'Ill et le Rhin égayent ce sombre amas d'édifices de leurs flaques d'eau claires et
vertes. Tout autour des murailles s'étend à perte de vue une immense campagne pleine
d'arbres et semée de villages. Le Rhin qui s'approche à une lieue de la ville, court dans
cette campagne en se tordant sur lui-même. En faisant le tour du clocher on voit trois
chaînes de montagnes, les croupes de la Forêt-Noire au nord, les Vosges à l'ouest, au
midi les Alpes. On est si haut que le paysage n'est plus un paysage : c'est une carte de
géographie, mais une carte de géographie vivante, avec des brumes, des fumées, des
ombres et des lueurs, des frémissements d'eaux et de feuilles, des nuées, des pluies et
des rayons de soleil… et j'allais d'une tourelle à l'autre, regardant ainsi tour à tour
la France, la Suisse et l'Allemagne dans un seul rayon de soleil. »

Strasbourg dut à son importante position d'être une colonie romaine, *Argentora-*
tum, après avoir été un poste militaire. Elle grandit rapidement, se relevant après
chaque épreuve, après Attila comme après les guerres religieuses, après Leipzig comme
après Waterloo; on sait son histoire pendant la guerre de 1870-71, son bombardement par le général de Werder, sa capitulation le 28 septembre 1870, après 50 jours
de résistance. Écrasée par une pluie de fer et de feu, par 193,722 projectiles,
Strasbourg ouvrait ses portes derrière lesquelles l'ennemi victorieux ne rencontrait
que ruines et décombres.

Ville universitaire, Strasbourg est aussi une grande cité manufacturière. Elle est
renommée pour ses brasseries, ses imprimeries, tanneries, fonderies, pour sa
choucroute et ses pâtés de foie gras qui alimentent un trafic important.

Schlestadt, 10.000 habitants, est au sud de Strasbourg, sur la rive gauche de l'Ill.
En 1815, elle tint tête aux armées alliées; en 1870 sa garnison trop faible dut capituler
le 24 octobre. Erstein et Molsheim, chefs-lieux de cercles, n'ont que 5,000 et
4,000 habitants. Haguenau, plus peuplée, 14,000 habitants, est située sur la Moder, à
30 kilomètres au nord de Strasbourg. Ville ducale, puis impériale, résidence favorite
des empereurs, elle reçut dans ses murs Richard Cœur de Lion, prisonnier de Henri VI.
Plus tard, prise et reprise par les Suédois, les Impériaux et les Français, elle perdit sa
population, réduite, en 1654, à 300 habitants. Aujourd'hui, Haguenau fait un commerce
assez actif de bois et de laines. Wissembourg, 6,500 habitants, sur la Lauter, est à
5 kilomètres de Strasbourg. En 1793 le général Hoche y battait les Autrichiens commandés par Wurmser; le 4 août 1870 le général Douay y tombait mortellement blessé,
et, près de là, à Wœrth, l'armée française, forte de 35,000 hommes, soutenait, le
6 août 1870, contre les 140,000 Allemands du Prince de Prusse, une sanglante bataille,
commencée à 7 heures du matin, presque gagnée à midi, perdue à 4 heures du soir.

Saverne est au nord-ouest de Strasbourg sur la Zorn et au pied des contreforts
des Vosges, dans une situation des plus pittoresques.

La partie de la Lorraine détachée de la France et annexée à l'Allemagne forme huit cercles administratifs : Metz ville, Metz campagne, Boulay, Château-Salins, Thionville, Forbach, Sarrebourg et Sarreguemines. Sa superficie est de 6,200 kilomètres carrés et sa population de près de 500,000 habitants.

Metz, chez-lieu du district de Lorraine, est située au confluent de la Seille et de la Moselle. Ville militaire, son histoire est tragique. En l'an 69, l'armée de Vitellius, qui disputait l'empire à Galba, occupait *Divodurum*, la Metz actuelle. Tacite a raconté l'incroyable panique qui s'empara des soldats et les fit se ruer sur une population innocente qu'ils massacrèrent sans motif, étonnés et honteux d'excès qu'ils ne s'expliquaient pas eux-mêmes. Deux siècles plus tard Attila passait sur Metz ne laissant derrière lui que des cadavres et des ruines. Devant Metz, Charles-Quint vint mettre le siège, lançant contre elle 80,000 combattants, menaçant d'y user trois armées s'il le fallait, écrasant la ville de 15,000 coups de canon, dont « on oyait le bruit non seulement de Strasbourg, mais de quatre lieues par delà le Rhin ». Plein d'une amère douleur il dut lever le siège devant l'héroïque résistance de Metz et se retira disant : « Je vois bien que la fortune est femme ; mieux aime-t-elle un jeune roi qu'un vieil empereur. »

Moins heureuse en 1870, Metz capitula après un siège de deux mois et demi, après les batailles de Borny, Vionville, Rezonville, Gravelotte et Saint-Privat, et cette capitulation d'un maréchal de France livra à l'Allemagne une armée de 160,000 hommes et la clé de la Lorraine. Les Allemands ont fait de Metz un camp retranché formidablement armé, un centre stratégique de premier ordre. Son enceinte fortifiée forme un cercle de plus de 20 kilomètres défendu par 19 bastions et 8 forts détachés. Mais une garnison ne peuple pas. « Metz, écrit M. Camille Farcy, est une ville morte civilement, pétrifiée dans son deuil. C'est bien une place occupée par l'ennemi mais non conquise, une cité dolente pour laquelle il n'y a plus ni joie, ni fêtes, ni sourires d'enfants... » Les Messins fugitifs ont dressé leur tente à Nancy, à Verdun, à Toul.

Thionville, 7,000 habitants, sur la rive gauche de la Moselle, fondée par Théodore, chef d'une bande de Francs, fut l'une des résidences favorites de Charlemagne ; en 806 il y publia la capitulation par lequel il partageait son empire entre ses fils. Thionville tint tête à Turenne et au maréchal de Biron ; Condé s'en empara ; Blücher y échoua en 1814. Bombardée par les Prussiens elle dut capituler le 24 novembre 1870. Aujourd'hui Thionville est une ville commerçante et industrielle, de même que Forbach près de laquelle se trouvent les mines de houille de Schöneck. Château-Salins, Dieuze, Sarrebourg ne comptent pas plus de 4,000 habitants. Sarreguemines en a 11,000 ; elle fait le commerce des grains et des bois et possède, dans ses environs, d'importantes fabriques de verres.

Dans cette longue étude de l'Empire d'Allemagne nous nous sommes attaché à mettre en relief les données statistiques afférentes aux divers États qui le composent. Nous les résumerons par des statistiques d'ensemble et tout d'abord par le relevé des forces militaires de cet Empire militairement organisé. En 1889-1890, l'armée allemande comportait, sur le pied de paix, un total de 491,955 hommes. En cas de guerre, cet effectif peut être porté à près de trois millions, dont 440,000 de cavalerie, réparti entre

19 corps d'armée. L'artillerie comptait, en 1889, 3,358 pièces montées. La marine allemande possède 29 navires cuirassés et un total de 77 bâtiments à vapeur, armés de 537 canons et montés par 26,521 marins.

En 1889, la production agricole de l'Empire se chiffrait par 13 millions de tonnes de céréales, 21,910,000 de pommes de terre, 6,165,000 de betteraves produisant 1,475,000 tonnes de sucre. Les forêts couvrent 26 0/0 de la superficie totale ; 94 0/0 de cette superficie totale est exploité, 6 0/0 seulement est improductif. Le rendement des mines, pendant la même année, a été de 65,386,000 tonnes de houille, 16,574,000 de lignite, 10,664,000 de minerais de fer, 1,248,000 de sel. L'agriculture fait vivre 18 millions d'habitants ; l'industrie du fer occupe plus de 200,000 ouvriers.

Le commerce de l'Empire dépasse 8 milliards et demi à l'importation et à l'exportation ; il est desservi par une flotte nationale marchande de 3,594 navires, tant à voile qu'à vapeur, jaugeant 1,320,000 tonneaux, et par 26,000 milles de voie ferrées. De 1860 à 1890 l'exportation de l'Allemagne s'est considérablement accrue ; de 1,875,000,000 de francs elle s'est élevée à 4,191,000,000, soit 900 millions de plus que la France.

L'expansion coloniale de l'Empire date de 1884. L'Allemagne n'a cependant pas de colonies ; les territoires qu'elle possède au dehors consistent en des concessions faites à des sociétés commerciales, en des jalons posés sous forme de revendications territoriales, non encore délimitées, tels que le Togoland, les Cameroons, les régions du sud-ouest et de l'est, en Afrique, d'une superficie d'environ 953,000 milles carrés. Dans le Pacifique, l'Allemagne détient, par l'intermédiaire de la Compagnie de la Nouvelle-Guinée et des commissaires impériaux, le Kaiser Wilhem's Land, l'Archipel de Bismark, les îles Salomon et l'archipel des Marshall. L'ensemble de ces possessions coloniales comprend 1,045,000 milles carrés et une population indigène de 2,030,000 habitants.

Il est encore trop tôt pour juger cette colonisation naissante. Étant données la nature et la superficie de son sol, l'Allemagne a peine à nourrir ses habitants ; force lui est d'essaimer au dehors et chaque année des flots d'émigrants allemands vont peupler les États-Unis et les riches contrées de l'Amérique du Sud. Mais, comme le dit très justement M. Marcel Dubois, la nature du développement économique de l'Allemagne et de sa richesse, exigeait des colonies de peuplement et non des colonies d'exploitation. « La fonction dominante de l'activité économique, écrit-il, est l'industrie. L'agriculture condamnait cet État à porter une population inférieure à la moyenne ; à force de labeur, de science et grâce à cette supériorité incontestable que donne la houille pendant la période actuelle de civilisation, l'Allemand s'est fait une patrie prospère. D'ailleurs il a non seulement tiré parti des richesses industrielles de son sol, il a exploité, avec une patience digne d'admiration, ses champs ingrats. Mais au siècle du libre échange qui permit à chaque peuple de compenser ses causes d'infériorité, semble devoir succéder le siècle de la protection et, dans une certaine mesure, de l'isolement. Cet isolement ne tuera ni les peuples riches en toutes choses, comme les États-Unis d'Amérique, ni ceux qui sont associés à leurs colonies sous les plus différentes latitudes, comme l'Angleterre et la France, mais l'épreuve sera plus dure pour ceux auxquels manquera cette ressource, et l'agriculture redeviendra, comme autrefois, le secret de la force. » L'Allemagne le sent et se hâte; nous la retrouverons à l'œuvre en Afrique et en Océanie, comme en Amérique où, jusqu'ici, la labeur de ses émigrants a moins profité à l'influence de l'Empire qu'à l'expansion de la grande République.

Avenue des Tilleuls, à Berlin.

Château de Chillon, sur le lac Léman.

II. — LA SUISSE.

Assise sur un socle de plateaux et de massifs montueux que sillonnent de longues et profondes vallées, la Suisse, surplombant l'Allemagne au nord, la France à l'ouest, l'Italie au sud, l'Autriche à l'est, occupe le centre géographique de l'Europe. Là se trouve le nœud orographique et hydrographique du continent, le point de départ des chaînes montagneuses qui, en tous sens, rayonnent, les sources des fleuves qui, au nord, au sud, à l'est vont porter, à travers les plaines de l'Europe, les eaux des Alpes, les déverser, par le Rhône dans la Méditerranée, par le Tessin dans l'Adriatique, par l'Inn et le Danube dans la mer Noire, par le Rhin dans la mer du Nord.

La Suisse est l'un des États les moins étendus de l'Europe, étant donnée sa superficie de 41,346 kilomètres carrés; il est aussi l'un des moins peuplés, sa population n'excédant pas 2,933,334. Bien autre est son importance géographique et historique; elle fait de la Suisse l'une des régions les plus curieuses, les plus pittoresques et les plus intéressantes de ce continent au cœur duquel, si elle occupe peu d'espace, elle tient une grande place.

L'Alsace et l'Allemagne du Sud, Bade, Wurtemberg et la Bavière, la limitent au nord;

la France à l'ouest, l'Italie au sud, l'Autriche à l'est. Elle tient de l'Allemagne par ses cantons allemands, de la France par ses cantons français, de l'Italie par ses cantons italiens. Dans son étroit creuset sont venus se fondre et s'amalgamer des nationalités distinctes, des génies différents, des religions antagonistiques, ils ont formé un ensemble politique compact, une nationalité vivace dont le respect s'impose à l'Europe, dont le maintien lui importe au plus haut degré.

Le massif des Alpes, au centre duquel la Suisse se déploie, est le régulateur du continent. Bien autrement étendu que la Suisse, ce massif qui recouvre près de 300,000 kilomètres carrés et qu'encadrent les profonds sillons du Danube, du Pô, de la Saône et du Rhône, déborde sur la France orientale, sur l'Italie septentrionale, sur l'Allemagne méridionale, sur l'Autriche occidentale. La Suisse n'en occupe qu'une faible partie, un septième à peine, 41,346 kilomètres carrés sur près de 300,000; mais elle en occupe le cœur, le noyau central, la haute région montagneuse qui, dans toutes les directions, se prolonge en longs plissements dont l'altitude décroît à mesure qu'ils s'éloignent de leur axe.

Au sud, ce sont les Alpes Maritimes qui, longeant la Méditerranée, vont former les Apennins et prolonger jusqu'à l'extrémité de l'Italie, et par delà le détroit de Messine, en Sicile, la longue crête rocheuse; ce sont à l'est les Alpes Noriques, Carniques, Juliennes et Dinariques qui vont se confondre avec le système des Balkans; au nord, les Alpes Helvétiques qui, par le haut plateau de la Forêt-Noire, les Juras de la Souabe et de la Franconie vont, sous le nom de monts de Thuringe, mourir dans les terres plates de la Haute Allemagne. Fleuves montagneux, ces chaînes descendent, elles aussi, comme le Rhône et le Rhin, comme l'Inn et le Pô, de ce massif incliné vers les quatre points cardinaux qu'il domine, sur lesquels il déverse ses eaux et déroule ses montueuses ramifications.

Son axe central, autour duquel gravitent fleuves et montagnes, d'où s'échappent le Rhône et le Rhin, la Reuss et le Tessin, est le massif du Saint-Gothard. Il n'est pas le plus élevé, l'altitude moyenne de ses pics demeure inférieure à 3,000 mètres, mais il est le point où convergent les Alpes Bernoises et celles du Tessin, les Alpes de Glaris et celles des Grisons, le point de croisement des grandes artères de la Suisse, des sillons creusés par le Rhône et le Rhin, par la Reuss et le Tessin, le point de jonction des routes maîtresses qui se coupent dans la vallée d'Andermatt, dans ce bassin lacustre, centre orographique de la Suisse, encastré dans le massif du Saint-Gothard.

Bien autrement élevé autrefois qu'il ne l'est aujourd'hui, ce massif érodé, découronné, effondré, a, par le fait de sa formation géologique, moins vaillamment résisté que d'autres aux efforts du temps qui a nivelé, arrondi et poli ses cimes, au travail constant des torrents qui ont effrité ses roches et couvert de leurs débris les terres inférieures.

Aux pieds de ce massif, axe central de la Suisse, est apparue la nationalité suisse; elle est née de l'union des cantons forestiers d'Uri, d'Unterwalden et de Schwitz, dont le dernier a donné son nom à l'État. Ils furent le noyau de la Confédération actuelle; le Grütli fut son berceau.

Le Saint-Gothard n'est pas le point culminant du massif auquel il donne son nom ; son altitude de 2,093 mètres est très inférieure aux autres cimes de son plateau ; le glacier du Dammastock atteint 2,633 mètres, celui de la Furka 3,028, du Galenstock 3,598, du Rhonestock 3,603 ; à l'est, se dressent ceux du Puntarena, du Leckihorn, du Pizzo Rotondo, 3,189 mètres.

Prenant le Saint-Gothard comme point de repère de l'étude orographique de la Suisse, comme le point où aboutissent et convergent toutes les chaînes montagneuses, nous relevons à l'ouest, celle des Alpes Bernoises que le sillon du Grimsel et les glaciers du Rhône séparent du massif central. Les Alpes Bernoises font face aux Alpes Pennines ; entre elles se creuse la profonde dépression du Rhône. De toutes les chaînes de la Suisse, celle des Alpes Bernoises est la plus connue, la plus visitée par les touristes, la plus accessible, nonobstant ses hauts sommets, la plus sillonnée de routes et de défilés. Là, dans un cadre merveilleux de vallées ombreuses, de torrents écumeux, de sites pittoresques et sauvages, se dressent les cimes étincelantes de la Yungfrau 4,167 mètres, du Finster Aarhorn 4,275, du Schreckhorn 4,083, de l'Aletsch Horn 4,207, puis du Mönch, de l'Eiger, du Wetterhorn surplombant la vallée de Grindelwald. Entre ces montagnes serpentent les sentiers de la Grande Scheideck, de la Wengernalp, de la Gemmi. Dans l'ouest, la chaîne Bernoise se prolonge jusqu'au coude du Rhône, au rocher de Naye qui surplombe Vevey, Montreux, Chillon et le lac du Léman.

Au sud-ouest, les Alpes Pennines encadrent l'autre rive du Rhône, la haute vallée au long de laquelle il roule vers le lac du Léman ses eaux troubles, pour en sortir, à Genève, purifié, et tracer à travers la Provence son sillon impétueux et droit. Dans les Alpes Pennines, dans les Nufenen, 2,860 mètres, près du cours du Rhône, naît le Tessin qui fuit en sens contraire. Plus au sud apparaît le grandiose massif du mont Rose dont le point culminant atteint 4,687 mètres, dont huit autres dépassent 4,500, dont plus de vingt excèdent 4,000 mètres. Il se déploie en une succession de pics, d'arêtes aiguës, de cimes arrondies, d'aiguilles étincelantes dressées vers le ciel, en un panorama mobile et changeant dont les effets d'ombre et de lumière, dont les rayons capricieux du soleil accentuent les formes gracieuses, les rapprochent ou les repoussent dans un vaporeux lointain. A l'ouest, détachés dans la direction du mont Blanc et comme cherchant à rejoindre le géant des Alpes, le Matterhorn 4,582 mètres, le Colon 3,645, le Grand-Combin 4,308 mètres, se succèdent, devancés par le Grand Saint-Bernard 3,571 mètres, que le col Ferret sépare du mont Blanc situé sur terre française.

A l'est du Saint-Gothard s'étendent les Alpes Helvétiques ou Lépontiennes et les Alpes Rhétiques ou des Grisons. Le Rheinwald les relie au massif central; sur le Rheinwald, ou mont Adula, naît l'une des sources du Rhin ; à ses pieds passent les routes du Splugen et du Bernardino. Par delà, à l'est du Septimer et du massif de la Maloia, s'ouvre le bassin de l'Inn, le grand affluent du Danube. La source de l'Inn est proche de celles du Rhin, du Rhône, du Tessin, du Pô. Dans un périmètre de quelques kilomètres carrés, ces grands cours d'eau naissent et fuient, par des versants différents, dans des directions opposées. Plus à l'est, le massif de la Bernina, l'un des plus étendus de l'Europe, déborde, par ses ramifications, sur le Tyrol Autrichien et atteint 4,052 mètres d'altitude. L'Inn et l'Adda l'enserrent au nord et au sud, contournant, la première, l'Engadine, la seconde la Valteline. Au massif de la Maloia se relie la chaîne de l'Albula, à l'extrémité de laquelle la haute muraille du Rhœticon, qui donne son nom aux Alpes Rhétiques, sépare le canton des Grisons du Voralberg.

Au sud du Saint-Gothard, les montagnes du Tessin s'allongent, tristes et déboisées, creusées de vallées profondes ; ce sont celles d'Ossola et de Levantina, de Verzasca et de Bavona. Au-dessus de la plaine lombarde, la chaîne s'arrête brusquement surplombant de ses sommets du Cenere, du Tamaro et du Barodino les rives charmantes du lac Majeur.

Au nord, le massif des glaciers du Rhône relie le Saint-Gothard aux Alpes des Cantons, à celles d'Unterwalden et d'Uri que sillonne la profonde vallée de la Reuss et dont les ramifications étreignent les lacs de Thun et de Brienz, de Lucerne et de Zurich. Aussi belles et plus riantes, ces Alpes sont de moindre altitude. Leur sommet le plus élevé, le Titlis, mesure 3,229 mètres, le Schlossberg 3,133, le Spanort 3,205. Par delà la Reuss, ces hauteurs décroissent encore, mais, bien que moins élevés, les monts qui se succèdent sont peut-être ceux d'où l'on découvre les plus beaux horizons, tels le Righi 1,800 mètres, le Seeligsberg 1,928, le Pilate 2,133, puis l'Emmenthal verdoyant, le Brünig et sa cime du Rothorn 2,351 mètres. A l'orient, les Alpes de Glaris se profilent en ligne droite de l'ouest à l'est, continuant la chaîne des Alpes Bernoises, rayonnant autour du Saint-Gothard, de ce massif central de l'Europe que traversèrent Francs et Teutons pour passer en Lombardie, qu'escaladèrent les Italiens pour se rendre en France et en Allemagne.

A l'ouest de la Suisse, la muraille du Jura, longue de 280 kilomètres, large de 40 à 60, appartient en partie à la France, en partie à la Suisse. Les plus hautes cimes se trouvent au sud et sur le versant français. Nous avons dit, dans notre volume précédent, la formation géologique de cette chaîne, ses longs plissements parallèles, ses courbes et ses cluses. La Suisse en possède le mont Dôle, 1,678 mètres, au nord du col la Faucille d'où le voyageur venant de France voit s'ouvrir devant lui l'un des plus beaux panoramas que l'on puisse contempler. Plus haut, s'ouvre le col de Saint-Cergue, autre merveilleux point de vue auquel aboutissait autrefois la route de Lyon. Le mont Tendre 1,680 mètres, le Suchet 1,591, le Chasseron 1,611 se succèdent sur territoire suisse, puis le mont Aubert et le Chaumont au-dessus du lac de Neuchâtel, et, au long de l'Aar, les sommets moins élevés du Weissenstein, du Paswang, du Hanestein, de la Lagern 862 mètres.

La région des Alpes peut se ramener à trois zones distinctes : les Basses Alpes, les Alpes Moyennes et les Hautes Alpes. Les premières cessent par une altitude d'environ 1,500 mètres; au-dessus s'étagent les Alpes Moyennes; elles ne dépassent guère 2,500 à 2,700 mètres. A cette hauteur commence la ligne des neiges perpétuelles. Mais ce n'est là qu'une moyenne; suivant l'orientation et l'exposition, cette ligne remonte plus haut ou descend plus bas. C'est ainsi qu'en certaines localités la végétation apparaît bien au-dessus de 2,700 mètres et que, par 3,600 mètres, certains sites privilégiés se couvrent de gazon ; par contre, en d'autres localités, la neige persiste et les glaciers descendent bien au-dessous de cette limite, jusqu'à 1,000 mètres, comme au Grindelwald, soit à 1,700 au-dessous de l'altitude moyenne.

Les Basses Alpes constituent la région habitée, exploitée par l'homme. Jusqu'à 1,000 mètres et plus, il réside d'une façon permanente ; dans le canton d'Appenzell, le niveau du sol ne descend guère au-dessous de 800 mètres ; Chamouny et Grindelwald sont par 1,050 mètres d'altitude, Briançon par 1,320, Andermatt par 1,150 et Saint-Maurice, dans l'Engadine, par 1,850.

Boisée autrefois, la zone des Alpes Moyennes, de 1,500 à 2,700 mètres, ne possède plus de forêts. L'habitant, plus encore que le temps, les a entièrement dénudées ; par contre, elles se couvrent au printemps d'un épais et savoureux gazon semé de plantes aromatiques, de gentianes, d'anémones, d'azalées et de rhododendrons. C'est la région des pâturages où les fermiers des basses terres envoient leurs nombreux troupeaux sous la garde d'enfants qui vivent pendant des mois dans ces solitudes. A intervalles réguliers on les approvisionne de vivres ; leur vie est rude, maintes fois ils la risquent pour sauver les animaux confiés à leur garde, leur salaire est misérable et cependant ils aiment cette existence aventureuse et ils n'y renoncent qu'à regret.

Au-dessus des Alpes Moyennes, dans la région des neiges permanentes, la végétation disparaît. « L'homme, écrit M. Himly, n'est qu'un intrus dans ce monde glacé qui s'interpose entre les peuples civilisés du continent européen comme un terrain neutre, rebelle à toute culture. Il ne saurait y habiter ; tandis que dans les Cordillères on a pu bâtir la grande ville de Potosi à plus de 4,000 mètres au-dessus du niveau de la mer, et que l'Himalaya renferme des villages dont l'altitude est celle du sommet du mont Blanc, les derniers hameaux alpestres s'arrêtent à 2,050 mètres, et plus haut on ne rencontre que quelques maisons isolées, qui, elles-mêmes, ne dépassent guère, quand elles l'atteignent, la limite inférieure des Hautes Alpes. L'hospice du grand Saint-Bernard, l'habitation permanente la plus élevée des Alpes, depuis l'abandon de la maison de poste du Stelvio, n'est qu'à 2,472 mètres ; seul le kiosque du Matterjock, construit à l'altitude de 3,322 mètres, se trouve de beaucoup au-dessus de la ligne des neiges perpétuelles, et il n'est occupé que pendant les trois mois d'été. »

Les glaciers de la Suisse couvrent une superficie de 2,096 kilomètres carrés, leur épaisseur varie dans des proportions considérables, de 20 à 500 mètres ; quelques-uns, comme celui d'Aletsch, mesurent un développement de 35 kilomètres ; la mer de glace de Zermatt se compose de huit glaciers juxtaposés dont la longueur varie de 4 à 35 kilomètres et la largeur de 1 à 5. Ils se forment sur les hautes cimes et sous la pression constante des neiges accumulées, ils descendent lentement, refoulant devant eux la masse entière qui, plus bas, dans une température ambiante plus élevée, se résout en eau, ruisselle sur les pentes et descend dans les vallées. Ces glaciers sont d'immenses réservoirs d'eau congelée, dont le débit augmente l'été, se ralentit l'hiver et règle le volume des fleuves. La masse énorme des eaux alpestres alimente d'innombrables cours d'eau, lesquels eux-mêmes forment les rivières et les fleuves que ce massif central de l'Europe déverse dans quatre mers par quatre bassins différents. Au versant de la Méditerranée appartient le bassin du Rhône, au versant de l'Adriatique celui du Tessin ; au versant de la mer Noire celui de l'Inn, au versant de la mer du Nord le bassin du Rhin.

Nous avons, dans nos volumes précédents, retracé le cours du Rhône en France, celui du Tessin en Italie, du Rhin en Allemagne. Dans notre étude de l'Autriche, nous décrirons le bassin du Danube. Nous ne parlerons donc ici que du cours supérieur de ces fleuves à travers la Suisse.

Elle n'en possède que les sources. Ils naissent, avons-nous dit, à peu de distance les uns des autres autour du massif du Saint-Gothard ; ils vont porter hors de Suisse leurs eaux fécondantes et travailleuses. Le Rhône sort des glaciers de la Furka, ramassant les milliers de ruisseaux formés par les 260 glaciers de l'Oberland et du mont Rose. La pente l'entraîne dans la large dépression qui sépare les Alpes Bernoises des Alpes Pennines et au long de laquelle se succèdent Brieg, Virp, Louèche, Sierre et Sion ; à Martigny, brusquement rejeté au nord-ouest, il serre de près la base de la Dent du Midi et les montagnes qui bornent sa rive gauche ; il creuse son sillon dans la plaine d'alluvion qui, par Vernayaz et Saint-Maurice, atteint l'extrémité du lac du Léman, entre le Bouveret et Villeneuve. Dans ce lac, le plus vaste du continent européen, bien qu'il ne recouvre qu'une superficie de 578 kilomètres carrés, le fleuve se perd et se dépouille de son limon. Il reparaît à l'autre extrémité limpide et bleu, sort de Genève, franchit le seuil du Jura et pénètre en France, près de Bellegarde. Dans son cours supérieur il reçoit d'innombrables affluents ; les seuls un peu importants sont la Viège, descendue de Zermatt, la Borgne et l'Arve aux eaux sanitaires et froides.

Le Tessin, aux eaux abondantes, naît sur les monts Nufenen, dans le massif du Saint-Gothard qu'il contourne à quelques kilomètres du Rhône, en sens inverse duquel le Tessin s'oriente. S'épanchant au travers du val Levantina, il décrit une courbe dans l'est, puis se redresse au sud et court au-devant du lac Majeur dans lequel il se déverse en aval de Bellinzona, mêlant ses eaux à celles de la Verzasca et de la puissante Maggia, mêlant ses sables aux cailloux qu'elles entraînent, et, toutes trois, comblant le lit du haut lac, dont Gordola, autrefois le port principal, est aujourd'hui à 2 kilomètres, dont Magadino, toujours en marche, se déplace pour se rapprocher de la rive qui semble la fuir. A Sesto-Calende, à l'extrémité méridionale du lac, le Tessin débouche, poursuivant sa course au sud, vers le Pô, qu'il rejoint à 5 kilomètres au-dessous de Pavie.

L'Inn, le puissant affluent du Danube, descend des Alpes Rhétiques, du mont Septimer. Dans son cours sinueux, il remonte vers le nord, traversant la haute et la Basse Engadine, grossi des torrents issus des cinquante-cinq glaciers de la Bernina et de l'Abdula et dont le principal est le Flatz. A Fistermunz, il quitte la Suisse et pénètre dans le Tyrol.

Par sa double source, le Rhin puise ses eaux dans le Rheinwald, dans l' « Enfer » de l'Adula et au Saint-Gothard. La première de ses branches, le Rhin postérieur, *Hinter Rhein*, ramasse la blanche Albula et la noire Nulla ; la seconde, le Rhin antérieur, *Vorder Rhein*, grossi du Mittel-Rhein et du Glenner, rejoint à Reichenau le Rhin postérieur. A Coire, le fleuve a déjà grand air ; à Werdenberg, il devient navigable pour les barques ; la Tamina, la Plessur, la Landquart, l'Ill augmentent le volume de ses eaux. A Rheineck, il se déverse dans le lac de Constance, dont la Suisse, l'Autriche, la Bavière, le Wurtemberg et le grand-duché de Bade se partagent les rives. Au sortir du lac, le fleuve oblique à l'ouest, traverse Schaffouse, en aval de laquelle il forme la cataracte de Laufen et les rapides de Zurzach. A Bâle, il se redresse brusquement au nord et quitte le territoire suisse pour couler entre l'Alsace et le grand-duché de Bade.

Le Rhin reçoit en Suisse de nombreux affluents : à droite, les rivières badoises du Stokasch, du Wutach, de la Wiese ; à gauche, la Thur, la Toss, la Glatt. L'Aar est le plus important, et par la longueur de son cours, 275 kilomètres, et par le volume de ses eaux. Il naît sur le Grimsel où il forme l'imposante cascade de Handeck ; par la vallée de Hasli il rejoint les lacs de Brienz et de Thun, remonte au nord-ouest vers Berne, s'incline au nord-est et, par Soleure, Olten, Aarau, Habsburg, Coblenz, rejoint le Rhin en amont de Waldshut. Il lui apporte les eaux du Giessbach, des deux Lutschine qui arrosent les vallées de Grindelwald et de Lauterbrunnen, de la Simme et de la Sarine, de l'Emmen, de l'Aa, de la Reuss descendue du Saint-Gothard, et de la Limmat, venue de Glaris.

Les lacs de la Suisse sont célèbres par leurs sites pittoresques, par la beauté de leurs rives, par leurs cadres infiniment variés. Le plus vaste et le plus connu est le lac de Genève ou du Léman. Gracieusement recourbé en forme de croissant, il recouvre une superficie de 578 kilomètres carrés ; plus long que large, il mesure 82 kilomètres d'une extrémité à l'autre, 13 kilomètres dans sa plus grande largeur ; sa profondeur moyenne est de 150 mètres ; elle atteint jusqu'à 334. Quarante et une rivières alimentent ce vaste bassin que le Rhône traverse et dont le Rhône est le régulateur principal. La Suisse et la France sont toutes deux riveraines du lac, dont la Suisse possède la plus grande partie du littoral.

Moins étendu, le lac de Neuchâtel, situé entre le canton de ce nom et ceux de Berne, de Fribourg et de Vaud, recouvre une superficie de 240 kilomètres carrés. Sa profondeur moyenne est de 94 mètres et atteint 143. Il est alimenté par la Reuss, l'Orbe, la Mantue, le Sayon et la Broye ; par la Thiele il se déverse dans le lac de Bienne, d'une superficie de 42 kilomètres carrés. Le lac de Morat, qui recouvre 27 kilomètres carrés, reçoit le Chardon et aussi la Broye qui ne fait que le traverser pour aboutir au lac de Neuchâtel. Dans l'Oberland Bernois, les lacs de Thun et de Brienz sont célèbres par leurs sites pittoresques non moins que ceux de Lucerne et de Zurich, dont nous parlerons plus loin, en étudiant les principales villes de la Suisse.

Dans ce cadre de hautes montagnes et de vallées profondes, de grands fleuves naissants et de lacs étendus, sur cette étroite superficie de 41,346 kilomètres carrés dont la partie réellement habitable n'est que de 26,830 kilomètres carrés, vit une population de 2,933,000 habitants, soit 70 par kilomètre carré si l'on prend la superficie totale, 108 si l'on s'en tient à la superficie occupée.

Les premiers détenteurs du sol n'ont laissé de leur passage d'autres vestiges que les cités lacustres dont on retrouve, dans les lacs, des épaves, des ustensiles en pierre, en corne, en argile. Leur souvenir était depuis longtemps perdu; il fallut, pour éveiller l'attention, qu'à la suite d'une sécheresse prolongée qui désola la Suisse en 1853-1854, une baisse extraordinaire du lac de Zurich révélât l'existence de nombreux pilotis encore debout. Les archéologues se mirent à l'œuvre et, dans l'espace découvert et circonscrit par ces pilotis, on retrouva, pêle-mêle, les pierres du foyer, des haches emmanchées dans des bois de cerf, des dents d'ours et de sangliers, des poteries brisées et les innombrables objets de la vie de chaque jour. Des découvertes de même nature furent faites successivement dans les lacs de Genève, de Constance, de Neuchâtel, Bienne, Sempach, Morat, prouvant qu'autrefois la Suisse entière était couverte de stations lacustres et justifiant l'assertion, jusqu'alors contestée, d'Hérodote, dans le passage où il nous décrit la vie des Pœoniens du lac Prusias, en Roumélie. « Leurs maisons sont construites, dit-il, sur des pieux très élevés enfoncés dans le lac; un pont étroit les retient, seul, à la rive. Les habitants plantaient autrefois ces pilotis à frais communs, mais plus tard il fut décidé qu'on en fournirait trois pour chaque femme que l'on épouserait. La pluralité des femmes est l'usage chez eux. Ils ont chacun, sur des planches jointes ensemble, leur cabane avec une trappe sur le lac et, dans la crainte que leurs enfants ne tombent par cette ouverture, ils les attachent par le pied avec une corde. En place de foin ils donnent aux chevaux et aux bêtes de somme du poisson. Il est si abondant dans ce lac qu'on en prend autant qu'on peut le désirer. »

A ces premiers habitants succédèrent les Helvètes et les Rhétiens refoulés par les Germains plus nombreux et campés sur les rives du Danube. Ce furent les Helvètes et les Rhétiens que Rome rencontra dans cette région qu'elle soumit et au travers de laquelle elle perça ses grandes voies de communication, fondant *Octodurum*, aujourd'hui Genève, *Aventicum*, Avenches, *Curia Rhœtorum*, Coire. Après Rome vint l'invasion des Allemands, Burgundes et Ostrogoths, puis la conversion au christianisme suivie de la fondation de nombreux monastères, de l'établissement de principautés ecclésiastiques comme celle des princes-abbés de Saint-Gall dont la puissance se maintint pendant dix siècles. La tendance à l'unité reparut quand, après l'élévation à l'empire d'un des hobereaux de l'Helvétie allemande, de Rodolphe de Habsbourg, son fils Albert Ier, duc d'Autriche, voulut supprimer les droits et privilèges des cantons forestiers. Uri, Schwitz et Unterwalden se liguèrent et se soulevèrent, formant le noyau de la Confédération helvétique. Vainqueurs à Morgarten, ils virent se joindre à eux : Lucerne en 1332, Zurich en 1351, Zug et Glaris en 1352, Berne en 1353. Leur force croissait ; ils le prouvèrent à Sempach, 1386, puis à Nœfels, 1388; ils le prouvèrent aussi à Granson, Morat et Nancy. « Dès lors, écrit M. Himly, réputés les meilleurs fantassins de l'Europe, ils eurent le choix parmi tous les princes pour vendre leurs services militaires, servirent tour à tour ou même simultanément la France, les Sforza, le pape, l'empereur, firent et défirent pendant un quart de siècle les ducs de Milan, jusqu'à ce que, dégoûtés de la grande guerre par leurs défaites successives de Marignan, de la Bicoque et de Pavie, ils se retirassent de la lice en tant que corps de nation, tout en laissant subsister les *capitulations* qui autorisaient la France et d'autres puissances à recruter chez eux des régiments de mercenaires. »

Au xvi° siècle, la Confédération comprenait 13 cantons; au xvii°, en 1648, l'Europe reconnaissait, à Munster, l'indépendance de la Suisse, dont les traités de Vienne, en 1815, proclamèrent la neutralité perpétuelle.

Si, au point de vue politique, la Suisse forme un tout homogène et compact, il n'en est pas de même au point de vue ethnographique. Sa constitution lui reconnaît trois langues officielles : l'allemand, le français et l'italien ; sur 1,000 habitants 690 parlent allemand, 240 le français, le reste, 54, italien ou roman. La langue allemande prévaut dans les 14 cantons du nord, du nord-est et du centre : Bâle, Soleure, Argovie, Zurich, Schaffouse, Thurgovie, Saint-Gall, Appenzell, Glaris, Schwitz, Zug, Lucerne, Unterwalden et Uri; le français est usité dans les trois cantons du sud-ouest : Genève, Vaud et Neuchâtel ; l'italien domine dans le canton méridional du Tessin ; quatre cantons sont mixtes : Berne, en grande partie allemand, mais français dans le Jura ; Fribourg, le Valais et les Grisons. Au point de vue religieux, même défaut d'homogénéité; catholiques et protestants sont en nombre égal.

Sur ce sol au relief tourmenté, semé de roches, hérissé de hautes montagnes, la nature laisse peu de place à l'homme; elle lui mesure l'espace habitable et cultivable. Toutefois, ainsi que le constate M. Himly, « la prospérité matérielle et morale de la Confédération est incontestable. Le sol est d'une fertilité moyenne, mais l'esprit pratique et généralement éclairé des habitants a su créer des ressources de tout genre : les cantons alpestres ont leur bétail et leurs fromages; Saint-Gall, Zurich, Bâle, la Chaux-de-Fonds, Genève sont des centres importants pour l'industrie des mousselines, de la soie, des cotonnades, de l'horlogerie et, appoint qui n'est pas à dédaigner, un concours inouï d'étrangers enrichit un grand nombre de localités... La Confédération n'a pas d'armée permanente; elle a supprimé le scandale séculaire des capitulations militaires à l'étranger et organisé, au moyen de cadres permanents bien instruits, une solide armée de milices qui serait sans doute capable de défendre vigoureusement la neutralité helvétique. La meilleure garantie de celle-ci cependant, c'est le patriotisme universel des Suisses, quels que soient leur parti politique, leur confession religieuse, leur langue et leur nationalité ; l'amour qu'ils professent tous pour leurs institutions républicaines prouve victorieusement, de concert avec le respect que la Confédération a su inspirer à tous ses voisins, que la prétendue *loi des nationalités* n'est pas le dernier mot de la science politique, mais qu'au contraire chaque peuple a le droit de disposer librement de lui-même. »

La Confédération helvétique comprend 22 cantons, très inégaux en superficie comme en population. Le plus étendu, celui des Grisons, est trente fois plus vaste que le canton de Zug; la population du canton de Berne est à celle d'Uri comme 536 est à 17 et la densité de population, qui atteint son maximum dans le canton de Genève où elle s'élève à 967 habitants par mille carré, tombe à 50 dans le Valais, à 41 dans Uri, à 34 dans les Grisons. A défaut de grandes lignes géographiques et de bassins nettement délimités dans cette région qui n'a des fleuves que leur cours supérieur et dont les

LE PONT ET LE QUAI DU MONT-BLANC, A GENÈVE.

massifs montagneux·rayonnent autour d'un axe central, nous adopterons, dans notre
étude de la Suisse, trois grandes divisions et nous examinerons successivement : 1° la
Suisse méridionale : cantons de Genève, Vaud, Valais, Tessin et Grisons; 2° la Suisse
centrale, comprenant les cantons de Neuchâtel, Fribourg, Berne, Unterwalden,
Lucerne, Uri, Schwitz, Glaris, Zug; 3° enfin la Suisse septentrionale : cantons de Bâle,
Soleure, Argovie, Zurich, Saint-Gall, Appenzell, Thurgovie, Schaffouse.

I. — SUISSE MÉRIDIONALE : CANTONS DE GENÈVE. — VAUD. — VALAIS. TESSIN. — GRISONS.

A l'exception du canton mixte des Grisons, la Suisse méridionale comprend ce
que l'on désigne habituellement sous les noms de Suisse française et Suisse italienne.
Le français est la langue dominante dans les trois premiers cantons, l'italien est
presque exclusivement usité dans celui du Tessin.

Comme superficie, le canton de Genève est, après celui de Zug, le plus petit de la
Confédération helvétique. Il est, avons-nous dit, le plus peuplé proportionnellement et
sa ville est l'une des capitales de la Suisse, non la capitale politique, ce rôle appartient
à Berne, non la capitale commerciale, Bâle et Zurich lui peuvent disputer ce rang, mais
la capitale intellectuelle, la ville qui, pendant des siècles, a rivalisé avec les plus
grandes cités, qui a donné au monde quelques-uns de ses plus grands savants et de ses
plus grands écrivains. « On a vu, disait Voltaire, une république dix fois plus petite
encore qu'Athènes attirer pendant cent cinquante ans les regards de l'Europe, et son
nom placé à côté du nom de Rome dans le temps que Rome commandait aux rois. »

Si Genève n'est plus « la Rome protestante », si elle a cessé d'être la ville étroite et
fermée que rêvait l'austérité de Calvin, la république d'exilés et de bannis qu'avaient fait
d'elle les·haines politiques et les persécutions religieuses, elle est devenue une ville
universitaire importante, une ville philanthropique entre toutes, l'avocat désintéressé
des grandes causes, le siège des congrès où s'agitent, se discutent et se règlent les
grandes questions qui intéressent l'humanité, où se poursuit, dans un milieu relativement calme et serein, l'étude des grands problèmes modernes, des adoucissements
aux misères de la guerre, des droits des neutres, de la représentation des minorités,
de la propriété littéraire, de la conciliation des patrons et des ouvriers. La ville
fermée est devenue la ville ouverte, le terrain neutre sur lequel les colères désarment
et les rancunes s'apaisent.

Assise sur le Rhône, à sa sortie du lac Léman, Genève, peuplée de 74,000 habitants,
dont près de la moitié sont étrangers, s'élève sur deux collines qui, de chaque côté du
fleuve, se font face. Saint-Gervais, la ville manufacturière, est sur la rive droite, la cité
sur la rive gauche. Peu de villes sont aussi heureusement situées que Genève, au point
de rencontre de deux grandes vallées, au point de jonction des routes de France et
d'Allemagne, du nord et du midi, dans un cadre grandiose de beautés naturelles, que

ferme à l'horizon, par delà la muraille rocheuse du Salève, la triple cime de neiges du mont Blanc. Autour de Genève et sur les bords de son lac, se succèdent des sites célèbres dans l'histoire : Ferney, Genthod, Coppet, Clarens.

Lausanne, capitale du canton de Vaud, peuplée de 33,000 habitants, est plus au nord, sur le lac, au sommet de la courbe qu'il décrit du sud-ouest au nord-est. « Il est, écrit M. Rodolphe Rey, peu de villes aussi attrayantes que Lausanne pour l'amateur du pittoresque et de l'imprévu. On dirait une création de la fantaisie; la ville est construite sur le penchant de trois collines et dans les gorges creusées à leur pied; les vieux quartiers sont un labyrinthe de ruelles noires, étranglées, grimpantes et d'édifices postés à tous les niveaux. On est parvenu à raccorder ces surfaces diverses et à établir un niveau commun, en traçant autour de la ville une voie circulaire... Mais quelles perspectives sur le lac et les Alpes ! A chaque pas, sur ce sol agité comme les vagues de l'Océan, on a de nouvelles surprises : de gracieux jardins abritent leurs délicates végétations; au pied de hautes terrasses, de grands bouquets de noyers poussent dans les gorges et profilent leurs sommets sur les vieux édifices; de hardies constructions s'élèvent en pyramides au-dessus d'enfoncements obscurs où rampent de sombres ruelles. Au-dessus de ce dédale de toits pointus, de lignes brisées, de saillies, de coupures, la vieille cathédrale dessine ses clochetons et ses flèches acérées. »

Au delà de Lausanne et de son port d'Ouchy, se succèdent, sur les bords du lac, Vevey, Clarens, Montreux, Territet, Chillon; ils forment, au long de la plage abritée contre les vents du nord, une longue rue de villas, de jardins, d'hôtels que peuplent, l'hiver, de nombreux étrangers attirés plus encore par la beauté du paysage que par la douceur du climat. Si l'on ne retrouve ici ni les tièdes brises de la Méditerranée, ni les senteurs des orangers et des citronniers de Cannes et de Nice, ni les flots bleus fuyant à l'horizon, le cadre plus austère n'est pas moins beau ; Rousseau en a fait celui de la *Nouvelle Héloïse* et y a placé le bosquet de Julie.

A l'extrémité du lac, entre le Bouveret et Villeneuve apparaît le Rhône et s'ouvre le Valais. La Dent d'Oche et les Diablerets se dressent comme d'énormes piliers des deux côtés de la vallée qui serpente entre la Dent de Morcles et la Dent du Midi. Par delà Saint-Maurice, Martigny et Saxon, la petite ville de Sion, capitale du Valais, s'adosse à son rocher que couronnent les ruines du château de Tourbillon. Sion ne renferme que 5,000 âmes. Au long de la vallée qui se rétrécit nous rencontrons Louëche, ville de bains très fréquentée, Viège, Brieg. Sur la gauche apparaît le glacier d'Aletsch; les Alpes Bernoises dressent leurs masses énormes, le Finsteraarhorn et la Yungfrau leurs cimes étincelantes; à gauche s'élèvent les monts Nufenen, en face et fermant l'horizon, le Saint-Gothard. Au sud du Saint-Gothard s'ouvre le canton du Tessin que sillonne la profonde fissure du Val Leventina.

Bellinzona, petite ville de 3,000 habitants, est la capitale du canton italien. Plus italienne elle-même que suisse, elle confine à l'Italie et s'élève sur le Tessin près de son embouchure dans le lac Majeur. Lugano, plus au sud, et sur le lac auquel il donne son nom, est la ville commerçante du canton; elle exporte du bétail, fabrique des soieries et possède des forges; sa population dépasse 6,000 âmes. Locarno, moins peuplée, exploite ses vignobles et ses vergers; Airolo est située à l'entrée du tunnel du Saint-Gothard dont la voie ferrée relie l'Italie à la Suisse.

Le canton des Grisons est, avons-nous dit, le plus vaste des cantons helvétiques, il est aussi, proportionnellement, le moins peuplé. Coire est sa ville principale, située au pied du Mittenberg, en amont du confluent du Rhin et de la Plessur, au point d'intersection des routes d'Andermatt, de Milan par le Splugen, de Bellinzona par le Bernardino, de Davos et de Saint-Moritz par le Juliers. La profonde vallée de l'Engadine, dans laquelle l'Inn roule ses eaux rapides, sillonne la partie méridionale du canton des Grisons et s'étend de la Maloïa à la gorge de Martinsbrück, sur la frontière du Tyrol. Dans cette région pittoresque, envahie par les touristes qu'y attirent les bains de Saint-Moritz, les sites grandioses des Alpes Rhétiques, de la Bernina, de l'Albula et du Roseg, se sont élevés de nouveaux villages tels que Pontrésina, Poschiavo, Schuls, Bevers. Leurs glaciers, que maudissaient les habitants des Grisons, attirent chaque année des visiteurs plus nombreux et, avec eux, l'aisance, dans cette région surnommée la Sibérie helvétique.

Volontiers l'habitant de l'Engadine émigre, mais pour revenir dans ses montagnes qu'il regrette toujours et partout. Nulle part l'attachement au sol natal n'est aussi vivace que chez cette population autrefois isolée et comme perdue dans ses glaciers silencieux et d'une si mélancolique beauté. « Tous les voyageurs qui parcourent la Haute Engadine, écrit M. E. Blanchard dans la *Revue des Deux-Mondes*, sont frappés du silence qui y règne. Dans nos bois, sur nos routes, au milieu de nos champs, les feuilles des aulnes, des trembles, des ormes, des peupliers bruissent au moindre souffle ; les bourdonnements des insectes, les cris et les ramages des oiseaux se font entendre ; la vie se manifeste sous toutes les formes. Dans l'étroite vallée de l'Inn et sur les Alpes Rhétiques, les arbres aux larges feuilles pédonculées n'existent pas ; les insectes sont généralement des espèces silencieuses ; les hyménoptères bruyants qui aiment le soleil, guêpes, bourdons, abeilles solitaires ne montent point jusqu'à la région où il faut subir l'hiver pendant neuf mois. Le silence semble avertir que la vie est triste dans les lieux voisins des glaciers... Privés de moyens de travail dans une patrie ingrate, les habitants de l'Engadine quittent de bonne heure la haute vallée et se dispersent dans les villes de France, de l'Italie, de l'Allemagne. Ne perdant jamais de vue l'avenir ils ne sacrifient guère à des fantaisies ; pour abréger la durée de l'exil, l'argent est sévèrement économisé. Enfin le rêve de trente ou de quarante années est devenu une réalité, l'Engadinois dit un éternel adieu à la maison étrangère qui lui a été propice et il retourne au village d'où l'on voit le Roseg et les glaces du Bernina. »

II. — SUISSE CENTRALE : NEUCHATEL. — FRIBOURG. — BERNE. —
UNTERWALDEN. — LUCERNE. — URI. — SCHWITZ. — GLARIS — ZUG.

Principauté allemande cédée par la Prusse, en 1805, à Napoléon Ier qui en fit un
fief de l'Empire en faveur du maréchal Berthier, le territoire de Neuchâtel fit retour à
la Prusse en 1814 et entra dans la Confédération suisse en qualité de canton tout
en restant principauté prussienne. Cette situation mixte ne pouvait se prolonger
longtemps. En 1830, Neuchâtel réclama son incorporation définitive à la Suisse; la
tentative échoua, mais pour se renouveler en 1848, puis en 1856. Aux menaces
d'intervention du roi de Prusse pour rétablir son autorité dans le canton de Neuchâtel,
la Suisse répondit par un armement général et réclama les bons offices de la France.
L'intervention de Napoléon III prévint le conflit; il obtint de Frédéric-Guillaume IV,
par le traité de Paris du 26 mai 1857, sa renonciation formelle à tous droits sur le
canton, sauf le titre honorifique de prince de Neuchâtel, lequel même a été abandonné
depuis.

Neuchâtel, capitale du canton et peuplée de 17,000 habitants, n'en est pas moins
restée une ville plus monarchique et plus aristocratique que les autres cités suisses;
elle possède une académie, un musée, d'excellentes écoles, mais elle a peu de commerce
et d'industrie. La Chaux-de-Fonds, plus active et plus populeuse, 25,000 habitants,
attire à elle la vie et le mouvement, bien qu'elle soit située dans une vallée du Haut
Jura, par 1,000 mètres d'altitude. Elle est le centre de l'industrie de l'horlogerie, la
ville où l'on fabrique le plus de montres.

Fribourg, capitale du canton du même nom, ne compte que 12,000 âmes. Ville
moitié allemande et moitié française, elle s'élève dans un cadre des plus pittoresques
sur un promontoire de rochers qui dominent le cours sinueux de la Sarine. Les orgues
de sa cathédrale, son pont suspendu et son viaduc de Grandfey attirent à Fribourg de
nombreux visiteurs. Pays de pâturages, le canton de Fribourg s'adonne presque
exclusivement à l'industrie fromagère. Les fromages de Gruyères sont connus dans le
monde entier. Gruyères, Charmey, Bulle, Romont sont les centres de cette fabrication
très active.

Le canton de Berne est le plus peuplé de tous les cantons suisses; sa population
s'élève à 554,000 âmes; comme superficie, il est le second, après les Grisons qui ne
possèdent que 95,000 habitants; il est l'un des plus actifs et des plus commerçants de
la Suisse. Berne, son chef-lieu, est en même temps la capitale politique de la Confédération. La ville renferme 50,000 habitants et s'élève sur une presqu'île élevée que
l'Aar enserre de trois côtés. Devant Berne, se déroule le panorama grandiose des
Alpes Bernoises; dans Berne, vieille ville du moyen âge, se révèle la Suisse d'autrefois, féodale, barbare et guerrière, bruyante et animée. L'imagination, sans effort,
repeuple ses antiques et massives demeures, remplit ses rues aux arcades surbaissées
d'hommes d'armes défilant au son des cors, de hardis chasseurs, de riches bourgeois.

Le cadre subsiste, mais les temps sont autres, et le voyageur, de la terrasse du Schœnzli, regarde avec curiosité la vieille ville pacifique qui s'étend à ses pieds, et, au delà, l'un des plus merveilleux paysages qu'il soit donné à l'homme de contempler.

Berne en est le seuil d'accès, la porte par laquelle on gagne les lacs de Thun et de Brienz, Interlaken, centre d'excursions, puis par le col de Brunig, Lucerne et le lac des Quatre-Cantons. Thun ou Thoune, 5,000 habitants, est située sur l'Aar qui la divise en deux parties et à l'extrémité nord-ouest du lac qui porte son nom, et qu'un isthme étroit, sur lequel s'élève Interlaken, sépare de son lac jumeau de Brienz. Tous deux ont à peu près même forme, à peu près même superficie et même profondeur. Le lac de Thun, plus étendu, recouvre 48 kilomètres carrés, celui de Brienz 30. Autrefois ils ne formaient qu'un seul bassin dans lequel se déversaient la Lutschine Noire et la Lutschine Blanche. Leurs alluvions ont créé l'isthme qui, d'un lac, en a fait deux.

Interlaken est le cœur de cette région des Alpes Bernoises, la ville où les touristes affluent l'été. Elle s'élève sur le Bœdeli, l'isthme des lacs, plaine de cinq kilomètres de longueur, et commande une vue magnifique sur les montagnes et sur les glaciers de la Jungfrau. A Interlaken aboutissent les routes qui, remontant la Lutschine Blanche, par Wengern et Lauterbrunnen, mènent à Murren, ou remontant la Lutschine Noire, par Grindelwald et la grande Scheideck, gagnent Meiringen. Peu de localités offrent un champ aussi varié d'excursions, il en est peu qui soient autant visitées.

Si l'Oberland Bernois, le séjour préféré des touristes, vit surtout des dépenses qu'ils y font et de l'or qu'ils y laissent, il n'en est pas de même du Jura Bernois, industriel et commerçant, et dont les centres moins connus ne sont cependant pas moins importants : tels Porrentruy, Delémont ville d'horlogerie, de toiles, de dentelles, Saint-Imier, Bienne, Aarberg, Langenthal qui possède d'importantes filatures, Burgdorf où l'on fabrique des toiles et où reparaît l'industrie fromagère, Sumiswald, Langnau, Hofwyl renommé pour son institut agronomique. La plus peuplée de ces petites villes ne dépasse pas 6,000 âmes, mais autour de chacune d'elles gravitent des bourgs et des villages dans lesquels s'étend leur industrie.

Le canton d'Unterwalden forme, avec ceux de Schwitz et d'Uri, les cantons forestiers, les *waldstetten*, qui donnèrent le signal de la résistance contre la maison de Habsbourg et qui, les premiers, réclamèrent et obtinrent de l'empereur Henri VII *l'immédiateté* d'Empire, laquelle, étant donnée la faiblesse du pouvoir central, équivalait à une indépendance politique et à une liberté civile presque entières. Dans cette région d'accès difficile, peu peuplée mais habitée par une race d'hommes préparés par leurs luttes avec la nature aux luttes héroïques et inégales, passionnément attachés à leur sol et à leur liberté, ignorants et insouciants de ce qui se passait dans le reste de l'Europe, devait surgir la première idée vague d'une autonomie nationale. Sans en mesurer les conséquences possibles, ils acceptèrent la lutte avec l'Empire, écrasant sous des quartiers de rocs, dans le défilé de Morgarten, la noblesse brillante et bardée de fer, les mercenaires chargés de cordes pour les lier que le duc d'Autriche, Léopold, croyait conduire à une victoire certaine. Les bras vigoureux d'une poignée de forestiers affranchirent, dans ces Thermopyles helvétiques, leur patrie naissante.

Dans ce canton d'Unterwalden, peuplé de 27,318 habitants, les villes sont rares. Sarnen, la plus importante, n'a que 4,000 âmes; elle est située au pied du Landenberg, au bord du petit lac qui porte son nom. Stanz n'en a que 2,000; Stanzstad est un port situé sur le lac des Quatre-Cantons.

Plus étendu et plus peuplé, le canton de Lucerne est aussi plus connu et sa ville principale, Lucerne, voit s'accroître sa population et augmenter chaque année le nombre de ses visiteurs. Tout les attire dans ce site pittoresque, sur les rives de ce lac des Quatre-Cantons, le plus beau des lacs suisses. Sa superficie est de 113 kilomètres carrés, sa profondeur moyenne est de 130 mètres, il confine aux cantons d'Unterwalden, d'Uri, de Schwitz et de Lucerne. La légende l'associe aux événements du passé et fait de ses rives le théâtre d'héroïques exploits, couronnant ses incomparables beautés naturelles d'une poétique et patriotique auréole. Située au bord de son lac, arrosée par la Reuss, Lucerne se déploie dans un cadre magique d'eaux, de montagnes et de verdure. Comme Genève et Zurich, comme Bienne et Constance, elle est assise à l'extrémité d'un bassin lacustre, au point où il s'épanche en fleuve. Elle dut à sa situation limitrophe des cantons forestiers d'être la capitale politique de la Suisse primitive. Elle est devenue, depuis le percement du Saint-Gothard, l'une des étapes des routes de France et d'Allemagne en Italie. Sa population s'est accrue et dépasse le chiffre de 20,000 habitants.

Dans ses contours sinueux, le lac enserre le Rigi que 100,000 touristes visitent chaque année depuis que les voies ferrées escaladent sa cime de 1,800 mètres d'altitude, d'où l'œil découvre, par un temps clair, dans un horizon de cent lieues de circonférence, 3 chaînes de montagnes et 70 glaciers, 13 lacs, 17 villes et 40 villages, les Vosges et le Jura, l'Utliberg et la chaîne des grandes Alpes, les cimes glacées de l'Oberland et, plus loin, les hauts sommets de la Forêt-Noire.

Par Fluelen, port d'Altdorf, situé à l'autre extrémité du lac, le canton d'Uri se relie à celui de Lucerne. Il est le moins peuplé des 22 cantons suisses et n'a que 17,249 habitants. Altdorf, son chef-lieu, n'en renferme que 3,000, mais la ville est heureusement située à l'entrée de la route du Saint-Gothard. Son port, Fluelen, est actif et animé. Amsteg, Goschenen, Andermatt, Hospenthal s'échelonnent sur le tracé de la voie ferrée qui gravit les pentes du massif.

Le canton de Glaris, peuplé de 33,825 habitants, et en dehors du mouvement des touristes, est resté manufacturier. Glaris, son chef-lieu, petite ville de 6,000 âmes, possède des filatures, des fabriques de drap, d'indiennes et de cotonnades; Schwanden exploite des ardoisières; Nofœls est un bourg industriel.

Le canton de Schwitz, qui donna son nom à la Suisse, renferme 50,307 habitants. Son chef-lieu, Schwitz, en compte 6,000 et se trouve entre la Muotta et les deux Mythen. Einsiedeln est plus peuplée, Brunnen, sur le lac des Quatre-Cantons, est plus animée. Gersau, Immensée, Art sont sur le lac de Zug et, avec Kussnacht, attirent les nombreux visiteurs du Rigi.

Zug est le plus petit des cantons et, après Uri, le moins populeux : 23,029 habitants. Comme Glaris il est industriel et commerçant. Son lac, de 14 kilomètres de longueur

sur 5 de largeur, est profond et poissonneux, il reçoit la Lorze. Zug, petite ville de
5,000 habitants, s'élève, dans une situation pittoresque, au pied du Zugerberg et sur
la rive est du lac. A 17 kilomètres de Zug une chapelle indique l'emplacement où se
livra, en 1315, la bataille de Morgarten gagnée par les confédérés sur le duc Léopold
d'Autriche. Les autres petites villes du canton sont aujourd'hui des centres industriels :
Baar, Cham, Egeri fabriquent des papiers et des cotonnades.

III. — SUISSE SEPTENTRIONALE : CANTONS DE SOLEURE. — BALE. — ARGOVIE — ZURICH. — SAINT-GALL. — APPENZELL. — THURGOVIE — SCHAFFOUSE.

Limitrophe au Jura à l'ouest, à l'Allemagne au nord, à l'Autriche à l'est, la Suisse
septentrionale comprend les cantons allemands et commerçants de Soleure, Bâle,
Argovie, Zurich, Saint-Gall, Appenzell, Thurgovie et Schaffouse. L'industrie y est
active, la population dense, les manufactures y sont nombreuses. Le canton de Soleure
renferme 86,000 habitants et son chef-lieu, du même nom, situé sur l'Aar, au pied du
Jura, est un centre commercial d'une certaine importance. Olten, sa seconde ville, forme
le point de convergence des voies ferrées du nord de la Suisse. Olten fabrique des cotonnades, Dornach exploite des vignobles.

Bâle, chef-lieu du canton de ce nom, est l'une des grandes et riches villes de la Suisse ;
sa population dépasse 70,000 âmes et l'on y compte un bon nombre de millionnaires.
Située sur le Rhin qui la divise en deux parties : le grand et le petit Bâle, elle est le
seuil d'accès de la Suisse du côté de la France du nord, de l'Alsace et de l'Allemagne,
de même que Genève est la porte commerciale de la Suisse vers le midi. Bâle doit sa
prospérité et sa richesse à son heureuse situation, à ses communications faciles avec
des contrées commerçantes. Ces avantages firent d'elle le principal marché d'importation
et d'exportation avec l'étranger. Bien avant Genève, Bâle fut une ville importante et puissante, un foyer scientifique et religieux, une cité universitaire. Sa cathédrale est l'un
des beaux monuments du style gothique et son musée, l'une des plus curieuses collections de l'art du moyen âge. A Bâle et dans ses environs on fabrique surtout les rubans
de soie, le papier, la ganterie ; à Schweizerhall on exploite des salines.

A l'est du canton de Bâle, celui d'Argovie renferme 193,580 habitants. Aarau, son
chef-lieu, située sur la rive droite de l'Aar, en compte 6,000 ; elle possède des fonderies,
des manufactures de rubans et de cotonnades, des fabriques d'instruments de précision.
Les petites villes sont assez nombreuses dans ce canton ; Aarbourg est une citadelle et
un arsenal : Zoungen, Lenzbourg, Wohlen sont des centres manufacturiers, Schinznach
et Baden exploitent des eaux thermales, Habsburg fut le berceau de la dynastie autrichienne ; les foires de Zurzach sont très fréquentées. Le petit bourg de Windisch fut
autrefois une ville importante, ayant nom *Vindonissa*. Sa position stratégique au
confluent de la Limmat, de la Reuss et de l'Aar, au point de rencontre des routes

d'Italie par Avenches et le col de Jupiter Pennin, par le Splugen et le Septimer, et des routes de la haute vallée du Rhin, fit d'elle le quartier général des légions romaines chargées de surveiller les lignes du Danube et du Rhin. Il n'en reste plus aujourd'hui que quelques ruines et un nom germanisé.

A l'est de l'Argovie s'ouvre le canton de Zurich, le plus populeux après celui de Berne ; il renferme 337,000 habitants, et Zurich, son chef-lieu, est, avec ses faubourgs, la première ville de Suisse, peuplée de 90,000 âmes. Elle est aussi un point stratégique important et comme telle joua un rôle dans l'histoire. A Zurich, en 1799, Masséna sauva la France dans la bataille célèbre où il défit les armées coalisées de l'Autriche et de la Russie commandées par Korsakof et Hotze. Zurich est située au confluent de la Sihl et de la Limmat, à l'extrémité du lac auquel elle donne son nom, et au pied de l'Uetliberg. Le lac de Zurich couvre une superficie de 88 kilomètres carrés, sa profondeur moyenne est d'environ 100 mètres, ses rives sont parsemées de villas, de fermes et de fabriques. Sa ville, surnommée « l'Athènes de la Suisse », est célèbre par sa bibliothèque, par son polytechnicum et son université, par son musée et ses établissements scientifiques. La culture intellectuelle n'empêche pas Zurich d'être une ville industrielle très prospère ; elle possède des filatures, des teintureries, des ateliers de machines. Dix-huit villages l'entourent et forment ses faubourgs manufacturiers. Waedenschwyl, 6,000 habitants, Richterschwyl, 4,000, sont des villes de fabriques. Wald tisse des mousselines ; au long de l'Aa, le *ruisseau des millions*, les usines se pressent dans la vallée. Winterthur, l'antique station romaine de *Vitodurum*, renferme 14,000 habitants ; proportions gardées, elle est la ville de Suisse la plus active, celle qui possède l'outillage industriel le plus complet, le plus grand nombre d'écoles.

Le canton de Saint-Gall s'étend au sud-est de celui de Zurich ; il renferme 229,000 habitants. Son chef-lieu, du même nom, en compte 27,390 ; il est situé dans un étroit vallon et sur la Steinach qui est à sec une partie de l'année. Nonobstant ces conditions peu favorables à son développement, Saint-Gall fut, il y a mille ans, aux temps des Carlovingiens, la plus célèbre université de l'Europe ; la chronique des « gestes de Charlemagne » y fut écrite et sa bibliothèque est riche en manuscrits précieux. Dès le xɪɪɪ° siècle la ville devint industrielle, s'adonnant surtout au tissage des étoffes de lin. Depuis, sa fabrication n'a fait que s'accroître et Saint-Gall est un centre important pour la fabrication des mousselines et des toiles. Cette industrie s'est étendue à tout le canton et occupe la plus grande partie de sa population. Ragatz et Pfœffers, à l'extrémité sud du canton et sur la route des Grisons, sont célèbres par leurs sources thermales.

Le canton d'Appenzell confine à l'Autriche, à la haute région du Vorarlberg ; il n'a que 67,000 habitants et Appenzell, son chef-lieu, 5,000. Plus agricole que manufacturier, ce canton entretient avec l'Allemagne, par le lac de Constance, un commerce actif de céréales. Hérisau, sa ville principale, possède de grandes manufactures de tulles, indiennes et mousselines, mais Spelcher, Heiden, Gauten, Weisbad sont des centres d'élevage et de culture, de laiteries et de vergers.

Au nord et au long du lac de Constance s'étend le canton de Thurgovie. Situé à l'extrémité nord-est de la Suisse, le lac de Constance occupe une superficie de

530 kilomètres carrés, un peu moindre de celle du lac de Genève. Le Rhin le traverse, de même que le Rhône le lac Léman, mais en sens inverse, et, de même que le lac Léman confine à la Suisse et à la France, le lac de Constance confine à l'Allemagne, l'Autriche et la Suisse, mais sa plus grande partie appartient à l'Allemagne. Près de Constance il se divise en deux bras : l'Untersee et l'Ueberlingersee qui, à l'est et à l'ouest, s'avancent dans le territoire allemand.

Frauenfeld, chef-lieu du canton, située sur la Murg, renferme près de 6,000 habitants. Ville manufacturière, elle fabrique des soieries et possède des filatures. Romanshorn et Arbon, sur le lac de Constance dont la navigation est très active, sont des ports de commerce et des centres viticoles.

Le canton de Thurgovie renferme 105,000 habitants ; celui de Schaffouse, qui forme l'extrémité nord-est de la Suisse, n'en contient que 38,000. La ville de Schaffouse, 12,500 habitants, donne son nom au canton. Elle est située dans la vallée du Durach, sur la rive droite du Rhin, qui, près de Schaffouse, se précipite d'une hauteur de 15 à 20 mètres entre la colline du Kohlfirst et celle du Bœhnenberg, dessinant à certaines heures de la journée de merveilleux arcs-en-ciel dans la fine poussière de ses eaux. Vieille cité du moyen âge, Schaffouse, ainsi nommée de *Scapha*, « station de bateaux », est une ville active et industrieuse, renommée pour ses fabriques d'acier, possédant des manufactures de soieries et de cotonnades.

Il est peu de pays dont le sol soit aussi également divisé que celui de la Suisse entre sa population. On y compte environ 300,000 propriétaires ruraux représentant 2 millions d'habitants. Pays agricole, la Suisse ne produit cependant pas ce qu'elle consomme de céréales. Sa production de vin dépasse 1,200,000 hectolitres. Riche en bétail dont elle possède plus de 1,200,000 têtes, 342,000 moutons, 415,000 chèvres, elle exporte annuellement près de 30 millions de kilogrammes de fromage, 12 millions de lait condensé.

En 1889, l'importation s'élevait à 954,228,000 francs et l'exportation à 710,894,000, soit un total de 1,665,122,000. Dans le mouvement général du commerce de la Suisse avec l'étranger, l'Allemagne figure au premier rang avec un total de 454,607,000 ; la la France suit d'assez près, avec 404,583,000 ; l'Italie vient ensuite avec 194,292,000, l'Angleterre avec 156 millions, et l'Autriche avec 145 millions. Ce commerce est desservi par 3,156 kilomètres de voies ferrées. Pour défendre son territoire et maintenir sa neutralité, la Suisse peut mettre en ligne 126,444 hommes de 20 à 32 ans, soutenus par la Landwehr, comprenant 80,700 hommes de 32 à 44. La Landsturm, qui ne peut être appelée qu'en temps de guerre, et qui comprend tous les citoyens de 17 à 50 ans, se chiffre par un total de 268,700.

Vue de la Place du Château (Burgplatz), à VIENNE.

III. L'EMPIRE D'AUTRICHE-HONGRIE.

Dans l'Argovie suisse, entre Schinznach et Brugg, sur une hauteur dominant le cours de la Limmat, de la Reuss et de l'Aar, se dressent encore les ruines imposantes et fières d'un vieux château dont les murs de trois mètres d'épaisseur ont résisté au temps. Ce château, à jamais célèbre, d'Habsburg, fut le berceau de la monarchie austro-hongroise, de la famille souveraine qui, des bords du Rhin, émigra dans la vallée du Danube, échangeant son maigre patrimoine contre un trône et incarnant en elle l'histoire de ce grand État européen qui fut, pendant un temps, le plus puissant de tous, qui donna des rois à une partie de l'ancien et du nouveau monde et qui rêva, lui aussi, la domination universelle.

Assis entre les Alpes et les Carpathes, l'Empire d'Autriche-Hongrie comprend des peuples de toutes races : Slaves et Italiens, Allemands et Madgyars, Grecs et Roumains, Serbes et Croates, mosaïque de nationalités agglomérées par les guerres, les mariages, les alliances, les échanges et les achats de la famille des Habsbourg et qui n'ont pu jusqu'à ce jour se fondre en une nationalité unique. Cet empire se compose de royaumes, comme la Bohème et la Hongrie, de duchés et d'archiduchés comme le Tyrol, la Haute et la Basse-Autriche, la Styrie et la Carinthie, de principautés, de comtés, de landgraviats et de margraviats, de villes libres et de seigneuries; il comprend près de soixante pays, dont la nomenclature figure dans les titres du chef de la maison impériale et souveraine.

Mais l'habileté des Habsbourg, si grande fût-elle, ne suffirait pas à expliquer cet étonnant groupement de races juxtaposées sur un sol dont l'étude orographique nous montrera la non moins étonnante diversité. D'habiles mariages peuvent rendre raison d'extensions territoriales, non de leur cohésion maintenue en dépit de tendances antagonistes. Il fallut pour cela un autre facteur; ce fut le danger commun, la nécessité de s'unir pour faire tête à l'Osmanli, à l'Islamisme débordant sur l'Europe, au Touranien nomade menaçant de déposséder l'Aryen sédentaire.

Non plus que l'Empire d'Allemagne, la monarchie austro-hongroise n'a ni unité géographique ni limites naturelles; non plus que le Rhin, le Danube n'est une frontière; comme le Rhin il forme un bassin au long duquel et sur les deux rives duquel les migrations de peuples s'établirent. Il fut une ligne de démarcation pour Rome, la limite qui la séparait du monde barbare parce qu'au delà il n'en existait pas d'autre tracée par la nature, parce que la courbe des Carpathes formait un cirque évasé, une frontière ouverte, difficile à surveiller, parce qu'enfin Rome cherchait plus à se couvrir qu'à s'étendre dans le nord-est. Il semble qu'il y ait eu entre le génie de l'Empire romain et l'orientation de l'Italie, une analogie secrète, qu'une force d'irrésistible impulsion ait entraîné Rome au sud, à l'ouest, au sud-est et au nord-ouest de son axe central, suivant en cela les indications précises de la configuration de la Péninsule et l'ait instinctivement écartée des régions du nord et du nord-est, desquelles, géographiquement, elle se détourne.

Dans cette direction elle s'arrêta au Danube, refusant de s'aventurer plus avant, elle qui, dans le nord-ouest, poussait ses légions jusque sur les côtes britanniques. Trajan, seul, osa franchir le fleuve dans l'est; de la *Dacia Trajana* qui comprenait la Moldavie, la Valachie et la Transylvanie actuelles, il fit une tête de pont contre les Barbares, mais après lui ses successeurs ne se risquèrent pas plus avant; à grand'peine surent-ils maintenir sa conquête; ils se replièrent même en arrière et Aurélien, abandonnant la Dacie de Trajan, qu'envahissaient les Goths, reporta au long du Danube la frontière de l'Empire.

Le jour était proche où cette prétendue frontière, cessant d'en être une, reprendrait son rôle géographique, sa destination première et redeviendrait la grande voie naturelle, tracée de l'est à l'ouest, que devaient emprunter les migrations des peuples et les armées en marche. Dans son cours de 2,800 kilomètres, le Danube, orienté de l'ouest à l'est, reliait par son vaste sillon les monts de la Forêt-Noire aux rives de la mer Noire. Les Avares et les Huns, après eux les Slaves, les Magyars, les Turcs le remontèrent de l'est à l'ouest; les Francs de Charlemagne, puis les croisés, le descendirent de l'ouest à l'est, en route vers Constantinople. Le Danube servait de route militaire et de route commerciale; par lui Huns, Hongrois, Impériaux abordaient les Gaules; par lui les Francs débordaient et les Français, par sa vallée, s'avançaient sur Vienne. Aucun des peuples successivement campés sur ses bords ne le tint pour frontière; il ne les couvrait pas, il donnait accès chez eux, aussi ne se tenaient-ils pour abrités qu'à la condition d'en occuper les deux rives et d'en barrer le passage, et cherchaient-ils dans ses affluents latéraux, bien que d'un moindre volume d'eau, une ligne de défense que le grand fleuve ne leur offrait pas.

Là, en effet, se trouvent les obstacles naturels que doivent forcer les peuples et les armées dans une vallée fluviale. Qu'ils remontent ou descendent la vallée d'un fleuve, ils peuvent utiliser ses eaux pour les gros transports, pour les lourds convois, ils peuvent surveiller son cours et défendre, dans leur marche parallèle, les approvisionnements qu'ils lui confient, mais les affluents les arrêtent et les retardent. Il faut les forcer, s'ils sont défendus, à tout le moins les franchir et, pour cela, souvent s'écarter du fleuve principal, obliquer à droite ou à gauche, remonter le cours jusqu'à ce qu'il soit guéable. La difficulté s'accroît avec l'importance de l'affluent; or, les affluents du Danube sont nombreux et plusieurs constituent des lignes importantes de défense. A défaut de frontières mieux déterminées, ces cours d'eau latéraux en tinrent lieu : la Drina entre la Bosnie et la Serbie, la Kulpa entre les pays cisleithans et transleithans, la March entre la Moravie et la Hongrie, l'Enns entre les deux provinces de l'Autriche, l'Inn entre la Bavière et la Haute-Autriche et, dans le cours supérieur du fleuve, l'Iller entre la Bavière et le Wurtemberg.

Le Danube fut la grande voie de cette région, la vallée au long de laquelle se cantonnèrent, dans le remous de peuples qui précéda et suivit la chute de l'Empire romain, des nationalités distinctes; il fut le lien qui les rattacha les unes aux autres. D'autre part, les Alpes occidentales que le fleuve contournait au nord formaient un vaste camp retranché dominant les plaines de la Bohême, celles de la Lombardie et les terres basses de l'Adriatique, les zones lacustres de la Haute-Bavière et de la Hongrie occidentale ; cette grande forteresse naturelle facilitait les agressions de l'Autriche, ses excursions au dehors, ses prises de possessions dans le bassin fluvial qui attirait à lui les populations plus vigoureuses des hauteurs, à l'étroit dans leurs montagnes. Enfin l'axe central autour duquel devait plus tard graviter la monarchie austro-hongroise était déjà tout indiqué, aussi bien par les Wendes qui en avaient fait l'une de leurs stations, que par Auguste qui y avait établi un camp permanent, *Vindobona Flaviana Castra*, dont Henri Ier, marquis d'Autriche, fit une ville, Vienne.

L'emplacement était bien choisi, sur le fleuve, au cœur de l'Europe et au centre de gravité de la Bohême, de l'Autriche, des régions montueuses du Tyrol, de la Carinthie et de la Styrie, des plaines de la Hongrie, à distance égale de Dresde et de Munich, de la frontière russe et de la frontière italienne. La politique corrigeait la nature ; à une cohésion géographique et ethnique qui faisait défaut à l'empire incohérent en voie de formation se substituait un centre d'attraction solidement assis sur l'artère fluviale et vers lequel du nord et du midi, de l'est et de l'ouest devaient converger les nationalités disséminées, les races éparses dans le bassin supérieur du Danube.

Ces races sont nombreuses. Dans leur variété multiple, elles peuvent se ramener à quelques groupes principaux. Sur une superficie de 622,310 kilomètres carrés l'Autriche-Hongrie renferme une population de 41,076,804 habitants, soit 65 par kilomètre carré. Dans ce total, les races germaniques figurent pour 10 millions, les Magyars pour 7, l'élément tchèque et morave pour 6, les Roumains 3, les Polonais et Ruthènes 6, les Slavons, Croates et Serbes 6, puis les Tsiganes, Dalmates, Arméniens, Wendes et Juifs; ces derniers constituent à eux seuls un groupe de 1,500,000 habitants. En adoptant, pour l'élément germanique, le chiffre maximum que les Allemands s'attribuent, 10 millions, et que d'autres évaluations réduisent à 8 millions, nous ne prétendons donner ici que des chiffres approximatifs, chacune des races diverses s'efforçant, pour justifier ses prétentions, de grossir le nombre de ses nationaux et de diminuer celui des autres. Si l'on tient compte de ce fait que la race slave se subdivise en Tchèques, Slovaques, Ruthènes, Polonais, Slovènes, Serbes, Croates, qu'elle représente dans son ensemble plus de 18 millions d'habitants, on s'expliquera le manque de cohésion ethnique de cet empire dont nous avons noté l'absence de cohésion géographique. Si l'on tient compte aussi de cet autre fait que, sur 41 millions d'habitants, l'élément germanique figure, au maximum, pour 10, on comprendra ce qu'ont d'exagéré les affirmations que l'Autriche-Hongrie est un État allemand; il ne l'est pas seulement parce que la population d'origine allemande ne représente guère plus que le quart de la population totale, mais encore parce que l'élément germanique, loin de former un groupe homogène et compact, est disséminé au hasard et, sauf dans les deux Autriches et le duché de Salzbourg, noyé dans des nationalités plus nombreuses, et souvent même hostiles.

« Les seules provinces entièrement allemandes de l'État austro-hongrois, écrit M. L. Léger dans son *Histoire de l'Autriche-Hongrie*, sont les deux Autriches et le duché de Salzbourg. A cette masse compacte se rattachent les Allemands de Styrie, de Carinthie et du Tyrol qui, dans ces provinces, sont mêlés aux Italiens et aux Slovènes. Les villes de Marbourg en Styrie, de Klagenfurth en Carinthie, de Neumarkt dans le Tyrol sont les dernières villes allemandes vers le midi. Le groupe formé par ces cinq provinces comprend au maximum 3,500,000 Allemands, et c'est réellement le seul qui puisse être considéré comme se rattachant à la grande Allemagne des pangermanistes. En supposant qu'ils entrent un jour dans cette grande Allemagne en vertu du principe des nationalités, ce principe ne leur permet d'y entraîner ni les Italiens du Tyrol ni les Slaves. Trente lieues environ séparent les Allemands de Trieste, qu'ils regardent comme leur grand port sur l'Adriatique. »

Que l'importance de l'élément germanique soit un obstacle sérieux à la fusion des races qui peuplent l'Empire, ce n'est pas douteux. Cet empire confine à l'Allemagne, et les Allemands qui l'habitent regardent vers le nord-ouest, vers la grande patrie dont les sépare à l'ouest une frontière conventionnelle, dans laquelle la Bohême pénètre profondément, au nord, « altérant, disent-ils, la pureté des lignes, s'enfonçant comme un épieu dans la chair allemande ». Et cet antagonisme de nationalité entre l'élément germanique et l'élément slave se complique d'un antagonisme d'intérêts entre l'Autriche-Bohême, pays industriel, et la Hongrie, pays agricole. La Hongrie écoule ses produits en Allemagne, luttant contre la concurrence de la Russie; la Bohême défend son industrie contre la concurrence allemande de la Silésie et de la Saxe. L'une a intérêt à tenir ouvert le marché germanique, l'autre à le fermer.

Entre l'Allemagne et la Russie qui la bornent au nord, entre la Suisse et l'Italie qui lui barrent la route de l'ouest, l'Autriche-Hongrie forcément incline vers le sud-est, elle suit l'orientation de son grand fleuve, elle descend le Danube, s'acheminant vers la mer Noire dont la séparent la Serbie et la Roumanie, vers Andrinople, par delà la Bulgarie et la Roumélie. C'est la direction que lui avait indiquée, il y a dix siècles, le fondateur de la « Marche de l'Est ».

Sur la carte de l'Europe les frontières de l'Empire austro-hongrois décrivent une ligne sinueuse et bizarre. A l'ouest, le Tyrol dessine un renflement puissant mais étroit; au nord, la protubérance de la Bohême déborde sur l'Allemagne; au sud, l'Istrie et la mince langue de terre de la Dalmatie se détachent du noyau central; à l'est, la Galicie et la Bukovine forment, par delà la Hongrie et la barrière naturelle des Carpathes, des provinces excentriques.

L'Autriche-Hongrie est bornée à l'ouest et du côté de la Suisse par la chaîne de l'Engadine, par l'Inn, par la haute muraille du Rhœticon et le thalweg du Rhin; au nord-ouest, sa frontière de Bavière part du lac de Constance, suit les Alpes d'Algau, les monts d'Amper et de Wetterstein, les chaînes de Karwendell et de Mangfall, emprunte la Salzach et l'Inn jusqu'à Passau, franchit le Danube et suit le Bohmer-Wald jusqu'aux Fichtel-Gebirge. Au nord et au long de la Saxe et de la Silésie prussienne, la frontière se déroule par les monts de Lusace et les Riesen-Gebirge, au delà desquels un tracé conventionnel rejoint l'Oppa qu'il suit jusqu'à l'Oder; remontant au nord-est, elle longe le cours de la Vistule et se relie au Bug occidental. A l'est, la frontière s'infléchit vers le sud, au long du Podhoree, affluent du Dniester, gagne les Carpathes et aboutit au Danube à Orsova. Au sud, le Danube, la Saxe et la Drina séparent l'Autriche-Hongrie de la Serbie. Une ligne fictive contournant le mont Dormitor et aboutissant à l'Adriatique règne au long du Monténégro. Du port de Budua à la lagune de Marana le littoral appartient à l'Empire. Entre l'Italie et lui la frontière décrit une courbe sinueuse qui rejoint le massif de la Bernina, empruntant le cours de l'Isonzo et celui du Judrio, obliquant à l'ouest par les monts Carniques, contournant les lacs de Garde et d'Idro, remontant au nord par les massifs d'Adamello et de l'Ortier.

La superficie de l'Autriche-Hongrie est, avons-nous dit, de 622,310 kilomètres carrés, soit d'un sixième supérieure à celle de la France. Sa population de 41,076,804 habitants lui donne une densité moyenne de 61 habitants par kilomètre carré, inférieure, par contre, d'un sixième à celle de la France. Mais cette population, très inégalement répartie, atteint son maximum de densité aux deux seuils maritimes de l'Autriche, dans les territoires de Fiume et de Trieste où elle dépasse de beaucoup celle de Vienne et de ses environs. Elle décroît dans les grandes plaines et les régions montueuses, tombant à 49 habitants par kilomètre carré en Hongrie et en Transylvanie, à 30 dans les hautes régions du Tyrol.

Nous avons dit l'incohérence géographique de l'Empire; nous la retrouvons dans le relief du terrain. Région de montagnes, de hauts plateaux et de plaines, elle oppose, dans l'ouest, le soulèvement des Alpes Autrichiennes à la ceinture des Carpathes et au massif de la Transylvanie; dans l'est, le sol accidenté de la Bohême aux grandes plaines d'alluvions de la Hongrie. Si le Danube est son bassin fluvial, la Vistule et l'Oder, l'Elbe et le Rhin, l'Adige et la Narenta drainent son sol dont nous décrirons plus loin le système hydrographique.

Adossée aux Alpes, l'Autriche en possède toute la partie orientale dont la superficie est double de celle de la Suisse. La région centrale du massif alpestre qu'elle occupe et qui s'étend dans l'est jusqu'au Glöckner ne le cède pas en grandeur aux Alpes Suisses dont la séparent la haute muraille du Rhœticon, le col de Reschen et la profonde coupure des landes de Mals, du *Malser-Haide*, qui met en communication la vallée de l'Inn avec celle de l'Adige. Le Glöckner est la borne orientale des grandes Alpes ; entre la Suisse et le Glöckner, à l'est de l'Inn, se dresse le massif de l'Orteler, 3,905 mètres, que recouvrent d'immenses glaciers et que contourne au nord la plus haute route carrossable de l'Europe, celle du Stelvio, 2,756 mètres, au sommet de laquelle la *Dreisprachenspitze*, « l'aiguille des trois langues », marque la limite entre l'Autriche, la Suisse et l'Italie. Par son énorme glacier du Sudden Ferner, l'Orteler se relie aux champs de glace du Zufall et du Forno et, du dôme de Milan, par un ciel pur, on voit se découper à l'horizon le formidable massif de ce géant des Alpes Autrichiennes, les cimes de l'Adamello, 3,557 mètres, et de la Presanella, 3,561, qui surplombent le versant italien.

Plus au nord, le massif de l'OEtzthal se détache en relief puissant, en un prodigieux amas de montagnes nettement délimité par les dépressions profondes des vallées de l'Inn et de l'Adige, par les coupures du Malser-Haide et du col du Brenner. Il forme, dans son ensemble, le massif le plus élevé de l'Autriche, car si sa haute cime, la Wildspitze, 3,770 mètres, est de quelque peu inférieure à celle de l'Orteler, 3,906 mètres, et du Gross-Glöckner, 3,779, plus de cent de ses sommets dépassent 3,000 mètres, et, de ses 229 glaciers, celui du Gepaatch, mesurant onze kilomètres de longueur, est le plus vaste des Alpes Autrichiennes. Le col du Brenner, le « Saint-Gothard Tyrolien », qui le contourne à l'est, relie le bassin du Pô à celui du Danube.

Au nord du Glöckner et à l'est du Brenner, s'étendent d'occident à l'orient et sur 150 kilomètres de longueur les chaînes du Hohe-Tauern et du Nieder-Tauern qui vont rejoindre les sources de la Mur. Moins élevée dans son ensemble que les massifs de l'Orteler et de l'OEtzthal, la chaîne du Hohe-Tauern, des *hautes échancrures*, n'en soulève pas moins à plus de 3,000 mètres d'altitude ses principales cimes : la Gross-Venediger, 3,673, le Hochnarr, 3,258, l'Ankogel, 3,253. Ici se dresse le Glöckner, point terminal dans l'est des hautes cimes alpestres et dont le sommet de 3,779 mètres surplombe le glacier de Pasterze, grand fleuve gelé de 10 kilomètres de longueur.

Au sud-ouest du Glöckner se déroulent les Alpes Cadoriques, le Trentin, que l'on appelle aussi le pays des Dolomites, du nom de Dolomieu, géologue français, qui, le premier, étudia la structure de ses montagnes calcaires. Au-dessus des vallées de l'Eisach et de l'Adige, de la Piave et de la Brenta, les Alpes Cadoriques dressent leurs massifs de porphyre chaudement colorés de tons rougeâtres, leurs cimes culminantes de la Marmolada, 3,494 mètres, de la Tofana, 3,264, du monte Cristallo, 3,260, du monte Antelao, 3,220, et les étranges escarpements des Drei-Sinnen, que l'on découvre des bords du Durren-See, lac mystérieux dans lequel se déversent trois tributaires et dont aucune rivière ne sort. « Des bords du lac, écrit M. Jules Leclercq dans son volume le *Tyrol et le Pays des Dolomites*, nous aperçûmes pour la première fois les géants dolomitiques : les Drei-Sinnen, le Piz-Popena et, plus près, nous dominant de toute la hauteur de ses escarpements aériens, l'auguste et incomparable monte Cristallo, avec son manteau immaculé de neiges éternelles et sa cuirasse de glace jetée sur ses épaules à près de 3,000 mètres d'altitude. Cette première vue des Dolomites nous arracha des cris d'admiration. La réalité dépassait tout ce que nous avions imaginé. Nous n'avions jamais rien vu de si fantastique, de si saisissant que les pinacles des Drei-Sinnen. Par quel procédé la nature a-t-elle érigé dans une heure de caprice ces deux prodigieux obélisques quadrangulaires qui se dressent l'un à côté de l'autre comme les tours jumelles d'une cathédrale cyclopéenne? Ces tours massives sont d'une structure si régulière, si géométrique, qu'il semble que des géants d'une race préhistorique y aient appliqué l'équerre et le cordeau. La cime la plus élevée dévie de la verticale et surplombe la base comme la terrasse de la tour de Pise ; elle semble dépasser de beaucoup l'altitude de 2,963 mètres que lui assigne la carte de l'état-major autrichien. »

Au nord-est, le massif alpestre se continue par les Alpes Styriennes qui, prolongeant la chaîne des Hohe-Tauern et des Nieder-Tauern, s'étendent des sources de la mer au col de Seimmering ; leur principal massif est le Wentzel, 2,110 mètres.

Au nord-ouest, les Alpes du Vorarlberg débordent, par les Alpes de l'Algau, sur la Bavière. Leur plus haute cime, celle du Kaltenberg, n'atteint par 3,000 mètres ; le Triglav en mesure 2,865, le Grintouz 2,559. Les Alpes du Vorarlberg se continuent, dans l'est, par celles de Salzbourg. Les sommets s'abaissent ; le Watzmann mesure 2,714 mètres, le Tannen-Gebirge 2,428, le Kaiser-Gebirge 2,332, le Kampen 1,670. Les pentes, abruptes sur le versant méridional, s'inclinent doucement au nord, vers les plaines du Danube auxquelles elles forment un cadre pittoresque et grandiose. Plus au nord enfin, le Salz-Kammergut dresse ses hauts sommets du Buchstein, 2,224 mètres, du Hochschwab, 2,296, derniers soulèvements des Alpes qui, par delà, remontant vers Vienne, s'affaissent et forment le Wienerland dont les ombreux vallons recèlent de riants paysages. « De leurs cimes, écrit M. E. Reclus, on peut contempler l'admirable panorama des grandes Alpes contrastant avec l'étendue des plaines : du Hochschwab, plus connu dans le pays sous le nom de Grosser-Schwab, on voit à la fois la pyramide blanche du Glöckner, les monts qui lui font cortège, les vallées du Danube et de ses affluents qui semblent tracés sur une carte immense, et les plaines de la Hongrie confondues avec la brume du lointain. »

Au sud, les ramifications des Alpes forment les Alpes Carniques entre le Tagliamento et le Gail ; aucun de leurs sommets n'atteint 3,000 mètres, mais ils se maintiennent encore à 2,730 au mont Paralba, à 2,766 au Conegliano, à 2,154 dans la chaîne du Dobrocz ; les routes du monte Croce et du col de Tarvis les traversent ; la longue muraille des Karavanken, monts des Croates, les prolonge de l'est à l'ouest par ses sommets abaissés qui vont mourir près de la Drave par une altitude de 600 mètres, au Vrdnik-Gebirge.

Au-dessous de la Carinthie et de la vallée de la Save, les Alpes Juliennes, détachées

LE GRABEN, A VIENNE.

du massif central, se relient, par les monts Capella et le Velebit, aux Alpes Dinariques qui séparent la Dalmatie de la Bosnie. De ce côté de l'Adriatique la chaîne se déroule parallèlement à celle qui, de l'autre, en Italie, forme les Apennins. Ses plus hauts sommets sont les plus rapprochés du massif central ; tel le Terglou, le « Mont à trois têtes », le Canin, 2,710 mètres, le Mangard, 2,640. Les monts Capella et Velebit oscillent entre 1,700 et 1,500. L'altitude se relève aux Alpes Dinariques qui fuient dans la péninsule des Balkans, au long de l'Adriatique, et dont les sommets du Dormitor, du Kom et du Visitor mesurent respectivement 2,606, 2,430 et 2,079 mètres.

Au nord-est des Alpes apparaît un autre système montagneux, différent de forme et d'allures. Il enferme, dans ses quatre remparts intérieurs, se coupant à angles droits, le quadrilatère de la Bohême, la grande forteresse centrale du continent. Par trois de ses terrasses elle surplombe les plaines basses de l'Allemagne : au sud-ouest par le Bohmer-Wald, au nord-ouest par le Fichtel-Gebirge, au nord-est par le Lausitz-Gebirge, l'Iser-Gebirge, le Riesen et les Sudètes. La hauteur moyenne du Bohmer-Wald n'excède pas 1,200 mètres ; sa longueur est de 220 kilomètres et sa largeur de 30 ; sa plus haute cime, l'Arber, mesure 1,455 mètres. Au centre de cette chaîne s'ouvre, par 449 mètres d'altitude, le col de Taus, porte par laquelle les Germains ont souvent tenté de pénétrer en Bohême. Dagobert y échoua et aussi l'empereur Henri III.

A l'est du Bohmer-Wald, nous retrouvons l'Erzgebirge, la chaîne métallique, que nous avons décrite dans notre étude de l'Allemagne, dont elle occupe les pentes doucement inclinées au nord, abruptes du côté de la Bohême, puis les monts Sudètes et les Riesengebirge, « Monts des Géants », plus allemands que bohémiens par l'inclinaison de leurs plateaux. Au sud-est de la Bohême, les monts de Moravie ne sont qu'un soulèvement de 500 mètres de hauteur en moyenne, sauf près d'Iglau, où quelques plateaux s'élèvent entre 800 et 1,000.

Autour de la Hongrie, les monts Carpathes décrivent un vaste demi-cercle de 1,450 kilomètres de longueur et de 222,000 kilomètres carrés de superficie. Ils se déroulent en séries alternées de plateaux et de pics, de hauteurs et de terrasses aux versants inclinés en longues pentes. Leur massif principal, le Tatra, présente, au-dessus de la chaîne, l'aspect d'une masse isolée longue de 100 kilomètres, haute de 1,900 mètres, aux sommets dénudés, aux pentes boisées, semée de creux profonds dans lesquels brillent une centaine de petits lacs, que leur couleur a fait désigner du nom d'*yeux de mer*. Les monts Jablunska, les montagnes Blanches et les petites Carpathes décrivent l'arc nord-ouest du Tatra aux plaines de Vienne. Au nord-est, la chaîne se continue par les *Karpatisches Waldgebirge*, les Carpathes boisées, mesurant 300 kilomètres de longueur des sources du Poprad à celles de la Theiss. Sa hauteur ne dépasse pas 1,300 mètres, et, en maints endroits, elle est sillonnée de cols donnant accès dans la plaine hongroise. Au delà des sources de la Theiss, la chaîne se relève, les cimes du Cloibes atteignent 1,842 mètres, celle du Pop-Ivan 1,940, le Gutin 1,447 ; ils touchent, au nord, à l'énorme plateau de la Transylvanie.

Ce plateau se dresse en face des Alpes et sous la même latitude, par delà la grande plaine de Hongrie et à l'autre extrémité de l'Empire. Ainsi que le Tatra, situé plus au nord et au centre de la chaîne des Carpathes dont le massif transylvain forme l'extrémité, mais bien autrement étendu que le Tatra, il est aussi bien autrement compliqué. Sa région tourmentée offre l'aspect de deux chaînes de montagnes mobiles, l'une contre l'autre heurtées, et dont les ramifications enchevêtrées, comme rebroussées par le choc, ici se seraient repliées sur elles-mêmes, ailleurs auraient refoulé l'obstacle, emportées par une impulsion plus forte. Le cataclysme qui a donné naissance à ce plateau étrange s'accentue au point nommé le nœud des Carpathes par le soulèvement du Pictrosul dépassant 2,000 mètres, par la haute barrière des Carpathes roumaines, moldaves et valaques, par la brèche énorme qu'ouvre au sud la dépression de la Rothen-Thurm, la Tour Rouge, par laquelle l'Aluta pénètre en Roumanie. Dans ce massif transylvain les gisements métallifères abondent; ses mines d'or furent célèbres avant que l'on ne découvrît celles du Nouveau-Monde; sa montagne de sel pur dans la vallée du Kiskukullo mesure 7 kilomètres de circonférence et son volume est double de celui de la Cardona en Espagne. Du sol jaillissent plus de 800 sources salines et acidulées et filtrent des vapeurs d'acide carbonique; du Budos-Hegy, ou « montagne puante », riche en dépôts de soufre, s'échappent des gaz sulfureux; à Bazna, à Kis-Saros, on pourrait se croire dans la presqu'île d'Apchéron, tant les fissures du sol dégagent des vapeurs inflammables.

Bien que le Danube soit la grande artère fluviale de l'Autriche-Hongrie, le Danube n'est pas seul à drainer les eaux du vaste cercle de montagnes qui enserrent les provinces centrales. Ces eaux se déversent par quatre versants dans l'Adriatique, dans la mer du Nord, dans la Baltique et la mer Noire.

Le versant de l'Adriatique comprend plusieurs cours d'eau dont l'Adige est le plus important. Elle sort des lacs de Heide, au col de Reschern; à Botzen, l'Eisach lui apporte les eaux du Brenner; à Brixen, la Rienz lui amène celles du monte Cristallo; au-dessous d'Ala, elle pénètre en Italie. Nous avons, dans notre précédent volume, décrit son cours à travers la Haute-Italie. Moins considérable, la Chiesa, affluent de l'Oglio, descend, par le val de Fumo, celui di Duone et le val Buona, des glaciers de l'Adamello; elle entre en Italie à Lodrona. La Sarca n'a qu'un parcours de 50 kilomètres en Autriche, depuis la Prasanella jusqu'au lac de Garde. La Piave descend du mont Peralba; l'Isonzo appartient en entier à l'Autriche; il naît sur les pentes du Terglou et, grossi de la Torre, vient finir en face de Trieste et de Miramar.

A la mer du Nord appartiennent l'Ill, affluent du Rhin, l'Elbe qui, en Autriche, contourne le Bohmer-Wald, recevant la Mettau, l'Aupa, l'Adler et l'Eger à gauche, la Luschnitz, la Sazawa, l'Iser, la Poltnen à droite.

L'Oder, né en Moravie, se déverse dans la mer du Nord. Il sépare la Silésie autrichienne de la Moravie; grossi de l'Oppa, issue de l'Altwater et de l'Olsa, l'Oder sort d'Autriche à Oderberg. La Vistule court au long de la frontière russe, ramassant la Biala, la Donajec et le Bug.

Le Dniester se déverse dans la mer Noire. Né sur le versant extérieur des Carpathes, il arrose la Galicie, oscillant du nord au nord-est, puis au sud-est. Sur un cours total de 1,500 kilomètres, 550, constituant le bassin supérieur du fleuve, appartiennent à l'Autriche. Le Dniester reçoit le Sereth, le Stry, la Bistrica et le Podhorce ; à Oustié, près du fort de Khotin, il franchit la frontière et entre en Russie. Mais le vrai fleuve de l'Autriche-Hongrie est le Danube. Elle n'en possède ni le cours supérieur qui est allemand et que nous avons décrit plus haut, ni le cours inférieur que nous retrouverons en Roumanie, mais le cours moyen, de Passau au défilé de Kazan, et aussi ses affluents les plus importants. Nous avons, dans notre étude de l'Allemagne, suivi le fleuve jusqu'à Passau, où il entre en Autriche, et nous avons décrit son bassin allemand ; il nous reste à l'étudier dans son double bassin autrichien, puis hongrois. Le premier commence à Passau et finit à Hainbourg, le second commence à Hainbourg et finit au défilé de Kazan, à la grande *Porte de fer*, par laquelle le Danube sort de Hongrie.

A Passau le fleuve laisse derrière lui les plaines élevées de la Bavière ; il coule à une altitude de 273 mètres, il ne sera plus qu'à 132 à Hainbourg, au seuil de la Hongrie. Sur sa droite il s'éloigne des Alpes de Salzbourg et de Styrie ; il s'engage dans une série de défilés coupés de plaines, entre le Bohmer-Wald et le Hansrück, s'élargit dans la plaine de Linz et, par les rapides de Stridel et du Wurbel, il se précipite dans la gorge de Waschau d'où il sort à Krems. De nouveau il s'attarde et se divise dans la plaine de Tulln, puis se ramasse sur lui-même, en aval de Vienne, pour franchir l'obstacle que lui opposent le Wiener-Wald au sud et le Bisamberg au nord. Par delà, dans un large bassin lacustre qui séparait autrefois les Alpes des Carpathes et dont les bords effondrés ont laissé s'écouler les eaux, s'étale, dans sa ceinture de faubourgs et de villas, Vienne, la cité impériale. Au nord du fleuve, vers la Moravie, le bassin s'étend large de 2,800 kilomètres carrés, semé de dunes, de bruyères et de marais, longtemps maintenu en friche par les empereurs d'Allemagne ; c'est le *Marchfeld*, l'un des séculaires champs de bataille de l'Europe, situé au croisement des routes de Hongrie, de Bohème, de Bavière et de Silésie ; les noms d'Aspern, Essling, Wagram, Lobau, rappellent de quelles luttes il fut témoin, depuis celles des Romains contre les Marcomans, de Charlemagne contre les Avares ; là, comme dans un champ clos, se mesurèrent les Allemands, les Magyars et les Mongols, la Chrétienté et l'Islamisme.

Dans son cours autrichien, le Danube reçoit : à droite, le Lech, l'Isar, l'Inn qui lui apportent les eaux du Tyrol et de l'Engadine, la Traun sortie du lac d'Hallenstadt, l'Enns, l'Ips, la Traisén et la Leitha qui sépare l'Autriche de la Hongrie. A gauche, le fleuve a pour affluents : le Kamps et la March qui coule entre la Hongrie et la Moravie.

Par les *Portes hongroises*, entre Hainbourg et Presbourg, entre les derniers contreforts des Alpes et ceux des Carpathes, le Danube pénètre en Hongrie et prend l'aspect d'un grand fleuve. A Komorn, il mesure déjà 600 mètres de largeur ; plus bas, il s'étale et s'attarde dans les marécages du bassin lacustre, formant les îles de la grande et de la petite Schutt. Mais ce bassin se resserre et, pour franchir le défilé entre les escarpements du Pilis-Berg et le Matra, le fleuve ramasse ses eaux éparpillées en mille canaux ; son lit se rétrécit et n'a plus que 300 mètres de largeur ; il passe, rapide et profond, entre les ruines de la forteresse de Visegrad où reposait la couronne de saint Étienne, et celles du palais de Mathias Corvin. Là est la vraie porte de la Hongrie que gardent ses deux capitales, sa double ville de Buda-Pesth. Orienté au sud, le fleuve court à travers la grande plaine hongroise vers le nord des Carpathes, au travers duquel il s'est ouvert, sur 100 kilomètres de longueur, la plus étonnante succession de défilés que l'on puisse voir. Dans son lit, soudainement ramené à 150 mètres de largeur, il réunit ses eaux profondes de 40 à 50 mètres, décuplant la force de son courant et forçant, à Orsova, le dernier obstacle que la nature lui oppose, « la grande Porte de fer ». C'est la redoutable entrée de la Roumanie; le passage le plus dangereux du fleuve que peuvent remonter seuls des navires d'une construction spéciale.

Dans la partie hongroise de son cours, le Danube reçoit successivement, à sa droite, le Sio qui lui apporte les eaux du lac Balaton ou Platten-See; la Drave descendue du col de Toblach, grossie de l'Isel, du Gurk, du Glan, de la Mur et mesurant 620 kilomètres de longueur; la Save issue de la région du Terglou; la Kulpa dont le cours sépare les pays transleithans et cisleithans; la Bosna puis la Drina qui, au-dessous de Visegrad, sert de frontière entre la Bosnie et la Serbie. Ses affluents de gauche sont la Tisza ou Theiss, la rivière nationale de la Hongrie, descendue du massif de Csernabora. On a ramené son cours de 1,300 kilomètres de longueur à 800 en rectifiant par des coupures ses innombrables méandres. Outre la Tisza, le Danube reçoit encore la Temes, le Karas, la Néra et la Bela. C'est, grossi de ces nombreuses rivières, qu'il coule entre la Valachie et la Bulgarie, où nous le retrouverons, décrivant sa courbe vers l'est, vers la mer Noire.

Le littoral de l'Autriche-Hongrie mesure environ 700 kilomètres de côtes sur l'Adriatique. Il comprend les territoires de Goritz et de Trieste, de l'Istrie, de Fiume et de Dalmatie, l'antique Illyrie. Il commence à Grado, au sud d'Aquilée dont Attila fit un amas de décombres, il finit au-dessous des bouches de Cattaro. De Grado à Fiume l'Autriche possède, avec Trieste, l'Istrie et le bassin de l'Isonzo; à Fiume le littoral est hongrois et s'étend dans le sud jusqu'à la pointe extrême de la chaine du Velebit, parallèle à l'Adriatique, au-dessous de laquelle la Dalmatie, dépendance de la monarchie austro-hongroise, se déroule en une longue bande étroite jusqu'aux bouches du Cattaro. Par cette seule ouverture sur l'Adriatique, les deux grands États danubiens pouvaient avoir accès à la mer et communiquer librement avec le reste du monde, aussi s'explique-t-on leurs persévérants efforts dans cette direction, leur politique savante à disputer l'Istrie et la Dalmatie à Venise et à l'Italie.

En face des côtes nettes et franches de l'Italie qui, par delà l'Adriatique, se profilent en deux longues courbes légèrement infléchies de Venise à Ancône et d'Ancône à la Testa del Gargano, le littoral austro-hongrois apparait bizarrement découpé. De Trieste à Fiume, il s'adosse au Carso, « pays de pierres », prodigieux entassement de roches effritées, chaos rocailleux semé de gouffres, *d'inglutidors*, dans lesquelles disparaissent les eaux courantes. L'Istrie s'en détache et projette dans l'Adriatique son massif triangulaire et montueux, coupé de vallées et de ravins, long de 100 kilomètres et large de 50, qu'échancre profondément le golfe de Quarnero, dominé par le monte Maggiore et encombré d'îles : Veglia, Cherso, Lussin, Arbe, Levrera, Unie, Scardizza, Pago, Ugliano, Lunga et une foule d'autres plus petites. Sur le littoral, la chaîne du Velebit continue, au sud, celle du Carso, de même que, dans la Dalmatie, les Alpes Dinariques prolongent le Velebit.

Plus bizarre encore est le littoral de la Dalmatie, aux côtes escarpées et d'accès difficile, abritées derrière un rideau d'îles, d'îlots, d'écueils longs, étroits, serrés à la côte et qui se continuent jusqu'aux bouches du Cattaro, labyrinthe maritime, semé de ports, canal sinueux dans lequel les bassins spacieux succèdent aux étroits goulets, sorte de mer intérieure accessible aux navires par une quadruple passe et qui affecte à l'intérieur, la forme du lac suisse des Quatre-Cantons. Elle en a les sites pittoresques, les courbes gracieuses, les passes et les bassins, le cadre montagneux et les hautes arêtes surplombant les eaux bleues; elle a de plus les coteaux de vignes et d'oliviers, les jardins de citronniers, les tièdes effluves d'une terre chaudement colorée. Les îles qui se succèdent au nord continuent le réseau de celles qui encombrent le golfe de Quarnero, ce sont : Incoronata, Zuri, Zirona, Salta, Brazza, Lesina, Lissa, qu'a rendue célèbre la victoire remportée en 1866 sur la flotte italienne par l'Autriche, Curzola, Sabbiocetto, Meleda, Lagosta, pour ne citer que les plus étendues. Ces îles se ressemblent; toutes ont perdu la verdoyante parure qui faisait donner à Curzola le nom de « Corcyre noire »: Toutes ont la même vigueur de formes, la même âpreté de contours, les mêmes roches saillantes.

Dans ce cadre dont nous venons de décrire l'orographie et l'hydrographie, et qui s'étend des frontières d'Allemagne et de Russie au nord jusqu'à la péninsule des Balkans au sud, des Hautes-Alpes à l'ouest jusqu'à la Moldavie à l'est, dans ce vaste territoire sans unité géographique, vivent côte à côte des races sans unité ethnographique. Elles sont nombreuses et vivaces : les Tchèques en Bohème, les Magyars en Hongrie, les Roumains en Transylvanie, les Polonais au nord, les Italiens au sud, les Slaves partout. Des deux princes auxquels était confiée la tâche de couvrir l'Europe dans l'est, l'un, le Margrave du nord, chargé de la Marche de Brandebourg, est devenu roi de Prusse et empereur d'Allemagne ; l'autre, le Habsbourg, préposé à la défense de la marche d'Autriche est devenu empereur d'Autriche-Hongrie ; mais, au nord, l'unité nationale s'est constituée, au sud, elle flotte encore. L'Allemagne est une, et a refoulé l'Autriche hors de la Bavière; l'Autriche, mosaïque de races, ne peut s'étendre ni au nord, ni à l'ouest ; seule la route de l'est lui reste ouverte ; en la suivant elle obéit à l'impulsion historique première ; sa mission n'était-elle pas, dès le début, de protéger les frontières de la chrétienté contre les Slaves du Danube et les Avares, contre les Turcs, et de reporter toujours plus à l'est ces frontières?

L'histoire des races qui, les premières, occupèrent ce sol, ne prend corps que le jour où Rome prend contact avec elles. La race celte dominait entre le Rhin et la Vistule, dans les Alpes et le bassin du Danube ; les noms variaient suivant les régions mais l'origine était la même ; les Boïens en Bohème, les Taurisques en Styrie et en Carinthie, les Ambrons sur la Vistule, les Scordisques en Croatie et Slavonie étaient Celtes. Au sud, sur les côtes de l'Adriatique, campaient les Venètes, les Japodes, les Karnes d'origine différente, confondus sous le nom de populations illyriennes, en réalité marins et pillards; ce furent eux qui, par leurs pirateries, éveillèrent l'attention de Rome grandissante. Pour détruire ce repaire d'écumeurs de l'Adriatique, elle construisit Aquilée et Tergeste qui fut, depuis, Trieste; elle fit de l'Istrie, de l'Illyrie et de la Dalmatie des provinces romaines, puis, maîtresse du littoral, elle pénétra dans l'intérieur.

Elle y rencontra les Rhétiens, parents des Étrusques, dans le Tyrol, puis les Taurisques en Styrie et Carinthie, plus au nord les Germains; elle s'y heurta au torrent des Cimbres. Ils fuyaient, dit-on, devant une crue soudaine de la Baltique, ils débordaient sur les Alpes; Rome leur barra la route, c'était celle de l'Italie; à la bataille de Noréja, en Carinthie, elle les arrêta, les rejeta vers l'ouest; dix ans plus tard, elle achevait de les écraser sous les murs d'Aix en Provence, puis à Verceil.

Dans l'ouest, dans la région de la Hongrie, de la Valachie, de la Moldavie et de la Transylvanie, région plus éloignée de Rome, apparaissait une autre race et s'élevait un empire, celui des Daces. Ils étaient guerriers, mais aussi agriculteurs, experts dans l'art de travailler les métaux; trop tôt ils se crurent de force à se mesurer avec Rome dont ils rêvaient la conquête, Trajan les vainquit et fit de la Dacie trajane la frontière de l'Empire, la borne que Rome ne franchit plus dans le nord-est et qu'elle ne garda pas longtemps. Dans le nord-est, avons-nous dit, elle s'en tint au Danube. La Pannonnie soumise, la Rhétie, la Norique et la Vindélicie annexées couvraient l'Empire. Par *Aquincum*, Bude, et par *Vindobona*, Vienne, où campait une légion, elle tenait le Danube sur lequel elle entretenait une escadre. D'Aquilée, sa grande place d'armes, son port militaire, trois grandes voies se déployaient en éventail, orientées vers l'est, le nord et l'ouest, remontant à Augsbourg et à Laybach. A Aquilée stationnait la flotte, qui surveillait l'Adriatique, et ce fut d'Aquilée, saccagée par les Huns, qu'une poignée de fuyards s'en fut fonder Venise.

Attila conduisait cette invasion des Huns qui précipita la chute de l'Empire romain et, par une étrange ironie du sort, l'un des scribes du destructeur d'Aquilée était un citoyen de Pœtovium, dont le fils, Romulus Augustule, devait être le dernier des Césars. Attila et ses Huns précédaient de quatre siècles les *Ongri* ou *Hungari*, les Magyars actuels, qui, après eux, vinrent s'établir sur les rives du Danube. On les tint pour des Huns, descendants des Huns; comme eux ils étaient nomades et si les siècles ont quelque peu modifié le type primitif, les traits caractéristiques subsistent encore aujourd'hui. Il suffit pour s'en convaincre de rapprocher, de la lettre qu'écrivait Augustin Thierry en 1829, le portrait d'Attila que Priscus traçait en 452. Voici celui que notre historien fait du Hongrois: La tête est ronde, le front peu développé, bas et fuyant; les yeux placés obliquement, de manière que l'angle externe est relevé; le nez assez court et épaté; la bouche saillante et les lèvres épaisses; le cou très fort, en sorte que le derrière de la tête paraît aplati en formant presque une ligne droite avec

la nuque, la barbe faible et rare et la taille petite. « Attila, écrit Priscus, avait la taille
courte et la poitrine large, sa tête était grande et ses yeux petits ; il avait la barbe rare,
le nez épaté et le teint noir. »

Leur langue offrait avec les langues ouraliennes une analogie telle qu'un savant
hongrois, Sainovics, l'a déclarée identique. Rubruquis écrivait, en 1253 : « Le langage
de ceux de Pascatir et des Hongrois est le même ; ils sont tous pâtres, sans aucune
ville, ni bourgade. Du côté de l'occident ils touchent à la grande Bulgarie. C'est de ce
pays de Pascatir que sortirent autrefois les Huns qui, depuis, furent appelés Hongrois. »
En 889, sous la conduite de leur chef Almus ils envahirent et peuplèrent la Hongrie
actuelle, refoulant les Slaves sur les pentes des montagnes du nord.

Dans la Bohême, que sa configuration géographique destinait à former un État distinct et homogène, habitèrent successivement les Boïens, peuple celte, venu des Gaules
en l'an 400, puis les Marcomans qu'expulsèrent les Tchèques, d'origine slave, conduits
par leur chef Tcheck dont ils gardèrent le nom. Alliés à Charlemagne contre les Avares,
d'alliés ils devinrent tributaires quand Charlemagne eut, en 796, anéanti les Avares
dont le nom même disparut de l'histoire après l'avoir remplie pendant plus d'un siècle.
« Disparaître comme les Obres ou les Avares, » dit un proverbe de la chronique de Kiev,
c'est-à-dire sans laisser de trace. Il n'en fut pas de même des Tchèques ; l'épreuve ne fit
que fortifier cette nationalité plus vivace et plus résistante par le fait même du milieu
qu'elle habitait, de ce quadrilatère de montagnes dans lequel elle grandissait et s'abritait. Elle fut assez forte pour tenir tête à Charlemagne au déclin des ans, pour résister à
l'empereur et anéantir son armée. Elle fut un moment, au xiiie siècle, sous le règne
d'Ottokar II, que les Mongols, vaincus par lui en 1242 sous les murs d'Olmütz, appelaient le « Roi de Fer », que les chrétiens nommaient le « Roi d'Or », une puissance
formidable, le plus redoutable des États du centre de l'Europe. Vainqueur des Mongols et vainqueur des Hongrois, Ottokar rêvait un Empire slave et quand, à deux
reprises, l'archevêque de Cologne lui offrit la couronne impériale, il la refusa dédai-
gneusement, la laissant à Rodolphe de Habsbourg dont son refus fit la grandeur.
Au xvie siècle la maison de Habsbourg possédait l'Autriche, la Bohême et la Hongrie.

A dater de ce jour, en effet, la maison de Habsbourg s'élève et accroît ses possessions. Par un double mariage entre les enfants d'Ottokar et les siens elle inaugura cette
politique d'opulentes alliances matrimoniales qui fit plus que les armes pour l'Autriche
et qui motiva le fameux distique :

Bella gerant alii; tu, felix Austria, nube :
Nam quæ Mars aliis, dat tibi regna Venus.

« Laisse la guerre à d'autres ; heureuse Autriche : épouse.
Vénus bien mieux que Mars, te sert auprès des Dieux. »

En 1404 Élisabeth de Luxembourg apportait en dot à Albert la Moravie, sans
compter les espérances ; en 1477, Marie de Bourgogne : les Pays-Bas ; Jeanne d'Aragon :
le trône d'Espagne et le duché de Bourgogne dont héritait son fils Charles-Quint.

En 1526, le double mariage de l'archiduc Ferdinand avec la sœur de Louis Jagellon et de Louis II avec Marie d'Autriche réunissaient la Bohême et la Hongrie à l'Autriche.

Puis les traités complétaient les mariages ; celui de Radstadt, en 1714, confirme à Charles VI les Pays-Bas, Milan, Naples et la Sardaigne ; celui de Passarovitz, en 1618, concède une partie de la Bosnie et de la Serbie ; par le traité de Vienne, en 1735, l'Autriche acquiert Parme et Plaisance. Puis, Marie-Thérèse se joint à la Russie et à la Prusse pour démembrer la Pologne. « Elle hésitait cependant, écrivait-elle à Kaunitz, son confident et son ministre, à compromettre son honneur et sa réputation pour un méchant morceau de Pologne, de Moldavie ou de Valachie. » Elle pleurait de s'associer à ce brigandage. « Elle pleurait toujours, mais elle prenait toujours », disait Frédéric II. Elle y gagna la Galicie et, quatre ans plus tard, elle enlevait la Bukovine au Turc. On sait la part prise par l'Autriche aux guerres de la coalition européenne contre la France. Vaincue, elle en sortit plus grande et plus populeuse. On sait aussi son alliance avec la Prusse contre le Danemark, la lutte pour le partage des dépouilles, Sadowa enfin qui rejetait l'Autriche en dehors de l'Allemagne, désormais réunie sous la maison de Hohenzollern.

Tel qu'il apparaît sur la carte, l'Empire d'Autriche-Hongrie présente l'incohérent aspect d'une série de lignes confuses. Si la Bohême se détache nettement dans son quadrilatère montagneux, si le fer à cheval des Carpathes dessine à l'est et au nord les contours de la Hongrie, par contre la Moravie, la Galicie et la Bukovine décrivent par-delà les Carpathes une ligne enveloppante ; l'Istrie et la Dalmatie, dans le sud, sont rejetées en dehors de l'Empire ; la Haute et la Basse-Autriche semblent étranglées entre l'Allemagne, la Bohême, la Hongrie, la Styrie et le Salzbourg. Le Danube, qui court du nordouest au sud-est, n'offre nulle part une ligne de démarcation géographique d'accord avec les divisions politiques. A défaut du grand fleuve, force a été de demander ce point de repère à une rivière secondaire, à la Leitha, affluent du Danube, coulant du nord au sud entre l'Autriche et la Hongrie, et de diviser l'Empire en États cisleithans et transleithans, occidentaux et orientaux. Les États cisleithans eux-mêmes peuvent se partager en deux régions distinctes : États cisleithans du sud : Tyrol et Voralberg, Salzbourg, Styrie, Carinthie, Carniole, Istrie et Dalmatie ; États cisleithans du nord comprenant : la Haute et la Basse-Autriche, la Bohême et la Moravie, auxquels il convient de joindre la Galicie et la Bukovine, qui relèvent de l'Autriche, bien qu'isolées dans l'est par la muraille des Carpathes. Les États transleithans embrassent la Hongrie, la Transylvanie, la Croatie et la Slavonie. Nous les étudierons successivement dans cet ordre.

LE PONT ÉLISABETH ET L'ÉGLISE SAINT-CHARLES, A VIENNE.

I

PAYS CISLEITHANS DU SUD. — TYROL ET VORALBERG. — SALZBOURG.
STYRIE. — CARINTHIE. — CARNIOLE. — ISTRIE. — DALMATIE.

1. — TYROL ET VORALBERG.

La région des hautes Alpes autrichiennes forme, à l'ouest, une borne montagneuse entre la Suisse, l'Italie, l'Allemagne et l'Autriche. Elle est le point de rencontre de ces divers éléments ethniques, de leur langue et de leurs industries ; elle est suisse par le Voralberg et le Haut-Tyrol, italienne par le Trentin et le Bas-Tyrol, allemande par le Salzbourg, autrichienne par la Styrie. Par son industrie, par ses filatures de coton, le Voralberg gravite autour du centre manufacturier de Saint-Gall ; Salzbourg doit son nom à ses riches gisements de sel gemme, qui confinent à ceux de la Bavière, et elle exploite d'importantes mines de cuivre ; la Styrie a du fer, du sel et des lignites ; la Carinthie du plomb, du zinc et du fer ; le Tyrol est riche en minerais ; la Styrie en usines et en manufactures. Toutefois, la houille est rare ; les lignites et la tourbe la remplacent mal et ce manque de combustible ralentit les progrès de l'industrie.

Dans la haute région du Tyrol les villes sont peu nombreuses, par contre les châteaux abondent. « On n'en compte pas moins de cinq cent trente-sept dans la contrée, écrit M. J. Leclercq. Ils datent presque tous du moyen âge, et leurs ruines imposantes ajoutent à la beauté sévère des paysages tyroliens. C'est à l'un de ces châteaux que le pays doit son nom. Ils sont généralement juchés de la façon la plus pittoresque sur des pitons presque inaccessibles qui commandent les vallées. Ils furent érigés à une époque où le Tyrol était perpétuellement en guerre avec les ennemis extérieurs, combattant tour à tour les Suisses, les Vénitiens, les Bavarois. Le moyen âge ne fut qu'une longue période de luttes pour cette contrée placée entre l'Allemagne et l'Italie. »

Innsbruck, capitale du Tyrol, renferme 32,000 habitants. Elle est située sur l'Inn, près de l'embouchure de la Sill, au pied de la montée du Brenner, dans un cadre grandiose de montagnes que dominent, au nord, le Kleiner-Sollstein, d'une altitude de 2,655 mètres, au sud la Serlesspitz, de 2,715. Cette ville n'apparaît dans l'histoire qu'au commencement du xie siècle ; c'était alors l'une des étapes commerciales entre l'Italie et l'Allemagne et la population se groupa autour du pont jeté sur l'Inn. Maximilien Ier, empereur d'Allemagne et roi des Romains, plus chasseur qu'empereur et roi, affectionna particulièrement Innsbruck, où il pouvait se livrer avec passion à son goût favori. Il s'y bâtit un palais, s'y maria et y vécut. Charles-Quint y résida pendant un temps, désireux d'être à portée de Trente, où siégeait le concile ; il faillit même s'y laisser surprendre et capturer par Maurice de Saxe. Hall, à quelques kilomètres d'Innsbruck, est une petite ville de 6,000 âmes, centre de salines. Schwaz, également

peuplée, se trouve sur la rive droite de l'Inn et au pied du Kallesjoch ; elle exploite
encore ses mines de cuivre et de fer que les Fugger mirent en valeur au XVᵉ siècle.
Kusstein, sur la frontière de Bavière, dresse sa tour énorme du Kaiserthum au sommet
d'un rocher escarpé et garde l'une des portes du Tyrol. Imst surveille celle de l'Algau
et dut une partie de sa prospérité à la singulière industrie de l'élevage et du commerce
des serins.

Entre Innsbruck et Trente, Brixen, vieille ville épiscopale, s'élève au confluent de
la Rienz et de l'Eisack. Elle fut la capitale d'une principauté ecclésiastique sécularisée
à la paix de Lunéville. A peu de distance de Brixen se dresse la forteresse moderne
de Franzensfeste, construite en 1835. Lienz, la ville la plus orientale du Tyrol, se
trouve sur les confins de la Carinthie. Très fréquentée depuis quelques années par les
touristes, elle est un centre bien choisi d'excursions alpestres.

Trente, la seconde ville du Tyrol, renferme près de 20,000 habitants. Située sur la
rive gauche de l'Adige, elle est, en partie, ville italienne. La température est plus
douce, la végétation plus active que dans le reste de la région. De Trente, par Levico,
riche en vignobles, la route descend sur la Vénétie. Célèbre par le concile réuni dans ses
murs en 1545, Trente, l'ancienne *Tridentum*, est devenue une ville industrielle et
commerçante, contenant des filatures de soie, des tanneries, des raffineries de sucre,
exploitant ses carrières de marbre et ses plâtrières. Botzen, peuplée de 11,000 âmes,
située dans une belle plaine au-dessus du confluent de l'Eisack et de l'Adige et au point
d'intersection des principales routes du Tyrol, a l'aspect d'une ville italienne, encadrée
de hautes montagnes de porphyre teintées de violet, affectant les formes les plus étranges.

Méran, plus au nord, occupe un site admirable sur la rive gauche de l'Adige, à
l'entrée du Passegerthal et au pied du Küchelberg. Elle fut autrefois la capitale du
Tyrol ; elle est aujourd'hui le lieu de rendez-vous des touristes, ville gaie, pimpante et
blanche, gardant encore ses vieux édifices, ses portes du moyen âge, sa cathédrale
gothique, ses maisons à miradors qui rappellent l'Espagne. « La vallée de Méran, écrit
M. J. Leclercq, offre le type parfait du paysage du Tyrol méridional ; on y chercherait
vainement ces verdoyants pâturages et ces majestueuses forêts de sapin du Tyrol
septentrional. La végétation est celle d'une zone plus chaude : de grands châtaigniers,
des noyers touffus, des vignobles. Les montagnes environnantes présentent de stériles
parois rocheuses d'un gris cendré, où n'apparaît pas un pouce de verdure. Les châteaux,
cet élément indispensable de tout paysage tyrolien, sont plus nombreux encore que dans
la vallée du nord : on en peut compter une trentaine dans la seule vallée de Méran. »
Le plus curieux est le château Tyrol, qui a donné son nom au pays ; il est près de Méran,
sur la pente de Küchelberg et domine l'un des plus beaux panoramas qui se puisse voir.

Roveredo, plus au sud, sur la route d'Italie, compte 11,000 habitants et fait un
commerce actif de vins, de soie et de peaux ; de belles vallées l'entourent, plantées de
mûriers et, sur les pentes, s'étagent de riches vignobles ; ceux de l'Isera produisent
l'un des meilleurs vins du Tyrol méridional. Ala, plus bas, sur la frontière italienne,
est aussi un centre vinicole ; Riva, 5,000 habitants, s'élève à l'extrémité du lac de
Garde, dans un site pittoresque.

Au nord-ouest du Tyrol, dans la vallée du Rhin, s'ouvre le Voralberg; il confine à la Suisse dont l'industrie déborde dans la région haute. Bregenz, capitale du Voralberg, renferme 5,000 habitants ; ce fut la *Bragantium* de Strabon et de Ptolémée, située à l'extrémité est du lac de Constance. Par son port, elle fait un commerce assez actif de céréales. Ici reparaissent les filatures de la Suisse ; elles se multiplient à Dombirm, gros bourg industriel plus peuplé que Bregenz et composé d'une longue et unique rue de manufactures de toiles et d'ateliers de broderies. Hohenems construit des maisons de bois; Feldkirch fabrique des cotonnades et des machines; Bludenz a des papeteries; Schruno, dans la vallée de Montafun, distille l'eau-de-vie de merises.

II. — SALZBOURG ET STYRIE. — CARINTHIE ET CARNIOLE.

A l'est du Tyrol et au sud des provinces de la Haute et de la Basse-Autriche, s'étendent le Salzbourg et la Styrie. L'exploitation des gisements de sel et des minerais constitue, avons-nous dit, leur principale industrie.

Salzbourg, capitale de la province du même nom, possède 27,000 habitants. Située sur les deux rives de la Salzach, elle est antérieure à l'entrée des Romains en Norique; pillée par les Goths en 278, par les Huns en 433, elle fut détruite par Vidomar en 476. Un duc bavarois fit don de cet amas de ruines à l'évèque Rupert de Worms qui, avec ces décombres, bâtit un monastère, autour duquel se groupa un village. Le village devint ville lorsque l'on découvrit les importantes salines dont Salzbourg tire son nom ; l'évèque devint archevêque, puis prince de l'Empire; le traité de Paris, en 1814, céda Salzbourg à l'Autriche. « Qui n'a pas vu Salzbourg n'a rien vu, » écrivait sir Humphrey Davy, et M. Joanne ajoute : « En la voyant, resplendissante au soleil avec ses larges façades blanches, ses toits plats, ses terrasses, ses coupoles d'églises et de couvents, ses fontaines, on la prendrait pour une jeune cité italienne; mais elle doit surtout la réputation méritée dont elle jouit à sa position qui est presque unique et à ses environs qui peuvent rivaliser avec les régions les plus admirées de la Suisse. Nulle part, dans toute l'Allemagne, la nature n'a su se montrer aussi pittoresque, aussi charmante et aussi belle. »

Hallein, au sud de Salzbourg et sur la rive gauche de la Salzach, est renommée pour ses salines dont on extrait annuellement 300,000 quintaux de sel. Gastein, dans le Pinzgau, exploite des sources thermales. Zell est dans la vallée du Zillertha, au sud de la vallée de l'Inn, l'une des plus curieuses à visiter. Autour de Zell se dressent les pics du Hainzenberg, de la Gerloswand, du Tristempitz, et se déroulent les glaciers de l'Ingent, 2,915 mètres.

Gratz, capitale de la Styrie et cinquième ville de l'Empire, renferme 106,000 habitants. Elle est située sur les deux rives de la Mur et a vu, depuis quelques années, sa population s'accroître rapidement. L'unique grande ville des Alpes Autrichiennes est admirablement placée en dehors des hauts massifs, sur la route maîtresse qui relie

Vienne à Trieste et à l'Adriatique, dans une plaine fertile et bien arrosée, dans un cadre pittoresque. La proximité des belles vallées de la Styrie attire à Gratz de nombreux touristes ; le voisinage des mines de fer alimente son industrie ; le bas prix de la vie, ses bibliothèques, ses musées invitent les hommes de science et les fonctionnaires retraités à s'établir dans cette ville, qui est l'une des plus agréables résidences de l'Autriche.

Marburg, plus au sud, sur la Drave, possède 18,000 habitants. C'est une ancienne ville vende, un centre plus agricole que manufacturier, dont le commerce principal consiste en céréales et en bois. Sur la lisière de la Carniole se trouvent les ruines de l'antique *Celleia* que fonda l'empereur Claude ; elles couvrent plusieurs kilomètres d'étendue et dans les amas de décombres on a retrouvé de nombreux objets de l'époque romaine réunis dans le musée de Cilli, petite ville de 5,000 âmes située sur une partie de l'emplacement qu'occupait sa devancière. Bruck, 10,000 habitants, au confluent de la Mur et de la Murg, dans une région forestière, fait un important commerce de bois ; Aussée exploite des salines et des eaux thermales. Eisenerz est au centre de la région du fer, près de l'Erzberg, la montagne du fer, exploitée depuis l'ère chrétienne, toujours riche en minerais et que fouillent sans relâche plus de 4,000 ouvriers. Elle rend, avons-nous dit, 200,000 tonnes de minerais et telle est la richesse du gisement que, d'après les calculs faits, elle en peut donner encore autant pendant plus de dix siècles.

Au sud de la Styrie et du Salzbourg s'ouvrent la Carinthie que sillonnent les Alpes Carniques, et la Carniole qu'arrosent la Save et ses affluents. Klagenfurt, la *Claudia* romaine, peuplée de 20,000 habitants, capitale de la Carinthie, est située sur la Glau, qu'un canal réunit au Wœrthersee, sur les rives charmantes duquel s'élèvent de nombreuses villas. Klagenfurt, ville industrielle, renferme des manufactures de draps et des fabriques de céruse. On retrouve ces dernières à Willach, petite ville de 5,000 âmes ; Bleiberg, également peuplée, exploite des mines de plomb et de zinc ; Saint-Veit, ancien chef-lieu de la province, s'est enrichi par le commerce des fers ; de vieux châteaux s'élèvent sur les hauteurs qui l'entourent et attestent l'ancienne importance de ce bourg industriel. Ferlach, 4,000 habitants, contient des fabriques d'armes à feu ; à Wolfsberg, à Huettenberg on extrait le minerai, on travaille le fer. Il constitue la principale industrie de toute cette région active et industrieuse dont les produits se concentrent dans les entrepôts de Saint-Veit.

Laibach, capitale de la Carniole, sur les deux rives de la rivière du même nom, renferme 28,000 habitants. Elle s'élève sur l'emplacement de l'ancienne *Emona*, détruite par les Huns au v⁰ siècle, sur la route de l'Adriatique au Danube, au seuil du col de Nauportus qu'elle ferma aux Turcs. Ville militaire elle fut aussi ville politique ; dans ses murs se réunit en 1820 le Congrès qui mit fin au régime constitutionnel dans le royaume de Naples. A l'ouest de Laibach se trouvent les mines de mercure d'Idria, 5,000 habitants, située dans un vallon que dominent de hautes collines boisées ; après celles d'Almaden, en Espagne, ces mines sont les plus riches de l'Europe ; on en extrait annuellement 3,000 quintaux de mercure et 1,000 de cinabre.

LE CHATEAU DE MIRAMAR.

Krainbourg, 3,000 habitants, est un centre métallurgique, ainsi que Neumarkt. Stein fabrique des dentelles, Tœplitz exploite des sources thermales. Les deux curiosités naturelles de cette région, sont les grottes d'Adelsberg et le lac de Zirknitz. La grotte d'Adelsberg est l'une des plus vastes de l'Europe ; elle renferme de merveilleuses stalactites et des salles hautes de 30 mètres et longues de 120. Le lac de Zirknitz était connu des anciens ; Strabon en fait mention. « Sa profondeur, écrit M. Joanne, ne dépasse pas 4 mètres, mais son lit est percé de trous, *Sauglœcher*, dont le plus profond. *Grosse Seib*, a 18 mètres. Son bord oriental est plat, du côté de l'ouest il est dominé par les pentes boisées du Javornitz. Il renferme plusieurs îles. Ce qui le distingue des autres lacs connus, c'est qu'à certaines époques, pendant l'été surtout, il disparaît complètement pendant des semaines et même des mois entiers. Alors les habitants de ses rives chassent et labourent là où ils pêchaient quelques jours auparavant ; puis tout à coup, les eaux reviennent, et avec les eaux les poissons. Il se vide en 20 jours au moins et il se remplit en 24 heures. »

III. — ISTRIE ET DALMATIE. — LITTORAL AUTRICHIEN.

La presqu'île triangulaire de l'Istrie se détache en relief saillant dans l'Adriatique, formant, au nord, le golfe de Trieste, au sud celui de Quarnero, au fond duquel s'élève Fiume. La muraille pierreuse du Carso sépare l'Istrie de la Carniole. Sur le versant du golfe de Trieste, le sol s'incline en pente douce, la côte se découpe en anses nombreuses formant à chaque petite ville qu'elles abritent des ports faciles d'accès ; les falaises y sont rares, rares aussi les écueils. Sur la plage s'ouvrent des vallées gracieuses et sur les coteaux arrondis s'étagent les vignobles et croissent les oliviers ; c'est la côte privilégiée qu'arrosent de nombreuses rivières et au long de laquelle s'élèvent de pittoresques villas. Il n'en est pas de même du versant de l'est, du golfe de Quarnero. La *bora*, le vent du nord-est, y alterne avec le sirocco, rendant plus dangereux l'accès de passes semées de récifs, resserrées entre de grandes îles. Mais ces obstacles franchis, à mesure que l'on pénètre dans le golfe, une autre nature se révèle ; les hautes falaises s'abaissent, leurs pentes abruptes s'adoucissent, le paysage, plus riant, revêt les formes un peu grêles mais gracieuses des paysages de la Grande-Grèce.

Trieste, le grand port autrichien de l'Adriatique, fait face à l'Istrie dont son golfe la sépare. Peuplée de 160,000 habitants, Trieste est la troisième ville de l'Empire, la première par son activité et son mouvement commercial. « Du plus loin qu'on l'aperçoit, écrit M. Ch. Yriarte, Trieste se présente gracieusement au voyageur, assise au pied des premiers étriers du Carso ; ses blanches villas s'élèvent sur les collines, son château fort aux lignes sévères la domine ; à sa base, les immenses bâtiments réguliers, arsenaux et magasins, baignent leur pied dans la mer. Les mâts des navires, pressés et nombreux, se détachent sur ce fond clair ; à droite, la côte d'Istrie, basse et d'un ton bleuâtre, se prolonge et se perd ; le port de Capo-d'Istria, et Pirano bâti sur une colline, ferment le golfe par un point blanc nettement accusé. La ville, si ancienne par les souvenirs et par l'origine, date cependant d'hier; il ne reste de l'antique cité que des ruines. Au cœur même, les vieux quartiers droits, noirâtres, mais construits de manière à éviter le souffle meurtrier de la Bora, se dénoncent par le contraste qu'ils forment avec les grandes constructions nouvelles, blanches et régulières. Les rues sont vivantes, animées, les places encombrées; on sent que le temps c'est de l'argent et, dans cette atmosphère et sous ce ciel italien, cette activité du nord et cette agitation inquiète frappent vivement l'étranger. On vit dans la rue, on commerce sur la place ou sur le quai. Trieste est un colossal entrepôt et un prodigieux comptoir. Port franc privilégié, heureusement placé au point de départ de la route d'eau qui mène d'Allemagne en Orient, on sent qu'il abrite une agglomération de banquiers, de commerçants, de courtiers, d'intermédiaires de toute sorte entre le monde qui consomme et la région qui produit. »

Goritz, 23,000 habitants, est au nord de Trieste, sur la rive gauche de l'Isonzo. Adossée à de riantes collines, cette ville, que l'on a surnommée la Nice autrichienne, domine une plaine fertile; son doux climat en fait une station hivernale fréquentée; les événements politiques en firent l'asile et la nécropole d'hôtes princiers. Résidence de Charles X qui y mourut en 1836, elle garde son tombeau et celui du comte de Chambord. Sur l'un des promontoires de la baie de Trieste s'élève le château de Miramar, que fit construire l'infortuné Maximilien d'Autriche dont la tragique destinée d'empereur du Mexique s'acheva à Queretaro où il fut fusillé le 15 mai 1867. Le pauvre village d'Aquileja campe sur les ruines d'Aquilée, la seconde Rome, l'une des clés de l'Empire, peuplée, au temps de sa prospérité, de 130,000 habitants. A Aquilée s'entassaient les approvisionnements des légions, se déchargeaient les blés de l'Afrique. D'Aquilée, trois grandes voies militaires s'enfonçaient en éventail dans les trois provinces romaines de l'Europe orientale.

Parenzo, chef-lieu de l'Istrie, n'a que 4,000 habitants. Capo-d'Istria, au nord, en face de Trieste, est plus peuplée et en compte 10,000. Son dôme et son palais municipal s'élèvent sur l'emplacement d'un temple de Cybèle. Pisano est un port de pêche; Muggia abrite les chantiers maritimes du Lloyd. Rovigno, 11,000 habitants, fait un commerce important d'huiles d'olives. Pola, plus au sud, près de la pointe méridionale de l'Istrie, renferme 18,000 âmes. Colonie thrace, puis romaine, elle garde à travers les siècles l'empreinte de Rome dans ses portes d'Hercule, *Gemina* et *Aurata*, dans son colossal amphithéâtre à peine entamé par le temps et dont la grandeur massive, la construction logique et simple, laissent avec l'impression d'une inflexible volonté, le symbole le plus parfait peut-être du génie romain. Aujourd'hui, port de guerre et d'arsenaux, elle est le Gibraltar de l'Adriatique.

Par delà Pola et le Promontore, cap de l'Istrie, s'ouvre le golfe de Quarnero et se déroulent ses îles nombreuses. Lussin-Piccolo, chef-lieu de l'île Lussin, et port d'armement, renferme 8,000 habitants. Veglia, dans l'île du même nom, en a 4,000 et fait un commerce actif de vins, de bois et de bestiaux. Cherso exporte des bois et des liqueurs; autour de Cherso gravitent les petites îles de Hevrera, Sansego, Unie,

Plaunich, peuplées de marins et de pêcheurs comme elles l'étaient autrefois de pirates.

Au sud de l'Archipel commence la longue côte de Dalmatie, adossée à la partie méridionale de la chaine du Velebit et des Alpes Dinariques, haute muraille de pierre, déboisée comme le Velebit et qui court parallèlement à l'Adriatique jusqu'au sud de Spalato, où elle rejoint le massif du Biokovo ; par l'Herzégovine et la Bosnie, les Alpes Dinariques se relient au nœud des Balkans et au massif du Pinde. La Dalmatie mesure 375 kilomètres de longueur, sa largeur varie de 60 kilomètres au nord, à quelques kilomètres au sud, où elle s'effile en une langue de terre de deux kilomètres étranglée entre la mer et les montagnes. La barrière montagneuse qui la sépare de la Bosnie, de l'Herzégovine et du Monténégro n'excède pas 1,800 mètres à son point culminant et se maintient entre 450 et 600. Le trait caractéristique de la Dalmatie est d'être sillonnée, dans toute sa longueur, par une série de crêtes, parallèles à la chaine maîtresse et à la mer et dont l'altitude décroît à mesure qu'elles s'enfoncent dans le sud. Entre ces crêtes se creusent de longues vallées longitudinales, percées çà et là de trouées perpendiculaires ouvrant une issue aux eaux vers l'Adriatique.

Un autre trait non moins caractéristique de la Dalmatie est l'universelle fissuration de son sol. Il n'est pas jusqu'aux pierres qui le jonchent qui ne soient fendillées, percées de trous microscopiques. Toute cette côte est poreuse et les pluies abondantes qui l'arrosent s'écoulent sans laisser de traces, sans éveiller la végétation. Le vent souffle, le soleil brille, et le sol essuyé reprend sa teinte blanche. Ni torrents ni ruisseaux ne descendent des montagnes calcaires et ne fertilisent les vallées. Absorbées par les roches poreuses, les eaux disparaissent dans des canaux souterrains pour rejaillir plus bas, au long de la côte, parfois même en mer; le plus souvent elles forment, sur le bord du rivage, de petits fleuves aussi courts qu'abondants, navigables de leur source à leur embouchure, telle l'Ombla aux sources énormes, monumentale fontaine qui se déverse dans l'Adriatique à quelques pas de son berceau.

Aujourd'hui dénudées, ces montagnes furent autrefois couronnées d'épaisses forêts; les barbares les incendièrent, les pâtres achevèrent leur ruine et les pluies ont entraîné dans les vallées la couche de terre qui recouvrait le roc. « Ce que fut la Dalmatie sous la domination romaine, écrit un anonyme dans la *Revue des Deux-Mondes*, les monuments l'attestent à chaque pas. Partout les trophées noircis des arcs de triomphe, l'élégante rotonde des temples, les chapiteaux à feuilles d'acanthe, les aqueducs mutilés, jetant dans la campagne leur grande ombre inutile, les fragments de routes égarés parmi les sentiers abrupts, les amphithéâtres découronnés, les inscriptions, les pierres tumulaires, les pauvres victoires aux ailes cassées qui moisissent dans les coins verdâtres, tout ce passé porte un cachet de grandeur qu'on n'a pas revu depuis. La Dalmatie, plus tard, a connu des jours glorieux ; elle a célébré d'autres triomphes que ceux des proconsuls. Mais jamais elle ne devait retrouver une prospérité si égale ni un système si bien lié. Les débris romains, comparés aux créations plus récentes, ressemblent aux restes d'un être plus grand et plus fort, dont la charpente aurait été brisée en morceaux. »

La Dalmatie est restée agricole et la culture occupe plus de la moitié de sa population d'environ 500,000 âmes. Elle est, au milieu de l'Europe, une terre privilégiée, riche en huile et en vins ; le muscat rose d'Almissa, le malvoisie de Raguse, le marzamin de Teodo sont renommés, ainsi que les liqueurs de Zara, dont le marasquin est la plus connue. Les montagnes nourrissent des bestiaux et les populations de la côte s'adonnent à la pêche du poisson, des éponges et du corail.

Zara, 24,000 habitants, capitale de la Dalmatie, est située à l'extrémité septentrionale de la province, sur une langue de terre qui s'avance dans la mer. Les Vénitiens en firent une île, coupant par des canaux le mince pédoncule qui rattachait Zara à la terre ferme. Ville séduisante d'aspect, dominée par son château fort construit au sommet d'une colline, Zara est italienne, bien que la masse de sa population soit slave d'origine. Spalato, plus au sud, 12,000 habitants, est le port commercial de la Dalmatie, le grand entrepôt des vins de cette région. Elle est surtout célèbre par les ruines colossales du palais de Dioclétien. Toute une ville s'est incrustée dans ces ruines, inépuisable carrière de pierres qui ont servi à bâtir Spalato : un ancien corridor du palais forme, à lui seul, une rue. Dans ces vieux murs, les habitants de Salone détruite par les Barbares, vinrent camper ; du palais ils firent une ville, *ad palatium*, d'où le nom de Spalato ; aujourd'hui cette ville prospère et grandit, elle déborde hors de l'enceinte de la demeure de Dioclétien, ce grand bâtisseur qui édifia à Rome des thermes, à Palmyre des temples, à Carthage et à Circée, à Milan et à Nicomédie des monuments fameux que payèrent les trésors de l'Orient, et qui, lassé de triomphes et de splendeurs, construisit, pour y finir ses jours, ce palais devenu une ville au bord de l'Adriatique.

Autour de Spalato se groupent les petits centres de Trau, d'Almissa renommée pour son muscat, de Macarsca, de Metkovie sur la Narenta, de Klek dont le port appartenait à la Turquie. Au sud de Spalato, et relevant d'elle, s'étendent les îles de Brazza, 13,000 habitants, riche en bois, en vins et en bétail, de Lésina et de Lassa.

Raguse, plus au sud, est l'une des villes importantes de la Dalmatie, moins par sa population de 16,000 âmes, que par son commerce de viandes, de vins et de liqueurs, que par son passé historique et militaire. Fille de la mer comme Venise, gréco-latine d'origine, elle fut, sous la suzeraineté nominale des empereurs de Byzance, une république indépendante, une rivale de Venise et de Pise par son négoce, de Florence par sa culture intellectuelle. L' « Athènes Slavonne », comme on la surnomma, sut tenir tête à ces puissantes cités ; il fallut, pour l'abattre, des désastres inouïs : l'incendie en 1450, la peste de 1461 et celle de 1484 qui lui enlevèrent plus de 23,000 habitants, le tremblement de terre de 1667 qui en engloutit 5,000 et enfin, en 1808, le décret de Napoléon Iᵉʳ qui supprima la république, et annexa la ville au royaume d'Illyrie. Marmont, qui défendit victorieusement ce point si important contre les attaques des Russes et des Monténégrins en 1807, reçut le titre de duc de Raguse ; en 1815 la ville et son territoire passaient aux mains de l'Autriche.

Au large de Raguse s'allongent les dernières petites îles Dalmates, dont l'écrivain anonyme cité plus haut a bien décrit le charme pénétrant : « Quelle grâce répandue dans ces îles ! Je ne parle pas seulement des plus grandes, ces princesses dépossédées, qui paient aujourd'hui la rançon de leur célébrité, Lésina, bien pauvre, et martiale

encore sans son double château, Curzola qu'on appelait autrefois Corcyre la noire, à
cause de ses bois, et qu'il faudrait appeler Corcyre la chauve. Non, celles qui m'attirent,
ce sont les plus petites ; trop modestes pour tenter la convoitise des conquérants, elles
ont mieux gardé, dans leur étroite enceinte, l'intime parfum de jadis, comme un flacon
retient l'arome de la liqueur qu'il a contenue. Voici, par exemple, Lacroma, devant
Raguse : on aborde par un degré de marbre dont les lignes roses s'enfoncent en trem-
blant sous les vagues. Là, parmi les cactus et les roses se dressent les murs peu sévères
d'un couvent délabré. Les moines qui vécurent dans cette retraite ne devaient être ni
chartreux ni trappistes. Cette mer un peu païenne arrête au passage le rêve mystique.
On évoquerait plutôt, sur une telle plage, les entretiens d'un Socrate, c'est-à-dire un
mélange d'enthousiasme et d'ironie, un essaim d'idées légères, ailées, vagabondes, sur
un fond de grandes idées, simples comme l'horizon. »

Aux bouches de Cattaro finit la Dalmatie. Au-dessous, la côte s'effile et fuit rejoignant le littoral turc. Une île barre l'entrée du golfe auquel elle ne laisse accès que par
deux passes ou *bouches ;* Cattaro, au fond du golfe, est adossée à la montagne, âpre,
dénudée, qui la surplombe et, l'hiver, lui masque les rayons du soleil. Cattaro sert
d'entrepôt et de port au commerce du Monténégro.

II

PAYS CISLEITHANS DU NORD

I. — HAUTE ET BASSE-AUTRICHE.

La Marche orientale, OEsterreich, qui donna son nom à l'Autriche proprement dite,
et, par extension à l'Empire, n'occupe guère qu'un vingtième de sa superficie totale,
31,750 kilomètres carrés. Elle se divise en deux provinces : la Haute et la Basse-
Autriche et dessine sur la carte un sillon largement ouvert entre les montagnes de la
Bohême et les Alpes, au long duquel le Danube coule de l'ouest à l'est. Fermé par
les montagnes au nord et au sud, ce sillon relie les plaines de la Bavière à celles de la
Hongrie, il est la grande route d'Orient en Occident, le Marchfeld, l'un des séculaires
champs de bataille de l'Europe. La Haute-Autriche confine à la Bavière à l'ouest, à la
Bohême au nord, à la Basse-Autriche à l'est, au Salzbourg et à la Styrie au sud ; Linz est
sa ville principale.

Située sur la rive droite du Danube, Linz renferme 46,000 habitants ; elle fut la
Lentia romaine et, depuis 1490, le chef-lieu de la Haute-Autriche. Napoléon Ier y
établit son quartier général pendant la campagne de 1805 ; l'Autriche en a fait depuis
un vaste camp retranché. Linz occupe, en effet, un point stratégique important, au
débouché de la Bavière et sur la route de Vienne. A peu de distance, dans le sud-est,

Enns est une place forte et aussi une petite ville industrielle de forges et de filatures. A Grein, s'ouvre la trouée du Danube entre deux hautes montagnes boisées : le défilé du Strudel, ou tourbillon, très redoutable autrefois, aujourd'hui rendu accessible aux bateaux à vapeur depuis qu'on a fait sauter le banc de rochers qui s'étendait d'une rive à l'autre et que l'on a rectifié le chenal de la navigation.

Au sud de Linz, Ried, Wels, Gmunden sont de petites villes industrielles de 5,000 à 8,000 âmes où l'on tisse les toiles et on forge le fer. Steyer, 13,000 habitants, située au confluent de l'Enns et de la Steyer, est plus importante et prend un essor rapide grâce à sa manufacture d'armes et de machines électriques et à sa fabrication de fers et d'aciers.

La Basse-Autriche confine à la Bavière et à la Haute-Autriche à l'ouest, à la Moravie au nord, à la Styrie au sud et à la Hongrie à l'est. Vienne, sa ville principale et la capitale de l'Empire, est l'une des grandes et belles villes de l'Europe, peuplée de 1,350,000 habitants. Elle est merveilleusement située au cœur du continent, à l'intersection des routes de l'Adriatique à la mer du Nord, de l'Atlantique à la mer Noire. Le canal du Danube la sépare en deux parties et les montagnes qui encadrent sa plaine ont conservé leur riche parure de forêts. Les hautes tours gothiques de la cathédrale de Saint-Étienne dominent la ville ; de la plate-forme du sud, les guetteurs fouillant la plaine surveillaient autrefois les incursions des Turcs. Sentinelle avancée de la chrétienté, Vienne est devenue aujourd'hui l'un de ses centres intellectuels et luxueux, l'une de ses villes les plus brillantes et les plus gaies. « Au sommet de la tour de Saint-Étienne, écrit M. Victor Tissot, le bruit de la ville ressemble à la respiration sourde de l'Océan ; au milieu de ce fouillis, de cet entassement de maisons aux toits soulevés et penchés comme des vagues, la cathédrale se dresse pareille à un récif ; on dirait que les cheminées des fabriques qui fument çà et là indiquent des paquebots à l'ancre et les faubourgs aux agglomérations blanches moutonnent à l'horizon comme des flots couverts d'écume. En cherchant les rives de cette mer, le regard glisse à l'est sur les plaines de la Hongrie et va se perdre jusqu'en Galicie et dans les défilés des Carpathes. C'est par le Danube que s'est opéré le grand écoulement des peuples ; c'est le long du Danube que s'est jadis avancée la barbarie ; c'est par le Danube que marche aujourd'hui la civilisation et le fleuve tient les clefs de l'Orient.

Ville de luxe et de plaisir, Vienne est aussi une ville de grande activité industrielle, le centre manufacturier de l'Empire dont toutes les races contribuent à la peupler. Elle excelle surtout dans la fabrication des articles dits « de Vienne » qui seuls peuvent rivaliser avec ceux de Paris. Elle est aussi l'un des foyers scientifiques de l'Europe ; son université, sa faculté de médecine attirent des milliers d'étudiants ; ses musées, ses collections sont célèbres.

Schœnbrunn et Luxembourg, Liesing et Baden, Schwechat et Mariabrunn font à Vienne une ceinture de résidences royales, de rendez-vous populaires, de villes, tandis que Bruck, Hainbourg, Klosterneubourg l'encadrent de centres industriels actifs. Au sud, Wiener-Neustadt renferme une école militaire, des ateliers de construction de machines, des raffineries. Neuenkirchen est un centre de filatures,

Waidhofen un centre métallurgique. Krems, dans la Mandhartsberg, fabrique des soieries et des velours, Korneubourg des tapis. Aspern, Engersdorf, Essling, Wagram rappellent les souvenirs des grandes luttes militaires.

II. — BOHÊME.

La grande forteresse quadrangulaire qui domine les basses plaines de l'Allemagne constitue le véritable centre du continent. Si, géométriquement, ce centre est reporté plus à l'est, en Pologne, géographiquement, il se trouve dans ce cadre naturel de montagnes aux lignes régulières se coupant à angles droits. On a souvent comparé l'intérieur de la Bohème à un bassin ; elle en a les contours, les bords relevés, mais non le fond plat ; son sol s'incline du sud au nord, formant une succession de terrasses étagées et allongées, sur les pentes desquelles l'Elbe, né dans les plateaux marécageux au pied du Riesengebirge, descend vers l'Allemagne, tandis que la Morava, issue sur l'autre versant des monts, coule vers le Danube qui l'emporte à la mer Noire.

De tous côtés les montagnes enserrent et ferment la Bohème dont les eaux concentrées dans le bassin de l'Elbe s'écoulent par la fissure que le fleuve s'est creusée au nord. Sur la frontière prussienne se dressent, sur 200 kilomètres de longueur, les Riesengebirge ; au long de la Saxe, l'Erzgebirge s'étend sur 300 kilomètres ; du côté de la Bohème, le Bohmerwald ou forêt de la Bohème, déroule son plateau de 250 kilomètres, enfin, sur la frontière de Moravie, les monts Moraves forment une série de hautes collines mesurant 230 kilomètres de longueur.

Dans ce quadrilatère de 1,100 kilomètres et d'une superficie de 51,956 kilomètres carrés que l'Allemagne enserre au nord et à l'ouest, s'étend la terre des Tchèques, primitivement celle des Boïens. Nous avons dit plus haut comment ce peuple slave tint Charlemagne en échec. Depuis, il ne s'est pas montré moins réfractaire à l'influence germanique et les Tchèques ont réussi, malgré leur infériorité numérique, à ne pas se laisser entamer par l'élément ethnique allemand. Leur nationalité vivace et résistante s'est maintenue à travers les épreuves ; elle a résisté à l'immense tuerie de la guerre de Trente ans qui dépeupla la Bohème et sa sœur la Moravie, réduisant de 3 millions à 750,000 le chiffre des habitants, contraignant les États moraves à proclamer qu'il était permis à chaque homme d'épouser deux femmes pour repeupler la région déserte.

Encore aujourd'hui, en Bohème, la lutte entre les deux races se poursuit, ardente, passionnée ; Tchèques et Allemands se haïssent. « Aux yeux du Tchèque, écrit M. E. Reclus, l'Allemand est un « lourdaud » une « brute » une « punaise » ; pour le Germain, le Bohémien est un « menteur et un reptile ». L'antagonisme des deux nationalités est d'autant plus grave que dans la plupart des districts il coïncide avec les différences de classe. En général, la bourgeoisie des villes est allemande, tandis que les Tchèques appartiennent à l'aristocratie ou constituent la foule des paysans, et, dans les régions industrielles, la grande majorité des ouvriers. La classe moyenne n'est guère représentée parmi les Slaves de Bohême et de Moravie que par les employés de toute espèce, d'ailleurs fort nombreux. En regard des Tchèques et des Allemands, les Polonais et les Juifs ne constituent que des minorités, mais les Juifs, aussi nombreux que les Polonais, environ 160,000, sympathisent avec les Allemands.

Les petits centres sont nombreux en Bohême, mais on y rencontre peu de villes. La plus considérable et de beaucoup la plus peuplée, Prague, capitale de la Bohême, est, par le chiffre de ses habitants, 304,000, la seconde ville de l'Autriche et la troisième de l'Empire, après Vienne et Buda-Pest. Prague, « la ville aux mille tours », s'élève sur les deux rives de la Moldau, au centre géométrique de la Bohême, au point de jonction des voies naturelles, au point de rencontre des eaux, au point intermédiaire entre les hautes et les basses terres. Une grande ville devait s'élever sur l'emplacement qu'elle occupe, dans ce cadre de hauteurs qui fait de Prague la place forte de la Bohême et que couvre une formidable enceinte de 15 kilomètres de développement. Prague tint une grande place dans l'histoire de la Bohême ; par la Défénestration de Prague, en 1618, commença la guerre d'extermination qui faillit anéantir la nationalité tchèque : du Belvédère, qui couronne la belle promenade du plateau de Stradschin, on voit se profiler à l'horizon la Bila-Hora, la montagne Blanche, au pied de laquelle la Bohême fut écrasée.

Ville épiscopale et universitaire, capitale et place d'armes, arsenal et cité manufacturière, Prague renferme des monuments, des églises, des musées, des collections, des canons, des fabriques et des manufactures. Serrée dans son corset de pierres, de citadelles et de forts, elle ne peut s'agrandir que du côté de l'est, et, par là, déborde et s'étend. Son industrie s'accroît par la proximité du bassin houiller dont Kladno est le centre et, autour d'elle les usines se multiplient. Kladno, 12,000 habitants, possède les plus grands établissements métallurgiques de la Bohême ; Horowitz exploite les minerais de fer ; à Pribram se trouve l'académie des mines, Rakonitz a des verreries et des papeteries, Schlan fabrique des draps et raffine les sucres.

Budweis, chef-lieu de la Bohême méridionale, sur la haute Vlatva, est un centre important, peuplé de 20,000 habitants. A Budweis s'entreposent les produits de la région adjacente, des petites villes industrielles de Gratzen, Neuhaus, Krummau, peuplées de 6,000 à 8,000 habitants. Tabor, plus au nord, joua un grand rôle dans la guerre des Hussites ; aujourd'hui la vieille ville turbulente est une paisible bourgade, mais en mémoire de la grande réunion des Tchèques dont Tabor fut le théâtre, son nom est devenu synonyme d'assemblées populaires. Pisek, au cœur d'une région forestière, est entourée de châteaux ; elle compte 60,000 âmes et possède, outre des filatures, des fabriques d'instruments de musique. Strakonitz, Schnetenhofen, Deffornik, petites villes manufacturières, oscillent entre 4,000 et 8,000 âmes.

Pilsen, dans l'ouest, plus importante et plus peuplée, renferme 50,000 habitants ; ses foires sont très fréquentées et sa bière s'exporte en Amérique, en Égypte, aux Indes, dans le monde entier. Située au cœur du bassin houiller, Pilsen se trouve aussi au point de raccordement des voies ferrées. Au sud de Pilsen, Tans et Klattau fabriquent des rubans et des lainages. Eger est dans le nord-ouest, dans la vallée du même nom, sur

LE VIEUX PONT, A PRAGUE.

la frontière de Bavière et de Saxe, entre les grandes stations thermales de Marienbad. Carlsbad et Franzensbad, envahies, chaque année, par de nombreux visiteurs qu'attirent, outre les eaux, le site historique d'Eger et son hôtel de ville, théâtre de la fin tragique de Wallenstein. Graslitz, Joachimsthal, Elbegen fabriquent des dentelles, des broderies et des porcelaines et exploitent des mines de plomb et d'étain. Dans le voisinage de Saaz, centre de la culture du houblon, se trouvent les sources minérales de Pulna et de Sedlitz, ainsi que les bourgs manufacturiers de Kaaden, Bruex, Komotau.

Téplitz, 12,000 habitants, située plus au nord, exploite des eaux thermales presque aussi renommées que celles de Carlsbad ; Aussig, ville d'avenir, grandit dans un cadre agricole et industriel ; près de là Lovositz et Leitmoritz sont des centres viticoles, Rumbourg, Warnsdorff, Haida, Nixdorf fabriquent des toiles, des cotonnades, des verreries et des gants. Reichenberg, au nord, est la grande ville de cette région, elle est aussi l'une des portes de la Bohême du côté de la Silésie allemande, dans la dépression qui s'ouvre entre l'Isergebirge à l'est et les monts Jeskken à l'ouest. Peuplée de 32,000 habitants, Reichenberg est un foyer industriel autour duquel gravitent les petites villes de Jung-Bunzlau, Gabel, Zwickau, Liebenau, Turnau, Reichstadt.

Trantenau, dans l'est, garde, comme Reichenberg au nord, l'un des seuils d'accès de la Bohême, celui qui s'ouvre à l'extrémité du Riesengebirge, de la montagne des Géants.

La série des bourgades manufacturières se continue par Neu-Bydzow, ses raffineries de sucre et ses tanneries, par Lomnitz, où l'on travaille les pierres fines, par Hohen-Elbe et Rochlitz, par Kuttenberg, Pardubitz et Chrudim plus importantes. Au sud, où se dressait la forteresse de Königgratz, démantelée en 1882, s'élève celle de Josephstadt dont les Autrichiens et les Prussiens se disputèrent les défilés, s'ouvrent les champs de bataille de Caslav où Frédéric II conquit la Silésie, de Kolin témoin de la défaite de Frédéric II par les Autrichiens en 1757, de Sadowa où la Prusse prit sur l'Autriche une terrible revanche de Kolin. Austerlitz est plus à l'est, dans la Moravie.

III. — MORAVIE.

Cette région, que les Romains ne soumirent jamais complètement, fut successivement occupée par les Boïens, par les Quades et les Marcomans, par les Hérules et les Langobards. Les derniers venus furent les Slaves, chassés par les Bulgares des rives du Danube. La Moravie date du IXe siècle ; jusque-là elle n'est connue que par le nom de sa rivière nationale, la Morava, affluent du Danube. De légendes, elle n'en a pas et quand elle fait son apparition dans l'histoire c'est comme un champ de conversions religieuses que l'Allemagne envahit et qui se montre réfractaire à ses efforts : *rudis adhuc christianitatis*, rebelle au christianisme, déclarait en 852 le concile de Mayence.

Elle ne l'était qu'à l'influence germanique contre laquelle elle se raidissait et qu'elle a toujours repoussée. On le vit bien par l'accueil qu'elle fit aux apôtres Cyrille et Méthode que l'empereur Michel III envoya en Moravie sur la demande de Rostislav, chef des Moraves. « Alors, dit un vieux récit slave, conformément à la parole du prophète, les oreilles des sourds s'ouvrirent et la langue des muets se délia. » Non seulement Cyrille et Méthode-parlaient leur langue et ne prétendaient pas, comme les missionnaires germains, substituer l'allemand au slave, mais ils leur apportaient l'alphabet qui faisait encore défaut aux Moraves et auquel le nom de Cyrille demeure encore attaché : l'alphabet Cyrillique. En 870 la Moravie, connue sous le nom de *Grande-Moravie*, comprenait, outre la Moravie actuelle, la Bohême, la Lusace, le Brandebourg, la Poméranie, la Silésie, une portion de la Pannonie et la Dalmatie. Depuis, partagée, démembrée et dépecée entre l'Allemagne, la Bohême et la Hongrie, ce qu'il en subsista devint un margraviat incorporé à la Bohême dont désormais la Moravie suivit le sort, avec elle État indépendant, avec elle, en 1526, passant sous la domination de l'Autriche.

La Moravie est séparée de la Silésie par les monts Sudètes, de la Bohême par les monts Moraves, de la Hongrie par les petites Carpathes ; le sol de la Moravie est accidenté, montueux et médiocrement fertile ; le climat est rude, l'industrie générale, le sous-sol riche. Les villes, moins nombreuses qu'en Bohême, sont relativement plus peuplées, bien qu'aucune n'ait l'importance de Prague. Brünn, capitale de la Moravie, renferme 87,000 habitants ; située sur la Zvittava qui, par la Thaya, se déverse dans la Morava, elle est dominée par la forteresse du Spielberg, prison politique dans laquelle fut détenu Silvio Pellico. Brünn, grande ville industrielle, se déploie dans une enceinte de manufactures et de fabriques toujours en activité ; elle est surtout renommée pour ses étoffes et ses draps. Zwittau et Boskowitz, plus au nord, sont, l'une ville manufacturière, l'autre ville thermale ; dans l'est et plus rapproché de Brünn, se trouve le village d'Austerlitz, célèbre par l'éclatante victoire que Napoléon Ier y remporta sur les armées autrichienne et russe, commandées par les empereurs François et Alexandre, d'où le nom de bataille des trois empereurs donné à cette sanglante rencontre qui amena la paix de Presbourg.

Olmütz, au nord-est de Brünn, compte 20,000 habitants. Place forte et ville militaire, elle couvre la haute vallée de la Morava, le seuil d'accès qu'ouvre sur la Silésie la dépression du Gerenke entre les Carpathes et le Riesengebirge. Dans la même vallée, Schönberg, 8,000 habitants, adossée aux contreforts des Sudètes, exploite ses gisements de fer et ses usines métallurgiques ; Sternberg, 15,000 habitants, fabrique des toiles damassées ; Prossnitz, 16,000 habitants, située dans les riches plaines de la Hana, est à la fois un entrepôt agricole et une ville manufacturière. Hradisch, vieille forteresse, s'élève dans le voisinage de Vellehrad, ancienne capitale de la Grande-Moravie ; Znaym, 12,000 habitants, Nikolsbourg, 10,000, et Grand-Meseritsch sont des centres de culture. Iglau, 22,000 habitants, est une ville en pleine croissance ; autrefois l'un des centres miniers les plus importants de l'Europe, elle donna son nom à un code minier qui a longtemps fait loi en matière d'exploitation ; aujourd'hui Iglau possède des fabriques considérables de draps et de lainages.

IV. — SILÉSIE AUTRICHIENNE. — GALICIE. — BUKOVINE.

La Silésie autrichienne n'est qu'un fragment détaché de la grande province que Frédéric II arracha à Marie-Thérèse, laquelle n'en put garder que 5,140 kilomètres carrés peuplés d'environ 500,000 habitants. Ainsi qu'en Moravie, le sol y est montagneux et peu fertile, le climat froid.

Troppau est la ville importante de la Silésie autrichienne, bien que sa population ne dépasse pas 22,000 âmes. Située sur un petit affluent de l'Oder, elle confine à la frontière prussienne et possède d'importantes fabriques de draps. A Troppau, les plénipotentiaires de l'Autriche, de la Russie et de la Prusse se réunirent en 1820 pour renouveler le pacte dit de « la Sainte Alliance ». Au long de l'étroite bande de terre que la Silésie autrichienne forme entre la Silésie allemande, la Moravie, la Hongrie et la Galicie, se succèdent de petites villes manufacturières dont la population oscille entre 5,000 et 10,000 habitants. Frendentahl, la plus importante, ne dépasse pas ce dernier chiffre; elle est un centre d'industrie linière. Jœgerndorf et Freiwaldau tissent des toiles; Zückmantel exploite des minerais d'or et Jaüernick des gisements de plomb.

Teschen, 12,000 habitants, est bien placée, au point d'intersection des routes de la Moravie, de la Hongrie, de la Galicie et de la Silésie prussienne; Bielitz, aussi peuplée et sur la frontière, ne fait qu'une avec la ville galicienne, de Biala située sur la rive droite de la Biala qui se déverse dans la Vistule.

Rejetée en dehors de la haute muraille des Carpathes, isolée de l'Autriche à laquelle elle ne se relie que par l'étroite bande de terre de la Silésie, la Galicie n'est autrichienne ni par le relief de son sol, ni par son orographie, ni par sa population, ni par ses tendances. La géographie et l'histoire protestent également contre cette violation de leurs lois effectuée par la force et la diplomatie. Il fallut, pour en arriver à faire de la Galicie une province de l'Autriche, changer jusqu'à son nom, débaptiser, au xvIII^e siècle, la *Russie Rouge*, en 1846 la Pologne méridionale et en former un double gouvernement : la Galicie occidentale, avec Cracovie pour chef-lieu, la Galicie orientale avec Lemberg pour capitale. Il fallut aussi démembrer la Roumanie pour lui arracher la Bukovine et ajouter ce lambeau de terre roumaine à la double province polonaise et ruthène. Il fallut enfin le traité secret de partage de la Pologne, la violation par l'Autriche en 1846 du traité dicté par l'Autriche elle-même, pour ajouter à l'Empire ce territoire si étrangement découpé.

Rien ne le relie à la Hongrie qu'il contourne et autour de laquelle la Galicie décrit une longue courbe aboutissant au montueux massif de la Bukovine. Les Carpathes, qu'elle longe extérieurement, lui présentent résolument leurs roches escarpées, inclinant leurs longues pentes du côté de la Hongrie; les rares vallées qui les pénètrent se ferment brusquement, barrées par des chaînes secondaires ou coupées à angle droit.

Le sol, plat au nord et à l'est, se relève à l'ouest et forme un long plateau accidenté d'environ 250 mètres d'altitude, seuil de partage entre la mer Noire et la mer Baltique ; les hauteurs sont boisées, les cultures s'étendent au long des vallées.

Ici, nous ne retrouvons plus, comme en Moravie et en Bohême, l'antagonisme des races slave et germaine, ni, comme en Hongrie, celui des Magyars et des Slaves. Les éléments ethniques en présence sont Polonais et Ruthènes ; le premier domine dans l'ouest, le second dans l'est. En Bukovine, les Ruthènes sont aussi les plus nombreux, mais ils ne l'emportent que de peu sur les Roumains. En Galicie, comme en Bukovine, le chiffre des Allemands est proportionnellement faible : 450,000 environ, contre 3 millions de Polonais et 2,800,000 Ruthènes ; les Juifs sont plus nombreux que les Allemands : 760,000 environ. « De tous les éléments de la population, écrit M. Vivien de Saint-Martin, celui qui s'accroît avec le plus de rapidité, c'est l'élément israélite. Avant 1848, lorsque les Juifs étaient encore opprimés par la coutume et par les lois, ils augmentaient en nombre ; maintenant, leurs familles, toujours très riches en enfants, et protégées contre la débauche par une morale sévère, essaiment bien plus vite encore et deviennent graduellement maîtresses du pays. On peut vraiment considérer cette région centrale comme le pays juif par excellence. A Lemberg, à Cracovie, à Rzeszow, et en d'autres grandes villes, les Juifs sont déjà plus du tiers de la population. Là même où ils sont relativement peu nombreux, ils réussissent à monopoliser tout le mouvement des échanges, plus encore par leur esprit de solidarité que par leur finesse et leur entente des affaires. » Entre les Ruthènes et les Polonais, la primitive antipathie de race subsiste encore, mais elle tend à s'affaiblir.

Cracovie, ancienne résidence des rois de Pologne, puis capitale d'une république neutre, aujourd'hui ville principale de la Galicie occidentale, renferme 75,000 habitants. Située sur la rive gauche de la Vistule, Cracovie, « qui serait Rome si Rome n'existait pas », dit un proverbe local, déploie dans une plaine admirablement cultivée son décor grandiose de tours, de clochers, de monuments encadrés de massifs de verdure, ses sept faubourgs et ses quarante églises. Ce fut autrefois une grande cité commerciale, l'intermédiaire naturel des échanges entre l'Allemagne et la Russie ; ce qui lui reste de trafic est passé aux mains des Juifs et Lemberg, sa rivale, l'a dépossédée. Cracovie est restée la ville historique et littéraire, le tombeau des rois et des héros, le Westminster de la Pologne. Dans sa cathédrale reposent les Jagellons et aussi Sobieski, Poniatowski, Kosciusko, Casimir le Grand et Jean-Albert. Échue à l'Autriche, lors du troisième partage de la Pologne, elle fit partie du grand-duché de Varsovie en 1800, fut ville libre en 1810, et devint, en 1815, une petite république que la Russie, l'Autriche et la Prusse déclarèrent à jamais neutre. Cette indépendance dura 31 ans ; en 1846 l'Autriche reprenait Cracovie, avec l'assentiment de la Prusse et de la Russie, et l'incorporait à ses États.

A quelques kilomètres de Cracovie s'élève la petite ville de Wieliczka où s'ouvrent d'immenses gisements de sel exploités depuis le xıı° siècle. « Sans des guides sûrs, écrit un anonyme cité par M. L. Lanier, le voyageur s'égarerait infailliblement au milieu du labyrinthe de salles, de passages, de magasins qui s'offrent à lui. Pour tout voir et tout visiter, on a calculé qu'il faudrait y passer quatre semaines en marchant huit heures par jour. La longueur de tous les passages est évaluée à 432 kilomètres. A l'aspect de ces profondes cavernes, des parois, des voûtes, des piliers de sel réfléchissant comme le cristal la clarté des lampes et des torches, le voyageur se croirait transporté dans un palais enchanté des *Mille et une Nuits*. Des stalactites, qui partout se déposent sous mille formes charmantes ou bizarres, ajoutent encore à l'étrangeté du spectacle. Les géologues supposent que les salines de Wieliczka proviennent d'un dépôt des eaux de la mer qui, jadis, aurait baigné le pied des Carpathes. » La production moyenne de ces mines, auxquelles travaillent un millier d'ouvriers et 400 chevaux, dépasse un million de quintaux à l'année.

A l'ouest de Cracovie, Wadovice et Biala, petites villes manufacturières, fabriquent des toiles et des draps; à l'est, Bochnia, comme Wieliczka, exploite des mines de sel et Krzeszowice des sources thermales. Tarnow, dans la même direction, mais plus importante et peuplée de 24,000 habitants, est une ville commerçante; Rzeszow, 10,000 habitants, dont 4,000 Juifs, fabrique la bijouterie et la joaillerie.

Plus à l'est, dans la grande dépression du nord des Carpathes et entre les bassins de la Vistule et du Dniester, s'élève Lemberg, ou Lwow, capitale de la Galicie orientale, la grande ville de cette région et la quatrième de l'Empire autrichien. Lemberg possède 122,000 habitants; rivale heureuse de Cracovie, elle a détourné à son profit le courant commercial avec la Russie et la Turquie; mais elle n'a ni les antiques souvenirs, ni la monumentale beauté de Cracovie. Elle s'étend sur une superficie de plus de 30 kilomètres carrés autour de la ville primitive qui n'était autrefois qu'un gros bourg fortifié resserré dans un étroit périmètre de 25 hectares. Ses foires sont très fréquentées et son trafic des plus actifs, Lemberg étant l'entrepôt et le centre d'approvisionnements de toute la région environnante, l'un des points d'intersection des routes d'Allemagne, d'Autriche et de Russie.

Autour de Lemberg gravitent des centres agricoles et industriels. Przemyls, 22,000 habitants, dans l'ouest, entre Lemberg et Cracovie, est l'un des plus importants; il est le centre d'approvisionnements de la région des mines de pétrole. L'Autriche en a fait une place de guerre du côté de la Russie en le couvrant de quatorze forts détachés. Przemyls est, comme Sanok plus au sud, un grand marché de céréales et de bestiaux. Iaroslav, au nord, sur le San, 13,000 habitants, fait un commerce actif avec Lemberg; ses foires étaient autrefois très visitées par les marchands de l'Orient et même de la Perse. Sambor, 13,000 habitants, au sud de Lemberg et sur le cours supérieur du Dniester, est un centre agricole. Drochebiez, 15,000 habitants, sert d'entrepôt aux huiles minérales du district de Boryslaw; Stryj, 13,000 habitants, encadrée de belles forêts, est la résidence d'été des habitants de Lemberg; Stanislavow, place forte, peuplée de 19,000 habitants, s'enrichit, ainsi que Kolomyia, 23,000 habitants, par le commerce des bois, du sel et du tabac, l'une des principales cultures de la Galicie.

Sur la frontière nord, Brody, peuplée de 31,000 habitants, située sur un ruisseau du Styr et dans une plaine encadrée de forêts, fait, avec la Russie, un commerce d'échanges très actif; elle importe des céréales et exporte des bestiaux; les Juifs sont nombreux à Brody comme dans toutes les villes frontières très trafiquantes. Tarnepol, 26,000 habitants, dans le sud-est de Lemberg, centre agricole, est renommée pour ses cires et son miel.

Czernowitz, capitale de la Bukovine, renferme 53,000 habitants. Située sur la rive droite du Pruth, près de la frontière de la Moldavie, elle est l'étape indiquée entre Lemberg et Iassi, l'entrepôt naturel des produits, la grande ville de cette partie de la plaine sarmate. Beaucoup moins peuplées, les autres villes de la Bukovine, région dépourvue d'industrie, sont surtout des bourgs agricoles, comme Radantz, 11,000 habitants, et Séreth, 8,000, centres de l'élevage et de l'exportation des chevaux. Czernowitz est la ville intellectuelle de cette province encore profondément roumaine et que l'Autriche s'efforce de germaniser par l'université et les écoles allemandes qu'elle a fondées dans la capitale de la Bukovine.

III

PAYS TRANSLEITHANS : HONGRIE. — TRANSYLVANIE. CROATIE. — SLAVONIE.

I. — HONGRIE.

Dans la mosaïque d'États et de provinces qui composent l'Empire austro-hongrois, la Hongrie et la Transylvanie forment, comme la Bohème, une unité géographique à laquelle on a rattaché, il est vrai, la Croatie, la Slavonie et le territoire de Fiume qui n'en font point partie au point de vue orographique et qu'en séparent, en outre, leurs affinités ethnographiques et leurs tendances naturelles. La superficie totale de ce territoire est de 322,285 kilomètres carrés peuplés d'environ 16 millions d'habitants. La Hongrie, que nous étudierons seule ici, en renferme près de 12 millions, sur une étendue de 279,749 kilomètres carrés.

Elle forme un tout homogène et compact; un vaste bassin ovale, régulier, d'une altitude moyenne de 60 à 70 mètres au-dessus du niveau de la mer, qu'entoure une ceinture de montagnes : la chaîne recourbée des Carpathes, déployée en immense fer à cheval au nord et à l'est, puis les ramifications des Alpes à l'ouest, enfin, les monts de Serbie et de Bosnie au sud. Au centre de ce bassin, une vaste plaine qui fut un lac, s'allonge du nord-est au sud-ouest, longue de 400 kilomètres et large de 300, évasée au sud. C'est la grande plaine hongroise, l'Alföld, ou terre basse, qu'enveloppe le Felföld ou plateau. Son horizontalité presque absolue, son sol d'alluvions sans cailloux, son inépuisable fécondité disent assez son origine lacustre. Ce bassin n'a d'autres issues que la passe de Visegrad, la *Porta Hungarica* des vieilles chroniques, entre les Petites Carpathes et les contreforts des Alpes, par laquelle le Danube entre; que les

Portes de Fer au sud, par lesquelles, d'une hauteur de 46 mètres, le fleuve bondit hors
de la Hongrie, et, dans l'ouest, les vallées parallèles de la Save et de la Drave, aujour-
d'hui affluents du Danube, autrefois tributaires du grand lac. Mais la rivière nationale
n'est, avons-nous dit, ni le grand fleuve, ni ses affluents, mais bien la Tisza qui, du nord
au sud, dans son cours sinueux, sillonne et coupe la Hongrie en deux partie à peu près
égales : la Hongrie cisthissienne et la Hongrie transthissienne.

La grande plaine hongroise, la Pannonie romaine, autrefois et en partie couverte de
forêts, est aujourd'hui dénudée. Les Huns ont passé là et, derrière eux, ont laissé
le steppe, la *Puszta*, l'espace immense et longtemps solitaire où erraient les bergers
magyars et qu'a chanté Petœfi, le poète national : « Je t'aime, ô Puszta, — image
de l'infini, — jour de mon âme. — La montagne est un livre aux feuillets trop
nombreux, — mais toi, terre sans monts, livre ouvert, — je puis te lire. — O steppe !
pour moi, tu représentes la liberté. »

La terre plate, le steppe, appelaient le Touranien nomade. Il y vint avec Attila,
mais ne fit que camper et passer. Il dut cependant en garder souvenir dans ses traditions,
car quatre siècles plus tard l'avant-garde de la grande migration des *Hungari* abordait
les Carpathes. Derrière elle marchaient 216,000 combattants, ce qui suppose une population de près d'un million, hommes, femmes et enfants ; ils mirent, dit-on, trois ans à
franchir les montagnes tant ils traînaient avec eux de chariots, de provisions et de
butin. Endurcis au froid, à la fatigue, aux luttes, cavaliers incomparables sur leurs
petits chevaux vaillants et résistants comme eux, ils eurent tôt fait de culbuter les
princes slaves, le bulgare Menmarot, le slovaque Zalan, qui tentaient de leur barrer la
route. Ils se disaient Magyars ; les vaincus les appelaient *Hungari*, fils des Huns,
Hongrois, et le nom leur est resté.

Comment ces Touraniens nomades que l'Italie attirait, qui convoitaient l'Allemagne
et qui poussèrent jusqu'en Champagne, devinrent-ils sédentaires, inaltérablement fixés
au sol, le conservant envers et contre tous ? Il fallut pour cela leur échec devant Venise,
leur sanglante défaite sous les murs de Wels, leur désastre devant Augsbourg. Forcés
de se replier en arrière, ils se cantonnèrent dans la Hongrie ; on ne put les en déloger.
Leurs qualités intellectuelles et physiques, leur union, firent le reste ; la nationalité
magyare devait persister, jouer un grand rôle et nul ne saurait dire encore à quelles
hautes destinées elle peut être appelée.

Elle représente, en Autriche, l'élément vivace et résistant, sans lequel l'Autriche
ne peut rien fonder de durable. On le comprit après Sadowa, qui laissait la Hongrie et
la Bohème profondément irritées. On l'avait déjà pressenti lorsqu'en 1848-1849 les
Hongrois soulevés avaient osé proclamer la déchéance de la dynastie. A l'unité géographique de la Hongrie correspondait une unité nationale avec laquelle force était de
compter. De là est né le dualisme de l'Empire imposé par François Deak, le Franklin
de la Hongrie, cette combinaison étrange de l'Empire austro-hongrois, étape provisoire
d'une évolution politique vers un avenir inconnu.

Bien que l'aspect des cités hongroises se modifie au contact de la civilisation

occidentale, cette modification lente laisse et laissera longtemps encore subsister les
traits qui les caractérisent et qui frappent tout d'abord le voyageur. Le Touranien
nomade se révèle dans ces vastes campements : villes, bourgs ou villages, aux proportions démesurées, couvrant d'immenses étendues et pareilles à un camp installé de la
veille, prêt à être levé le lendemain. La maison commune, les édifices publics se dressent
au centre, comme autrefois la tente du chef et celles de ses lieutenants. Autour, largement espacées, comme sur une terre sans valeur, s'éparpillent les habitations dont toutes
les ouvertures donnent sur la rue. Nulle trace d'enceinte, de murailles fortifiées ; le
nomade n'en élève pas, il se défend ou se déplace. Partout des maisons basses, le sol
humide ne comportant pas de fondements profonds et s'affaissant sous un poids trop
lourd, puis des avenues droites comme les allées d'un camp, larges comme les exigent
des évolutions de cavalerie. L'étendue que recouvrent ces villes, bourgs ou villages est
énorme. Maria-Teresiopol, peuplée de 62,000 habitants, couvre une superficie de
896 kilomètres carrés, l'espace d'une province coupée d'interminables routes sur
lesquelles, de loin en loin, s'élèverait une habitation ; la banlieue de Kacskemet occupe
autant de place que l'un de nos arrondissements.

Budapest, capitale de la Hongrie, est l'une des villes européennes du royaume,
l'une des plus belles du continent, la dixième par le chiffre de ses habitants, qui dépasse
466,000. Elle n'en possédait que 14,000 en 1720 ; 270,000 en 1870 ; 370,000 en 1880.
Double cité, elle se compose de Buda, sur la rive droite, et de Pest sur la rive gauche
du Danube. Un pont suspendu relie la première, la cité antique aux souvenirs
historiques, au centre de Pest, ville moderne, vivante, commerçante et animée. Elle
a grand air, cette capitale hongroise, qui s'accroît si rapidement, en marche vers des
destinées plus hautes, si merveilleusement placée en aval du coude du grand fleuve,
à l'entrée de la plaine hongroise, à égale distance de la mer Noire et de la Baltique et
au cœur même de l'Empire. Le Danube coule entre les monuments de Buda qui se
dressent sur la rive droite et les vastes constructions de Pest qui bordent sa rive gauche
et se reflètent dans ses eaux. Au long du fleuve que les bateaux à vapeur remontent
ou descendent, qu'ils traversent d'un bord à l'autre, c'est un incessant va-et-vient de
marchandises ou de passagers. Il n'est pas jusqu'au pénible contraste du luxe et de
la misère qui ne marque Budapest du signe caractéristique des grandes capitales.
Ici, la misère est grande dans la population ouvrière qui dépasse 100,000 âmes,
grande aussi la mortalité, car la ville s'est développée trop rapidement et les proscriptions hygiéniques y sont encore mal appliquées et plus mal observées.

Presbourg, ou Pozsony, est la première ville hongroise que rencontre le voyageur
après avoir franchi la frontière occidentale. Plus rapprochée de Vienne que de Budapest, elle est encore et en partie située sur la lisière de la terre germanique et de la
terre magyare ; elle est encore en partie allemande, dans son beau cadre montagneux
où naît la chaîne des Carpathes. « Les environs de Pozsony sont ravissants, écrit
M. R. Chélard dans son intéressant volume sur la *Hongrie contemporaine;* des collines
couvertes de vignes avec, au fond, des montagnes plus élevées annonçant une nature
sauvage ; au milieu de la ville, sur une colline, le château ; sur le Danube, quelques

LA PLACE FRANÇOIS-JOSÉPH ET LE MONT SAINT-GÉRARD, A BUDA-PESTH.

îles recouvertes de bois épais transformés en parcs; à droite, enfin, dans le lointain, le débouché de la magnifique vallée du Vag, qu'on a tant comparée à celle du Rhin, en font une des contrées les plus douces et les plus poétiques. C'est l'Arcadie ou l'Andalousie de la Hongrie. » Presbourg, peuplée de 50,000 habitants, seuil d'accès de la Hongrie occidentale, ville du sacre des rois, donna son nom au traité signé en 1805 après la bataille d'Austerlitz.

Sopron, ou OEdenburg, plus au sud et également sur la frontière, renferme 25,000 habitants et s'élève sur la rive occidentale du grand lac Fertö dont la superficie actuelle est d'environ 325 kilomètres carrés. Par un phénomène singulier, ce lac alternativement se vide et se remplit. Asséché presque en totalité en 1868, son lit, où paissaient les troupeaux, commença, en 1869, à se recouvrir d'eau. Le même fait, d'après les traditions, se serait déjà produit au moyen âge, et plusieurs villages situés sur la pente du bassin auraient été engloutis par une crue soudaine. Le lac Fertö se prolonge dans l'est par une longue bande marécageuse, le Hansag, qui rappelle les terres basses et les prairies flottantes de la Hollande. En certains endroits le sol, élastique et spongieux, est assez consistant cependant pour porter des villages et nourrir des troupeaux, mais, sauf sur deux points, on ne saurait traverser en voiture cette longue bande marécageuse infestée de moustiques.

La plus grande partie de cette plaine aquatique appartient à deux riches propriétaires : le prince Esterhazy et le comte d'Altenbourg. Des travaux immenses ont été entrepris par eux pour assécher le Hansag et le conquérir à la culture.

A l'est du Hansag, Raab, ou Gyor, l'*Arabona* romaine, renferme 21,000 habitants. Située au confluent de la Raab et du Kis Duna, petit Danube, Raab est une ville commerçante, d'aspect original et pittoresque, avec ses vieilles maisons à tourelles. Plus à l'est, sur le Danube, Komorn et Eszergom se succèdent; l'une, forteresse puissamment armée, couvre les approches de Budapest, l'autre est « la Rome Magyare », résidence du Primat; toutes deux ont joué un grand rôle dans l'histoire de la Hongrie. Waitzen, au nord de Budapest, ancien siège épiscopal, est devenu un centre agricole. Dans le nord-est, Éger ou Erlau, 20,000 habitants, Miskolzc, 22,000, Kaschau, 26,000, sont des centres vinicoles. Au sud, Szekes-Fenervar, ou Stuhlweissenbourg, 25,000 âmes, s'adosse à une colline boisée, dans une plaine marécageuse en voie d'assèchement. Elle est à peu de distance et au nord du lac Balatow, *Platen See*.

Ce lac, dernier vestige de la mer Hongroise, qui recouvrait autrefois la grande plaine, occupe une superficie de 690 kilomètres carrés, mais les travaux entrepris réduisent chaque année son étendue. Comme celles du lac Fertö, qui s'étend dans le nord-ouest, ses eaux ont un goût saumâtre; comme certains lacs d'Asie, des tempêtes souterraines et mystérieuses soulèvent ses vagues, brisant avec un bruit formidable la couche de glace qui les emprisonne l'hiver. Bien que le lac Balatow n'ait aucune communication visible avec la mer, il subit dans une faible mesure le mouvement de ses marées.

Au sud-est de Budapest, Czégled, 22,000 habitants, centre agricole, est aussi un centre d'élevage, de même que Kecskemet, immense bourgade de 46,000 habitants recou-

vrant une superficie de 926 kilomètres carrés. Là se tient l'un des plus importants
marchés de bestiaux de cette région riche en pâturages et en fruits, dans laquelle se
succèdent Felegyhaza, 22,000 habitants, Pecks, 29,000, Szabadka ou Maria-Teresiopol,
peuplée de 22,000, vaste agglomération de villages industrieux. Plus bas Neusatz,
22,000 âmes, s'élève sur la rive gauche du Danube dont elle est une importante station
de bateaux à vapeur. En face de Neusatz, sur des collines boisées et dans un cadre des
plus pittoresques, se dresse la citadelle de Peterwardein qui domine et commande le
cours du fleuve.

Nyireghyasa, 24,000 habitants, dans le nord-est de Budapest, et Grosswardein,
33,000, sont les centres agricoles et commerçants de cette partie de la Hongrie.
Débreczin, 52,000, est le chef-lieu de l'Hadjuken, du pays des Heïduques ; vraie ville
hongroise, elle recouvre une énorme superficie. Békès et Csaba, 32,000 habitants, sont
plus bas, au nord d'Arad, ville commerçante et animée, peuplée de 36,000 habitants
et située sur les confins de la plaine et des hautes terres. Temesvar, au sud, sur le
canal de la Béga et près de la rivière Temès, fut la résidence de Charles-Robert d'Anjou
et aussi celle de Jean Hunyade qui, trois jours durant, soutint, en 1448, dans les
plaines de Cassovie, l'effort de l'armée turque quatre fois plus nombreuse que la sienne,
qui la contraignit à reculer, et couvrit l'Europe en défendant Belgrade contre
Mahomet II.

Szegedin est au nord-ouest, près du confluent de la Maros et de la Theisz, ou Tisza,
et sur la rive droite de cette dernière. Peuplée de 74,000 habitants, elle est la seconde
ville de la grande plaine hongroise, l'une de celles qui avec Kecskemet, Debreczen,
Temesvar, rappellent le plus les campements des Huns. Cruellement éprouvée,
en 1879, par les inondations de la Tisza, le plus lent des fleuves d'Europe, dont la pente
moyenne ne dépasse pas 50 millimètres par 100 mètres et auquel le cours impétueux
du Danube barre le passage, refoulant ses eaux paresseuses, Szegedin a été entièrement reconstruite depuis ; aujourd'hui, relevée de ses ruines, elle est l'une des plus
belles villes de la Hongrie.

II. — TRANSYLVANIE.

A l'est de la plaine hongroise apparaît une haute région tourmentée ; le sol s'y relève
rapidement ; l'Alföld, la région basse, y fait place au Felföld, la région haute, formée
par le rebroussement des Carpathes. Une large vallée, la Maros, sillonne ce plateau de
la Transylvanie, riche en beautés naturelles, presque entièrement clos par une arête
de montagnes dont les cimes de près de 2,000 mètres font un vaste camp retranché,
contre l'éperon oriental duquel bien des races vinrent se heurter et se briser.

Ceux qui l'occupaient se suffisaient à eux-mêmes ; les céréales poussaient dans
les vallées ; les forêts couvraient les pentes des montagnes ; on trouvait le sel en
collines ; le gibier abondait ; la vigne prospérait ; le sous-sol contenait l'argent, le

cuivre, le fer et la houille; sur les abondants pâturages paissaient les chevaux et le bétail. Sorte d'arche de Noé, la Transylvanie semblait, lors des grandes migrations barbares qui suivirent l'effondrement de l'Empire romain, garder entre ses hautes murailles les semences, les fruits, les végétaux, les essences forestières, les animaux destinés à repeupler la terre dévastée. La race elle-même était, physiquement, une race d'élite; roumaine de nom, romaine d'origine, elle conservait pieusement les antiques traditions. Les femmes, renommées pour leur beauté, portaient les noms païens de la vieille Rome : Florica, pour Flore; Daina, pour Diane. Les hommes observaient des coutumes dont la signification primitive leur échappait; au printemps, ils dressaient devant leurs demeures une perche branchée, l'*armindenu;* ainsi faisaient autrefois les colons romains de la Dacie, arborant au printemps, à la saison des combats, les *Arma Dei*, les trophées de Mars.

A leurs côtés se juxtaposèrent les Sicules, descendants des Huns d'Attila, de la première invasion asiatique. On le croit, du moins; leurs traits physiques, bien que modifiés par le temps et les croisements, confirmeraient cette hypothèse, et aussi leur organisation militaire. « Le paysan sicule, écrit M. R. Chélard, et il n'y a guère que des paysans parmi eux, est fort de tête et de taille. Il passe, en Hongrie, pour un Spartiate, pour un puritain, économe et sobre au possible. Il est d'un esprit pratique et positif, complètement dénué de sens artistique et d'idéal, extrêmement capable en affaires et travailleur. Lorsqu'un Sicule vient se fixer dans la capitale, il y fait généralement fortune. Ils parlent hongrois avec un léger accent, sont courageux, mais ont la réputation d'être fort cruels en guerre. Certains auteurs autrichiens leur reprochent notamment d'avoir commis, à la révolution de 1848, des cruautés sans nom. Leur costume et leurs mœurs se rapprochent de ceux des Magyars; ils sont excessivement hospitaliers, vertu hongroise qu'ils possèdent à un degré beaucoup plus élevé que leurs frères de l'ouest. »

Au nord de la Transylvanie, les montagnes de l'intérieur forment, avant de s'unir aux Carpathes, un second bassin d'environ 10,500 kilomètres carrés de superficie ; on le désigne du nom de Marmaros. Couvert d'immenses forêts, ce bassin est riche en sel, en minerais, en pétrole. Le capital fait encore défaut pour la mise en valeur de ces produits naturels; la population, clairsemée, ne dépasse pas 221,000 habitants, soit 22 par kilomètre carré; elle est mélangée de Roumains, Magyars, Ruthènes, Allemands et Juifs.

Les grands centres sont peu nombreux dans cette région accidentée. Le plus important, Klausenbourg, ou Kolosvar, renferme 32,000 habitants. Capitale de la Transylvanie, ville aristocratique et intellectuelle, elle s'élève sur la rive droite de la Szamos, sur l'emplacement de *Napoca*, ancienne colonie romaine, et fut construite au moyen âge; elle a conservé ses épaisses murailles, percées de portes et surmontées de tours. Il se tient, à Klausenbourg, de grandes foires très fréquentées par les populations environnantes. Dans l'angle méridional où la province empiète sur la Roumanie, se trouve Brasso, ou Kronstadt, la plus belle ville de la Transylvanie; elle s'adosse au massif du Schuler, d'une altitude de 1,064 mètres, sur la lisière de la plaine du Burzenland. Point stratégique important, Kronstadt est l'une des clefs du pays; elle est aussi l'un des centres d'excursions dans les Carpathes, l'un des plus visités par les touristes; sa population dépasse 30,000 âmes. Hermannstadt, plus à l'ouest, en renfermé 20,000, dont les deux tiers sont Allemands. Elle constitue un centre administratif important et se trouve sur la rive droite de la Zibin, par-dessus laquelle ses faubourgs débordent.

Karlsburg, au nord-est, située sur la rive droite de l'Ompoli, affluent de la Maros, possède 13,000 habitants; elle est aussi très visitée par les touristes comme point de départ d'ascensions pittoresques. Vajda Hunyad, à l'ouest de Karlsburg, est célèbre par son château qu'éleva Jean Hunyade en 1442, que Mathias Corvin agrandit et que l'on a restauré depuis. Dans la vallée se groupent d'importantes forges reliées au ravin latéral de Gyaldr, où se rencontrent des gisements de fer. Non loin de là, près de la petite ville de Hatszeg, Varhely marque le site où s'élevait l'antique capitale des Daces : Daubald, sur les ruines de laquelle Trajan édifia *Ulpia Trajana;* on voit encore l'enceinte de l'amphithéâtre, et, dans les champs environnants, on a retrouvé de nombreux fragments de statues, des mosaïques, des monnaies et des inscriptions.

III. — CROATIE ET SLAVONIE. — LITTORAL HONGROIS.

La Croatie, avec ses deux provinces annexes : la Slavonie et le littoral de Fiume, forme la pointe méridionale de la Hongrie, une sorte de coin bizarrement découpé qui s'enfonce entre la Bosnie et l'Adriatique. Ce territoire a pour limites, au nord, la Drave; au sud, la Save et la Dalmatie; à l'ouest, la Carniole, l'Istrie et la mer; à l'est, la Bosnie. Sa superficie totale est de 42,505 kilomètres carrés, dont 13,629 pour la Croatie, 9,638 pour la Slavonie, 19,238 pour le littoral.

Le contraste est grand entre la zone des terres basses qu'enserrent la Drave et la Save, que bornent dans l'est le Danube et la Tisza, que sillonnent la Korana et la Kulpa, et la haute zone des prolongements des Alpes Juliennes, du grand et du petit Kapella, du Vélébit et du Karso triestin, dont nous avons déjà parlé. La région basse est fertile, mais exposée à de terribles inondations. Quatre grands cours d'eau s'unissent à sa pointe orientale : la Drave, la Save, la Tisza et le Danube, roulant jusqu'à 10,000 mètres cubes d'eau à la minute. La Save erre à travers les plaines, sujette à des crues soudaines; on évalue à 412,000 hectares sa zone d'inondation sur la rive hongroise, à plus encore sur le littoral, où villages et champs sont sous le coup d'une menace constante.

Les chaînes montueuses du Kapella à l'est, du Carso et du Vélébit à l'ouest, sillonnent la Croatie du nord au sud. Chaîne d'ordre inférieur, le Kapella atteint, à son point culminant, le Bjelolasica, 1,533 mètres; la hauteur moyenne du Carso est de 600 à 650 mètres; elle est double au Bitoraj, 1,383 mètres, supérieure encore au Sneznica, mont des Neiges, d'une altitude de 1,796 mètres. La chaîne côtière, le

CHEFS BOSNIAQUES.

Vélébit, raide et escarpé, s'élève au Sveto Brdo à 1,752 mètres. Sur ses pentes inférieures, inclinées vers la Save, et dans les plaines qui bordent la montagne s'élèvent les plus belles chênaies de l'Europe; elles fournissent à Trieste et à Fiume les grandes quantités de merrains utilisés pour la fabrication des futailles, mais il est à craindre qu'une exploitation trop hâtive et l'absence de reboisement ne tarisse bientôt cette source de richesse.

La Slavonie relie la Croatie à la Hongrie proprement dite. Elle se déroule, entre la Drave au nord et la Save au sud, en une bande de terre, longue de 400 kilomètres, large de 60 environ dans l'est, où elle va s'effilant en pointe au confluent du Danube et de la Save. Au nord-ouest, elle s'évase et rejoint la Carniole, au-dessous de laquelle s'ouvre la Croatie, plus large dans sa partie septentrionale, plus resserrée entre la chaîne du Kapella et celle du Vélébit et se terminant en pointe dans le territoire dalmate.

L'annexion de la Croatie à la Hongrie remonte haut; elle date de 1102, de l'année où Koloman, roi de Hongrie et neveu de Ladislas, appelé à intervenir dans les démêlés entre Venise, maîtresse de la Dalmatie, et la Croatie, mit Venise et les Croates hors de cause en se faisant couronner à Belgrade, roi de Croatie et de Dalmatie; mais si, désormais, les destinées de la Hongrie et de la Croatie se confondirent, la Croatie conserva son individualité. Elle fut à la Hongrie ce que la Hongrie fut à l'Autriche, invoquant et rappelant toutes deux le vieil adage : *Regnum regno non prescribit leges,* un royaume ne dicte pas des lois à un royaume. La Croatie garda en partie les siennes et son organisation, son ban ou vice-roi, investi de pouvoirs civils et militaires et du droit de convoquer la Diète en assemblée générale, sa langue qu'elle conserva en dépit des efforts des Magyars pour lui imposer la leur, et enfin le privilège d'être représentée par un ministre responsable à Pesth.

Le voyageur qui pénètre dans cet étroit et long couloir de la Croatie, entre la Save et la Drave, laisse au nord la Hongrie; la Drave franchie, il aborde une autre terre, la Yougo-Slavie, la terre des Slaves du sud qui occupent, outre la Croatie et la Slavonie, la Serbie, le Monténégro et la Dalmatie. La race est la même, mêmes aussi la langue, les aspirations et les rêves d'avenir. Ces derniers ne visent rien moins que la constitution d'un grand État yougo-slave, serbe-croate, réunissant en une masse compacte toutes ces populations d'origine et de langue communes: Croates, Serbes, Slovènes, Dalmates et Monténégrins.

La race est résistante et belliqueuse. Les traditions guerrières s'y sont maintenues par l'organisation particulière des *confins militaires*, officiellement abolis en 1873 et incorporés à la Croatie. Créée par le prince Eugène en 1715, pendant les guerres incessantes contre les Turcs, l'organisation des confins militaires faisait, de presque tous les habitants de cette région, des soldats. Un long cordon de sentinelles surveillait la frontière; connus et redoutés sous le nom de « Manteaux Rouges » ils formaient une première ligne derrière laquelle, au moindre signal de l'approche de l'ennemi, accouraient se ranger les cultivateurs, labourant le fusil sur l'épaule. Réuni, ce double contingent pouvait former une armée de 100,000 hommes qui, en temps de paix, se nourrissait elle-même, chacun de ceux qui la composaient recevant du fisc militaire un champ dont il vivait, lui et les siens. Telle avait été la colonie militaire romaine à ses débuts, et, comme alors, le sol sur lequel celle-ci campait, dépeuplé par les guerres et les invasions, était un désert. On désignait, au XVIe siècle, du nom de *Desertum primum* et de *Desertum secundum*, les « marches » dans lesquelles campaient ces milices qui sont devenues depuis les régiments de Varazdin et de Gornji-Karlovac.

Leur bravoure est proverbiale, inhérente à la race. Elle s'est fait jour sur cent champs de bataille ; les Croates l'ont prouvée sous Marie-Thérèse et contre Napoléon, contre l'Italie et contre la Hongrie. Commandés par leur ban Jellachitch, ils ont sauvé Vienne que les Hongrois eussent pris sans coup férir, avant même que la Russie fût en mesure d'intervenir. Et chez eux les femmes valent les hommes. Mais, pour fonder un État, la bravoure seule ne suffit pas, il y faut la volonté et l'esprit de suite, la persévérance et l'intelligence, un centre de ralliement et de rayonnement, un foyer intellectuel et moral. Les Yougo-Slaves l'ont compris, ils ont créé ce foyer et, d'Agram, il brille sur ce monde naissant.

Agram ou Zagreb, capitale de la Croatie, renferme 30,000 habitants. Située sur la rive gauche et à quelque distance de la Save, elle n'est pas seulement le centre administratif et politique de la Croatie, elle est aussi et surtout le cœur et le cerveau, le centre intellectuel et vivant de la Yougo-Slavie. A ne l'examiner que par le côté extérieur, Agram n'a rien qui s'impose à l'attention du voyageur; ce n'est qu'une ville aux rues tortueuses, aux maisons dont les portes et les fenêtres bardées de fer rappellent l'époque encore peu éloignée où ceux qui les habitaient étaient obligés de s'y défendre. « Si nous ne voyons dans cette ville que la capitale de la Croatie, écrit M. Ch. Yriarte, les Yougo-Slaves, eux, voient dans leur Zagreb, — c'est le nom slave d'Agram, — la capitale du royaume tri-unitaire formé par la Croatie, la Dalmatie et la Slavonie avec les confins militaires, l'âme du corps dont les membres sont épars de Klagenfurth à Témesvar et d'Antivari à Salonique, la capitale idéale enfin d'un État yougo-slave à fonder sur les bords de l'Adriatique. C'est le centre de résistance des Slaves d'Autriche contre les empiètements des Magyars, les prétentions des Italiens et la germanisation de ces provinces : personne ne lui conteste cette autorité morale. Ce royaume tri-unitaire n'existe plus de fait, malgré certaines concessions encore accordées dans les protocoles ; mais Agram, siège de la Diète croate, avec son académie, son université qui a affranchi les Yougo-Slaves des universités allemandes, son école de droit, sa société littéraire, sa société d'histoire et d'archéologie nationale, a substitué au mouvement politique un mouvement intellectuel, philosophique et moral. La ville est le centre ardent et actif de cette production littéraire qui entretient le feu sacré de la grande idée chez les Slaves du sud. »

Karlovac, ou Karlstadt, au sud d'Agram, est un centre agricole, situé près du confluent des trois rivières, la Kulpa, la Mreznica et la Korana; ses maisons espacées s'éparpillent dans la campagne. Varazdin, au nord d'Agram, est, après Agram, la ville la plus peuplée de la Croatie, bien que sa population ne dépasse guère 10,000 âmes. Sisek, au sud-est, la *Siscia* romaine, avantageusement située, est devenue l'entrepôt principal des blés de la Croatie. Ainsi que Karlstadt et que la plupart des villes de cette région, elle s'étend sur un grand espace. Les Croates répugnent, de même que les anciens Vendes, aux agglomérations urbaines ; la nécessité seule a pu les contraindre à un mode de vie contre lequel protestent leurs instincts d'indépendance et leurs goûts d'isolement. Belovar, dans l'est, occupe le centre d'une région viticole. Essek, capitale de la Slavonie, renferme 19,000 habitants. Ville cosmopolite, les Slaves, les Magyars et les Allemands s'y coudoient et y trafiquent. Autour de sa forteresse se sont groupés des faubourgs industriels et commerçants; la région environnante est riche, et Essek, située entre deux grandes plaines et en communication avec la Hongrie, semble appelée à prendre d'importants développements. Diakovar, au sud-ouest, est restée ville slave, foyer vivace de la nationalité serbo-croate.

Entre le Danube et la Save s'étend la péninsule de Sirmie. Cet étroit espace a été le théâtre de luttes sanglantes. Sur les bords du Danube, Peterwardein fait face à Neusatz sous les murs de laquelle le prince Eugène arrêta les Turcs en 1716. A Carlowitz fut signé le traité qui les rejetait dans la péninsule des Balkans. Semlin, la ville chrétienne, lutta longtemps contre Belgrade, alors que Belgrade était une citadelle turque; Semlin est aujourd'hui une station fluviale du Danube et le centre d'un commerce grandissant. Sirmium est sur la Save ; patrie de Probus, elle a donné son nom à la péninsule, et a pris elle-même celui de Mitrovitza. Brod est une double ville, sur la Save ; d'un côté s'étend le Brod slavon, forteresse et base d'opération des armées autrichiennes, de l'autre, Bosna-Brod, le Brod bosniaque resté une bourgade turque. Ici apparaît, en relief saisissant, le contraste entre l'Occident et l'Orient. Une rivière sépare deux civilisations, deux religions profondément différentes et, pendant quatre siècles, cette rivière a séparé l'Europe de l'Asie. Elle coule entre ses rives plates, large quatre fois comme la Seine à Paris, mélancolique et déserte; nulle apparence de navigation, nul autre bruit que le croassement des grenouilles et le murmure de l'eau érodant ses berges argileuses.

Fiume, le grand port de la Hongrie, depuis 1868, et l'objet des convoitises de la Croatie, est située au fond du golfe de Quarnero. A force de millions on a créé cette rivale de Trieste sur l'emplacement de la vieille ville romaine de *Tersatica*, et dans l'un des sites les plus favorisés par la nature et le climat. Fiume, peuplée de 22,000 habitants, est loin encore d'avoir l'importance de Trieste; mais son commerce d'échanges s'accroît, dépassant 200 millions à l'année; ses fabriques de machines et de torpilles sont prospères, et les sacrifices que la Hongrie s'impose pour faire de Fiume l'un des grands ports de l'Adriatique et qui se chiffrent déjà par plus de 150 millions, ont jusqu'ici donné d'encourageants résultats.

En dehors de Fiume et de son territoire de 19 kilomètres, que la Croatie revendique et qu'elle enserre, mais qui est tenu pour territoire détaché de la Hongrie, *separatum corpus Hungariæ*, les petits ports de la Croatie sur l'Adriatique sont Portoré, Novi, Salcze, Zeng, Cirquenizze, San Giorgio, Carlo Pago, Jablanas, anses de pêcheurs sur une mer poissonneuse et dont les produits compensent en partie la pauvreté du sol du Carso qui les surplombe à l'est.

Dans l'état économique de l'Empire austro-hongrois apparaît la même dualité que dans l'état politique : d'une part l'Autriche industrielle, de l'autre la Hongrie agricole. Peu de pays possèdent un sol aussi riche que la Hongrie dont 94 0/0 de la superficie, soit 30,709,283 hectares, est cultivable. Mais le rendement de ce sol est loin encore d'être au niveau de sa fécondité ; une culture plus intelligente et plus rationnelle pourrait lui faire produire beaucoup plus qu'il ne donne.

Les principaux produits agricoles sont le froment, le seigle et le colza, les betteraves et les pommes de terre, le millet, les melons, le tabac, les vins. Les blés de Hongrie sont renommés, mais le rendement par hectare en est encore très inférieur à ce qu'il est en France : 13 hectolitres contre 20, 22 et plus. Le sol produit d'excellents vins ; celui de Tokay, dont les vignobles se trouvent au pied des Carpathes, est célèbre ; ceux de Bude, de Balaton, de Sopron, d'Eger sont bien connus ; on évalue à 4,500,000 hectolitres la production annuelle.

La Hongrie est restée la terre classique des chevaux, ces inséparables compagnons des Huns nomades dont Ammien Marcellin écrivait : « Ils passent leur vie à cheval, tantôt à califourchon, tantôt assis de côté à la manière des femmes ; ils y tiennent leurs assemblées, ils y achètent et ils y vendent, ils y boivent et y mangent, ils y dorment même, inclinés sur le cou de leurs montures ; » et un proverbe local ajoute : *Lora termett a Magyar* : « le Magyar vit à cheval ». Aussi l'élevage et l'exportation des chevaux constituent-ils l'un des principaux trafics de la Hongrie.

L'Autriche est riche en minerais ; le charbon est abondant en Bohême, Silésie, Moravie et Galicie, dans la Haute-Autriche et la Carniole ; le fer se trouve surtout en Bohême, le mercure en Carniole, le cuivre dans le Salzburg, le plomb en Styrie, Galicie et Bohême, le pétrole en Galicie, le zinc en Carinthie, Tyrol et Voralberg, le sel en Galicie, dans la Haute-Autriche et sur la côte.

Les fabriques occupent près de 3 millions d'ouvriers ; en Bohême, les plus importantes et les plus nombreuses sont les cristalleries et les verreries. L'industrie de la laine alimente 2,000 manufactures ; celle du coton à peu près autant. Le commerce total de l'Empire dépassait, en 1889, à l'entrée 578 millions de florins, à la sortie 747 millions, soit un total de 1,325,000,000 de florins ; ce commerce était desservi par 25,383 kilomètres de voies ferrées et par une flotte nationale marchande de 10,022 navires montés par 29,202 marins.

Sur le pied de paix, l'armée impériale comprend 336,717 soldats et officiers ; sur le pied de guerre, ce chiffre s'élève à 1,818,413 hommes et, par l'appel de tous les hommes de la landsturm, à près de 4 millions. La marine de guerre comprend 109 bâtiments, dont 11 cuirassés ; ces 109 bâtiments, montés par 8,549 matelots, portent 695 pièces d'artillerie.

IV. — BOSNIE ET HERZÉGOVINE.

Par le traité de Berlin du 13 juillet 1878, l'Autriche reçut mandat « d'occuper la Bosnie et l'Herzégovine pour y rétablir l'ordre ». L'espoir de ces provinces de se voir, comme la Bulgarie, érigées en principautés autonomes, ou annexées aux principautés congénères de Serbie ou de Monténégro, était donc déçu. Il l'était d'autant plus que l'article 29 du traité, qui stipulait que les provinces de Bosnie et d'Herzégovine seraient occupées et administrées par l'Autriche-Hongrie, ajoutait : « Le gouvernement d'Autriche-Hongrie ne désirant pas se charger de l'administration du Sandjak de Novibazar qui s'étend entre la Serbie et le Monténégro dans la direction sud-est et jusqu'au delà de Mitrovitsa, l'administration ottomane continuera d'y fonctionner. Néanmoins, afin d'assurer le maintien du nouvel état politique ainsi que la liberté et la sécurité des voies de communication, l'Autriche-Hongrie se réserve le droit de tenir garnison et d'avoir des routes militaires et commerciales sur toute cette partie de l'ancien vilayet de Bosnie. »

Cette dernière clause avait pour effet d'isoler la Serbie du Monténégro. L'Autriche, qui tenait le Monténégro par les bouches du Cattaro, tenait la Serbie par le Danube. Par l'occupation de la Bosnie et de l'Herzégovine, elle anéantissait le rêve d'un empire slave, constitué par la Serbie, le Monténégro, l'Herzégovine et la Bosnie, attirant à lui les provinces autrichiennes, mais slaves, de la Dalmatie et de la Croatie. Puis, cette clause qui ouvrait à l'Autriche-Hongrie l'accès des routes stratégiques vers Salonique, lui ouvrait la porte de la mer Égée et de l'Orient. La Prusse, qui avait rejeté l'Autriche hors d'Allemagne, la poussait sur cette voie où elle devait se heurter un jour ou l'autre à la Russie; puis la Prusse se réservait, en cas d'extension du territoire autrichien, de réclamer, à titre de compensation, la cession des parties encore allemandes de l'Empire. A l'Autriche, arrêtée dans son essor vers le nord, elle ouvrait le sud-est, la Turquie et la mer Noire, anxieuse d'enrayer la marche de la Russie, de lui opposer une rivale et de faire contrepoids à son influence.

La double province de Bosnie et d'Herzégovine s'étend en forme de trapèze au sud de la Slavonie et de la Croatie dont la Save et le sillon de la Una la séparent. A l'ouest, les Alpes Dinariques l'isolent de la Croatie méridionale et de la Dalmatie; au sud, elle a pour frontières le Monténégro et le Sandjak de Novibazar; à l'est, la Serbie. Sa superficie est de 41,959 kilomètres carrés, sa population de 1,405,000 habitants.

« Là où finissent les pierres et où commencent les forêts, là commence la Bosnie, » disent les Dalmates. Le dicton est encore vrai en grande partie, bien que les montagnes de Dalmatie, ainsi que celles de Bosnie soient en grande partie dénudées, mais sur les 5,410,200 hectares de la Bosnie, 2,727,200 sont couverts par des forêts, dont plusieurs restent vierges faute de routes pour y pénétrer. « Les plantes grimpantes qui s'enlacent autour des chênes et des hêtres, écrit M. de Lavelaye dans la *Revue des*

Deux Mondes, y forment des fourrés impénétrables où l'on ne peut avancer, comme au Brésil, que la hache à la main. On n'en voit pas près des lieux habités, parce que les habitants coupent pour leur usage les bois qui sont à leur portée et que les Turcs, afin d'éviter les surprises, ont systématiquement détruit et brûlé toutes les forêts aux alentours des villes et des bourgs. Mais ce qui en reste constitue une richesse énorme; seulement elle n'est pas réalisable. Derrière Sérajevo, jusqu'à Ibar et à Métrovitza, s'étendent dans les hautes montagnes de magnifiques massifs de résineux. C'est de là que Venise a tiré des bois de construction pour ses flottes pendant des siècles. »

Ces montagnes courent parallèlement aux Alpes Dinariques, au littoral de l'Adriatique, et forment les bassins des quatre rivières qui se déversent dans la Save : la Drina, la Bosna, la Verbas et l'Unna. Mais ces chaînes, en apparence régulièrement orientées du sud au nord, s'infléchissent vers l'orient; par delà Sérajevo, elles forment des massifs enchevêtrés que dominent, dans le sud, la cime du Dormitor, 2,606 mètres, et du Voïnik, 1,989. L'altitude moyenne des différentes chaines qui sillonnent le pays est de 1,000 à 1,500 mètres; elle s'accroit à mesure que l'on descend plus au sud, et le point culminant se trouve dans les monts Maudits, sur la frontière du Monténégro et de la Turquie, au Kom, 2,850 mètres.

Région accidentée, la Bosnie forme un plateau montueux sillonné d'innombrables vallées qui, si elles ajoutent à l'effet pittoresque du paysage, contrarient singulièrement les communications. D'une localité à une autre il faut descendre au fond des vallées, gravir la pente opposée, franchir un plateau ou *planina*, redescendre à nouveau et fréquemment ainsi, même pour une courte distance à vol d'oiseau. Les plaines sont rares et on n'en rencontre de quelque étendue que dans la Posavina, près de la Serbie et au long de la Save.

Forteresse naturelle, la Bosnie s'abrite derrière les montagnes qui l'isolent de l'Herzégovine, du Monténégro et de la haute Albanie, et que les neiges recouvrent l'hiver. La chaine du Vichgrad la couvre du côté de la Serbie; au nord toutefois le cours de la Save n'est pas une défense, mais les épaisses forêts qui se déroulent au long de la rivière, les vallées profondes creusées par les torrents et semées de défilés, constituent, avec les forts qui les dominent, une ligne difficile à forcer.

Le Danube reçoit, par la Save, les eaux de la Bosnie, l'Herzégovine appartenant tout entière au bassin de la Narenta qui se déverse dans l'Adriatique sur la côte dalmate. Austro-hongroise dans la partie supérieure de son cours, la Save ne contourne la Bosnie, dont elle forme la frontière septentrionale, qu'à partir de son confluent avec l'Unna. L'Unna, elle aussi, est une rivière importante; dans son cours supérieur, de sa source à Bihacs, elle serpente à travers l'une des grandes vallées longitudinales des Alpes Illyriennes, coulant du sud au nord-ouest. A Bihacs, elle s'infléchit vers le nord-est, décrivant une courbe jusqu'à sa jonction avec la Save, à laquelle elle apporte ses eaux grossies de celles de la Sanna et de l'Unnats. Plus à l'est, la Verbas, descendue du Radusva, l'un des nœuds montagneux du centre de la Bosnie, coule parallèlement à l'Unna et, comme elle, rejoint la Save. La Bosna, autre affluent

de la Save et qui a donné son nom à la province, naît au sud de Sérajevo sur le
mont Vizotchits ; la Drina enfin, qui, dans une partie de son cours, sert de limite
entre la Bosnie et la Serbie, est alimentée par la Tara et la Lim descendues du massif
neigeux du Kom.

Abondamment arrosé, le sol de la Bosnie n'est cependant pas marécageux ; si
le climat est rigoureux dans les parties montagneuses, où se maintiennent souvent
les basses températures de — 15° et 20°, les plaines fertiles qui s'étendent au long
de la Drina jouissent d'un climat doux et partout l'air est salubre, pur et léger.
Le peu de densité de la population fait que l'on ne cultive encore que le fond des
vallées et le pied des coteaux, mais il est hors de doute que la Bosnie pourrait
facilement nourrir trois ou quatre fois plus d'habitants qu'elle n'en renferme.
D'ailleurs la population s'accroît, car la race est prolifique et vigoureuse. « Les
Bosniaques, écrit M. Rousseau, sont bons, francs et hospitaliers, passionnés pour leur
poésie nationale, sobres dans leurs besoins, actifs à l'ouvrage, économes dans leurs
dépenses. Quant à leur intelligence, elle semble peu éclairée et, dans tous les cas,
beaucoup moins développée que celle de leurs frères serbes, dalmates et croates. »
Depuis que ces lignes ont été écrites, il s'est fait, en Bosnie, de rapides progrès.
L'horizon s'est élargi et la création de nombreuses voies de communication ont mis
la Bosnie en contact fréquent et régulier avec l'Europe occidentale.

Entre la verdoyante et pittoresque Bosnie, aux vallées ombreuses, aux épaisses
forêts, aux cours d'eau abondants, et la sèche Herzégovine, le contraste est grand.
Dans cette dernière l'eau manque, les sources font défaut, les rivières surgissent des
grottes ; elles forment dans les vallées sans issues des lacs profonds qui filtrent
au travers des fissures du sol ; telles l'Ombla et la Cettigna, la Buna, la Janésitcha et la
Kerka. Les Allemands les nomment *Höhlen-Flüsse*, rivières de cavernes. L'Herzégovine offre l'aspect d'un amas de montagnes calcaires affectant la forme d'un
plateau pierreux, chauve, coupé de cluses, semé de grands blocs blancs et que
sillonnent d'innombrables fissures. Les montagnes, disloquées et d'accès difficile,
s'élèvent de 1,000 à 2,000 mètres, elles atteignent leur point culminant au *Treska-
vitza Planina*, d'une altitude de 2,128 mètres.

La Narenta, dont l'Herzégovine est le bassin, descend de la Bosnie méridionale,
courant du nord au sud, oscillant à l'ouest et se déversant dans l'Adriatique en face de
l'île Sabbioncello, dans le canal qui porte son nom. Elle ramasse sur son passage une
partie des eaux de la province, mais le plus souvent ces eaux, englouties dans les
gouffres ou *ponor* qui s'ouvrent à la surface du sol, franchissent par des conduits
souterrains les montagnes de la côte et vont jaillir en sources puissantes sur le littoral,
à quelques kilomètres de l'Adriatique.

Un sol au relief aussi tourmenté se prête mal à la culture. Sur sa superficie
de 11,743 kilomètres carrés, 2,200 tout au plus sont cultivés ; les forêts en recouvrent plus de 2,000, les pâturages 1,600 ; le reste est improductif. L'Herzégovine es
impuissante à produire la quantité de blé nécessaire à ses habitants ; en outre,
l'industrie y est à peu près nulle et, sauf à Fotcha, le mouvement commercial est très

limité. Par contre, le climat est doux et rappelle celui de la Dalmatie à laquelle
l'Herzégovine confine. La vigne et le tabac prospèrent, l'olivier réussit et aussi l'oranger
près des bouches de la Narenta.

Peu de terres ont été plus ravagées, plus abreuvées de sang que la terre de
Bosnie, longtemps heureuse et paisible sous la domination romaine, alors qu'elle
faisait partie de l'*Illyris barbara* divisée en deux provinces : la *Dalmatia maritima*
et la *Dalmatia interna*. Des ports qui s'échelonnaient sur la côte : Zara, Salona,
Narona et Cattaro, des colonies et des villes commerçantes, comme Dalminium, il n'est
resté que des ruines : un temple à Novibazar, un pont à Sérajevo et un autre à
Mostar, des bains à Banjaluka. Les Goths puis les Avares ont, dans leurs invasions
successives, fait du pays un désert, des cités des amas de décombres, jusqu'au jour où
les Serbes, appelés par Héraclius, exterminèrent les Avares, peuplant la Dalmatie, le
Monténégro, la Serbie et la Bosnie.

Puis la Bosnie, d'abord dépendance de Byzance, devient au xɪᵉ siècle dépendance de
la Hongrie. Sous Mathias et Jean Corvin elle lutte avec elle contre les Turcs et succombe
avec elle sur le champ de bataille de Mohacz qui livre la Hongrie aux musulmans que
le traité de Carlowitz, en 1689, rejette enfin au delà du Danube, leur laissant la Bosnie
et l'Herzégovine dont le traité de Berlin a remis, pour un temps indéterminé, l'occupation et l'administration à l'Autriche. Le sultan en reste le suzerain de nom ; l'Autriche
en est maîtresse de fait et tient la cession pour définitive. Elle y voit une compensation
tacite à la perte de la Vénétie, un lien entre la Hongrie et la Dalmatie, détachée et
isolée de l'Empire, elle y voit aussi et surtout, avons-nous dit plus haut, une route
ouverte vers Salonique et la mer Noire.

De ce passé historique résulte un état social et politique complexe. Sur ce sol, trois
religions se heurtent avec la violence et l'animosité des passions religieuses avivées
par les haines politiques. Plus d'un tiers de la population, 36 0/0, professe la religion musulmane ; les grecs orthodoxes, plus nombreux, représentent 43 0/0 ; le reste
est catholique. Ici, comme partout ailleurs en Orient, la population musulmane
décroît, la population grecque orthodoxe s'accroît. Si l'accord régnait entre cette dernière et la population catholique, l'affaiblissement continu de l'élément musulman amè-
nerait, dans un temps peu éloigné, sans secousse, et par l'unique force des choses,
leur incontestable prépondérance, mais il n'en est rien ; les catholiques se rattachent
à la Croatie, les grecs orthodoxes à la Serbie, et les haines qui les divisent sont aussi
vives que celle qu'ils portent aux musulmans. Puis le sol est aux mains de ces derniers ;
ils représentent la race conquérante et aussi la race convertie. Dépossédés des terres
de leurs ancêtres, les paysans chrétiens ont dû, sous peine de mourir de faim, se
mettre au service des Begs et des Agas qui sont devenus, par la conquête, les propriétaires du sol. Opprimés, asservis par eux, ils aspirent à secouer le joug, et, lentement, recouvrent leur indépendance ; déjà 120,000 d'entre eux sont paysans libres ; ils
se sont comptés et, en face de 8,000 begs et agas, ils ont vu 200,000 kmets, ou
travailleurs forcés, courbés sous l'arbitraire, dépendants du caprice ou de la volonté

FAUBOURG DE LA VILLE DE BAJNALUKA.

d'un maître auquel aucune convention ne les liait et qui pouvait, à son gré, les expulser et les condamner à la misère.

Il n'en est plus ainsi et les réformes introduites ont imposé aux agas l'obligation des contrats écrits, mais les réformes sont lentes à s'effectuer et bien des abus persistent encore. On en aura raison, comme on a eu raison du brigandage alimenté par la tyrannie des agas dont le fanatisme s'affaiblit d'ailleurs au contact de la civilisation occidentale. Mais si l'on tient compte de ce fait que, pendant des siècles, les chrétiens bosniaques ont dû, comme les Irlandais catholiques, payer à des propriétaires d'une religion différente le produit de la terre qu'ils cultivaient et qui avait appartenu à leurs ancêtres, avec cette différence que le *landlord* anglais, chrétien et civilisé, ne voit pas dans son tenancier un esclave et un infidèle, alors que l'aga voit dans le raya un ennemi vis-à-vis duquel le Koran le rend d'autant plus impitoyable qu'il est plus croyant, on pourra comprendre les haines accumulées dans cette péninsule des Balkans, brûlot attaché aux flancs de l'Europe.

Les traditions avivent le souvenir, récent encore, de ces haines. « Voici, écrit M. L. de Laveleye, des faits qui prouvent que la poésie populaire était un reflet exact de la réalité. Le kmet ne devait payer au beg ou aga que la moitié ou le tiers du produit ; mais il devait le livrer en argent et non pas en nature comme autrefois. On comprend la difficulté de convertir des denrées agricoles en écus dans ces villages écartés, sans routes, sans commerce et où chaque famille récolte le peu qu'il lui faut pour subsister. Autre cause de misères, de tracasseries et d'extorsions : le kmet ne pouvait couper le maïs, le blé, le foin ou récolter les prunes sans que le beg vînt constater sur place la part qui lui revenait. Le beg était-il en voyage, retenu par ses plaisirs, ou refusait-il de venir jusqu'à ce qu'il eût été fait droit à l'une ou l'autre de ses exigences, le kmet voyait pourrir sa récolte sans recours possible. C'était la ruine, la faim. Nul ne pouvait lui venir en aide. Si, après que la part du beg avait été fixée, une grêle, une inondation ou tout autre accident anéantissait le produit en partie ou en totalité, le kmet ne pouvait rien déduire de la redevance arrêtée. Il devait livrer parfois plus qu'il n'avait récolté. »

Pour la dîme, même rigueur implacable ; le recouvrement en était affermé au plus offrant ; le percepteur ne s'en tirait et ne s'enrichissait qu'en pressurant le kmet. A qui recourir? La justice était vénale, les juges ignoraient la langue du pays et la plupart d'entre eux, impayés ou mal payés, ne vivaient que du prix de leurs arrêts. Puis, force était de subir les cruautés des *zaptiehs*, gendarmes locaux, descendants des janissaires, vivant sur l'habitant, et, quand enfin éclatait la révolte des kmets poussés à bout, la Turquie recourait, pour la comprimer, à des troupes irrégulières qui, en 1876, brûlaient les villages, pillaient et massacraient les habitants, dont 100,000, franchissant la Save, fuyaient éperdus en Autriche.

Sérajevo, capitale de la Bosnie, renferme 27,000 habitants dont 16,000 musulmans, 4,500 grecs orthodoxes et 3,500 catholiques. Ici, la population musulmane prédomine encore. Sérajevo s'élève sur les deux rives de la petite rivière Miljacka et sur les pentes des montagnes. En face s'étend la plaine, longue d'environ 20 kilomètres, et que

domine le mont Igman. Sérajevo est d'origine comparativement récente, elle date du
xvi⁰ siècle, de 1511, époque à laquelle Khosrev, gouverneur turc, construisit la
forteresse qui surplombe la ville. Sa position, au point de croisement des routes
naturelles de la Bosnie, y attira la population ; mais, dès le début, l'élément turc et
militaire y domina ; il fut assez puissant pour constituer cette capitale en une commune autonome, où le gouverneur, représentant du sultan, n'était admis qu'exception-
nellement et à titre d'hôte ; le reste du temps, il était relégué à Travnik, sa résidence
politique. Ce passé explique le présent et aussi la prédominance persistante de l'élément musulman à Sérajevo. Toutes les réformes que la Porte tenta d'introduire en
Bosnie vinrent échouer contre les résistances fanatiques de cette ville, et il ne fallut
rien moins que l'énergique campagne d'Omar-Pacha, en 1850, pour en forcer les
portes et l'amener à composition.

Même résistance contre l'occupation autrichienne. En vain le représentant du
sultan, Hafiz-Pacha, intervint-il pour persuader aux musulmans de se soumettre aux
stipulations du traité de Berlin. Le général autrichien Philippovitch dut, le 19 août
1878, ouvrir le feu sur Sérajevo et contraindre les opposants à capituler. De même
que la plupart des villes hongroises, la capitale de la Bosnie occupe un vaste espace,
disproportionné au chiffre de ses habitants. Les maisons s'éparpillent au milieu des
champs et des vergers, dans un désordre pittoresque, mais aussi dans un cadre
riant.

On retrouve à Sérajevo les bazars de l'Orient. Le sien n'offre de particulier que ses
filigranes d'or et d'argent, ses poignards niellés d'or ou d'argent, rehaussés de pierres
fines, mais ils justifient la réputation faite aux artisans de Sérajevo et le surnom de
« Damas du Nord » donné à la ville ; on affirme, en effet, que seule elle possède les
véritables traditions de l'antique fabrication de Damas.

Au nord-ouest de Sérajevo, Travnik, 6,000 habitants, fut, jusqu'en 1850, la résidence
officielle des gouverneurs turcs. Située sur la petite rivière la Lasva, dans la vallée
que domine l'imposant massif de la Vlasitch Planina et entre deux belles plaines,
l'ancienne capitale de la Bosnie offre un aspect des plus pittoresques. Banjaluka est à
130 kilomètres au nord de Travnik, sur les deux rives de la Verbas. Peuplée de
12,000 habitants, elle occupe, à l'entrée de la gorge de la Verbas, une position
stratégique dont l'importance lui valut d'être choisie par les Romains pour l'établissement d'une colonie militaire. Les ruines qui subsistent attestent sa grandeur passée,
et les nombreux combats que s'y livrèrent les chrétiens et les musulmans la désignent
comme l'une des clefs de la région. Ici encore, comme dans la plupart des villes
bosniaques, la population musulmane est en majorité.

Jaïce, plus au sud, fut longtemps la ville catholique de la Bosnie, et, aujourd'hui
encore, les catholiques y sont en majorité. La légende affirme que saint Luc, l'évan-
géliste, y serait mort. L'église qui lui est consacrée est la principale de la ville et, entre
autres curiosités, elle renferme d'importantes catacombes. Jaïce joua un rôle considérable dans les guerres bosniaques ; elle fut, en 1878, le centre de la résistance contre
l'occupation autrichienne. Brcka, sur la rive droite de la Save, dans la plaine de la

Posavina, est le port fluvial de la Bosnie, l'entrepôt de l'exportation des prunes, l'un des principaux produits de la région. Zvornik, dans l'est, s'allonge, sur la rive gauche de la Drina, en une longue rue resserrée entre la rivière et les montagnes, dans un cadre d'une imposante grandeur. Les montagnes se dressent en parois verticales, couronnées de pics inabordables. Son château fort, dont il ne subsiste plus que des débris, était l'une des principales places fortes de la Bosnie. Non moins considérable fut Visagrad, au confluent de la Drina et de la Rzava; située sur la route de Novi-Bazar, elle commandait les communications avec l'Orient. Doljna-Tuzla, sur la rive droite de la Jala, renferme 8,000 habitants et n'a d'importance que par ses salines et comme centre d'élevage.

L'Herzégovine n'a que peu de villes. Quand, de Sérajevo, le voyageur pénètre dans le dédale montueux de l'Herzégovine, brusquement le paysage change d'aspect. Aux coteaux fertiles et boisés succède la montagne aride et dénudée; sur la Narenta, le Porim Planina projette une ombre épaisse, les cascades mugissent et jaillissent des rochers; plus on avance, plus le paysage devient âpre et sauvage; les gorges profondes et les crêtes aiguës, les rocs entassés et les parois lisses se succèdent; puis, tout à coup, la vallée s'élargit en une plaine triste et sèche qu'enserrent des montagnes de pierre et que ferment dans le nord-ouest les monts de Koum. On est au cœur de l'Herzégovine. Mostar, sa capitale, s'élève au pied du massif de la Vélez Planina qui la domine de 1,800 mètres. Mostar compte 13,000 habitants dont 7,000 musulmans, 2,500 grecs orthodoxes et 2,500 catholiques. Bâtie sur les deux rives de la Narenta, qui la divise en deux parties inégales, elle offre l'aspect d'un dédale de petites rues étroites et tortueuses semées de mosquées et bordées de maisons massives, basses et lourdes, aux toits plats et faits de dalles en pierres. Les Vénitiens ont détruit ses murailles, mais ils ont respecté son beau pont sur la Narenta; les Turcs en attribuent la construction à Suleïman; mais tout semble indiquer qu'il date d'une époque antérieure.

Trébinje est l'une des plus importantes villes de l'Herzégovine, moins par sa population que par sa position à la fois stratégique et commerciale, qui commande les communications avec le Monténégro et les routes du trafic avec le midi. Siège d'une principauté indépendante, asservie par les Turcs en 1465, elle protesta toujours contre le joug musulman et fut l'âme de la résistance et de l'insurrection de l'Herzégovine. La rivière de Trébinje, la Trebinjcica, est le type de ces singulières rivières de l'Herzégovine, dont nous avons parlé plus haut, et qui, après un parcours plus ou moins long à ciel ouvert, disparaissent tout à coup. « C'est ainsi, écrit M. Joanne, que vers le milieu de la longue plaine de Pepovo Polje, près du village de Poljice, la Trebinjcica perd une partie de ses eaux dans un gouffre mystérieux. Le reste continue de couler dans la plaine vers le nord et, arrivée à son extrémité, elle disparaît tout entière dans un autre abîme. On suppose que la source de l'Ombla, près de Raguse, est alimentée par les eaux de la Trebinjcica, qu'un lit souterrain, de plus de 30 kilomètres de longueur, conduirait, par-dessous les montagnes, du gouffre de Poljice jusqu'au rivage de la mer. »

Palais et couvent, à CETTINJE.

IV. — MONTÉNÉGRO

Le Monténégro, « Montagne Noire », ou Tchernagora, dresse entre l'Herzégovine et la Bosnie au nord, la Dalmatie à l'ouest, l'Albanie au sud et le Sandjak ou district de Novi-Bazar à l'est, les crêtes effilées et dentelées de son double massif montagneux. A vol d'oiseau, cette région apparaît comme un inextricable fouillis de cimes, d'arêtes enchevêtrées, d'éboulis de rochers, d'entonnoirs profonds, labyrinthe de pics entassés au hasard, inexplicable accident géologique qu'explique à sa façon une vieille légende serbe. « Quand Dieu créa le monde, dit-elle, il parcourait l'espace, portant dans un grand sac les montagnes de toute taille, qu'il semait çà et là, selon sa volonté et les besoins de chaque pays. Le sac était lourd; au moment où Dieu passait au-dessus du Monténégro, le sac vint à crever, les montagnes s'en échappèrent tombant pêle-mêle sur le sol; la Tchernagora était créée. »

D'où vient le nom de « Montagne Noire » donné à ce pays dont les cimes d'un blanc gris se détachent en relief puissant, aux yeux des navigateurs de l'Adriatique, et profilent à l'horizon la tache claire de leurs crêtes ensoleillées? Suivant les uns, le massif calcaire, autrefois recouvert de forêts de pins, dessinait de longues lignes sombres; suivant les autres, le nom de Tchernagora fut primitivement Tseroieva-Gora, montagne de Tseroiévitch, nom de la famille qui la possédait. La légende enfin attribue à ce nom un sens figuré, la Tchernagora étant autrefois l'asile des proscrits, chassés de la plaine, cantonnés sur ces hauts plateaux d'où ils descendaient à l'improviste pour piller les habitants des basses terres auxquels ils inspiraient une profonde terreur. Ce qui est historiquement certain, c'est que dans la lutte séculaire des chrétiens et des musulmans dont la péninsule des Balkans fut le théâtre, l'islamisme triomphant n'eut jamais raison de la résistance des Monténégrins. Alors qu'il débordait sur la Serbie et la Bosnie, sur la Hongrie et l'Autriche, poussant jusqu'en France ses vagues humaines, seul, le Monténégro, ainsi qu'un îlot de toutes parts enserré et battu par la tempête, resta debout, maintenant son libre drapeau sur ses cimes inabordables, sur sa redoutable citadelle pierreuse.

Son orographie explique son histoire. Le Monténégro se compose de deux massifs montagneux d'égale altitude et à peu près de même étendue, mais bien différents d'aspect, et que sépare une vallée centrale orientée du nord au sud. L'un de ces massifs, celui de l'ouest, parallèle à l'Adriatique, est, à proprement parler, la Tchernagora ou Montagne Noire. « Ici, écrit M. Delarue, les montagnes calcaires sont balayées par les pluies torrentielles de l'hiver et du printemps ; elles roulent en cascades le long des pentes escarpées, ravagent, entraînent tout sur leur passage et mettent ainsi à nu la charpente osseuse du Monténégro dont elles font un véritable squelette. Une chétive végétation parvient seule à s'accrocher dans les interstices des pierres et à résister à ces dévastations annuelles. Les eaux ne pouvant être arrêtées sur les hauteurs dénudées ni dans le fond des vallées, à cause de l'extrême porosité du terrain, la sécheresse la plus complète succède aux inondations et dure quelquefois tout l'été. Si les orages de la mer ne venaient parfois verser une eau bienfaisante, le haut pays serait désolé par une famine constante. Les sources, dont les réservoirs ne peuvent être remplis à nouveau, s'épuisent vite, et les rivières elles-mêmes se dessèchent à peu près complètement pendant une partie de l'été. » Une telle région serait inhabitable pour l'homme, n'étaient les trous de forme ovale, semés en innombrable quantité à la surface du plateau, et qui retiennent quelque peu les eaux.

Ces trous sont de taille et de profondeur inégales ; ici leur diamètre est de quelques mètres, ailleurs, comme autour de Cettinje, de Niégouch, de Grahovo, ils forment des bassins circulaires de plusieurs kilomètres, partout criblant le plateau de leurs cuvettes dans lesquelles les eaux s'amassent en lacs pendant la saison pluvieuse, dans lesquelles les alluvions s'accumulent ; parfois ils offrent l'aspect de puits profonds qui se déchargent par des canaux souterrains en belles sources jaillissantes d'une onde bleue au long des golfes du Cattaro.

Tout autre est le massif de l'est, de la Berda, aux sommets arrondis, aux pentes gazonnées, pays de montagnes, mais aussi de forêts et de prairies, de rivières et de torrents, de défilés et de bassins lacustres. Si l'altitude moyenne ne dépasse pas 1,000 mètres, au midi la chaîne s'élève, se reliant aux Alpes d'Albanie, atteignant, au sud de la frontière du Monténégro, 2,296 mètres au Skülsen Verkh, 2,850 au Kom, 2,174 au Maganik, tandis qu'au nord, sur la frontière de l'Herzégovine et du Monténégro, le Dormitor dresse à 2,606 mètres sa cime de roches paléozoïques.

Entre ces deux massifs de l'ouest et de l'est s'étend la vallée de la Zeta; tour à tour étranglée entre les montagnes qui tantôt se rapprochent et tantôt s'écartent, elle déroule, en ses capricieux méandres, des défilés étroits et des bassins fertiles largement évasés : ici, plaine de Niksie, là, plaine de Spuz, étranglée de nouveau à son extrémité, puis s'allongeant en une terre plate, basse et marécageuse qui s'étend jusqu'au lac de Scutari. La Moratcha s'y déverse après un parcours de 200 kilomètres, grossie de la Mertvista, de la Zeta et de la Zem, mais c'est dans la Save que s'écoulent les eaux de la Piva, de la Tara et du Lim qui forment la Drina, affluent principal de la Save. Dans le sud, les petits fleuves côtiers qui s'épanchent dans l'Adriatique n'ont qu'un cours restreint. La Rieka seule, canal plutôt que rivière, a quelque importance, parce qu'elle relie le lac de Scutari à l'intérieur des terres, et sert de voie de transport aux produits agricoles.

Au long de l'Adriatique, une étroite bande de terre, prolongement de la Dalmatie autrichienne, sépare le Monténégro de la mer; cette bande s'effile à son extrémité méridionale jusqu'à ne plus mesurer que 1,500 mètres de largeur. Au-dessous commence le littoral du Monténégro, l'unique issue qu'il possède sur la mer et dont la longueur totale n'excède pas 49 kilomètres. La côte est très poissonneuse, mais le lac de Scutari, dont le Monténégro possède plus des trois quarts, l'est davantage encore. Il est envahi, à certaines époques de l'année, par une espèce particulière de poissons, gros comme de fortes sardines, que les Serbes appellent *oukliéva* et les Italiens *scoranza*. « Aux approches de l'hiver, écrit M. F. Lenormant, les oukliévas descendent vers le lac de Scutari en masses si compactes que la surface de l'eau se teint sur leur passage d'une couleur particulière. Dans le lac ces poissons habitent surtout les endroits appelés *okas*, tourbillons circulaires formés par des sources qui jaillissent du fond du lac et dont la température, plus chaude que celle des eaux supérieures, attire les oukliévas; on les trouve parfois en telle quantité qu'une rame enfoncée au milieu d'un de ces bancs de poissons reste debout. Les tribus des bords du lac ont la propriété des *okas* où, dans l'hiver, il leur suffit de jeter le filet pour le retirer aussitôt tout rempli d'oukliévas. Les plus gros sont salés immédiatement et envoyés en Dalmatie où on les mange en guise de sardines. Les plus petits sont remis à l'eau et parqués avec des claies dans les parties les plus basses et les plus herbeuses du lac. C'est ainsi qu'on les engraisse, en faisant rapidement grossir leurs ovaires, avec lesquels on compose une poutargue qui rivalise presque de réputation avec celles de Prévésa et de Missolonghi. »

Dans ce massif montagneux, d'une superficie de 9,475 kilomètres carrés, sur ce sol au relief bizarre et tourmenté, habite une population de 236,000 habitants, belliqueuse et longtemps farouche, ne devant qu'à son courage et à son dédale de montagnes d'avoir conservé son indépendance. Aussi entretenait-elle soigneusement et ses traditions de bravoure et la difficulté des moyens d'accès et de communication. Mourir de mort violente était considéré comme la fin naturelle pour un Monténégrin. « Puisse-t-il ne pas mourir dans son lit » était le souhait que chacun s'empressait de faire auprès d'un nouveau-né. Quant aux routes, les habitants n'avaient garde de les améliorer ; là où passerait un chariot pourrait passer un canon ennemi.

La vie était rude dans ces montagnes d'où souvent les Monténégrins affamés descendaient dans la plaine pour la piller. Ils allaient récolter, les armes à la main, là où ils n'avaient pas semé ; ils envahissaient l'Herzégovine, la vallée de la Moratcha, les bouches du Cattaro. Ils poussaient l'audace jusqu'à défricher et cultiver la plaine même sous le feu des forteresses turques, se garant le mieux qu'ils pouvaient des balles et des boulets, condamnant à une amende quiconque lâchait pied et l'affublant d'un tablier de femme. Il n'y a pas si longtemps que pareils faits se passaient ; l'intervention de l'Europe y a mis un terme ; la sécurité est venue et, avec elle, la culture régulière, l'élevage du bétail, le trafic extérieur. Mais ils ne suffisent pas encore à assurer des moyens d'existence à la population du Monténégro, dont une partie émigre annuellement. Mieux au Monténégro qu'à l'Herzégovine s'appliquerait le proverbe local : « Ce pays peuple les autres sans se dépeupler lui-même. » C'est par milliers que l'on compte les Monténégrins établis à l'étranger, en Turquie surtout, et, de préférence, à Constantinople. Ils y exercent les professions de jardiniers, de manœuvres, terrassiers, et ces mêmes hommes, toujours prêts autrefois à faire le coup de feu avec l'ennemi héréditaire, vivent pacifiquement chez lui et avec lui.

Dans l'isolement, naturel d'abord étant donnée l'orographie du pays, soigneusement entretenu ensuite, au sein duquel le Monténégro a longtemps vécu libre, les traditions aryennes se sont conservées intactes. On a retrouvé, chez les Monténégrins, l'organisation primitive des clans, des localités aux désignations patronymiques, des villages dont les habitants portaient le même nom, vaste famille groupée autour de son chef naturel, possédant en commun les terres, les instruments de travail et les produits du sol. « Tout le monde, écrit M. Vivien de Saint-Martin, paysans, artisans, marchands, même prêtres, entre dans ce cadre ancien mais solide. Il est très intéressant d'observer le développement de la propriété privée dans cette association de parents. C'est ainsi que le prêtre, élevé aux frais de la communauté, lui doit apporter tous ses appointements fixes, tandis que ce qu'il reçoit d'argent pour la célébration du mariage, le baptème, les funérailles, lui appartient en propre. La propriété foncière et les instruments de travail sont à peu près inaliénables dans chacune de ces associations. Même quand on doit recourir à la vente, les familles affiliées et ensuite les voisins, c'est-à-dire presque toujours les membres du même clan, ont le droit de préemption. La propriété appartenant à une lignée peut être, en outre, toujours rachetée. L'organisation militaire est calquée sur les divisions sociales ; les chefs naturels de groupes sont en même temps leurs chefs militaires. » Ils sont aussi, et le plus souvent, les administrateurs et les juges écoutés et obéis, et ils représentent les tribus dans la Skouptchina, l'assemblée parlementaire.

Les villes sont aussi rares que peu peuplées dans le Monténégro. Cettinje ou Cettynié, capitale de l'État, ne compte guère plus de 2,000 habitants et forme, dans la plaine que coupent deux pointes de rochers, deux longues rues perpendiculaires de maisons espacées. La résidence princière est désignée du nom de *Bigliardo* qu'elle doit à la fantaisie du prince Danilo, lequel, après l'avoir bâtie, voulut y avoir un billard. Ce qu'il fallut de travail et d'efforts pour amener de Cattaro à Cettinje ce meuble encombrant, ce qu'il fallut d'ingéniosité pour lui faire passer sans avaries le rempart de rochers qui séparait ces deux villes, impressionna à tel point la population que le contenu donna son nom au contenant.

Niksitch, plus au nord et plus populeuse, est l'une des places que les Turcs et les Monténégrins se disputèrent avec acharnement. Rieka n'a que 1,500 habitants. Podgorika, à l'entrée des vallées de la Zéta et de la Moraca, est plus importante, 6,000 habitants. Point stratégique autour duquel se livrèrent de sanglants combats pendant l'interminable période de luttes, elle est aujourd'hui un centre commercial, un marché où les Albanais viennent trafiquer et échanger leurs produits. Antivari et Dulcigno sont les deux ports du Monténégro, peuplés de 5,000 habitants chacun. Antivari doit son nom à sa position en face de Bari, située de l'autre côté de l'Adriatique. Venise occupa Antivari et n'y a laissé que des tours en ruines et des bastions. Varos, faubourg d'Antivari, dont les rues étroites permettent à peine à trois personnes de marcher de front, est la vraie ville moderne, dont la population et le commerce s'accroissent. Dulcigno, ancien repaire de pirates près de l'embouchure de la Boiana, est, ainsi qu'Antivari, une vieille cité tortueuse que ses faubourgs dépossèdent et remplacent.

Le Monténégro a peu de commerce, pas encore d'industrie et l'agriculture y est des plus primitives. La terre produit quelques céréales, de l'avoine, des pommes de terre ; la vigne réussit près de Podgoritza, l'olivier aux environs d'Antivari et de Dulcigno. Les quelques petites fabriques que l'on rencontre çà et là ne travaillent que pour la consommation locale. L'exportation, consistant en poissons fumés et salés du lac de Scutari, en bétail, peaux et fourrures, ne dépasse pas 5 millions à l'année.

La Save, à BERBIR.

Vue générale de Belgrade.

V. — SERBIE.

Érigée en royaume en 1882, l'ancienne principauté de Serbie occupe une superficie de 48,586 kilomètres carrés peuplés de 2,096,043 habitants, dont 1,874,174 grecs orthodoxes, 14,569 musulmans et 8,092 catholiques, le reste juifs et protestants. Elle affecte la forme d'un triangle ayant pour base le Danube et la Save et dont la pointe s'enfonce dans le sud. Elle a pour limites au nord : le Danube et la Save qui la séparent de la Hongrie ; à l'ouest, la Drina et la Serbie ; à l'est, la Morava bulgare et le Timok ; au sud, la chaîne Mœsique et l'Albanie turque. La Morava, affluent du Danube et coulant du nord au sud, partage la Serbie en deux régions distinctes, dont l'une comprend les bassins de la Morava serbe et de la Morava bulgare, et dont l'autre, que forment les deux rivières unies en une seule, porte le nom de bassin de la Grande Morava. Sur le sol, accidenté et montagneux, les deux branches maîtresses de la Morava, la Morava elle-même et ses affluents creusent leurs sillons profonds.

Les montagnes serbes, ramifications des Balkans, font face aux Carpathes du Banat, l'ancienne Dacie, qui se profilent de l'autre côté du Danube, de là le nom de système *Antidacique* qu'on leur a donné. Elles atteignent leurs points culminants au sud où la chaîne forme la frontière de la Serbie, au Javor Planina que prolonge le Lepenatz Planina, au Kopaonik, 2,016 mètres, au Jastrevatz, 1,434 mètres. De grandes forêts de hêtres et de chênes couvrent les flancs de ces montagnes qui vont se dégradant vers le nord en longues collines de 500 à 600 mètres d'élévation, aujourd'hui dénudées, autrefois couronnées de bois, et viennent mourir au bord du Danube. Dans les vallées, les plaines fertiles alternent avec les marais infestés de sangsues, et sur les coteaux, au pied desquels coule le Danube, s'étendent d'immenses vignobles créés, dit-on, par Probus, cet empereur romain originaire de la Serbie.

Sauf le Danube et la Save qui limitent la Serbie au nord, les cours d'eau de la région offrent peu de ressources à la navigation. Le Danube, depuis Belgrade où il reçoit la Save, jusqu'à Negotin où il reçoit le Timok, appartient à la Serbie par sa rive droite, à la Hongrie, puis à la Roumanie par sa rive gauche. La Serbie lui envoie, outre sa rivière nationale, la Morava, les eaux de l'Ibar et celles du Timok. La grande Morava, que forment la Morava serbe et la Morava bulgare, traverse, avons-nous dit, la Serbie depuis Stalatatsch où ses deux branches se réunissent. L'une, la branche serbe naît, à l'ouest entre les monts Kablar et Owtschar; l'autre, issue de la Bulgarie, sort des marais qui entourent, au sud, le pied du mont Tarnagura. Si, par le régime de ses eaux et leur manque de profondeur la Morava n'offre que peu de ressources à la navigation, le sillon qu'elle a creusé reste l'artère principale des communications. Non plus ici qu'au Monténégro, les habitants n'avaient intérêt à les rendre faciles, alors que la péninsule des Balkans était le champ clos dans lequel l'islamisme et le christianisme luttaient sans trève; il n'en est plus de même aujourd'hui, et la vallée de la Morava, longtemps la grande route des invasions, prend une importance commerciale.

Nulle part, peut-être, cette lutte plusieurs fois séculaire ne fut aussi acharnée aussi vaillamment soutenue, qu'en Serbie. Sur ce théâtre restreint s'accomplirent d'héroïques exploits et ce petit peuple fit de grandes choses. En agrandissant, par le traité de Berlin en 1878, son territoire, en lui assurant de précieuses garanties, en le constituant en 1882 en royaume autonome, l'Europe n'a pas encore pleinement acquitté sa dette vis-à-vis de lui. Il a lutté et souffert pour elle, il a contenu l'islamisme envahisseur et versé à flots son sang dans des luttes trop peu célèbres et trop peu connues. Lorsque Gengis Khan déborda de l'Asie à la tête de ses hordes barbares, l'attitude résolue des Serbes arrêta l'avant-garde de ses guerriers, couvrit le sud-ouest, et rejeta le conquérant vers le nord.

Il s'en fallut de peu qu'au xıvᵉ siècle la Serbie ne changeât la face de l'Europe. La vie du héros qui fut son roi, de Douschan le Fort, tient du roman et de la légende. Vainqueur de Jean Cantacuzène, empereur de Constantinople, il lui prit la Macédoine, la Bosnie, la Bulgarie, étendant son empire serbe de Belgrade à Janina, de la mer d'Ionie à la mer Noire. Acclamé protecteur de l'Europe, il rêva la couronne impériale et si la mort ne l'eût arrêté à Djavoli, en marche sur Constantinople à la tête d'une armée de 50,000 combattants aguerris, il eût peut-être fait de la ville de Constantin la capitale de son empire, rejetant les Turcs en Asie et reportant au Bosphore la ligne de défense de l'Europe.

Aussi le Turc n'oublia ni la Serbie, ni le rêve conçu par elle et si près d'avoir été réalisé. Trente-neuf ans plus tard il l'envahissait et la sanglante bataille de Kassovo, perdue malgré l'héroïsme des Serbes, ouvrait l'Europe à l'islamisme. La Serbie disparut dans l'effroyable tourmente, la nuit se fit sur elle et cette nuit profonde dura quatre cents ans. « Des forêts impénétrables, écrit M. Ed. Plauchut, dans la *Revue des Deux-Mondes,* une indépendance toujours assurée dans des montagnes inaccessibles à l'ennemi, de sombres monastères où se transmettaient de générations en générations le plus pur patriotisme, sauvèrent heureusement les Serbes de la mort politique et morale. Le désastre terrible de Kassovo resta gravé dans leur mémoire, il fut mis en vers populaires et cette poésie, psalmodiée en de mystérieuses réunions, loin des Turcs oppresseurs, contribua beaucoup à perpétuer chez ce peuple infortuné le souvenir de son ancienne puissance. A la fête du saint qui protège en Serbie chaque village et chaque famille, des parents éloignés, des amis accouraient; dans ces réunions intimes on parlait longuement et religieusement de la vieille Serbie. Selon que les chants avaient pour motif des triomphes ou des défaites, les vieillards poussaient des cris de joie ou faisaient entendre des plaintes. Les femmes et les enfants pleuraient quand l'épisode de Kassovo, accompagné de la *gouslé,* était lentement chanté par une voix triste et émue. »

Le réveil eut lieu en 1804. Absorbée par les grandes guerres de l'Empire, l'Europe resta indifférente à la lutte qui dura dix ans, de 1804 à 1814, et que soutint Kara-George, « George le Noir », un robuste et taciturne porcher qui prit Belgrade en 1806, Uschitzé en 1807; le porcher devint un prince, mais son inexplicable défaillance faillit tout perdre en 1813; un autre gardeur de pourceaux, Milosch, sauva tout, avec ses ruses de sauvage et son héroïsme de paladin, arrachant à la Turquie la reconnaissance du titre de prince que la Serbie lui avait spontanément décerné, que la Serbie lui retira en 1840, et que son petit-neveu échangea en 1882 contre celui de roi.

Belgrade ou Beograd, « la ville blanche », capitale de la Serbie, est située sur la frontière nord du royaume, en face de la ville autrichienne de Semlin et sur le Danube à son confluent avec la Save. Peuplée de 39,422 habitants, Belgrade a grand air, déployée en amphithéâtre sur l'arête d'une colline entre le Danube et la Save, encadrée de verdure et dominée par sa forteresse qui surplombe le fleuve. De la ville orientale, de la Belgrade musulmane, il ne reste plus rien; les mosquées ont disparu et, avec elles, les coupoles des minarets, les vieilles maisons de bois, les ruelles obscures qui rappelaient Constantinople et le Caire. Ces vestiges d'un passé dramatique et odieux aux Serbes ont fait place à une ville moderne, à des rues larges bordées de maisons en pierre, à des boulevards et des avenues plantés de doubles rangées d'arbres. « Sur le glacis de la forteresse, écrit M. de Laveleye, on a planté un jardin public où, les soirs d'été, les habitants viennent se promener au son de la musique militaire, en contemplant le magnifique panorama qui se déroule au pied de ces hauteurs. On y aperçoit, semblable à un lac, le confluent des deux grands fleuves : d'un côté la Save arrivant de l'ouest, de l'autre le Danube, descendant à l'est vers les gorges sauvages de Basiasch, et au nord, les plaines à moitié submergées de la Hongrie se perdant à l'horizon dans un lointain infini. C'est sur ce glacis que les Turcs empalaient leurs victimes. » Le temps n'est pas encore éloigné où l'islamisme occupait toute cette rive droite du Danube. Aujourd'hui ce n'est plus le fleuve, mais les Balkans qui lui servent de frontière.

La Serbie ne possède que deux villes dont la population dépasse 20,000 âmes : Belgrade et Nisch ; on en compte 8 de 5,000 à 10,000 habitants, et 43 de 2,000 à 5,000. Toute la population urbaine du royaume ne dépasse pas le chiffre de 250,000 ; la population rurale forme les neuf dixièmes du total général. Nisch, capitale de la Serbie méridionale, située sur la Nichava, affluent de la Morava bulgare, a répudié, comme Belgrade, les stigmates de la domination turque ; le seul qu'elle ait conservé n'est pas pour apaiser des haines encore vivaces, c'est la « Tour des crânes » qui s'élève à peu de distance de Nisch et dont les murailles étaient maçonnées extérieurement de têtes de chrétiens décapités. Les têtes ont été enlevées et pieusement ensevelies, mais les alvéoles subsistent et leurs contours rappellent la lugubre ornementation. Aujourd'hui Nisch, l'antique cité natale de Constantin, est le centre d'un commerce important ; sa population s'accroît, la ville s'étend et offre un aspect européen. Le voyageur et le touriste peuvent regretter le cachet oriental et pittoresque de ces cités modernes, étapes de la grande route de Salonique, mais on ne saurait s'étonner de la hâte de la Serbie à faire disparaître les traces d'un joug intolérable impatiémment supporté pendant des siècles.

Samendria, qui donna le signal de l'insurrection en 1806 et que les Turcs dévastèrent, a été reconstruite en entier. Un embranchement la rattache au chemin de fer de la Morava et assure un écoulement aux vins du *Mons Aureus*. Chabatz, fondée par le sultan Mahmoud sur la Save, au confluent de la Kamenitza, est en voie de prospérité ; on la surnomme le « petit Paris ». Pojarevatz ou Passarovitz, sur le Danube, fut le théâtre de sanglants combats entre les Serbes et les Turcs ; elle renferme plus de 10,000 habitants ; Pirot, sur la Nichava, en compte à peu près autant ; ville industrieuse, elle s'est fait une spécialité de la fabrication des tapis et exploite d'importants vignobles.

Au long de cette partie du cours du Danube, les villes sont rares ; entre Belgrade et les gorges de Kâzan où s'ouvre le défilé des Portes de Fer, aucun grand centre ne s'élève. Pancsevo, sur la rive gauche, est une petite ville hongroise en partie peuplée de Serbes ; en aval de Pancsevo, le fleuve coule entre deux rives solitaires. Ainsi que le Rhin qui se perd dans les marais de la Belgique après un cours héroïque et superbe, le Danube finit tristement. Le grand fleuve européen, la « mère Danube », comme l'appellent les Allemands qui rèvent une union mystique entre elle et le *Vater Rhein*, le « Père Rhin », n'est plus, au delà de Belgrade, qu'un fleuve longtemps délaissé, une voie navigable que sillonnent les bateaux de la Compagnie danubienne ; mais que ne bordent plus de grandes et belles villes, d'opulents villages ; il a laissé derrière lui les quais majestueux, les ponts suspendus hardiment jetés au travers de son cours. Entre des rives plates que rien ne défend contre ses inondations, il roule des eaux jaunâtres ; les plaines succèdent aux plaines, plaines à demi noyées de la Hongrie fuyant dans un lointain brumeux, plaines de la Serbie que ferment à l'horizon une bande de forêts ; puis le sol se relève, les collines se redressent, les montagnes se

TYPES MILITAIRES SERBES.

profilent, les eaux s'épurent dans le lit plus encaissé que surplombent des parois de 500 à 600 mètres et le Danube, un instant redevenu lui-même, s'engage dans les Portes de Fer, écartant d'un coup d'épaule puissant la montagne qui lui barre la route.

Dans ce cadre d'une beauté saisissante et sauvage, entre ces montagnes que couronne une végétation luxuriante, au long de ces roches usées et polies par le fleuve, qui glisse silencieux dans son lit profond de 60 mètres, apparaît tout à coup l'un des plus curieux monuments de l'époque romaine : *la table de Trajan.* Dans le cartouche taillé en plein roc, noirci par les feux des bergers et supporté par deux génies en bas-relief, se détache une gigantesque inscription latine ; elle dit les hauts faits du grand empereur sous lequel Rome atteignit l'apogée de sa puissance : *César empereur, fils du divin Nerva, Nerva Trajan-Auguste-Germanicus, grand pontife, tribun pour la quatrième fois, père de la patrie, quatre fois consul, a dompté la montagne et le fleuve et ouvert cette voie.* « Du fleuve, écrit un anonyme de la *Revue des Deux-Mondes,* on distingue encore les plates-formes et les mortaises de l'ancienne voie militaire qui promène sa ligne blanche à travers les folles verdures et sur les arêtes élimées du roc. Cette route conduisait d'Aquilée jusqu'à la mer Noire. Le temps qui, plus loin, a enseveli les traces romaines sous des amas de sable et de limon, a respecté ici la forte empreinte de la griffe de l'aigle sur le granit. Le nom de Trajan s'y lit en toutes lettres, grand nom, seul digne d'être associé à celui du Danube, et qui frappait les Barbares d'une terreur superstitieuse : aujourd'hui encore il est mêlé dans les traditions populaires au souvenir des divinités primitives. Le décor est tellement intact qu'on peut reconstituer la scène. Voici la légion en marche dans ce long couloir ; elle est protégée par la muraille à pic, rafraîchie par l'haleine humide du fleuve. Le tribun a permis d'ôter les casques et de mettre les armes à volonté, les trompettes ont sonné la halte. Les légionnaires poudreux forment en faisceaux les lances et les boucliers autour des enseignes. Ils se répandent dans l'herbe par petits groupes, tous insouciants de la bataille de demain, tandis qu'un peu plus loin les centurions, balançant leur cep de vigne, causent entre eux des Gépides ou des Quades qui les attendent à la sortie du défilé... » Aux Portes de Fer finit la Serbie. La Roumanie s'ouvre dans l'est.

Près de la moitié du territoire de la Serbie, soit 2,400,000 hectares, est occupée par les montagnes et les forêts ; 800,000 hectares sont mis en culture, 430,000 exploités en prairies, le reste est terre vague. Les principales cultures sont le maïs, le seigle, le froment, puis les vignes, pommes de terre, tabac, chanvre ; la Serbie produit d'abondantes récoltes de prunes ; séchées, elles figurent à l'exportation pour un total de plus de 15,000 tonnes. Le bétail est abondant, le porc surtout, qui a été pour la Serbie ce que le hareng fut pour la Hollande. De même que les pêcheurs de harengs, que les gueux de mer dispersèrent les flottes de Philippe II, de même les porchers serbes refoulèrent les Turcs et affranchirent leur patrie.

L'industrie est encore peu développée, aussi la Serbie est-elle tributaire de l'étranger pour nombre de produits, notamment les étoffes de laine et de coton ; son exportation consiste en animaux et en fruits, en vins et en peaux. La première dépasse

50 millions de francs, la seconde ne s'élève encore qu'à 40 millions. L'Autriche tient le premier rang dans le commerce général de la Serbie, l'Angleterre le second. Ce commerce est desservi par 517 kilomètres de voies ferrées, 629 de voies fluviales, dont 315 pour le Danube, 144 pour la Save, 170 pour la Drina, et par 4,000 kilomètres de voies de grande et petite communication. .

Dans ce pays, jusqu'ici exclusivement agricole, tout est encore à l'état de formation, mais l'impression qui se dégage est celle d'une vitalité puissante, longtemps comprimée, impatiente d'agir et d'amener la Serbie à son rang parmi les États européens. Comme tous les peuples jeunes, nouveaux venus à la civilisation, le peuple serbe a de hautes visées d'avenir. Le rêve de Douschan le Fort, d'un empire serbe, hante le patriotisme exalté des uns ; plus modérés, d'autres s'en tiennent à la constitution d'un État serbe-croate, groupant en un tout compact des populations de même race et de même langue. Tous voient au delà du présent, au delà de la Serbie, affranchie enfin du despotisme musulman, et à laquelle la vallée de la Morava et celle du Verdas tracent une route vers le golfe de Salonique et la mer Égée.

Vue d'Uz-Itza.

Vue générale de Jassy.

VI. — LA ROUMANIE

Quand, au III⁰ siècle de l'ère chrétienne, Rome sentit plier, sous l'effroyable poussée des Barbares, les barrières de ·son immense empire, elle rappela en arrière ses légions trop exposées, elle abandonna la Dacie de Trajan, dont elle transporta une partie des habitants en Mœsie, devenue la Dacie d'Aurélien. Mais, dans ce mouvement de recul qui ramenait sa frontière au Danube, tous les colons ne purent suivre; ceux que leur sort attachait à la glèbe; que leur misère abritait du pillage, qui, hors leur maigre champ, ne possédaient rien qui pût tenter la cupidité du Barbare, ceux-là restèrent, se maintinrent, firent souche; abrités par leurs montagnes, ils laissèrent passer l'invasion sans être déracinés par elle. Ils tenaient au sol par de solides racines, au passé par de puissantes attaches; de Romains qu'ils étaient ils restèrent Roumains, conservant leur langue, leurs traditions et leurs mœurs, conservant aussi leur intellectuelle supériorité, leur civilisation qui en imposait au Barbare. Groupés en petites corporations, *kinezats*, d'abord tributaires, puis alliés des Coumans maîtres des plaines, ils s'étendirent des frontières de Galicie au Danube, franchirent le fleuve et passèrent dans la Bulgarie.

Ces colons latins, enveloppés de peuples slaves, tenaient de Rome son génie d'organisation et sa vitalité tenace, de Byzance l'esprit souple et délié. S'inspirant de

Rome, ils fondèrent les deux principautés distinctes de Valachie et de Moldavie ; ils défendirent leur indépendance contre les Polonais, les Hongrois et les Tartares, mais quand parurent les Turcs, ils se trouvèrent en première ligne pour soutenir le choc. L'Europe, loin de leur venir en aide, les abandonnait et leurs voisins redoublaient leurs attaques ; entre les nations chrétiennes, les unes impuissantes à les défendre, les autres convoitant leurs provinces, et les Turcs qui n'aspiraient qu'à la suprématie militaire, les Roumains n'hésitèrent pas ; s'inspirant, cette fois, des traditions de Byzance, ils traitèrent habilement avec l'islamisme ; en 1396, ils signèrent des capitulations qui plaçaient la Valachie sous la protection de la Porte, ils s'engagèrent à payer un tribut mais à la condition d'être protégés contre leurs ennemis extérieurs et libres de gérer leurs affaires intérieures. En 1513 et en 1529, les mêmes capitulations s'étendirent à la Moldavie.

Si la Porte ne tint pas tous ses engagements, les Roumains ne se montrèrent pas scrupuleux observateurs des leurs. En 1711, Cantemir, prince de Moldavie, croyant trop tôt l'heure venue de secouer le joug, s'allia contre la Turquie avec Pierre le Grand, qui se fit battre sur le Pruth. Les Roumains perdirent à sa défaite le bénéfice des capitulations et le droit d'être gouvernés par des princes de leur race. La Porte leur imposa des Grecs du Phanar, des Phanariotes, souples et cupides, méprisés des musulmans eux-mêmes, qui s'en servaient pour toutes leurs basses besognes. Alors commença pour la Valachie et la Modalvie une ère de sujétion et de misère. Identifiées à la Turquie au moment même où la Turquie faiblissait, elles subirent le contre-coup de ses désastres. L'Autriche prit la Bukovine en 1777, la Russie prit la Bessarabie en 1812, et, en 1829, elle occupa et administra la Roumanie. Mais la guerre de Crimée et le traité de Paris, en 1856, rendirent une partie de la Bessarabie à la Moldavie et rétablirent le régime des capitulations, qui laissait à la Roumanie une autonomie intérieure.

Lorsqu'en 1877 la guerre éclata entre la Russie et la Turquie, la Roumanie, se souvenant de ce qu'il lui en avait coûté de manquer à ses engagements, voulut, à tout le moins, rester neutre ; mais impuissante à faire respecter sa neutralité, dont l'Europe d'ailleurs faisait bon marché, elle dut livrer passage aux armées russes et, pour se soustraire aux vengeances de la Turquie, prendre parti contre elle. « Il y avait, écrit M. Marga, 160 ans que les Roumains n'avaient point paru sur les champs de bataille, et leurs troupes n'inspiraient guère de confiance. Ils firent très bonne contenance et déployèrent dans toutes les rencontres les qualités de leur race : bravoure et impétuosité dans l'attaque, générosité après le combat. » En 1878, le Congrès de Berlin leur rendit justice ; il reconnut l'indépendance de la Roumanie, érigée en royaume en 1881.

Avant-garde de l'Europe dans l'est, la Roumanie, telle qu'elle est aujourd'hui constituée, revêt sur les cartes l'aspect bizarre d'une puissante forteresse démantelée. Si, au nord et à l'ouest, elle s'adosse à des obstacles presque infranchissables, à l'angle extérieur des Carpathes et des Alpes de Transylvanie, elle n'occupe que le

LA FORTERESSE DE SOKOL.

glacis d'un bastion; le réduit ne lui en appartient pas; abritée à l'ouest, elle est ouverte à l'est et au sud. Le Pruth, qui la sépare de la Russie, n'est pas plus une barrière que ne l'est le Danube au sud jusqu'à Silistrie, ni la ligne conventionnelle entre la Dobroudja et la Bulgarie.

Sur une superficie de 127,584 kilomètres carrés, la Roumanie renferme une population de 5,500,000 habitants, dont 4,500,000 Roumains, 300,000 Juifs, 200,000 Tsiganes, 100,000 Bulgares, 50,000 Allemands, 50,000 Magyars, le surplus de nationalités diverses. Mais, géographiquement, historiquement et ethnographiquement, la Roumanie actuelle n'est qu'une partie du domaine des Roumains. « Au point de vue de la race et non de la politique officielle, écrit M. E. Reclus, la Roumanie est bien autrement étendue que les cartes ne la représentent. Elle comprend la Valachie et la Moldavie du versant danubien des Carpathes, la Bessarabie russe, se prolonge sur une moitié de la Bukovine et, de l'autre côté des monts, englobe la plus forte part de la Transylvanie, ainsi qu'une large zone dans le Banat et la Hongrie orientale. Les Roumains ont aussi franchi le Danube et colonisé de nombreux districts de la Serbie et diverses régions de cette péninsule de la Dobroudja, qui leur appartient politiquement depuis le traité de Berlin; enfin, leurs frères, les Zinzares ou Macédo-Valaques, peuplent sporadiquement le Pinde et d'autres montagnes de l'Albanie, de la Thessalie et de la Grèce; on en trouve jusqu'en Istrie. Tandis que la Roumanie, proprement dite, diminuée de la Bessarabie, augmentée de la Dobroudja, s'étend sur un espace égal au quart de la France, les pays roumains ont ensemble une superficie presque double. La population se trouverait également doublée par l'union politique de toute la race; des plaines hongroises aux montagnes de la Grèce, on doit compter au moins huit millions et demi de Roumains. Des patriotes, qui forcent la statistique à parler suivant leurs désirs, n'hésitent pas à compter quinze millions de Latins appartenant à ce groupe oriental. »

La Roumanie se divise en deux parties distinctes : au nord, la Moldavie qui emprunte son nom à un affluent du Seret et du Pruth, au bassin duquel elle appartient; au sud, la Valachie, la plaine des Velches ou des Latins; elle relève du bassin du Danube; la forte saillie des Siebenburgen marque la limite des deux régions. Le relief orographique est simple; les chaînes basses qui sillonnent la Moldavie courent parallèlement à la haute muraille des Carpathes; comme les Carpathes, ces chaînes sont orientées du nord-ouest au sud-est; dans leur pente graduée, elles s'abaissent et viennent mourir en longs plissements dans les plaines du Danube. Entre ces chaînes parallèles, s'étendent, ainsi que de longues failles, les vallées de la Suczava, de la Moldava, de la Bistritsa, du Tatsos et de la Putna. En Valachie, même orographie simple et régulière. Les hautes Alpes de la Transylvanie, peu peuplées et parcourues seulement par les chasseurs d'ours et de chamois, se ramifient en longues pentes orientées du nord au sud, sillonnées par des torrents et des rivières tributaires du Danube. Aux sommets boisés et aux cimes, neigeuses l'hiver, des hautes Alpes, succèdent des croupes couronnées de forêts, puis des collines ondulées semées de bouquets de chènes; plus bas, sur les coteaux abrités du vent du nord, apparaissent les vignobles; plus bas encore, les vergers, puis les châteaux forts, les monastères, enfin les villages, dominant la plaine basse trouée de lacs, qui fuit à l'horizon, et descend jusqu'au Danube.

Ici, nous retrouvons le grand fleuve que nous avons laissé aux *Portes de Fer*, à sa sortie de la Serbie, à 850 kilomètres de son embouchure. Sur une longueur de 500 kilomètres, il sépare la Roumanie de la Bulgarie, rongeant sa rive dont il emporte des lambeaux qu'il rejette sur la rive valaque nivelée par ses eaux et dont il accroît l'étendue. Mais il en altère la salubrité; des terres basses, inondées, marécageuses se dégagent des miasmes fiévreux. Sur l'autre rive, érodée, minée, mais plus haute et plus saine, apparaissent les cités commerciales, les villes riveraines, encore à l'état embryonnaire. N'étaient elles et leurs promesses d'avenir, le Danube finirait dans une vaste solitude et le grand fleuve, qui roule en moyenne plus de 9,000 mètres cubes d'eau par seconde, autant que tous les fleuves d'Europe réunis, disparaîtrait dans la mer Noire sans avoir rempli, sur la fin de son cours, d'autre mission que celle de séparer des peuples qu'il devait unir, d'être devenu une frontière et non d'être resté une grande voie de communication entre l'Occident et l'Orient.

A Ragova, en aval de Silistrie, le Danube n'est plus séparé de la mer que par une distance de 60 kilomètres à vol d'oiseau, mais les hauteurs de la Dobroudja l'arrêtent; force lui est de remonter au nord pour contourner l'obstacle. Le Seret et le Pruth lui apportent le concours de leurs eaux; grossi de ses deux affluents, il dépasse la pointe granitique de la Dobroudja, de nouveau il s'infléchit vers l'est, se bifurque en deux branches, celle de la Kilia et celle de Toulcea; par la première s'écoulent les deux tiers de ses eaux, mais la seconde reste encore la principale artère de la navigation, qui emprunte de préférence l'un de ses bras, celui de Soulina, profond de 5 à 7 mètres, large de 70 à 80 et entretenu par la commission danubienne. L'autre, celui de Saint-Georges, plus large et plus profond, est ensablé à son embouchure. Entre ses bras multiples, le Danube enserre les quatre grandes îles de Léti, Tchatal, Moische et Dranow.

Instituée par l'article 10 du traité de Paris qui suivit la guerre de Crimée et déclara libre la navigation du Danube, la commission danubienne représente les sept puissances signataires du traité et a pour mission d'améliorer les conditions de navigabilité du fleuve. Elle a son budget qui s'élève à plus de 3 millions, sa flotte et son pavillon, sa dette et ses emprunts, ses ingénieurs et ses ouvriers. On lui doit les améliorations faites, le port de Soulina, la suppression de la piraterie, les phares élevés sur la côte et la neutralisation effective du delta.

Le delta danubien fait partie de la région connue sous le nom de Dobroudja, située en lisière sur la mer Noire, et que le traité de Berlin a cédé à la Roumanie en échange de la Bessarabie roumaine donnée à la Russie. Si, à cet échange, la Roumanie a gagné, avec un libre accès à la mer Noire, une extension de superficie, la Bessarabie représentant 9,400 kilomètres carrés et la Dobroudja 13,570, elle a perdu un sol fertile et bien cultivé, que les marécages insalubres de la Dobroudja ne remplaceront pas de longtemps, si riches soient-ils en fourrages. Et cependant, cette terre fut autrefois féconde en céréales. « Aujourd'hui, écrit M. Allard, quelques surcaux et rarement un arbre fruitier dans les villages sont les seuls arbres que l'on y rencontre ; partout ailleurs les cavaliers disparaissent presque au milieu des foins d'une hauteur inconnue à l'Occident. La fertilité naturelle y est telle que l'armée française, en 1855, a pu tirer 100,000 quintaux de foin dans un carré de 10 kilomètres de côté. De mars à novembre les troupeaux des indigènes vivent sur ce plateau ; la quantité relativement minime de fourrages nécessaires aux bestiaux durant les quatre mois d'hiver se récolte à la fin de juin. Les habitants ne fauchent que ce dont ils ont besoin pour la consommation des bestiaux : le reste se dessèche sur place, et, vers le commencement d'août, commencent à éclater d'immenses incendies qui ne s'arrêtent que faute d'aliment. »

Cette terre, qu'occupaient autrefois les Gètes, fut le lieu d'exil d'Ovide. *Dedici Getice Sarmaticeque loqui*, « ici, écrivait-il, j'appris à parler le Gète et le Sarmate ». A Kustendje commençait le rempart de Trajan qui s'étendait transversalement du Danube à la mer Noire, triple barrière élevée contre les Goths et dont les fortes assises de 10 à 12 pieds de hauteur subsistent encore aujourd'hui, ainsi que les traces de vastes camps romains. La population de la Dobroudja, mélange de Roumains, Grecs, Turcs, Arabes, Russes, Bulgares, n'excède pas 200,000 âmes.

Peu de peuples ont, au même degré que le peuple roumain, conservé le culte des traditions antiques. S'il est vrai qu'un peuple soit avant tout ce qu'il veut être, celui-ci a voulu être et rester romain. Dans nombre de ses coutumes et de ses cérémonies revivent les coutumes de la grande ville. Le Roumain a Trajan pour père et les patriciens pour ancêtres ; il a le teint basané, les cheveux blonds, la bouche fine ; il a la grâce et aussi la force de résistance, la souplesse et l'admirable structure des beaux corps de la sculpture antique. On retrouve, parmi les Roumaines, les purs profils des camées et aussi les yeux vifs, les lèvres rieuses, les formes charmantes chantées par les poètes. C'est à elles, semble-t-il, plus qu'aux eaux de la Valachie, que fait allusion le proverbe national : « O Dimbovitsa, quiconque a bu de tes eaux ne peut plus te quitter. »

La Roumanie est divisée en trente-deux districts administratifs, dont 5 pour la petite Valachie, 12 pour la grande Valachie, 13 pour la Moldavie et 2 pour la Dobroudja et le delta du Danube. La petite Valachie renferme peu de grands centres. Turnul-Severin, seuil d'accès de la Valachie, est en aval des défilés du Danube. Là s'élevèrent le fameux pont de Trajan et la tour de Sévère. Craiova, sur le Jiul, affluent du Danube, renferme 23,000 habitants. Elle fut pendant un temps la capitale de la basse Valachie, elle est restée un centre agricole important, peuplé de grands propriétaires. Caracal, sur la rive droite de l'Olter, rappelle encore le nom de Caracalla, son fondateur.

Dans la grande Valachie, Giurgevo, port de Bucarest sur le Danube, compte 22,000 habitants. Les Génois occupèrent cet emplacement, y construisirent un fort et le consacrèrent à saint Georges, d'où le nom actuel de la ville. Longtemps les Turcs et les Russes se disputèrent la possession de cette porte du Danube dont les vieux murs témoignent encore des nombreux assauts qu'ils ont subis. Bucarest, capitale de la

Roumanie, est plus au nord. Après Constantinople et Budapest, elle est la plus grande cité de l'Europe sud-orientale.

Elle renferme déjà 250,000 habitants, et sa population s'accroît rapidement. « Placée entre l'Orient et l'Occident, écrit M. Édouard Marbeau, Bucarest emprunte à sa situation une physionomie spéciale et, que le voyageur y arrive par le Danube ou par la mer Noire, il trouve une ville à part, aussi distincte des souvenirs de Vienne et de Buda-Pest que de ceux de Constantinople. Son caractère dominant, ce qui frappe tout d'abord, c'est la vie facile et élégante, avec je ne sais quelle pointe de sybaritisme antique, le *farniente* italien se combinant avec la mollesse asiatique. On compte à Bucarest 250,000 habitants, dont le plus grand nombre est de race roumaine; mais tous les peuples voisins y ont d'importantes colonies et en font une Babel où Grecs, Albanais, Allemands, Arméniens, Serbes, Russes, Tsiganes, Hongrois, Juifs espagnols où Juifs polonais s'entremêlent et se coudoient. Il n'est besoin que de voir la ville de loin pour être renseigné à ce sujet. Les flèches à renflement de turban des églises du rite oriental mêlent leurs couleurs vives aux dômes et aux nefs des édifices catholiques ou arméniens, des temples protestants et d'une dizaine de synagogues. »

Bucarest, autrefois assemblage de villages juxtaposés, est devenu une grande et belle ville, le « Paris de l'Orient », mais la cité commerçante de la Valachie, Braïla, se trouve au nord-est, sur le Danube, non loin de Galatz, et à 220 kilomètres de Bucarest. Entre là capitale politique et la capitale commerciale se succèdent quelques centres importants dont le principal est Ploiesci, peuplée de 33,000 habitants, adossée aux Carpathes et située sur la route de la Transylvanie; les Russes en firent leur quartier général en 1877 et elle sert d'entrepôt aux produits de la région environnante. Au delà de Ploiesci et sur les coteaux des Carpathes s'étagent de riches vignobles. La Roumanie possède d'excellents crus : les plus renommés sont ceux de Dragasiani et de Cotnari, de Dealu-Mare et d'Odobesci dans les districts de Prahova et de Buzeo.

Buzeo, encore peu peuplée, 11,000 habitants, est située sur la rivière du même nom, affluent du Séret; elle possède des mines de lignite et des gisements d'ambre gris. Ici les ramifications des Carpathes s'affaissent et se fondent dans la plaine qui se déroule à l'est en un vaste steppe solitaire et dénudé que sillonnent des vols de vautours et d'outardes, qu'envahissent l'été d'innombrables troupeaux de moutons et de bœufs. C'est le *Baragan*, la plaine semée de lacs et de marécages, battue l'hiver par les vents et par les neiges qui ensevelissent le bétail attardé. Sa superficie est d'environ 700,000 hectares. Braïla en occupe l'extrémité orientale; dans son port fluvial s'entassent les barques qui descendent et remontent le Danube, chargées de céréales, de bétail, de porcs et de peaux. Braïla est surtout un centre d'exportation. Sur la falaise qui domine la ville, se dresse la haute tour des veilleurs de nuit, d'où l'on découvre le panorama du bas Danube : les landes de la Dobroudja dans le sud, et les derniers contreforts des Balkans; au nord la ville dont les rues droites vont se perdre dans les nuages de sable que le vent soulève et apporte du steppe du Baragan.

Galatz est en aval, sur le fleuve. Plus peuplée que Braïla qui ne compte encore que

30,000 habitants, alors que Galatz en renferme 80,000, elle est, après Bucarest, la ville la plus importante de la Roumanie au point de vue commercial. « Le mouvement commercial entre Braïla et Galatz est très actif, écrit M. E. Marbeau; outre le service quotidien de bateaux, ces deux villes sont reliées par le chemin de fer. Les ports de Braïla et de Galatz sont distincts, mais leurs intérêts sont les mêmes. Tous les négociants ont leur maison à Galatz et une succursale à Braïla. Galatz est la plus importante; elle est le siège de la commission européenne, chargée d'assurer la libre navigation des bouches du Danube, et possède la Bourse de commerce et les consulats. Du haut de la falaise où Galatz est assise, on domine le confluent du Pruth et du Danube. Le Delta paraît au loin comme une immense lande coupée par de longues nappes d'eau. Les bateaux qui s'engagent dans les branches qui traversent le Delta semblent suivre des directions contraires et glisser au milieu des sables. »

Jassy ou Iassy, ancienne capitale de la Moldavie, est, par sa population de 90,000 âmes, la seconde ville de la Roumanie. Située à quelques lieues de la frontière russe, sur un long plateau incliné, au pied duquel coule le Bahlui, elle domine des plaines fertiles, les vallées du Pruth et un bel horizon encadré de montagnes aux pentes boisées, aux sommets sur lesquels se profilent les grands murs d'antiques monastères. Par sa position Jassy offre une certaine analogie avec Jérusalem, mais elle n'a ni ses campagnes désolées, ni ses collines arides. Ici encore le Juif domine et s'enrichit, appauvrissant le paysan roumain, rongé par l'usure, asservi par la dette, mal nourri et demandant des forces à la *tzonica*, à l'eau-de-vie de prunes, que le cabaretier juif lui vend à crédit, le tenant en tant que débiteur à sa discrétion, le faisant labourer, semer, faucher pour son compte. Dans les mauvaises années, le Juif lui prête, et telle est la simplicité du paysan qu'il remboursera dix fois son créancier par payements hebdomadaires, se tenant toujours pour débiteur tant qu'il n'a pas payé, en une fois, la ou les pièces d'or reçues en un jour de détresse. Le Juif a conscience de sa force; il a pour lui l'argent et le nombre, les Juifs constituant plus de la moitié de la population de Jassy. Prêteurs sur gage pour la plupart, ils passent subitement, d'une existence misérable et pauvre en apparence, à une vie opulente et luxueuse, insultant par leur faste la détresse de leurs victimes dont les haines s'avivent.

On le vit bien en 1881, dans les provinces russes voisines de la Roumanie, où les paysans soulevés par la misère, exaspérés par l'usure féroce, traquèrent les Juifs, pillant leurs magasins, brûlant leurs maisons et bravant la force publique impuissante à réprimer le désordre

Botosiani, à 103 kilomètres au nord de Jassy, située sur la Sikna, affluent du Pruth, renferme 40,000 habitants. Ici encore l'Israélite prédomine. Sur 3,000 propriétaires, 2,700 sont Juifs et la ville presque tout entière leur appartient; sur 1,285 négociants en 1881, 1,225 étaient Juifs et ils exploitaient 208 cabarets sur 223. « On a peine à comprendre en France, écrit M. Ed. Marbeau, la terreur qu'inspire aux Roumains l'envahissement des Juifs. C'est qu'on juge les Israélites de Roumanie d'après ceux de France. Toute comparaison est cependant impossible: les Roumains sont en présence de Juifs dont le fanatisme religieux est poussé à l'excès et qui semblent vouloir suivre à la lettre celles des prescriptions talmudiques qui peuvent justifier leurs manœuvres. » Ils forment en effet une communauté politique et sociale au sein de la nation, un État dans l'État, et leur influence est telle que, dans les campagnes comme dans les villages et les villes, ils tiennent une grande partie des habitants à leur discrétion.

Bacau, peuplé de 15,000 habitants, est un centre agricole important, situé sur la Bistritza, affluent du Séret. Près de Bacau se trouve l'importante mine de sel d'Ocna à laquelle la région environnante est redevable de sa prospérité. Un millier de mineurs fouillent cette montagne de sel dont un ouvrier expérimenté peut extraire jusqu'à 1,000 kilogrammes par jour. Outre les mines d'Ocna, on en exploite d'autres à Voltcha, Slanik, Doftana. Leur production totale peut s'élever à 100 millions de kilogrammes à l'année.

Les villes sont rares et peu peuplées dans la Dobroudja. Aucune ne s'élève encore sur le plateau central, dépourvu d'eaux courantes et qui, situé à 70 mètres de hauteur moyenne au-dessus du Danube et de la mer, s'affaisse en pentes rapides et brusques terminées par des falaises. Villes et villages se sont groupés sur le cours du fleuve, comme Tchernavoda et Rassova, comme Toultcha, Hirsova et Matchin, soit sur la côte comme Kustendjé. Cette dernière, désignée aussi du nom de Costantza, que lui aurait donné, dit-on, une sœur de Constantin, est le chef-lieu de la Dobroudja. Ce fut un comptoir génois, alors comme aujourd'hui un port difficile d'accès et de peu de profondeur; sa population actuelle ne dépasse pas 6,000 àmes. A peu de distance de Kustendjé se trouve Tomi, où mourut Ovide.

Medjidié, sur la rive droite du Danube, date de 1855, de la guerre de Crimée. Le site n'en est pas heureux; la région environnante est marécageuse et malsaine et, après une ère d'accroissement rapide, Medjidié, dont la population dépassa un moment 20,000 àmes, fut décimée par les fièvres. Elle se relève depuis son annexion à la Roumanie. Hirsova, sur le Danube, n'est qu'un gros bourg de 4,000 habitants; Matchin, forteresse rasée par les Turcs, s'élève près des ruines de Troesmis, place forte édifiée par les Romains sur le cours du Danube.

On évalue à près d'un milliard la production annuelle et totale de la Roumanie, production qui dépasse de beaucoup les besoins de la consommation locale. Les céréales figurent en première ligne et, parmi les céréales, le maïs occupe une place importante; sur les 10 millions d'hectares affectés à la culture et aux pàturages, 4,250,000 sont consacrés à celle des céréales et 170,000 aux vignobles. L'élevage du bétail a considérablement diminué, en Valachie plus particulièrement, depuis 1864, où eut lieu la répartition des terres qui fit, de 600,000 familles, des propriétaires du sol. Ce sol était fertile, les premières récoltes furent abondantes et les paysans n'eurent qu'une idée : en tirer tout ce qu'il pouvait rendre. Le pàturage fut délaissé et la terre, mise en culture, s'appauvrit rapidement faute d'assolement et d'engrais.

L'industrie est encore peu développée, bien que la région montagneuse de la

Roumanie produise en abondance des bois à ouvrer et soit riche en minerais. Quelques fabriques de draps, de bougies, de sucre, d'allumettes constituent, avec les exploitations de pétrole et de sel de gemme, l'industrie du royaume, tributaire de l'Europe pour les objets manufacturés. L'exportation ne dépasse pas 260 millions à l'année, l'importation s'élève à 300 millions. La Roumanie exporte surtout en Turquie et en Autriche; elle s'approvisionne en Autriche, en Angleterre, en Allemagne, en France et en Turquie.

L'armée roumaine compte, en temps de paix, 46,000 hommes; en temps de guerre, elle pourrait être portée à 200,000. La marine militaire consiste en un navire cuirassé, l'*Elisabetha*, lancé en 1887, et en une dizaine de petits bâtiments montés par 1,600 matelots. Outre ses voies fluviales, la Roumanie possède un système assez développé de voies de communications; elle a 2,235 kilomètres de chemins de fer, 3,255 kilomètres de grandes routes et 5,636 kilomètres de routes départementales. Le commerce fluvial est très actif. Les ports de Soulina, Saint-Georges et surtout Braïla et Galatz deviennent d'importants entrepôts et celui de Kustendjé paraît appelé à prendre un grand développement.

Maison roumaine.

Palais du prince de Bulgarie, à Sofia.

VII. — LA BULGARIE

Le plus jeune des États européens, la Bulgarie, est née le 3 mars 1878, jour où le général Ignatief fit signer à la Porte le traité de San-Stéfano. La guerre entre la Russie et la Turquie avait éclaté en avril 1877 ; après de rapides succès les Russes s'étaient vus brusquement arrêtés au mois de septembre, en Europe, par l'invincible résistance de Plevna, en Asie par la défaite de Loris-Mélikof à Zéwin. Aidé par Todtleben, le défenseur de Sébastopol, Skobélef enleva Plevna après quatre mois de siège, et la marche foudroyante des Russes, franchissant, pendant l'hiver de 1877, les Balkans par un froid de trente degrés, écrasant l'armée turque de Chakir-Pacha et pénétrant dans Sofia qui, depuis quatre siècles, n'avait pas vu une armée chrétienne, ouvrait aux armées du tsar la route de Constantinople. Quand elles s'arrêtèrent, elles étaient en vue de la ville, que 12,000 hommes campés sur les hauteurs de Tchadalcha, couvraient mal contre deux armées victorieuses débouchant de la Maritza et des Balkans, opérant leur jonction à Andrinople, occupant Sélivri et Rodosto sur les rives de la mer de Marmara.

Le traité de San-Stéfano, imposé par la Russie à la Turquie vaincue, doublait l'étendue du Monténégro, affranchissait la Serbie et la Roumanie et créait la principauté de Bulgarie qui, tout en restant un État vassal de la Porte, allait être gouvernée par un prince européen. La Russie n'exigerait pour elle-même que la cession de la Bessarabie en Europe, celle des districts arméniens de Kars, Batoum, Ardahan et Bayazid en Asie et une indemnité de guerre de 300 millions de roubles ; toutefois, par ses stipulations en faveur des petits États, elle précipitait le démembrement de la Turquie d'Europe, elle hâtait l'accomplissement des rêves de Pierre le Grand et de Catherine II, elle ne laissait plus à l'islamisme que les provinces grecques hautement revendiquées par Athènes et par l'Albanie frémissante. Protectrice de la Serbie et du Monténégro, de la Bulgarie qu'elle appelait à l'existence, maîtresse de la Bessarabie et de la bouche danubienne de Kilia, la Russie se substituait, dans la péninsule des Balkans, à la Turquie épuisée par la lutte, écrasée par une lourde contribution de guerre.

Mais, de si éclatants succès et de si importantes concessions n'étaient pas sans éveiller les inquiétudes de l'Angleterre et aussi les appréhensions de l'Autriche qui, représentant, dans le sud-est, les intérêts allemands, réclamait, à ce titre, les bons offices de l'Allemagne. Non plus que l'Angleterre, l'Allemagne n'entendait ratifier un pareil remaniement de la carte des Balkans ; le Congrès de Berlin modifia donc le traité de San-Stéfano et, en ce qui concernait la Bulgarie notamment, restreignit ses limites et son autonomie, la scindant en deux parties : l'une septentrionale et dénommée principauté de Bulgarie, qui serait gouvernée par un prince librement élu par la population et confirmé par la Porte avec l'assentiment des grandes puissances ; l'autre, la partie méridionale, au sud des Balkans, qui formerait la province de Roumélie orientale. Laissée sous la dépendance politique et militaire de la Porte qui conservait le droit de tenir garnison dans ses forteresses et de pourvoir à sa défense, cette dernière ne possédait qu'une autonomie administrative, sous la surveillance d'un gouverneur chrétien nommé pour une durée de cinq années par la Turquie, et agréé par les puissances.

C'était le démembrement de la Bulgarie. C'était aussi, par suite des autres clauses, la route de Salonique ouverte à l'Autriche, chargée déjà d'administrer la Serbie et le Monténégro ; c'était la Serbie isolée du Monténégro son allié, et, en récompense des bons offices rendus par l'Angleterre à la Turquie, Chypre devenant possession anglaise. Pour prix de ses succès, du Danube traversé et des Balkans franchis, de vingt batailles livrées, de 150,000 prisonniersturcs capturés, et de sa marche victorieuse jusque sous les murs de Constantinople, la Russie n'obtenait plus que la Bessarabie et les districts arméniens ; elle voyait en outre réduire considérablement les avantages stipulés par elle en faveur des petits États qu'elle protégeait et qui avaient fait campagne avec elle. Ni la Bulgarie ni la Roumélie orientale, disjointes après avoir été si près de voir réaliser leur rêve d'union nationale, n'entendaient souscrire à cette création hybride de la diplomatie britannique qui les affaiblissait en les séparant. Aussi, dès la fin de 1885, profitant des embarras de la Porte, elles s'unissaient de nouveau, nonobstant les clauses du traité de Berlin, et ce n'était pas la Porte qui intervenait pour faire respecter ces clauses ouvertement violées, mais bien la Serbie, victime elle aussi de ce même traité, et qui, sous prétexte de maintenir l'équilibre dans les Balkans, protestait contre cette extension du territoire de la Bulgarie et lui déclarait la guerre. La bravoure et l'habileté du prince de Battenberg sauvèrent la Bulgarie. Les Serbes étaient déjà aux portes de Sofia, capitale excentrique, trop rapprochée d'une frontière trop ouverte, quand il reprit l'offensive, achevant de déchirer, sur le champ de bataille de Slivnitza, le traité de Berlin, s'emparant de Pirot, s'apprêtant à marcher sur Nisch et à aller dicter la paix sous les murs de Belgrade.

L'Autriche intervint pour couvrir la Serbie en danger et qu'elle avait laissée se compromettre en une aventure dont elle attendait un tout autre résultat. Elle se vengea plus tard par la chute du prince de Battenberg et par l'élection du prince Ferdinand de Cobourg en qui elle voyait un client et un protégé, mais elle n'a pu revenir sur les faits accomplis, sur l'union des deux provinces, sur la formation d'une grande Bulgarie.

Bornée au nord par la Roumanie, dont le cours du Danube la sépare depuis Novosedo jusqu'à Silistrie, à l'ouest par la Serbie, au sud par les provinces turques de Salonique et d'Andrinople, par les chaînes du Jovanica, du Despoto-Dagh ou Rhodope, du Kana-Balkan, à l'est par la mer Noire, la grande Bulgarie, peuplée d'environ 3,200,000 habitants, occupe une superficie de 98,659 kilomètres carrés, dont 63,072 pour la Bulgarie proprement dite et 35,587 pour la Roumélie orientale. Elle affecte la forme d'un quadrilatère d'environ 460 kilomètres de longueur sur 200 de largeur. Entre la Roumélie orientale, qui appartient au bassin de la Maricza, et la Bulgarie proprement dite qui forme le bassin méridional du Danube, se déroule la chaîne des Balkans.

Les Turcs donnent indistinctement ce nom à toutes les chaînes et massifs de la péninsule, quelle que soit leur orientation; les anciens désignaient du nom d'*Hœmus* toute cette région montagneuse et ne semblent pas avoir attaché à cette appellation géohraphique un sens plus précis que les Turcs à la leur! Les importants travaux de MM. Lejean, Hochstetter et Kanitz ont permis de mieux déterminer le système des Balkans. Il commence à l'est du bassin de Sofia et de l'Isker et naît dans les hautes vallées du Rhodope; orienté de l'ouest à l'est, ce massif mesure près de 400 kilomètres de longueur et vient finir dans les plaines de Karnabad où le cours de l'Asmak marque aussi nettement son extrémité orientale que l'Isker sa limite occidentale. La hauteur moyenne de la chaîne est, d'après Hochstetter, d'environ 1,700 mètres; ses plus hauts sommets n'excèdent guère 2,300 mètres. Vue du côté du nord, la chaîne des Balkans apparaît comme une succession de gradins étagés, aux pentes douces et admirablement boisées, coupées par de profondes vallées qu'arrosent de nombreux cours d'eau descendant en lignes parallèles et, par des courbes régulières et identiques, courant au travers des plaines à la rencontre du Danube, qui, plus au nord, trace son large sillon.

Du côté du sud, l'aspect change. Le voyageur qui, des riches plaines de Kalofer, de Kezanlik, de Slivno, dans la Roumélie orientale, regarde à l'horizon la longue chaîne des Balkans, aperçoit une haute muraille abrupte, superbement découpée en crêtes aiguës et déchiquetées. Il semble que, de ce côté, les terres du plateau se soient effondrées dans la plaine, ne laissant debout que l'ossature rocheuse et dénudée formée de granits, de gneiss, de strates métamorphiques, terminée à l'extrémité orientale par les monts porphyriques de Tchatal qui se profilent en formes d'obélisques. Au nord-est de l'Asmak, le cap majestueux d'Eminé, le *Finis Hœmi* des anciens, que l'on a longtemps cru, et à tort, n'être qu'un prolongement des Balkans, dresse à 780 mètres d'altitude son massif porphyrique, au sommet duquel s'élevait un temple de Jupiter remplacé par un couvent grec sous l'invocation de saint Nicolas.

Plus praticable qu'on ne l'a cru longtemps, la chaîne des Balkans livre passage à de nombreuses routes dont les seuils ne dépassent pas 1,000 mètres ; celle de Bogas-Déré, au nord d'Aidos, n'a même que 138 mètres d'altitude. L'un des cols, que fermait une porte dite de Trajan, rasée depuis, servait de passage à l'antique voie militaire ; il est resté, entre les deux versants, le seuil d'accès de Constantinople, le défilé dont les peuples se disputèrent la possession, ainsi que l'attestent les nombreuses buttes tumulaires éparses dans les vallées adjacentes.

Au sud des Balkans, le Despoto-Dagh, ou Rhodope, étend en tous sens ses puissantes ramifications ; son centre de gravité paraît être au Rilo-Dagh, son point culminant, d'une altitude de 3,000 mètres. Plus élevé que la chaîne des Balkans, le Rhodope n'en a pas les longues croupes sinueuses, les sommets verdoyants. Hérissé de pics et d'aiguilles, il dresse ses cimes nues et ses pyramides rocheuses au-dessus de ses plateaux inférieurs qu'envahit une luxuriante végétation. Elle fait, au puissant massif, une débordante ceinture de forêts, s'épanchant dans les vallées, semant jusque dans la plaine lointaine des bosquets de hêtres et de chênes, cadres riants de villages et de monastères. Ces derniers sont nombreux dans le Rhodope et lui ont valu son nom de Despoto-Dagh, « montagne des curés ».

Le Rhodope se relie, au nord, à la chaîne des Balkans, par une série de hauts plateaux, au nord-ouest par le Vitoch qui, d'une altitude de 2,462 mètres, domine la plaine de Sofia ; au sud, par delà les frontières de la Bulgarie, il soulève le massif de Périm, le dernier de ses grands sommets, 2,400 mètres. Ce fut l'*Orbelos* des Grecs et aussi l'un des nombreux pics sur lesquels la tradition veut que s'arrêta l'arche de Noé. Les pèlerins y affluent pour contempler l'anneau de fer auquel, disent-ils, l'arche fut amarrée. Au delà, les montagnes décroissent rapidement et vont mourir sur les côtes de la mer Egée, à l'est de la montueuse Chalcidique.

La Maritsa, dont la Roumélie orientale forme le bassin principal, naît à l'extrémité occidentale de la province, sur le versant nord du Rhodope. Son cours total de 457 kilomètres se divise en trois parties distinctes : dans la première, longue de 80 kilomètres et qui s'étend de sa source à Tatar-Bazardjik, la Maritsa, plutôt torrent que fleuve, roule ses eaux abondantes dans des gorges étroites que dominent les hautes montagnes boisées. A Tatar-Bazardjik elle entre dans la plaine de Philippopoli où commence son cours moyen de 212 kilomètres environ jusqu'à Andrinople. D'Andrinople à la mer, dans son cours inférieur, le fleuve erre comme perdu sur un sol sans pente ; inerte dans son lit démesuré, mesurant 10 kilomètres de largeur, il convertit sa vallée en un marécage et débouche enfin à l'angle nord-est de la mer Egée dans un delta boueux, au nord de l'île de Samothrace.

C'est dans son cours moyen, dans la plaine de Philippopoli, longue de 100 kilomètres et large de 15, que la Maritsa justifie les éloges que les anciens lui prodiguèrent sous le nom d'*Hebrus*. Ses flots qui roulèrent, dit la tradition, la tête sanglante d'Orphée, victime des Bacchantes, arrosent l'ancienne Thrace, alors comme aujourd'hui, merveilleusement féconde. Les innombrables tumuli épars sur ses rives disent assez combien peuplée fut cette région. Toute cette plaine de Philippopoli est un ancien lac enrichi par les alluvions du fleuve. Peu navigable, même dans son cours moyen trop encombré d'obstacles, la Maritsa est surtout un agent fertilisateur, et son vaste bassin de 54,000 kilomètres carrés est l'un des plus riches que l'on connaisse. Le fleuve doit peu à ses affluents dont les plus importants sont la Gheup-Sou, la Toundja, la Sazli, l'Eskéneh et l'Arda.

La Bulgarie actuelle, ce quadrilatère qui s'étend du Danube au nord au Rhodope au sud, de la Stara-Planina à l'ouest à la mer Noire à l'est, n'embrasse pas toute la terre des Bulgares. La politique a tenu peu de compte de l'ethnographie, lorsqu'elle constitua cet État nouveau dont la frontière méridionale atteignait autrefois les versants du Pinde, dont la capitale fut Okrida, à 250 kilomètres au sud-ouest de Sofia, à 120 des côtes de l'Adriatique. Ouraliens d'origine, les Bulgares apparurent au ve siècle sur les rives du Danube qu'ils tentèrent de franchir. Bélisaire les arrêta et les refoula, mais ne put les empêcher de s'établir au nord du fleuve; au viie siècle, ils étaient déjà assez nombreux et leur royaume assez puissant pour faire trembler Byzance. Au ixe, ils se convertissaient au christianisme; leur chef militaire prenait le titre de tsar et leurs évêques celui de patriarches. « Le tsar Siméon, écrit M. L. Léger, établit sa résidence à Predslava, dont on voit encore les ruines aux environs de Schoumla; les contemporains décrivent avec admiration les palais splendides où siégeait le prince revêtu de pourpre et d'or, les églises de marbre aux coupoles métalliques et édifiées par sa piété. Jusqu'à la fin du xive siècle tous les princes de Bulgarie portent ce titre de tsar; les chefs de l'Église nationale auront celui de patriarche. »

Comment s'effectua la slavisation rapide qui devait convertir les Bulgares conquérants et les Serbes conquis en représentants du monde yougo-slave et assurer à cet élément slave la supériorité ethnologique dans la Turquie d'Europe? Fut-elle, comme le croit Virchow, le résultat de la prédominance intellectuelle des vaincus sur les vainqueurs, ou bien fût-elle le résultat de l'influence civilisatrice du christianisme? On peut différer encore d'opinion sur la cause, mais non sur l'effet; la Bulgarie fait partie intégrante du monde slave et lui assure, dans la Turquie d'Europe, la supériorité du nombre, même sur l'élément grec, longtemps tenu pour le premier.

Une autre cause dut précipiter cette fusion. En 1392, Bajazet envahit la Bulgarie. Le royaume florissant s'écroule, son histoire cesse brusquement, et l'effroyable despotisme de l'Islam pèse sur toute la péninsule des Balkans. Que se passa-t-il dans cette nuit intense qui, pendant trois siècles, tint ces races courbées sous un même joug, réduites à l'état d'ilotes sous des maîtres implacables? Dans la misère commune qui brise les volontés et nivelle les races, Serbes et Bulgares durent se confondre et se mélanger plus rapidement qu'ils ne l'eussent fait libres et autonomes; quand l'inter

VUE GÉNÉRALE DE TIRNOVA.

vention de la Russie et ses victoires appelèrent ces peuples à l'indépendance, l'œuvre de fusion était en grande partie accomplie; la guerre fratricide de la Serbie et de la Bulgarie a pu en ajourner non en conjurer les inéluctables conséquences.

Les grands centres sont peu nombreux dans la Bulgarie proprement dite. Sofia, capitale du royaume, est le plus important et le plus peuplé, 32,000 habitants. Située à l'extrémité occidentale de la Bulgarie, près de la frontière de Serbie, elle occupe une position excentrique, en dehors du centre apparent de gravité qui semblerait être Tirnovo. En réalité elle est au cœur du pays bulgare qui, par la Serbie, s'étend au nord-ouest, et par la province de Salonique au sud. La vallée de l'Isker, celle de la Maritsa font converger à Sofia les grandes routes du bas Danube, de la Serbie, de la Macédoine et de la Thrace. L'antique *Serdica* doit à sa cathédrale son nom relativement moderne de Sofia.

« Des trois villes, de Sofia, Tirnovo, Gabrova, écrit M. Ubicini, cité par M. L. Lanier, l'une est le centre politique et administratif de la Bulgarie, l'autre le centre religieux, la troisième le centre industriel. Je ne parle pas de l'industrie qui suppose un outillage perfectionné, de nombreux capitaux, mais de l'industrie manufacturière dans le sens primitif du mot, de celle qui produit les objets de première nécessité à l'aide des procédés les plus simples. Le principal siège de cette industrie, en Bulgarie, est la région qui s'étend à droite et à gauche de Gabrova, le long de la chaîne du Balkan. Le voyageur qui parcourt ces belles vallées paisibles, où l'élément bulgare est plus dense et moins mélangé que partout ailleurs, s'étonne de rencontrer, presque à chaque pas, des villages, des bourgs, des petites villes habités par une population manufacturière active, laborieuse, aisée. Gabrova, situé au centre de ces petites colonies, sur la Jantra, est une jolie ville que surmontent d'élégants clochers. Les poteries les plus communes, les vases avec lesquels les jeunes filles puisent l'eau aux rivières ou aux fontaines, ont une pureté et une élégance de formes qui rappellent tour à tour l'antiquité classique et la Renaissance italienne. Tous les objets servant à la décoration des églises, les figures des saints enluminées, les portes et les grilles en chêne ou en noyer sculptés, les diptyques, les croix, les rosaires, les églises elles-mêmes avec leurs coupoles, dont la toiture argentée resplendit au soleil, sont l'œuvre de Bulgares sans étude, à peine capables de tenir la plume ou de guider le crayon. »

Tirnovo fut la capitale politique des rois bulgares, elle est restée la ville du patriarcat, des traditions et du passé religieux. Elle semblait désignée pour être la capitale du nouveau royaume; des considérations politiques, stratégiques et ethnographiques firent préférer Sofia. Tirnovo ne renferme encore que 12,000 habitants. Gabrova, située sur la Jantra, au pied des Balkans et près du défilé de Chipka, est un centre industriel. Viddin est plus peuplée, 15,000 habitants. Construite sur le Danube et entourée de marais, Viddin fut la *Bononia* romaine, puis l'une des principales forteresses turques. Les Russes rasèrent ses fortifications en 1878. Lom-Palanka, en aval de Viddin, au confluent du Lom et du Danube, est devenue un centre important pour le commerce des céréales, des laines, du bétail et du sel et surtout commé port de Sofia sur le Danube. Nikopoli, sur la rive droite du fleuve, est une ville agricole, Sistova, un centre viticole et industriel. Roustchouk renferme 28,000 habitants. Située sur le Danube, elle fait face à Giurgiu, la ville roumaine, qui s'élève sur l'autre rive du fleuve. Cité manufacturière, Roustchouk est, en partie, peuplée d'ouvriers allemands et hongrois; on y travaille l'ambre, le cuir, le maroquin; on y fabrique des lainages et des mousselines. Silistrie, plus bas au cours du fleuve, compte 12,000 habitants; autrefois place d'armes importante, elle est devenue un marché de céréales.

Dans l'intérieur des terres et en dehors du cours du Danube, nous rencontrons Plevna, célèbre par l'héroïque défense d'Omar-Pacha en 1877; Choumla, 24,000 habitants, formidable position militaire contre laquelle se brisèrent souvent les efforts de la Russie. Elle couvre l'accès des ports et ferme les Balkans à l'est, de même que Sofia à l'ouest. Varna, 26,000 âmes, est plus à l'est sur la mer Noire, près du lac Devno, profond de 25 à 30 mètres, et que l'on pourrait convertir en une rade spacieuse et sûre. Varna, station des paquebots à destination d'Odessa et de Constantinople, est à 280 kilomètres de Constantinople et à 430 d'Odessa.

Philippopoli, capitale de la Roumélie orientale, possède 34,000 habitants. Située au milieu de la riche plaine de la Maritsa et sur les deux rives du fleuve, la ville se dresse sur un piédestal de collines sèches et dénudées, d'un grand effet. Isolées dans la plaine unie, ces collines se détachent en relief puissant, bien que la plus élevée ne dépasse pas 177 mètres. Elles affectent la forme d'une hache dont le tranchant menacerait l'Orient. Assise sur trois de ces collines, la ville domine le fleuve et la plaine, et recouvre les vestiges des cités antérieures dont des débris de murs pélasgiques attestent l'antiquité. Ici Philippe établit une colonie grecque et lui donna son nom. Cité grecque, puis byzantine, Philippopoli, centre d'une région merveilleusement fertile, est le marché le plus important de la haute vallée de la Maritsa, l'entrepôt des céréales, des laines, des vins, des graines oléagineuses que l'on récolte dans la plaine et de l'huile de roses que l'on fabrique dans la vallée de Kazanlik. Indifférente et étrangère à la vie politique, alors que les princes bulgares avaient pour capitale Preslar, Tirnovo ou Okhrida, Philippopoli cessa de l'être en devenant elle-même la capitale de la Roumélie orientale. Ce fut elle qui, le 18 septembre 1885, prit l'initiative hardie de protester contre le traité de Berlin, en ouvrant ses portes à la Bulgarie et en proclamant la souveraineté du prince Alexandre de Battenberg. Lors de la déchéance de ce dernier, la Roumélie accepta son successeur, le prince Ferdinand de Cobourg, et cette réunion, contre laquelle aucune mesure n'a été prise par les puissances signatrices du traité, semble désormais passée à l'état de fait accompli.

Kazanlik, au nord de Philippopoli, occupe le seuil d'une magnifique vallée que domine la chaîne du Karadja-Dagh et que traverse la passe de Chipka que se disputèrent avec tant d'acharnement les Russes et les Turcs dans la guerre de 1877-78. Aussi Kazanlik eut-elle beaucoup à souffrir des hostilités, les Turcs en ayant fait l'une

de leurs bases d'opérations. La ville s'est relevée et compte plus de 21,000 habitants.
Nous avons dit que sa vallée était renommée pour son huile de roses; elle en produit
près de 1,000 kilogrammes et l'on peut se faire une idée des immenses champs de
roses de Kazanlik si l'on songe qu'il ne faut pas moins de 5,200 kilogrammes de roses
pour obtenir un kilogramme d'huile, et que le kilogramme de roses se paie de 15 à
25 centimes au producteur. La rose cultivée de préférence est la rose de Thrace, *rosa
damascena, sempervirens et moschata.* « L'huile et l'eau de roses que produisent
les Indes, la Perse et l'Égypte, écrit Kanitz, suffisent à peine aux besoins de l'Orient.
Les quantités considérables de cette précieuse liqueur employée par les parfumeurs
européens, et surtout par les Anglais, proviennent presque exclusivement des pittoresques campagnes de la Thrace, située au pied du Balkan central. Des 125 villages
de la Thrace qui s'adonnent à la culture des roses, 42 appartiennent à la vallée de
Kazanlik. » Slivno, 12,000 habitants, cultive les roses, tisse des draps et fabrique des
armes; Kalofer, emportée d'assaut et incendiée par Rassim-Pacha en 1877, vit
massacrer sa population qui avait fait cause commune avec les Russes; elle se releva
de ses ruines; au lendemain de la guerre elle ne comptait que 300 habitants, l'émigration l'a repeuplée et elle en possède déjà 7,000. Bourgas, port de la Roumélie, est
située au fond d'un large golfe, au sud de Varna, sur la mer Noire, et à 250 kilomètres
de Constantinople.

Pays essentiellement agricole, la Bulgarie produit des céréales, des vins, du tabac,
des soies grèges, des huiles de roses, des laines, du bétail et des bois. En 1889,
l'exportation s'est élevée à 80,581,076 francs, dont 30,500,000 francs en Turquie,
18,390,317 en France, 12,595,444 en Angleterre; viennent ensuite, mais avec des
chiffres beaucoup moindres, l'Autriche 3 millions et demi, l'Italie 1,600,000, la
Roumanie, l'Allemagne et la Grèce. A l'importation, dont le total est de 72,869,245,
l'Autriche prend le premier rang avec 22,492,177, l'Angleterre vient ensuite avec
21,193,374, puis la Turquie, 9,778,000, la Russie, 4,432,000, l'Allemagne 3,901,000,
la France n'est plus qu'au sixième rang avec 3,448,790. A l'exportation, les céréales
figurent pour 45,841,000 francs.

Le commerce est desservi par 507 kilomètres de voies ferrées, par le port de
Varna dont le mouvement s'élève, entrées et sorties réunies, à 511 navires jaugeant
548,276 tonnes, et le port de Bourgas où les entrées et les sorties représentent un total
de 1,106 bâtiments et 203,000 tonnes. L'armée bulgare, sur le pied de paix, comprend
38,500 officiers et soldats; en temps de guerre, les cadres peuvent contenir
125,000 hommes.

Au cap d'Emineh, à l'extrémité des Balkans, finit l'Europe centrale. Au sud de la
frontière de la Roumélie occidentale apparaît Andrinople et, plus à l'est, Constantinople, point de départ de notre étude de l'Europe. Par la Méditerranée et l'Atlantique,
par la mer du Nord et la Baltique, par la France, l'Allemagne, l'Autriche et la péninsule des Balkans nous revenons à la Turquie, dont le Bosphore, fleuve maritime,
sépare l'Europe de l'Asie.

Après avoir, dans nos précédents volumes, étudié et décrit le cadre géographique du double continent, berceau et champ de bataille de la civilisation, après avoir montré l'homme aux prises avec les difficultés que lui opposait la nature, il nous reste à le suivre sur les terres nouvelles envahies et conquises par lui. Arrêté, pendant des siècles, par l'Océan qui, dans l'ouest, apparaissait comme une barrière infranchissable et dont son génie devait faire la grande route des nations, l'homme a triomphé de l'obstacle et, cette civilisation que l'Europe avait reçue de l'Asie, l'Europe l'a transmise au nouveau monde. Comme elle, nous traverserons l'Atlantique; nous étudierons ce cadre nouveau dans lequel elle se meut, cadre si différent de ceux dans lesquels nous l'avons vue surgir et grandir.

Les hasards d'une vie de voyageur nous ont fait contourner et visiter ce gigantesque continent d'Amérique qui s'étend d'un pôle à l'autre, des froides mers du Nord aux ondes tièdes des tropiques, des rives inhospitalières du cap de Horn aux côtes arides du Chili, aux plages du Pérou, du Mexique et de la Californie. C'est bien un autre monde, un monde vaste et démesuré, aux fleuves interminables, aux chaînes majestueuses, aux grands lacs, aux forêts vierges encore, mais un monde que, de toutes parts, l'homme aborde et soumet, qu'il défriche et ensemence, qu'il convertit à son usage, domptant ses fleuves et perçant ses montagnes, faisant porter d'abondantes moissons à son sol fertile, puisant dans ses entrailles l'or, l'argent, le plomb, la houille, le fer, développant et exploitant ses immenses ressources, semant au long d'un réseau de 300,000 kilomètres de voies ferrées des cités populeuses et des centres agricoles. Ce continent se peuple et, par delà l'océan Pacifique il déborde sur l'Océanie; déjà ses richesses font pâlir celle de l'antique Asie et de la vieille Europe, étonnées de se voir si grandes dans ce cadre si vaste.

Vue générale de Sofia

TABLE DES MATIÈRES

I

L'EUROPE SEPTENTRIONALE
BASSIN DES MERS DU NORD

Pages

Aperçu général. — Côtes. — Courants. — Soulèvements et affaissements du sol   1

I. — LA BELGIQUE
Vue d'ensemble de la Belgique. — Orographie et Hydrographie.   6
I. Belgique méridionale. — Provinces de : — Luxembourg. — Namur. — Hainaut. — Liège. — Limbourg 11
II. Belgique septentrionale. — Provinces de : — Brabant. — Anvers. — Flandre orientale. — Flandre occidentale. — Industries et production 14

II. — LES PAYS-BAS
Vue d'ensemble. — Orographie. — Hydrographie 21
I. Provinces méridionales des Pays-Bas : Limbourg hollandais. — Brabant. — Zélande. — Hollande du sud. — Utrecht. — Gueldre 25
II. Provinces septentrionales : Hollande du nord. — Over-Yssel. — Drenthe. — Groningue. — Frise. — Industries et production 31

III. — LE DANEMARK
Vue d'ensemble du Danemark. — Orographie. — Hydrographie. 40
I. Le Jutland 44
II. Le Seeland 46
III. Les îles Fœroer. — L'Islande. — Les établissements du Groenland 49

IV. — LA SUÈDE ET LA NORVÈGE
Aperçu général. — Orographie. — Hydrographie. — Races. 56
I. La Suède. — Sol. — Côtes. — Climat. — Productions. — Villes . . . 62
II. La Norvège. — Côtes. — Sol. — Villes — Productions 69

V. — LES TERRES POLAIRES D'EUROPE
Becren-Eyland. — Le Spitzberg. — La Terre de François-Joseph 78

VI. — LA RUSSIE D'EUROPE
Vue d'ensemble. — Orographie et Hydrographie. — Races. — Divisions générales. 84
I. Russie occidentale. — Pologne. — Ukraine. — Lithuanie. — Provinces baltiques. 102
II. Russie septentrionale. — Finlande. — Région subarctique. — Région des lacs 110
III. Russie centrale. — Russie Blanche. — Grande et Petite-Russie. 122
IV. Russie méridionale. — Bessarabie. — Tauride et Crimée. — Cosaques du Don 130
V. Russie orientale. — Provinces de la Volga. — Provinces de l'Oural. — Productions. — Commerce. Industrie. 137

II

EUROPE CENTRALE

I. — L'EMPIRE D'ALLEMAGNE

Aperçu général. — Orographie et Hydrographie. — Races. — Divisions générales 148

I. — LE ROYAUME DE PRUSSE
I. Brandebourg. — Poméranie. 159

Pages.

II. Prusse occidentale. — Prusse orientale 164
III. Posnanie. — Silésie 167
IV. Saxe prussienne. — Hanovre 170
V. Westphalie. — Hesse-Nassau 176
VI. Prusse rhénane. 182
VII. Schleswig-Holstein. 189

II. — ALLEMAGNE DU NORD

I. Duchés de : — Mecklembourg-Schwérin. — Mecklembourg-Strélitz. — Oldenbourg. — Villes libres
    hanséatiques 192
II. États saxons et thuringiens. — La Saxe. — Le grand-duché de Saxe-Weimar. — Saxe-Meiningen.
    — Saxe-Altenbourg. — Saxe-Cobourg et Gotha. — Principauté de Schwarzburg et Reuss 197

III. — ALLEMAGNE DU SUD

I. Royaume de Bavière 205
II. États souabes. — Royaume de Wurtemberg. — Grand-duché de Bade. 210
III. Grand-duché de Hesse 215
IV. Alsace-Lorraine. — Industrie et commerce de l'Allemagne. 217

II. — LA SUISSE

Vue d'ensemble. — Orographie et Hydrographie. — Divisions générales 224
I. Suisse méridionale. — Cantons de : Genève. — Vaud. — Valois. — Tessin. — Grisons 233
II. Suisse centrale. — Cantons de : Neuchâtel. — Fribourg. — Berne. — Unterwald. — Lucerne. —
    Uri. — Schwytz. — Glaris. — Zug. 236
III. Suisse septentrionale. — Cantons de : — Soleure. — Bâle. — Argovie. — Zurich. — Saint-Gall. —
    Appenzell. — Thurgovie. — Schaffouse. 239

III. — L'EMPIRE D'AUTRICHE-HONGRIE

Aperçu général. — Orographie et Hydrographie. — Divisions générales. 242
I. Pays Cisleithans du sud. — Tyrol. — Voralberg. — Salzbourg. — Styrie. — Carinthie. — Carniole,
    — Istrie. — Dalmatie 257
II. Pays Cisleithans du nord. — Haute et Basse-Autriche. — Bohème. — Moravie. — Silésie
    autrichienne. — Galicie. — Bukovine. 265
III. Pays Transleithans. — Hongrie. — Transylvanie. — Croatie. — Slavonie. — Bosnie. —
    Herzégovine 274

IV. — LE MONTÉNÉGRO

Vue d'ensemble. — Orographie. — Hydrographie. — Races. — Villes. 292

V. — LA SERBIE

Aperçu général. — Orographie. — Hydrographie. — Races. — Villes 297

VI. — LA ROUMANIE

Vue d'ensemble. — La Moldavie et la Valachie. — Orographie. — Hydrographie. — Habitants. —
    Villes. — Productions. 303

VII. — LA BULGARIE

Aperçu général — Orographie et Hydrographie. — Races. — Villes. — Industrie et commerce 312

TABLE DES ILLUSTRATIONS

	Pages.
La place de l'Hôtel-de-Ville, à Bruxelles.	*Frontispice.*
La Bourse de Bruxelles.	6
La place de l'Hôtel-de-Ville, à Anvers.	16
Vue de Dordrecht.	21
Vue d'Amsterdam	32
Types populaires hollandais.	36
Costumes des femmes d'Amsterdam	39
Le musée Thorwaldsen, à Copenhague.	40
Le lac de Loën.	56
Famille de Lapons.	64
Vue générale de Christiania.	73
Faubourgs de Christiania	77
Les mers polaires.	78
Les terres polaires	80
Les rivages de la Nouvelle-Zemble.	83
Le Palais de Peterhoff.	85
Le Palais d'Hiver, à Saint-Pétersbourg	96
Vue générale de Varsovie	104
La Perspective Newsky, à Saint-Pétersbourg.	112
Église de Vassili Blagennoï, à Moscou.	128
Le Rhin, à Coblenz	147
Perspective des quais de Cologne	184
La Sprée et le château royal, à Berlin	192
Place Sainte-Marie, à Munich.	200
Vue générale de Nuremberg.	208
Le château et la cathédrale, à Strasbourg.	216
Avenue des Tilleuls, à Berlin.	223
Château de Chillon, sur le lac Léman	224
Le pont et le quai du Mont-Blanc, à Genève	233
Vue de la place du Château, à Vienne.	242
Le Graben, à Vienne.	248
Le pont Élisabeth et l'église Saint-Charles, à Vienne.	256
Le château de Miramar.	260
Vue de la ville de Prague	268
Vue de la ville de Buda-Pesth.	276
Chefs bosniaques.	281

Pages.

Faubourg de la ville de Banjaluka. 288

Palais et couvent, à Cettinje 292

La Save, à Berbir 296

Vue générale de Belgrade 297

Types militaires serbes 300

Vue d'Uz-Itza. 302

Vue générale de Jassy 303

La forteresse de Sokol. 304

Le château de Kotroceni, près Bucharest. 309

Maison roumaine. 314

Palais du prince de Bulgarie, à Sofia 312

Vue générale de Tirnovo 316

Vue générale de Sofia. 320

Sceaux. — Imprimerie Charaire et Cⁱᵉ.